全国交通土建高职高专规划教材

公路工程施工监理基础

Gonglu Gongcheng Shigong Jianli Jichu

（第二版）

黄万才　主编
王国锋［中国公路工程咨询集团有限公司］
秦仁杰［长沙理工大学］　主审

人民交通出版社

内 容 提 要

本书为全国交通土建高职高专规划教材。全书共分九章,全面介绍了公路工程施工监理方面的基础知识,内容包括:绪论、公路工程施工监理的基本概念及监理实务要点、公路工程施工进度监理、公路工程施工质量监理、公路工程施工安全监理、公路工程施工环境保护监理、公路工程施工费用监理、公路工程施工合同管理、公路工程施工信息管理等。

本书可作为高职高专道路桥梁工程技术专业、公路工程监理专业等交通土建类专业教材,也可作为有关专业继续教育和职业培训的教材,亦可供从事公路施工、监理工作的工程技术人员参考。

图书在版编目（CIP）数据

公路工程施工监理基础／黄万才主编. —2 版 . —北京:人民交通出版社, 2007. 9

ISBN 978-7-114-06780-8

Ⅰ. 公… Ⅱ. 黄… Ⅲ. 道路工程-工程施工-监督管理 Ⅳ. U415. 1

中国版本图书馆 CIP 数据核字（2007）第 133212 号

书　　名: 全国交通土建高职高专规划教材
　　　　　公路工程施工监理基础（第二版）
著 作 者: 黄万才
责任编辑: 卢仲贤
出版发行: 人民交通出版社股份有限公司
地　　址:（100011）北京市朝阳区安定门外外馆斜街 3 号
网　　址: http://www.ccpress.com.cn
销售电话:（010） 59757973
总 经 销: 人民交通出版社股份有限公司发行部
经　　销: 各地新华书店
印　　刷: 北京市密东印刷有限公司
开　　本: 787×1092　1/16
印　　张: 20. 5
字　　数: 513 千
版　　次: 2001 年 9 月　第 1 版
　　　　　2007 年 9 月　第 2 版
印　　次: 2022 年 5 月　第 2 版　第 17 次印刷　总第 31 次印刷
书　　号: ISBN 978-7-114- 06780- 8
印　　数: 114001-115000 册
定　　价: 30. 00 元

全国交通土建高职高专规划教材编审委员会

总　　序

针对高职高专教材建设与发展问题，教育部在《关于加强高职高专教材建设的若干意见》中明确指出：先用2至3年时间，解决好高职高专教材的有无问题。再用2至3年时间，推出一批特色鲜明的高质量的高职高专教育教材，形成**一纲多本、优化配套**的高职高专教育教材体系。

2001年7月，由人民交通出版社发起组织，15所交通高职院校的路桥系主任和骨干教师相聚昆明，研讨交通土建高职高专教材的建设规划，提出了28种高职高专教材的编写与出版计划。后在交通部科教司路桥工程学科委员会的具体指导下，在人民交通出版社精心安排、精心组织下，于2002年7月前完成了28种路桥专业高职高专教材出版工作。

这套教材的出版发行，首先解决了交通高职教育教材的有无问题，有力支持了路桥专业高职教育的顺利发展，也受到了全国各高职院校的普遍欢迎。

随着高职教育教学改革的深入发展、高职教学经验的丰富与积累，以及本行业有关技术标准、规范的更新，本套教材在使用了2至3轮的基础上，对教材适时进行修订是十分必要的，时机也是成熟的。

2004年8月，人民交通出版社在新疆乌鲁木齐召开了有19所交通高职院校领导、系主任、骨干教师共41人参加的教材修订研讨会。会议商定了本套教材修订的基本原则、方法和具体要求。会议决定本套教材更名为"交通土建高职高专统编教材"，并成立了以吉林交通职业技术学院张洪滨为主任委员的"交通土建高职高专统编教材编审委员会"，全面负责本套教材的修订与后续补充教材的建设工作。

2005年6月，编委会在长春召开了同属交通土建大类、与路桥专业链接紧密的"工程监理专业、工程造价专业、高等级公路维护与管理专业"主干课程教材研讨会，正式规划和启动了这三个专业教材的编写出版工作。

2005年12月，教育部高等教育司发布了"关于申报普通高等教育'十一五'国家级规划教材"选题的通知（教高司函［2005］195号），人民交通出版社积极推荐本套教材参加了"十一五"国家级规划教材选题的评选。

2006年6月，经教育部组织专家评选、网上公示，本套教材中有十五种入选为"十一五"国家级规划教材，2008年1月，又有六种教材在"十一五"国家级规划教材补报中列选，共计21种，标志着广大参与本套教材编写的教师的辛勤劳动得到了社会的认可、本套教材的编写质量得到了社会的认同。

2006年7月，交通土建高职高专统编教材编审委员会及时在银川召开会议，有24所各省区交通高职院校或开办有交通土建类专业的高等学校系部主任、专业带头人、骨干教师以及人民交通出版社领导共39位代表出席了本次会议。会议就全面落实教育部"十一五"国家级规划教材的编写工作进行了研讨。与会代表一致认为必须以入选的十五种国家级规划教材为基本标准，进一步全面提升本套教材的编写质量，编审委员会将严格按照国家级规划教材的要求审稿把关，并决定本套教材更名为**"全国交通土建高职高专规划教材"**，原编委会相应更名为**"全国交通土建高职高专规划教材编审委员会"**。以期在全国绝大多数交通高职院校和开办有交通土建类专业的高等院校的参与、统筹、规划下，本套教材中有更多的进入"十一五"国家级规划教材行列。

2007年5月,编委会在湖南长沙召开工作会议,就"十一五"国家级规划教材主参编人员的确定和教材的编写原则作出了具体安排,全面启动"十一五"国家级规划教材的编写与出版工作。

2008年4月,编委会在广东珠海召开工作会议,研讨了**"工学结合"**高职高专教材编写思路,决定在"十一五"国家级规划教材编写过程中,注重高职教学改革新方向,注重工程实践经验的引入,倡导**"工学结合"**。

本套高职高专规划教材具有以下特色:

——顺应交通高职院校人才培养模式和教学内容体系改革的要求,按照专业培养目标,进一步加强教材内容的针对性和实用性,适应学制转变,合理精简和完善内容,调整教材体系,贴近模块式教学的要求;

——实施开放式的教材编审模式,聘请高等院校知名教授和生产一线专家直接介入教材的编审工作,更加有利于对教材基本理论的严格把关,有利于反映科研生产一线的最新技术,也使得技能培训与实际密切结合;

——全面反映2003年以来的公路工程行业已颁布实施的新标准、规范;

——服务于师生、服务于教学,重点突出,逐章均配有思考题或习题,并给出本教材的参考教学大纲;

——注重学生基本素质、基本能力的培养,教材从内容上、形式上力求更加贴近实际;

——为加强学生的实际动手能力,针对《工程测量》、《道路建筑材料》等课程,本套教材特别配套有实训类辅导教材;

——为方便教学,本套教材配套有《道路工程制图多媒体教材》、《公路工程试验实训多媒体教材》、《路基路面施工与养护技术多媒体教材》、《桥涵设计多媒体教材》、《桥涵施工技术多媒体教材》、《现代道路测量仪器与技术多媒体教材》等。

本套教材的出版与修订再版,始终得到了交通部科教司路桥工程学科委员会和全国交通职教路桥专业委员会的指导与支持,凝聚了交通行业专家、教师群体的智慧和辛勤劳动。愿我们共同向精品教材的目标持续努力。

向所有关心、支持本套教材编写出版的各级领导、专家、教师、同学和朋友们致以敬意和谢意。

全国交通土建高职高专规划教材编审委员会
人民交通出版社
2008年5月

第二版前言

由四川交通职业技术学院李文不同志主编的《公路工程施工监理基础》教材(下简称第一版教材)自2001年出版发行以来,对于推动交通高等职业技术教育教材建设和培养公路工程施工监理实用型人才起到了重要作用,得到了使用院校和师生的好评,反映教材内容全面,实用性强。

第一版教材是依据交通部《公路工程技术标准》(JTJ 001—97)和《公路工程施工监理规范》(JTJ 077—95)等旧标准、旧规范编写的。自2003年以来,交通部陆续出版了新的有关标准和规范,为适应不断发展的形势需要,贯彻实施交通部新的标准和规范,结合几年来第一版教材的使用实践,对原教材进行了修订。

本次修订工作,是在第一版教材的基础上,征求了部分使用院校和教师的意见,依据教育部对高职高专人才培养目标、培养规格、培养模式以及与之相适应的知识、技能、能力和素质结构的要求进行编写的,增加了环保监理、安全监理、质量检测评定、监理实例以及公路工程国内招标文件范本等内容,删减了交通工程质量监理中有关机电工程(监理、通信、收费系统、照明)方面的内容,并在其他方面均有调整和补充。

在编写过程中以交通部《公路工程国内招标文件范本》(2003年版)、《公路工程施工监理规范》(JTG G10—2006)、《公路工程质量检验评定标准》(JTG F80/1—2004)、《公路路基设计规范》(JTG F10—2004)、《公路水泥混凝土路面施工技术规范》(JTG F30—2003)、《公路沥青路面施工技术规范》(JTG F40—2004)、《公路项目安全性评价指南》(JTG /T B05—2004)等标准规范为依据,并以"实践、实用、够用"为原则,对监理基本知识力求阐述清楚,通过监理实务和工程项目监理实例,使学生掌握监理基本要领和基本技能。为了便于学生学习和掌握要点,在每章后面附有课后小结和复习思考题。

全书共分九章,计划64~96学时。第一章绪论、第二章监理概述、第三章进度监理、第四章质量监理、第五章安全监理、第六章环境保护监理、第七章费用监理、第八章合同管理、第九章信息管理。

本教材由四川交通职业技术学院黄万才副教授主编,全国交通土建高职高专规划教材编审委员会特邀中国公路工程咨询集团有限公司总经理王国锋高级工程师和长沙理工大学公路学院秦仁杰副教授主审。其中第二章、第三章、第四章、第五章、第六章、第七章和第八章由四川交通职业技术学院黄万才编写;第一章和第四章第六节的第二部分路面工程施工质量监理由四川交通职业技术学院敬庭智编写;第二章第一、二节和第九章由四川交通职业技术学院陈海英编写;监理实例由四川交通职业技术学院吴天稷编写。

在编写过程中,中国公路工程咨询集团有限公司总经理王国锋高级工程师和长沙理工大学公路学院秦仁杰副教授,以及四川交通职业技术学院有关老师为本书的编写提供了很好的建议和支持,附于书末的主要参考文献对本书编写的完成也给予了很大帮助,在此一并致以诚挚的谢意!

由于编者水平有限,编写时间紧迫,书中疏漏和不妥之处在所难免,敬请读者批评指正。

作　者

2007年7月

第三版前言

第一版前言

本教材按照1995年6月交通职业技术学校教学指导委员会路桥工程学科委员会第五次（扩大）工作会议，即黄山会议审定的教学大纲精神，先由主编编写“教材编写提纲”，并经本书责任委员等审定之后，将编写工作进一步作了分工。其中，第一、三、四、五、七章由四川交通职业技术学院李文不编写，第二章由贵州交通职业技术学院张润虎编写，第六章由山东烟台师范学院交通学院郑益民编写；全书由李文不负责统稿；由安徽交通职业技术学院俞高明主审；张润虎为责任委员，并对书稿作最终审校。

送审稿完成后，审稿会于1997年1月7日至11日在江苏省南京交通职业技术学院召开。参加本书审定会的人员除主编、主审、责任委员外，还有：广东交通职业技术学院李加林、江西省交通学校单阳、烟台师范学院交通学院于敦荣、新疆自治区交通厅刘国培、吉林交通职业技术学院胡长友、湖南省交通学校闵涛、南京交通职业技术学院邵联银。

通过两年的试用，效果较好，按全国交通职教路桥学科委员会和路桥专业委员会2000年7月4日至6日在贵州交通职业技术学院召开的教材及参考书编审会精神和交通职业技术院校路桥专业通用教材所需内容的需要，主编在征得俞高明主审同意的基础上，于第四章增加了：隧道工程施工质量监理；机电工程（监控、通信、收费、照明）施工质量监理；交通设施工程施工质量监理；绿化与环保工程施工质量监理。同时增编了第七章：公路工程施工信息管理。另外，对原书稿亦进行了补充修改，尤其是充实了工程实例，使本教材更具可读性。

本教材在编写过程中，自始至终得到交通部交通职教路桥工程学科委员会有关专家的热忱指导和帮助；得到了全国各兄弟学校许多老师，尤其是工程管理课程组长江西省交通学校高级讲师单阳和四川省交通系统公路工程建设监理第一线的专家、工程师们的指导和帮助，以及附于书末的主要参考文献的作者们，对本书的完成，给予了巨大的帮助。另外，在本教材试用过程中，各授课老师均提出不少宝贵意见，使编者获益匪浅。在此，一并致以诚挚的谢意！

《公路工程施工监理基础》是一门新开设的专业课，教材的编写亦属尝识。鉴于我国幅员广阔，环境各异，考虑到各校的具体情况，授课时本书的部分内容可根据实际需要删增。

由于编者水平有限，时间较紧迫，书中谬误和疏漏之处在所难免。敬请读者给予批评指正。

编　　者

2001年5月

目　录

第一章　绪　论

监理是指监理人员依据监理合同对工程质量、安全、环保、费用、进度、合同等实施的监督和管理活动。

工程监理是以项目管理的思想、组织、方法和手段来实现对项目目标的控制，即对工程建设参与者的行为进行监理、督导和评价，并采取相应的管理措施，保证建设行为符合国家法律、法规和有关政策，制止建设行为的随意性和盲目性，促使建设进度、造价、质量按合同实现，确保建设行为的合法性、科学性、合理性和经济性。此外，监理工程师还接受业主委托承担安全监理、环境监理和组织协调、合同管理、信息管理等项目的管理工作。

一、工程监理制度的发展与现状

16 世纪以前的欧洲，建筑师就是营造师，他受雇或从属于业主，负责设计、购买材料、雇佣工匠，并负责组织和管理工程施工。

进入 16 世纪，随着产业革命的深入，社会对建筑技术的要求不断提高，传统的建筑业出现分工，设计与施工逐渐分离，各自成为独立的专业，另有一部分建筑师则转向社会从事传授技艺，为业主提供技术咨询、测估工程造价、解答疑难，或受聘从事建筑施工的监督和管理工作，工程监理制度于是应运而生。

此后，随着欧洲大陆城市化和工业化的发展，建筑业空前繁荣，相应要采取一种效益高而又精确的工作方式和建立一种新的雇佣关系，来达到工程建设的高质量要求。同时，业主也越来越觉得单靠自己来监督管理工程建设活动有许多困难。于是，专职工程监理的必要性逐渐被人们所认识，监理制度获得进一步肯定。

第二次世界大战以后，欧美各国在恢复建设中加快了向现代化发展的速度，需要建设许多大型工程，如航天工程、核电站、大型水利工程、高速公路、大型桥梁、新型城市开发等。这些工程规模宏大、投资大、技术复杂，无论投资者和承建者都难以承担由于投资不当或项目管理失误而造成的损失。竞争激烈的社会环境，迫使业主更加重视项目建设的科学管理。业主为了减少投资风险，节约工程费用，保证投资效益与工程建设的顺利实施，聘请有经验的咨询监理人员，在工程建设的实施阶段进行全面监理。

近 20 多年来，欧、美、日等西方工业发达国家的建设监理制度正向法制化、程序化发展。有关的法律法规，都对监理的内容、方法以及从事监理的社会组织作了详尽的规定，监理制度逐步成为工程建设管理组织体系的一个重要组成部分。在西方国家的工程建设活动中逐渐形成了业主、承包人和监理工程师三足鼎立的基本格局。进入 20 世纪 80 年代以后，监理制度在国际上得到进一步发展，一些发展中国家，也开始仿效发达国家的做法，结合本国实际，确立或引进社会监理机构，对工程建设实行监理。世界银行和亚洲、非洲开发银行等国际金融机构，也都把是否实行工程监理作为提供建设贷款的条件之一，使监理成为工程建设必需的制度。

20 世纪 80 年代中期，随着我国改革的不断深化和社会主义市场经济发展的需要，1984 年 9 月国务院即颁发《关于改革建筑业和基本建设管理体制若干问题的暂行规定》，明确提出了改变工程质量监督制度，并在地方建立了有权威的各级政府工程质量监督机构。交通部也于1987年10月成立了交通部基本建设工程质量监督总站，并颁发了《交通部基本建设工程质量监督管理暂行办法》，各省、市、自治区的交通部门亦相应地建立了工程质量监督站。

在国务院提出在土木建筑行业实施工程监理制度之前，交通部在利用世界银行贷款建设的西安—三原一级公路和京津塘高速公路上实施了工程监理，并在总结全国各地的经验和教训的基础上，分别于1989年4月制定了《公路工程施工监理办法》，1995年4月25日颁布了《公路工程施工监理规范》（JTJ 077—95）。为适应不断发展的公路建设形势，交通部组织有关单位对原监理规范进行了修订，发布了《公路工程施工监理规范》（JTG G10—2006），并于2007年1月1日起施行。监理制度在我国已经执行了20多年，对于培养和规范监理市场，推动公路建设体制改革和保证工程质量起到了十分重要的作用。

二、公路工程施工监理的意义

公路工程施工监理，是公路建设管理体制改革的重要内容，是强化质量管理、控制造价、提高投资效益及施工管理水平的有效方法。监理的目的，是调整工程项目实施过程中建设参与者各方的关系和利益，维持工程项目的动态平衡，保证项目按合同、规范要求顺利执行。

以《公路工程国内招标文件范本》（以下简称《范本》）的合同条件为基础，形成业主、承包人、监理工程师三方之间相互制约，且以监理工程师为核心的管理新模式，使建设参与各方的责、权、利更趋合理和明确，突破了传统的，由业主单位“自编、自导、自演”的小生产管理模式，促使工程建设项目管理向专业化、社会化方式转变；突出监理工程师的管理作用，有利于减少业主与承包人双方之间的争端和纠纷，提高管理水平，促使建设活动顺利进行。实践证明，当一项工程实行了全委托监理，不但减少了不合理的额外开支，保证了工程的施工质量和工期，还避免了不必要的合同纠纷，亦可确保国家建设计划和工程合同的顺利实施。因而，实行工程监理，对业主和承包人双方来说，均是十分有利的。

三、公路工程施工监理的相关学科

与工程项目决策咨询有关的科学，主要有投资学和技术经济学；与工程项目施工监理相关的科学，主要是组织论和工程监理学。

（一）组织论

组织论是研究一个系统的组织结构和工程流程结构的学科理论，即通过系统组织和工作流程组织的研究而达到目的。

系统是同类事物按一定的关系组成的整体。系统是由多个相互关联的元素构成，它可大可小，最大的系统是宇宙，最小的系统是粒子，主要取决于人们如何对其观察。若把项目看成一个系统，那么，研究这个系统就是研究项目的组织结构。

系统组织包括：①组织结构模式。主要反映的是一套命令系统、指挥系统。②一个系统里的任务分工。主要反映的是工程项目的目标控制的分工及落实情况。③管理职能分工。即在项目实施过程中，对提出问题、规划、决策、执行、检查等五个职能的分工。

工作流程组织是指工作顺序的组织，包括物质流程组织和信息流程组织，即先做什么，后做什么。其中，物质流程组织是指工程项目施工中的施工工序，生产的工艺流程等；信息流程则是指监理工作中产生的大量信息的传递途径，如费用控制流程、进度控制流程等。

(二)工程监理学

工程监理学是研究工程建设在实施阶段组织与管理规律的科学,研究的领域、对象、任务和特点如图 1-1 所示。

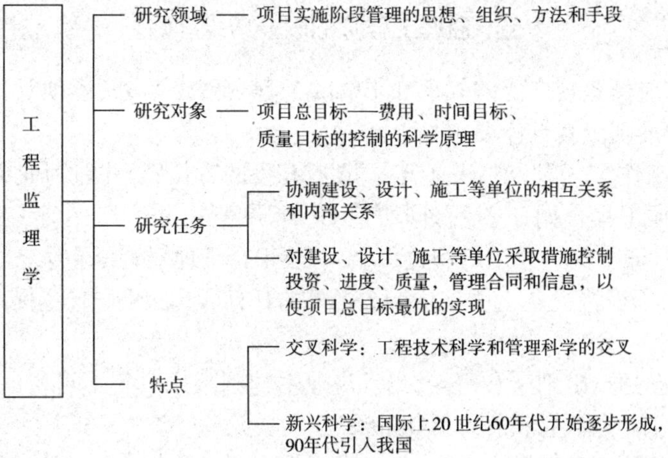

图 1-1 工程监理学

以上简要介绍了与工程项目实施监理服务有关的两门主要学科;而与工程项目决策咨询服务有关的学科,则是投资学和经济技术学。因本教材的重点是介绍公路工程监理方面的知识,故不再叙述。

四、监理工程师的知识结构

监理工程师应是高智力人才,必须具有成熟而全面的专业技术知识和丰富的实际工作经验,能够发现和解决工程设计单位、承包人不易发现和解决的复杂的技术问题;其次,监理工程师必须懂得工程建设中国家的法规和相应的制度,必须具有丰富的工程建设管理知识和管理经验,具有一定的行政管理知识和行政管理经验;再次,监理工程师必须懂得经济管理,必须通晓工程建设招标业务,具备工程建设合同管理的知识和经验;此外,监理工程师作为业主和承包人双方之间纠纷的调解人,必须具备独立的第三方的品格。

综上所述,监理工程师应具备如图 1-2 所示知识结构。

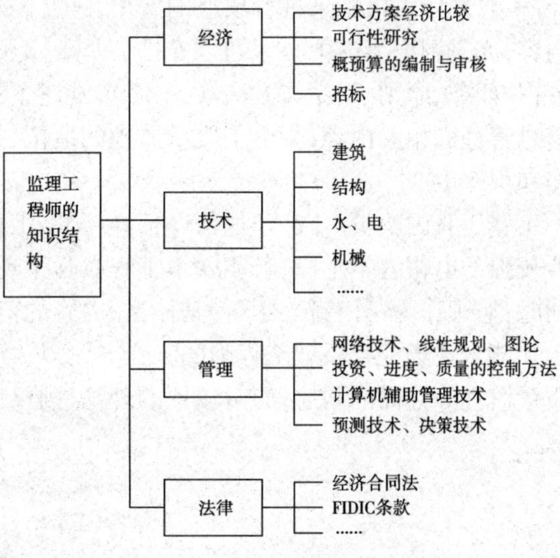

图 1-2 监理工程师知识结构图

(1)法律。要了解与工程建设密切相关的各种法律和法规,如经济合同法、仲裁法、工程建设监理规定、有关的合同条款范本等。

(2)工程技术。要具备本专业扎实的理论和丰富的工程实践经验,且应熟悉并全面掌握相关的工程技术知识、技术规程、规范等。

(3)工程管理。要懂一些项目管理学的知识,掌握现代化管理的方法和手段,如网络计划技术,费用、进度、质量的控制方法,以及计算机辅助管理技术等。

(4)工程经济。主要指技术经济分析知识,应掌握可行性研究的方法,能进行技术方案的经济比较,以及概、预算的编制与审核等。

五、监理工程师的职业道德准则

监理工程师除应具备较广泛的知识和丰富的工程实践经验外,还须具备较高的政治素质和高尚的职业道德准则。其具体要求如下:

(1)热爱本职工作,忠于职守,认真负责,具有高度的责任感,并能为业主严守机密。

(2)能严格按照工程合同(包括合同协议书、合同条件、技术规范等)对工程项目实施监理。在监理过程中,即要保护业主的利益,又要能公正合理地对待承包人。

(3)廉洁奉公,不得接受业主所支付酬金之外的任何报酬及回扣,或提成津贴或其他间接报酬。

(4)应坚持自己的正确判断和观点,当发现业主的判断或决定不可行时,应向业主提出书面劝告,并阐明其可能给业主带来的不良后果。

(5)当发现自己处理的问题有错误时,应及时向业主承认错误,并提出改进意见。

(6)对本监理机构的介绍要实事求是,不得向业主隐瞒本机构的人员状况和过去的业绩及可能影响服务质量的因素。

(7)作为工程监理的单位或个人,不得再参与或经营承包施工,采购设备、材料或经营销售业务等有关活动,也不得再在政府部门、承包人和设备、材料供应单位任职或兼职。

(8)不得用谎言欺骗业主和承包人,也不得采用伤害、诽谤他人名誉的方式来提高自己的地位。

六、课程特点及与其他关系

本课程是为了适应我国公路建设管理体制的改革和与国际惯例接轨而新开设的一门专业课。它是在学习了基础课、技术基础课和其他专业课的基础上,结合公路工程项目的施工实践,专门研究公路工程施工监理的新学科。

本课程主要研究公路工程施工监理的理论基础。鉴于工程的施工监理是通过组织、技术、经济、合同四大措施来进行项目的费用、进度、质量三大目标的监理。本教材的基本理论知识内容,亦是围绕上述中心来加以安排。基于职业技术教育的特点,本书重点讲授了施工监理的依据、任务、原则、程序与方法等,并着重阐述了进度、质量、费用、安全、环境保护监理及合同、信息管理的相关内容,突出了质量监理的地位,并注意了基层监理人员实际上岗操作能力的培养和训练。

鉴于我国幅员广阔,环境条件各异,公路工程施工监理的实践性很强,应尽可能采用直观性较强的电化教学手段,若能联系工程实际于现场教学,定可事半功倍,取得良好的教学效果。同时,监理作为一门新兴学科,其体系、内容的范围和深度尚在探讨之中,而学生的培养目标,旨在能于现场配合监理工程师的工作。所以,本教材突出了实用性和可操作性,如加强了工程质量监理等方面的阐述,而对较深的理论,则仅作简要介绍。

本 章 小 结

1. 公路工程施工监理的相关学科主要是组织论和工程监理学。

2. 工程监理学主要研究项目实施阶段管理的思想、组织、方法和手段。

3. 工程监理学的研究对象是项目总目标(费用、时间、质量)的控制的科学。

4. 工程监理学的研究任务是协调建设、设计、施工等单位的相互关系和内部关系,对建设、设计、施工等单位采取相应措施,控制投资、进度、质量、安全、环境保护合同其他事项管理,以使项目总目标最优地实现。

5. 监理工程师应具备法律、工程技术、工程管理方面的知识。

复习思考题

1. 简述工程监理在世界和我国的发展简史。
2. 什么是公路工程监理? 我国目前为什么要推行公路工程监理制度?
3. 什么是工程监理学?
4. 监理工程师应具备什么样的职业道德?

第二章　公路工程施工监理概述

本章综合介绍公路工程施工监理的基本概念、施工监理的构成、施工监理的主要内容和任务、监理人员的职责与权限及工地会议制度和有关记录的规定，以便读者对施工监理有总体的认识。

第一节　公路工程施工监理的基本知识

一、施工监理制的基本内容

监理单位是指具有法人资格并取得交通主管部门颁发的公路工程施工监理资质证书的企业。它是依法成立的、独立的、智力密集型的、从事工程监理业务的经济实体，受业主的委托与其签订监理合同，承担工程建设的监理业务。施工监理就是监理单位依据法律、法规、文件的要求，在施工准备阶段、施工阶段及交工验收与缺陷责任期对工程质量、工程费用、工程进度、施工安全、环境保护和合同其他事宜进行的监督和管理活动。

监理机构是指由监理单位派出并代表监理单位履行监理合同的现场监理组织。

法律、法规文件指合同条件、技术规范、图纸、工程量清单、投标书、中标通知书、合同协议书以及构成合同组成部分的其他文件。监理服务合同是由业主与监理单位签署的明确在工程实施中责权利的协议。缺陷责任期是自监理工程师签发工程交工证书到监理工程师签发工程缺陷责任终止证书的时间。工程缺陷责任终止证书是工程缺陷责任期满，经承包人维护的工程完全满足合同的有关规定，监理工程师签发的解除承包人工程缺陷责任的证明。工程交工证书指工程全部完成，根据承包人申请，监理工程师按照合同有关规定对工程进行验收后签发的证明。

施工监理的目的是为了加强公路工程质量管理，控制工期和工程费用，提高投资效益及工程管理水平，使施工管理工作法制化、标准化、规范化、程序化。

二、与工程监理有关的行为主体

1. 业主

在招标阶段则称“招标单位”，是指某项工程的投资者或资金筹集者，并在工程建设的前期、实施阶段对工程建设的费用、进度、质量、安全、环境保护等重大问题有决策权的国有单位、集体或个人。

2. 承包人

在招标阶段则称“投标单位”，中标后称为“中标单位”。是指通过投标或其他方式取得某项工程的施工权，材料、设备的制造、供应权并和业主签订合同承担工程费用、进度、质量责任的单位或个人。

3. 监理工程师

合同文件中授权承担工程监理工作的个人或群体，包括：

(1)总监理工程师——具有交通部公路工程监理工程师资格,经项目业主同意,在监理机构中负责项目工程全部监理工作的总负责人。

(2)驻地监理工程师——具有交通部公路工程监理工程师资格,经总监理工程师授权,负责项目部分工程监理工作的驻地监理负责人。

(3)监理工程师——监理机构中具有交通部核准的公路工程监理工程师或专业监理工程师资格的人员。专业监理工程师分别有路基、路面、桥梁、隧道、交通工程、筑路机械、材料、试验、测量、计划、地质、环保绿化、安全、财务及合同管理等方面的专业。

(4)监理人员——监理工程师和监理机构中的相关专业技术人员统称为监理人员。

业主、承包人与监理工程师三方的关系是:业主与承包人是合同关系;监理工程师与业主签订监理合同,二者是被委托与委托关系,应做到各负其责,独立工作,相互尊重,密切合作;监理工程师与承包人之间没有合同关系,他们之间是监理与被监理的关系,监理工程师对承包人在工程项目实施全过程中进行施工监理(监督与管理),承包人应按合同规定接受监理工程师的监督和管理。总之,业主、监理工程师、承包人三方不是领导与被领导关系,而全是合同关系或依照合同实施监理的关系,这可以说是工程监理的核心实质所在。

三、施工监理阶段的划分和各阶段的监理任务

(一)施工监理阶段的划分

我国公路基本建设以时间为序,可大致划分为预可行性研究,编制项目建议书,编制可行性研究报告,编制设计任务书,初步设计,初步设计审批,施工图设计,工程施工,交工、竣工验收交付使用,工程总结后评估。根据这样的划分工程监理可按序分为公路工程决策监理,公路工程项目实施监理。后者又可分为工程设计监理与工程施工监理,本书仅涉及施工监理内容。

公路工程施工监理阶段划分为施工准备阶段、施工阶段、交工验收与缺陷责任期三个阶段。监理合同签订之日至下达开工令确定的开工之日为施工准备阶段;合同工程开工之日至合同工程交工验收申请受理之日为施工阶段;合同工程交工验收申请受理之日至缺陷责任终止证书签发之日为缺陷责任期阶段。

(二)各阶段的监理任务

1. 施工准备阶段监理

监理工程师应熟悉合同文件,参加施工招标,复核图纸和放样定线数据,督促承包人提交施工组织设计,准备第一次工地会议,准备发布开工令等。

2. 施工阶段监理

监理工程师应集中力量做好工程质量、施工安全、环保、工程进度、工程费用监理等各项工作。

3. 交工验收与缺陷责任期监理

监理工程师除应对工程缺陷进行修补、修复及重建进行监理外,并视同施工阶段一样做好这一阶段的监理工作。

四、工程监理制的优点

1. 有利提高工程建设项目的管理水平

监理工程师都是由专业技术水平较高、知识面广、实践经验丰富且具有一定管理水平的人员担任,这样就能保证整个工程的管理在高水平上进行。而且随着社会监理组织越来越多,这

种专门从事工程监理的组织可以不断地总结经验，逐渐克服过去有了项目，临时筹建指挥班子，工程一完，班子解散的弊病，逐步提高公路工程项目的管理水平。

2.可以有效地控制总投资

通过承包招标签订的合同价格，如果缺乏有效的管理控制，很可能又会流于过去投资失控的境地。监理工程师严格按照合同的规定，根据承包单位每月完成的实际工程量，逐项认真审核后才能支付，这就避免了虚报超报问题；工程结束时，再根据竣工图纸核算最终工程量进行结算，另施工中对于招标文件和合同图纸中某些不合理部分可以及时发现纠正，避免造成损失。

3.可以保证工程质量

监理工程师将根据合同条件的规定以及合同中的技术要求，在工程实施过程中对每一类原材料、每一件设备、每一道工序和每一个工程部位（特别是隐蔽工程部位），进行严格认真的检查试验，批准后方能继续施工，否则不准施工下一步工序。每一步工程都应有可靠的、经过检验的施工记录，监理工程师还有资格检查施工人员的资质，有权要求承包人撤换不合格的项目经理、管理人员、技术人员和工人，所有这些都有力地保证了工程质量。

4.可以有效地控制工期

合同中对部分工程和整个工程的工期有明确的要求。监理工程师，一方面监理承包人的工程进度，敦促承包人加快施工进度；另一方面可以有效地协调、解决影响施工进度的问题，使工程顺利实施。同时由监理工程师按核实后的工程量支付的办法也可以调动承包人的积极性，促使其加快进度，只有争取各个部位的提前竣工，才有可能提前支付。

5.便于协调解决各方的矛盾

在一个工程实施过程中，业主和承包人之间容易产生矛盾。公路建设项目通常都是大型工程，承包人和分包人比较多，施工时现场矛盾很多，此时监理工程师的协调作用就很重要，他可以站在客观公正的立场协调解决业主与各个承包人、各个分包人之间的矛盾，以保证工程的顺利实施。

6.可以公正地维护业主和承包人双方的权益

监理工程师的工作，一方面保证了业主方在工程投资、工期、质量等方面的合法权益，另一方面监理工程师也可根据合同的规定，以第三者的身份保护承包人的合法权益，公正地处理承包人的索赔要求（包括延长工期），使双方的权益要求得到比较合理的解决。

五、施工监理中应注意的关键问题

1.要明确监理工程师的职责

监理工程师要对工程进度计划、质量管理和造价控制三大方面负起监督和管理职责。监理工作不仅仅是工程质量的事后检查而是从工程施工组织计划的审批开始，对工程项目的全过程监理。如对原材料的产地、品质、运输方式，施工设备的型号、数量、配套情况，现场的技术人员和管理人员的配备，准备采用的施工方法和工艺，各道工序间的交接办法和中间检查验收程序，工地试验室的仪器种类、精度和试验方法，施工场地外部环境和施工条件的准备情况，到达现场材料的计量和估价等等，凡是有关工程进度、质量、费用、安全、环境保护的一切信息都被监理工程师在不同层次上采集和储存，实行深度不同的监督和管理。各级监理工程师职责明确，从工程的开始起，把住各个关口，确保工程进度、质量、费用、安全、环境保护按照所签合同和合理的轨道正常运转，也便于及时提前发现问题，采取必要措施，指导工程更合理的安排资源，组织施工，以确保工程顺利进行。

2. 必须赋予监理工程师控制工程实施的相应权力

监理制度把对承包人的工程支付权交给了监理工程师，有了对工程的支付签认和否决权之后，才能约束承包人的行为，才可能在施工的各个环节上发挥其监督和管理的作用，这一点是核心原则之一，要坚持不放。为保证这个权力，不仅要在施工过程的各个工序设置由监理签认的检验制度，而且尤其应重视监理工程师对中期（月、周、季）财务支付报表的一系列签认权力，未经监理工程师签认的报表一律无效。这个经济杠杆作用的发挥，提高了监理工程师的权威性，也大大促进了施工企业内部管理水平的提高，是执行好监理制度的关键。

3. 要依法保证监理人员的职责权力

监理职责和权力的扩大，改变了监理工程师在项目施工管理中的地位和作用。业主应放手、放权、放心地由监理工程师管理、监督好项目。不少地方习惯于业主管项目，大包小揽、包办代替，这种情况必须改变、观念必须转变。要严格树立按合同办事、依法办事的好作风，从法律上保证让监理有职有权。无论业主还是监理单位，都要受到合同的约束，受到国家法规、法令、标准、规范的约束，接受国家行政和技术部门的监督和指导。

六、我国工程建设监理制与施工监理的原则和依据

建设监理制度是商品经济的产物，在西方国家已基本形成了相对稳定的格局，具有严密的法律规定，完善的组织机构及规范化的方法、手段和实施程序等。如 FIDIC 合同条件，就是集上百年土木建设的经验，科学地把工程技术、管理、经济、法律等知识融为一体的典范。它突出了监理工程师的地位和作用，详细规定了业主、承包人、监理工程师各方面的权利、义务和责任，现在，已被国际工程承包市场普遍认可和采用。世界银行等国际金融机构对所提供贷款的建设项目，要求必须按 FIDIC 合同条件加以管理，这就是我们常说的国际惯例。

我国具有疆域辽阔、人口众多，工程建设活动具有分地区、分部门、多层次管理的国情特点。现阶段，我国工程建设的投资主要来源于国家、地方、企业单位等，而工程建设的参与各方也主要是国有经济的组成部分。随着社会主义市场经济体制的确立和发展，在工程建设领域内的商品经济关系活动将会逐步加强，市场调节的作用亦日益扩大，工程项目的决策正逐渐向民主化与科学化转变；建设的投资主体也将由国家投资为主向多元化、经营化为主转变；工程任务的分配主体亦由政府主管部门为主向市场经济为主转变；项目的承建主体，也开始由分散的多层次的设计、承包人为主向总承包体制转变。

结合我国国情，与国际惯例接轨的公路工程建设监理制应体现的原则是“严格监理、热情服务、秉公办事、一丝不苟”。概括为以下几点：

（1）服务性

监理单位是智力密集型的组织，本身不是建设产品的直接生产者和经营者，它为业主提供的是智力服务。监理单位的劳动与相应的报酬是技术服务性，和施工企业不同，他不承包工程造价，不参与工程承包的盈利分配。

（2）公正性和独立性

这是监理单位顺利实施监理职能的重要条件。因为监理单位在工程监理中具有组织各方协作配合以及调解各方利益的职权，就必须要求监理单位坚持公正，而公正性又以独立性为前提，因此监理单位首先必须保持自己的独立性。监理单位在人际、业务、经济关系上必须独立，不得同参与工程建设的各方发生利益关系。我国工程监理有关规定指出，监理单位的“各级监理负责人和监理工程师不得是施工、设备制造和材料供应单位的合伙经营者，或与这些单位发生经营性

隶属关系；不得承包施工和建材销售业务，不得在政府机关，施工、设备制造和材料供应单位任职”。在实施监理的过程中，监理单位是处于工程承包合同签约双方，即业主和承包人以外的独立一方，行使依法成立的工程承包合同所确认的职权，承担相应的职业道德责任和法律责任，而不是以业主的“代表”名义行使职权；当然，监理也不得参与承包人工程造价承包的利益分配，否则，它又变成了承包人经营的合伙者，丧失了自己的独立地位。

(3)科学性

监理单位必须具有能发现与解决承建单位所存在的技术和管理方面问题的能力，能够提供高水平的专业服务，这是科学性原则，是监理单位区别于其他一般服务性组织的重要特征，也是赖以生存的重要条件。监理人员的高素质是监理单位科学性的前提条件。监理工程师都必须具有相当学历，并有长期从事工程建设工作的丰富的实践经验，精通技术与管理，通晓经济与法律，否则，监理单位将不能正常开展业务，监理单位也是没有生命力的。

施工监理的依据主要包括：①国家和地方法律、法规；②国家和行业、地方有关标准、规范、规程；③监理合同；④施工合同；⑤工程前期有关文件；⑥工程设计文件和图纸；⑦工程实施过程中有关的函件。

第二节　公路工程质量管理和保证

一、基本概念

1. 公路工程质量

是指有关公路工程建设的法律、法规、规章、技术标准，以及批准的设计文件和工程合同文件，对建设公路的安全、适用、经济、美观等特性的综合要求。

2. 公路工程质量管理保证体系的四个组成部分及各自地位和作用

公路工程实行“政府监督、法人管理、社会监理、企业自检”保证体系。

政府监督、法人管理、社会监理、企业自检是构成严密、完整、有机的保证体系必不可少的四个环节。在四个环节中政府监督处于主导地位，强化政府监督的作用可以使保证体系有序而高效地工作。

社会监理处于工程管理新体制中的核心地位，将在政府监督之下，依据合同、标准和规范，利用业主授予的权力，对工程实施不间断的、全过程的全方位的监理，其工作的优劣无疑对工程有重大影响。

承包人作为公路工程产品的直接生产者，企业人员的素质、管理水平无疑决定了该企业的工作质量，因此承包人在保证体系中占有特别重要的地位。实行企业自检是实现工程建设费用、进度、质量目标的必要条件，承包人建立完善的自检系统是公路工程施工质量保证体系的前提条件。

交通主管部门及其所属的质量监督机构负监督责任；项目法人负管理责任。

二、公路建设各方的质量管理职责

1. 业主质量管理职责

(1)公路业主依照国家和交通主管部门有关规定设立。

(2)建立、健全质量保证体系，建立内部质量管理制度，落实质量岗位责任制。

(3)严格履行基本建设程序,根据公路工程特点和技术要求,确定合理标段、合理工期、合理造价。

(4)按照国务院交通主管部门规定,通过招标选择具有相应资质的勘测设计、施工和监理单位,并分别签订合同,实行合同管理。合同文件必须有工程质量条款,明确各项工程和材料质量标准和合同双方的质量责任。

(5)开工前应组织施工图设计审查和设计交底;施工中应对工程质量进行检查;工程完工后应及时组织交工验收。

(6)加强档案管理,按照《中华人民共和国档案法》的有关规定,建立健全项目档案。

2. 设计单位质量管理责任

(1)设计单位必须按资质等级和核定的业务范围承担相应的勘测设计任务。

(2)必须建立健全设计质量保证体系,加强设计全过程的质量控制;建立完整的设计文件编制、复核、审核、会签和批准制度,明确各阶段的责任人,对该项设计质量负责。

(3)设计文件必须符合下列要求:

①设计文件的编制应该符合有关公路工程建设法律、法规、规章、标准、规程和合同要求;

②设计依据的基本资料应完整、准确、可靠,设计方案论证充分,计算成果可靠,符合结构安全要求;

③设计文件的深度应满足相应设计阶段的有关技术规范、规定要求;

④设计文件必须保证公路工程质量要求;

⑤设计文件选用的材料、配件和设备,应当注明其性能及技术标准,其质量要求必须符合国家规定的标准,但不得指定生产厂、供应商。

(4)设计单位应按合同规定及时提供设计文件及施工图纸,开工前做好设计文件的交底工作;对大中型和有特殊要求的公路工程项目,设计单位应在施工现场设立代表处或派驻设计代表,随时掌握施工现场情况,解决设计的有关问题。设计单位应对工程质量是否满足设计要求提出评价意见。

3. 承包人质量管理职责

(1)承包人必须按其资质等级确定的业务范围参加投标,承揽工程施工任务。

(2)依据有关公路工程建设的法律、法规、规章、技术标准和规范的规定,按照设计文件、施工合同和施工工艺要求组织施工,并对其施工的工程质量负责。

(3)必须建立施工质量保证体系,推行全面质量管理,制订和完善岗位质量规范、质量责任及考核办法。

(4)建立工地试验室,加强施工过程中的自检和工序交接检验及考核办法。

(5)发生工程质量事故,必须按规定向监理单位、业主及有关部门报告,并保护现场接受调查,按主管方及监理工程师的要求,认真进行事故处理。

(6)竣工的公路工程项目必须符合有关公路工程标准及设计文件要求,并按规定向业主提交完整的技术档案、试验成果及有关资料。

4. 监理单位质量管理职责

(1)监理单位必须经工商部门注册,持有交通主管部门核发的资质证书,并按规定的监理业务范围,承担相应的工程监理业务。

(2)必须严格遵照有关公路工程建设的法律、法规、规章、技术标准和规范以及施工合同文件,对工程施工现场进行全面监督管理。

(3)按照监理合同规定的任务和要求,向工程施工现场派出监理人员,组建驻地监理机构,配备监理设备。

(4)上岗监理工程师必须持有交通主管部门核准的监理工程师证书。监理人员应具有相应的工程管理能力、技术业务素质和公证、廉洁的职业道德。

5. 各级质监站的职责

(1)交通部基本建设工程质量监督总站的主要职责

①贯彻执行国家有关工程质量监督工作方针、政策和施工监理法规,制定交通系统建设工程质量监督、施工监理法规并监督实施。

②归口管理、检查、指导公路、水运工程质量监督和监理工作;组织质监人员和监理人员业务培训;组织对公路、水运工程质量监督站、监理单位、质监人员和监理人员的资质审批工作。

③统一规划建立和管理公路、水运工程质量检验测试中心。

④对国家和部属重点工程建设项目的工程质量和监理工作进行检查,发布工程质量动态。

⑤参与部级优秀勘察、优秀设计、优质工程的评审工作;参与国家级优秀勘察、优秀设计、优质工程的行业评审工作。

⑥组织对重大工程质量事故的调查处理,仲裁工程质量争端。

⑦掌握全行业工程质量动态,组织交流开展工程质量监督、工程施工监理的经验。

(2)省、自治区、直辖市交通(或公路)基本建设工程质量监督站的主要职责

①贯彻执行国家和上级交通主管部门颁发的工程质量监督、施工监理工作方针、政策和法规,制定本地区的公路工程质量监督实施细则。

②规划、管理本地区公路工程质量监督和施工监理工作;负责下级质监站及其相关人员的考核发证工作;审核申报监理单位和监理工程师资格的报告,根据有关规定审批专项监理工程师资格。

③监督检查施工监理单位、监理工程师、承包人工程质量保证体系及其人员的工作。

④主持交工工程质量鉴定,参加工程竣工验收。

⑤组织工程质量检查,定期发布工程质量动态。

⑥组织工程质量事故调查、处理、仲裁工程质量争端;监督检查重大工程(产品)质量事故的处理方案执行情况。

⑦参与本地区本行业优秀勘察、优秀设计、优质工程的评审工作,对申报省(部)、国家级"三优"工程的项目进行质量鉴定。

⑧组织交流本地区质量监督和施工监理工作经验,组织质监人员和监理人员业务培训。市级质监分站或者派出质监机构的任务,由省级质监站根据交通部发布的《公路工程质量监督规定》(2005 年 5 月 8 日　交通部令 2005 年第 4 号)的精神制定。

6. 公路工程建设各单位有关人员的质量责任

(1)公路工程建设项目主管部门、建设、施工、监理单位负责人,对本单位的质量工作负领导责任。

(2)各单位的工程项目负责人,对本单位工程项目现场的质量工作负直接领导责任。

(3)各单位的工程技术负责人,对质量工作负工程技术方面责任。

(4)具体工作人员对质量工作负直接责任。

(5)公路工程在设计使用年限内实行质量终身负责制。

第三节　监理机构与职责

一、组织机构

1. 监理机构设置

监理单位承担监理任务应根据监理合同,结合工程规模、难易程度、合同工期、现场条件等因素设置现场监理机构。根据《公路工程施工监理规范》(JTG G10—2006)的规定:

高速公路和一级公路可设置二级监理机构,即总监理工程师办公室(简称总监办)和驻地监理工程师办公室(简称驻地办)。开工里程在 20km 以下的,宜设置一级监理机构,即总监办。二级及二级以下公路和养护工程可具体情况设置一级或二级监理机构。图 2-1 和图 2-2 分别是一级和二级监理机构设置示意图,供参考。

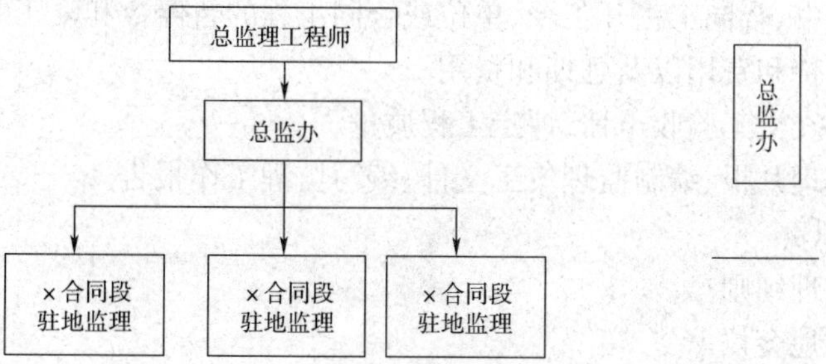

图 2-1　一级监理机构设置示意图

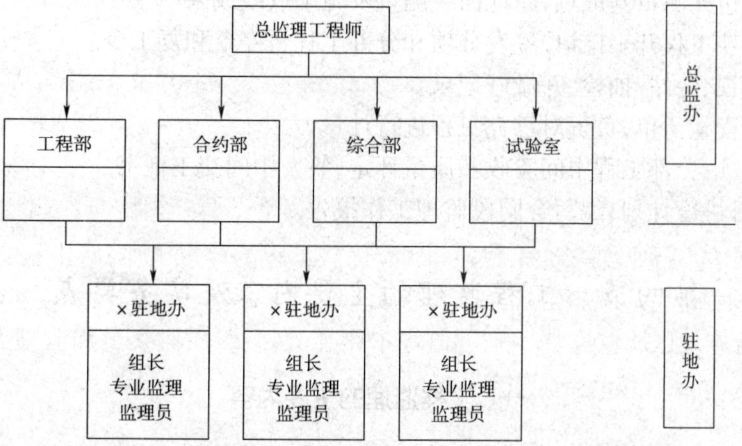

图 2-2　二级监理机构设置示意图

2. 监理人员的配备

根据《公路工程施工监理规范》(JTG G10—2006)规定:监理机构中监理人员的数量和结构,应根据监理内容、工程规模、合同工期、工程条件和施工阶段等因素,按保证对工程实施有效监理的原则确定。高速公路和一级公路工程每 5 000 万元建安费用宜配备交通部核准资格的监理工程师 1 名;独立大桥、特长隧道工程每年每 3 000 万元建安费用宜配备交通部核准资格的监理工程师1名；根据工程特点和实际需要，上述配备可在0.8～1.2的系数范围内调整。

二、监理机构的职责

1.职责划分

《公路工程施工监理规范》(JTG G10—2006)规定:当采用二级监理机构和监理总承包时，应由中标的监理单位划分各级监理机构及监理人员的职责和权限;当对监理机构分别招标时，应由业主划分确定监理机构各自的职责和权限。

2.总监办主要职责

(1)主持编制监理计划。

(2)主持召开监理交底会议、第一次工地会议。

(3)按合同要求建立中心试验室。

(4)审批施工组织设计计划及总体进度计划、重要工程材料及混合料配合比。

(5)签发支付证书、合同工程开工令、单位或合同工程的暂停令和复工令。

(6)审核变更单价和费用以及延期和费用。

(7)协助业主审查交工验收申请,评定工程质量。

(8)组织编写监理月报、编制监理竣工文件、编写监理工作报告。

3.驻地办主要职责

(1)主持编制监理细则。

(2)主持召开工地会议。

(3)按合同要求建立驻地试验室。

(4)审批一般工程原材料和混合料配合比、承包人的机械设备、施工方案。

(5)审批承包人测量基准点、原地面线测量及施工放线成果。

(6)审批分项工程开工申请,签发分项和分部工程暂停令和复工令。

(7)日常巡视、旁站、抽检,并做好记录。

(8)核算工程量清单,负责对已完工程进行计量。

(9)组织分项、分部工程中间验收和质量评定,签发中间交工证书。

(10)审批月进度计划,编写合同段监理工作报告。

第四节　工程监理的主要内容及实务要点

一、工程监理的主要内容

对任何一个工程建设项目,随着项目的实施、发展,其外部和内部条件都要发生变化,即项目处于动态变化之中。这就需要对工程建设项目的动态过程,按一定的标准、规范进行调整。工程监理就是调整工程项目实施中各方的关系和利益,维持工程项目的平衡状态,保证工程项目按合同、规范顺利进行。

工程监理的主要内容包括工程进度、工程质量、工程费用、施工安全和环境保护监理,合同管理、信息管理等。工程项目的进度、质量、费用三大目标的实现是工程监理的核心内容。对监理工程师来说,能把握住特定条件下工程项目三大目标的关系及重要顺序,使其控制恰到好处，是最为关键的。在公路工程施工监理过程中，监理工程师应以合同、规范为客观标准，为业主采购一个费用省、进度快、质量好的“工程产品”。

二、公路工程施工监理的任务

施工阶段工程监理的任务是监理工程师从组织、技术、合同和经济的角度采取措施，对工程质量、施工安全、环保、进度、费用实施全面监理。

1. 质量监理

质量是工程建设的关键。影响公路工程质量的因素很多，监理工程师应按照合同要求对影响工程质量的各个因素从原材料到施工工艺都要进行监理，任一环节出现疏忽、大意和放松质量检查，都有可能给公路工程最终质量带来严重的损害，因而监理工程师必须对整个工程实行施工全过程的监理。

2. 施工安全监理

审查承包人编制的施工组织设计中的安全技术措施或专项施工方案是否符合强制性标准，监督承包人按安全施工方案组织施工。

3. 环保监理

审查承包人施工组织设计是否按设计文件和环境影响评价报告的有关要求，制订了施工环境保护措施，检查督促承包人按制定的环境保护措施进行施工。

4. 进度监理

一个工程项目，一般在合同文件中对工期都做了明确的规定，承包人应根据合同规定的工期进行计划安排，制订出切实可行的工程总进度计划，提交监理工程师审查同意。监理工程师应按照此计划对其进行监理。当出现导致工程延误的关键因素时，监理工程师应及时要求承包人采取加强计划管理和技术管理的措施重新修订计划，增加施工机械或人力，以保证在合同工期内完成工程建设。

5. 费用监理

施工监理还应在质量符合标准、工期遵照合同要求的基础上对工程费用进行监理。工程费用包括合同文件中工程量清单内所列的以及因承包人索赔或工程变更等费用。监理工程师应尽可能合理地减少工程量清单中所列费用以外的附加支出，达到控制费用的最佳效果。

三、工 地 会 议

1. 工地会议的形式及记录

工地会议在监理规范中有明确规定，这个制度的核心是合同中的三方一起进行工作协调，以便沟通信息，落实责任，相互配合。工地会议应按合同段召开。《公路工程施工监理规范》(JTG G10—2006)中有关工地会议的形式及记录规定如下：

(1)工地会议的形式

把握住不同形式工地会议要达到的目的，是开好工地会议的关键。工地会议按召开时间、内容及参加人员的不同，分为第一次工地会议、工地例会、专题工地会议三种形式。

(2)工地会议记录

工地会议应由主持单位做好记录，会议形成的纪要应由参加单位确认，并可作为合同文件的一部分。会议中决定执行的有关事项，仍应按规定的监理程序办理。

第一次工地会议的目的，在于监理工程师对工程开工前的各项准备工作进行全面的检查，确保工程实施有一个良好的开端；工地例会的目的，在于监理工程师对工程实施过程中的进度、质量、费用的执行情况进行全面检查，为正确决策提供依据，确保工程顺利进行；专题工地会议的目的，在于解决工程实施过程中复杂的、重大的或各方分歧较大的问题。

在工地会议后必须产生文字性的记载，以便约束三方，并将议定的事项予以落实。这个文字性记载称为"工地会议纪要"。工地会议中决定的具体事项（如工程变更、事故处理等）应按有关规定由监理工程师发出指令，或由承包人提出书面报告。工地会议纪要在处理延期、索赔中，亦可作为佐证材料。工地会议记录由监理工程师指定的人员负责。会议记录应像记流水账一样将发言人的原话予以记录，且应忠于原意，切忌加入记录者个人的感情色彩，以确保记录的真实性与可信性。记录人应签字。

在工地例会上，与会人员应对上一次工地会议纪要形成决议的落实情况予以确认；对当月的工程施工进度及质量进行总结；对下月的工程进度进行计划；此外，对技术事宜、变更事宜、财务事宜、管理事宜、延期及索赔事宜等进行磋商和协调；最后，应对下一次工地会议的召开及其他事宜进行确定。

2. 第一次工地会议

(1)会议的组织

第一次工地会议应在工程正式开工前召开，总监办应事先将会议议程及有关事项通知业主、承包人及其他有关单位并做好会议准备。会议应由总监理工程师主持，各方在工程项目中担任主要职务的人员及分包单位负责人应参加会议。第一次工地会议应邀请质量监督部门参加。

(2)会议内容

①第一次工地会议上各方应介绍各自的人员、组织机构、职责范围及联系方式。业主应宣布对监理工程师的授权；总监理工程师应宣布对驻地监理工程师的授权；承包人应书面提交工地代表（项目经理）的授权书。

②承包人应陈述开工的各项准备情况，监理工程师应就施工准备情况予以评述。

③业主应就工程占地、临时用地、临时道路、拆迁、工程支付担保情况以及其他与开工条件有关的内容及事项进行说明。

④监理单位应就监理工作准备情况以及有关事项作出说明。

⑤监理工程师应就主要监理程序、质量和安全事故报告程序、报表格式、函件往来程序、工地例会等进行说明。

⑥总监理工程师应进行会议小结，明确施工准备工作还存在的主要问题及解决措施。

⑦具备开工条件的可下达开工令。

3. 工地例会

(1)会议组织

工地例会应由总监理工程师或驻地监理工程师主持，宜每月召开一次，业主代表和承包人现场主要负责人三方有关人员参加。

(2)会议内容

会议应检查上次会议议定事项的落实情况，并就工程质量、安全、环保、费用、进度及合同其他事项等进行讨论，提出解决问题的措施并确定下一步工作的具体安排和要求。

4. 专题工地会议

(1)会议组织

专题工地会议由总监理工程师或驻地监理工程师主持，根据工程需要及时召开，业主代表和承包人代表及其他有关人员参加。

(2)会议内容

会议对施工期内出现的工程质量、安全、环保、费用、进度及合同管理等方面的重点、难点和需要协调的问题进行研讨，并提出明确的解决方案和落实措施。

四、监理记录与报告

监理记录是整个监理工作的重要组成部分，是强化监理工作管理和实行三大控制不可缺少的内容。《公路工程施工监理规范》(JTG G10—2006)所给出的一套记录与报告表格应认真推行和贯彻，并在实践中不断完善和提高。

1. 工程监理月报

监理工程师应根据工程进展情况、存在的问题每月以报告书的形式向业主和监理单位报告。月报所陈述的问题可以是已存在的，也可以是将对工程费用、质量及工期产生实质性影响的事件，对陈述的问题应一并提出相应处理措施，月报中要同时报告承包人主要人员和监理工程师人员的变动情况。监理月报的主要内容：工程描述、认可的分包人及供应人、工程质量、工程进度支付情况、监理工作执行情况、小结和附录。

2. 工程监理报告

工程结束后，监理工程师应提交监理工作报告，内容一般为：工程基本情况；监理组织机构及工作起止时间；关于工程质量、工程费用、工程进度及合同管理的执行情况；分项、分部、单位工程的质量评估；工程费用分析；对工程建设中存在的问题的处理意见和建议；照片和录像等。

3. 常用施工监理表

包括施工放样报验单、分项工程开工申请批复单、承包人每周工作计划、监理日报，检验申请批复单、工作指令、工程变更令、索赔申请单、索赔时间/金额审批表、工地会议记录、中间交工证书、分包申请报告单、工程暂时停工指令、复工指令、工程质量事故处理报告单、工程交工证书、工程缺陷责任期终止证书等。

4. 常用支付表

包括工程进度表、中期支付证书、清单支付报表、计日工支付报表、工程变更一览表、价格调整汇总表、价格调整表、单价变更一览表、永久性材料价差金额一览表、永久性工程材料到达现场计量表，扣回材料设备预付款一览表、扣回动员预付款一览表、中间计量表、中间计量支付汇总表等。

5. 常用工程质量检验表

包括路基工程检验表，排水工程检验表，挡土墙、防护及其他砌石工程检验表，路面工程检验表，桥梁工程检验表，隧道工程检验表，交通工程设施检验表等。

6. 档案

监理工程师与业主、承包人和指定分包人之间有关工程质量、进度和费用的一切往来函件和报表均应分类编号归档保存。监理工程师应督促承包人在合同规定时间内，向业主提交完整、准确、清晰的竣工图纸、资料和各类档案。档案一般分行政档案，计量(支付)档案和技术档案。

现以××高速公路第×监理组为例，列举部分监理报告和记录，供参考。

实例1:监理月报

工程监理报告(月报)

一、工程进度情况

我组所监理的7个土建合同段均完成底基层的交验,除P合同段鸳蓖山挖方地段的挡防工程尚余少量未完工程,Q合同龙佛寺桥的桥面防撞栏杆和中央分隔带缘石尚余部分混凝土未浇筑,所有合同段的土路肩加固、边坡修整、中央分隔带、防水已施工大半,多数合同段已转到现场清理、桥梁和涵洞修饰及剩余工程的扫尾和缺陷工程的整治等工作上。R1合同的基层已全部铺筑完成,拌和场已撤场。S1合同的沥青混凝土铺筑保持月进度6 000m的速度,进展顺利。交通安全设施的波形梁护栏随着沥青路面的摊铺而延伸,标志混凝土基础除新都立交桥两个特殊的基础外,已全部完成,仅隔离栅工程受地方干扰,进度受到影响。9月份我组监理的合同段共计完成挡防工程2 420m^3、土路肩加固砌筑8 466m、路基交验153m、底基层交验483m、浇筑桥面铺装混凝土34孔,防撞护栏723m、基层铺筑单幅2 996m、基层交验单幅长8 729m、铺筑9cm粗砾式沥青混凝土路面半幅长11 399m、6cm后中粒式沥青混凝土路面半幅长12 916m。

截至本月25日,桥梁工程的基础和下部构造全部完成。梁板安装场全部结束,累计浇筑桥面铺装混凝土196孔、防撞护栏5 240m、累计完成挖方246 544m^3、利用填方175 575m^3、借土填方1 163 468m^3、排水工程18 394m^3、挡防工程22 643m^3。累计交验路基11 500m、青白江分离式桥引道路基交验376m、底基层交验11 500m、青白江桥引道二灰基层交验376m、土路肩加固19 983m、基层铺筑半幅23 096m、基层交验单幅21 166m、铺筑9cm厚粗粒式沥青混凝土路面单幅16 153m及6cm厚中粒式沥青混凝土路面单幅18 355m、浇筑匝道水泥混凝土路面1 400m、青白江桥引道铺筑3cm厚沥青混凝土376m。

龙佛寺桥的防撞栏杆和中央分隔带缘石,由于共同交点和放样失误,造成桥台位置偏右4.4cm,采用调整两岸引道缘石的办法接顺。

田比河桥桥面铺装混凝土高程超高,拟提高沥青混凝土高程5cm,并在两岸引道50cm范围内接顺。

9月15日延时到9月16日凌晨最后一段二灰基层K2+145至K2+770段长625m右半幅进行摊铺,原准备连续作业一次铺完,由于下雨,只好停止施工,尚余半幅300m未铺,已铺二灰有50m被雨淋,必须返工处理。

新都立交桥桥面很宽,采用两台摊铺机共同作业,因巴巴·格林摊铺机其熨平板不平整造成沥青混凝土桥面平整度较差,承包人决定采用2~3cm细粒式沥青混凝土加铺一层,9月5日~9月7日完成加工。

二、支付情况

白鹤林玉唐家寺段合同总价22 763.4万元,其中原土建合同总价为16 298.34万元,路面及交通安全设施为6 465.08万元。100章~900章金额为19 360.04万元,其中原土建合同为13 436.33万元,路面及交通安全设施为5 923.71万元。截至9月25日为止,原土建合同累计变更增加701.11万元,变更后100~900章金额为14 137.42万元,本月支付2 216.74万元,其中原土建合同支付197.12万元,占100~900章的1.32%,变更后100~900章的1.39%;

表 2-1

各合同段支付情况表

合同号	合同总金额（万元）	含材料价差金额（万元）	合同 100 ~ 900 章金额（万元）	变更后 100 ~ 900 章金额（万元）	本月支付情况				累计支付情况			
					本月支付金额（万元）	含材料价差（%）	合同 100 ~ 900 章（%）	变更后 100 ~ 900 章（%）	累计支付金额（万元）	含材料价差（%）	合同 100 ~ 900 章（%）	变更后 100 ~ 900 章（%）
M	3 147.95	3 149.39	2 685.58	2 798.17					2 818.58	89.5	104.95	101.43
N1	2 111.48	1 930.13	1 813.5	1 843.9					1 655.12	85.75	91.27	87.91
N2	1 603.46	1 465.9	1 375.56	1 549.46					1 514.96	103.35	110.13	97.77
O1	3 429.98	315.76	2 742.21	2 795.62					2 692.66	85.32	98.19	96.84
O2	1 095.17	999.39	957.77	994.77	49.34	4.94	5.15	4.96	933.9	93.45	97.51	93.88
P	2 832.55	2 586.82	2 457.33	2 653.34	147.78	5.71	6.01	4.88	2 436.04	94.17	99.13	80.43
Q	1 807.74	1 667.3	1 404.38	1 502.16					1 377.56	82.62	98.09	91.83
小计	16 298.34	14 954.69	13 436.33	14 137.42	197.12	1.32	1.46	1.39	13 428.82	89.8	99.94	94.99
R1	1 209.71	1 099.74	1 099.74		361.41	32.86	32.86	32.86	861.59	78.34	78.35	78.34
S1	3 842.16	3 492.87	3 492.87		1 572.48	45.02	45.02	45.02	1 572.48	45.02	45.02	45.02
T1	842.09	801.99	801.99									
U1	229.07	218.16	218.16									
V1	342.05	310.95	310.95		85.73	27.57	27.57	27.57	85.73	27.57	27.57	27.57
小计	6 465.08	5 923.71	5 923.71		2 019.62	31.09	34.09	34.09	2 519.8	42.54	42.54	42.54
合计	22 763.42	20 878.4	19 360.04	14 137.42	2 216.74	10.62	11.45	15.08	15 948.62	76.39	82.38	112.81

材料试验及抽样送检表

表 2-2

序号	项目	单位	M		N1		N2		O1		O2		P		Q		合计	
			自检	抽检	自检	抽检	自检	抽检	自检	抽检	自检	抽检	自检	抽	自检	抽检	自检	抽检
1	压实度取样	处											61	24		3	61	27
2	混凝土强度取样	组					2		2	2			10	12	46	70	60	84
3	砂浆强度取样	组	3	6	20	5	3	2	12	12	12	6	9	11	9	9	58	51
4	混凝土抗洪试验	组														9		9
5	回弹弯沉试验	点															175	522
6	镀锌层测厚检测	组		20		19		16		19				6		21		101
不合格及处理意见	N1、N2、O1、Q 合同段比河桥等桥上防护栏镀锌钢管镀锌厚度不合格，其中 Q 合同段比河桥已联系处理合格，请其余承包人予以返工处理																	

表 2-3

序号	项目	单位	R1		S1		T1		U1		V1		合计	
			自检	抽检	自检	抽检	自检	抽检	自检	抽检	自检	抽检	自检	抽检
1	压实度取样	处	105	52									105	52
2	7d 侧限抗压强度试验	组	9	12									9	12
3	回弹弯沉试验	点		1 800										1 800
4	石灰、粉煤灰化学分析试验	组		1										1
5	灰剂量测量试验	组	10	2									10	2
6	集料筛分试验	组	7	1	5	1							12	2
7	沥青指数试验	组				30								30
8	马歇尔试验	组				46								46
9	抽提试验	组				46								46
10	钻心取样	组				106								106
11	混凝土抗压强度试验	组								2				2
12	镀锌层厚度检测							98						98
不合格及处理意见														

路面及交通安全设施支付2 019.62万元、占100～900章的34.09%；累计支付15 948.62万元，其中原土建合同支付13 428.82万元，占100～900章的89.80%，占变更后100～900章的94.99%；路面及交通安全设施支付2 519.80万元，占100～900章的42.54%。

各合同段支付情况及各合同段累计完成情况，详见表2-1。材料试验及抽样送检情况，详见表2-2、表2-3。

实例2：监理记录（旁站记录、监理日志）

（1）旁站记录（表2-4）

____________工程项目

旁站记录 表2-4

施工单位		合同号	
旁站监理	小杨	日期	6月3日
到场时间	上午10:00	离场时间	上午11:30
质检人员		部位或桩号	K4+600右岸桥台
天气	晴		
旁站工序或主要工作内容	K4+600右岸桥台 基础混凝土浇筑		
施工过程简述	用清水冲洗砂，基础设计采用混凝土等级为C25，搅拌站墙上挂有配合比示意图表。施工单位采用体积配合比控制		
监理工作简述	监理检查一次，发现一盘料少10kg水泥		
主要数据记录			
发现问题及处理结果	口头向现场施工负责人指出并纠正，同时，对前面施工的混凝土抽检		

（2）监理日志（表2-5）

____________工程项目

监理日志 表2-5

监理机构		所辖合同号	
记录人		日期	6月3日
审核人		日期	6月10日
天气	晴		
各合同段主要施工项目简述	二灰稳定砂砾基层。 采用红艳自卸货车、推土机、装载机、平地机、轮胎压路机、钢齿压路机联合作业。30cm分两层铺筑、下层压实度抽检合格、即可铺筑上层。 完成K4+100～K4+170右幅上下层铺筑、完成K4+170～K4+531右幅下层铺筑		
监理机构主要工作简述（审批、验收、旁站、指令、会议等）	下午监理抽检N2所在地段（K13+985～K14+300）压实度（共4处、监理组现场监理小陈、小杨在场）。承包人下午自检此段二灰稳定砂砾基层的顶面高程和横坡、监理组派人参加		
就有关问题与建设单位、承包人等进行澄清或处理的情况简述	K4+100～K4+170右靠板深处原铺底基层没有洒水润湿，后立即通知承包人调洒水车到工地，从K4+170开始、洒水至K4+531		

本 章 小 结

1. 施工监理就是监理单位依据法律、法规、文件的要求，在施工准备阶段、施工阶段及缺陷责任期阶段对工程质量、费用、进度、施工安全、环境保护进行监理和对合同等其他事宜进行管理。

2. 施工监理的目的是为加强公路工程质量管理，控制工期和工程费用，提高投资效益及工程管理水平，使施工管理工作法制化、标准化、规范化、程序化。

3. 质量保证体系是“政府监督、社会监理、企业自检”。

4. 政府监督具有强制性、全面性、宏观性的性质。政府监督的职能是对参建各方建设行为实施的监督管理。

5. 与工程监理有关的行为主体有业主、承包人、监理工程师。

6. 业主、承包人与监理工程师三方的关系是：业主与承包人是合同关系，业主与监理是委托与被委托关系，监理与承包人是监理与被监理关系。业主、监理工程师、承包人三方不是领导与被领导关系，而是合同关系或依照合同实施监理的关系。

7. 工程施工监理的时序一般划分为三个阶段：施工准备阶段监理，施工阶段监理，交工验收及缺陷责任期阶段监理。

8. 工程监理的优点是：有利于提高工程建设项目的管理水平；有效控制总投资；保证工程质量；有效地控制工期；协调解决各方的矛盾；公正的维护业主和承包人双方的权益。

9. 施工监理中应注意的关键问题是要明确监理工程师的职责；必须赋予监理工程师控制工程实施的相应权力；要依法保证监理人员的职责权力。

10. 施工监理的依据是：国家和地方法律、法规；国家和行业、地方有关标准、规范、规程；监理合同；施工合同；工程前期有关文件；工程设计文件和图纸；工程实施过程中有关的函件。

11. 施工阶段的主要监理任务是做好工程质量监理、工程进度监理、工程费用、施工安全、环境保护监理和合同、信息管理。

12. 监理机构分别设置一级、二级机构。

13. 工地会议分为第一次工地会议、工地例会和专题工地会议。

复习思考题

1. 简述施工监理的定义及其有关的行为主体。

2. 业主、承包人和监理工程师之间是什么关系？

3. 什么是三级质量保证体系？其各自的职能是什么？

4. 简述施工监理的目的和主要内容。

5. 施工监理分哪几个阶段？各个阶段的主要工作有哪些？

6. 工程监理的优点是什么？

7. 施工监理中应注意哪些关键问题？

8. 什么是我国工程监理制和施工监理的原则和依据？

9. 监理机构的设置有哪几种形式，应考虑的因素有哪些？

10. 配备监理人员的原则是什么？主要包括哪些人员？

11. 概述作为合格的监理工程师应具备哪些条件？

12. 简述施工监理的任务和性质。

13. 工地会议的形式有哪些？其各自的目的是什么？

14. 施工监理的记录与报告主要有哪些？其意义是什么？

第三章　公路工程施工进度监理

第一节　工程进度监理的作用和任务

一、进度监理的作用

实施公路工程项目的施工活动，是根据工程承包合同所规定的工期要求来安排的，且整个施工过程，必须在限定的工期内，按照技术规范、图纸等有关要求完成。因工程进度涉及业主和承包人双方的重大利益，亦是合同能否顺利执行的关键，所以对工程项目的施工进度进行监理是十分必要的。

实现进度监理的首要前提，是要有一个科学而又合理的工程项目进度计划。目前，我国实行工程监理的公路项目均具有投资规模大和建设周期长的特点。对工程进度进行监理，把计划进度和实际进度间的平衡作为控制进度和计划管理的关键环节，密切注视工程实际进度与计划进度之间可能出现的差距，及时加以协调，使工程尽可能在预定的工期内完成，并应争取早日使工程投入使用而获得投资效益。

根据工程项目的三大目标和它们之间的关系，工程进度的快与慢，都对质量和费用产生直接影响。因此，要在整个项目中有效、合理、经济地配置和使用劳务、材料、机械设备等资源，使施工建设中的每个步骤都能对进度目标的实现起保证作用。

综上所述，进度监理的作用就是在考虑了工程施工管理的三个因素（工期、施工质量和经济性）的同时，针对工程施工的全过程，通过计划、组织、协调、检查、调整等手段，调动一切积极因素，努力实现施工过程中的各个阶段目标，从而确保总工期目标的实现。

二、进度监理的任务

监理工程师在工程进度监理方面的主要任务是：要求承包人在工程开工前或施工中根据招标合同文件和施工进展实况，编制出清楚、明了、真实、可靠、能表达施工中的全部活动及其他的相关联系、反映施工组织及施工方法、符合实际且便于管理的施工组织计划；审批承包人编制的施工组织计划；督促承包人执行已审批的施工组织计划，并在执行过程中，通过计划进度与实际进度的比较，定期、经常地检查和调整进度计划；协调业主与承包人，承包人与承包人，承包人与分包人，设计供图、材料设备供货、交通通信、电力供应、消防治安、地方政府、当地群众等各方面、各部门之间的关系，使各方面不致产生矛盾，以便工程能按预期进度进行。

第二节　进度监理基本方法

一、横道图法

1. 横道图方法

横道图又称为甘特图（Gantt chart），它是美国工程师亨利·甘特在第一次世界大战期间创造的一种生产进度表达方法。

横道图是以时间为横坐标，以各分项工程或施工工序为纵坐标，按一定的先后施工顺序和工艺流程，用带时间比例的水平横道线表示对应项目或工序持续时间的施工进度计划图表。

2. 横道图的常用格式

横道图的常用格式，一般由两大部分组成：

(1)左面部分为主要表格，其内容应包括编号、工程名称(施工工序)、施工方法、工程量或工作量的单位及数量等。

(2)右面部分为指示图表，它是由左面的数据经计算得到的。在指示图表中用水平横线条形象地表示出分项工程或施工工序的施工进度，其线条长度代表施工持续时间长短，线条的位置表示施工过程，线条上方的数字表示该项目所需的劳动力数量，有时也可采用不同线条符号表示施工作业班组或施工段。

下面结合某 80km 长的路段，绘制施工进度横道图，如图 3-1 所示。

编号	工程名称	施工方法	工程量		20××年(月份)										起止时间	
			单位	数量	1	2	3	4	5	6	7	8	9	10	开工	结束
1	临时通信线路	人工为主	km	80											1月初	7月底
2	沥青混合料拌和楼	人工安装	处	1											1月上旬	5月上旬
3	清除路基	机械	m^3	700 000											3月初	7月底
4	路用房屋	人工	m^2	1 300											1月初	6月底
5	大桥	半机械化	座	1											5月中旬	9月中旬
6	中桥	半机械化	座	5											3月15	8月底
7	集中性土方	机械	m^3	430 000											4月上旬	8月底
8	小型构造物	半机械化	座	23											5月初	9月底
9	沿线土方	机械为主	m^3	89 000											5月初	10月底
10	基层	半机械化	m^2	560 000											5月上旬	10月上旬
11	面层	半机械化	m^2	560 000											5月上旬	10月上旬
12	整修工程	人工为主	km	80											5月上旬	10月上旬

图 3-1　施工进度横道图

3. 横道图的特点

横道图的优点：可以方便地表达出施工计划的总工期和各分项工程或施工工序的持续时间；每项工作何时开始、何日完成一目了然；便于计算完成施工计划所需的劳动力、材料、机械设备及资金等各种资源用量。

横道图的缺点：

(1)不容易看出工作之间的相互依赖、相互制约的关系，仅反映工作之间的前后衔接关系；

(2)无法反映工作的机动使用时间，反映不出关键工作及哪些工作决定总工期；

(3)不能实现定量分析，因而无法采用计算机计算；

(4)计划执行过程中实施计划偏离原计划时，只能进行局部简单的调整；

(5)无法进行施工组织及施工技术方案的比较与优化。

因此，横道图只适宜于编制集中性工程进度计划、材料供应计划或者简单的工程进度计划。

横道图作为一种施工进度监理的工具，它不仅可用于编制施工进度计划，而且还可用于工程进度实施中的监控。在进度计划实施中，在计划进度横道线下方同时标出各分项工程或施工工序的实际进度。根据实际进度与计划进度的比较，可对进度计划进行必要的修改与调整。

二、S 曲 线 法

1. S 曲线

S 曲线即工程进度曲线，因其曲线形状大致呈 S 形故而得名。

S 曲线是针对横道图监控工程进度时，计划进度与实际进度的比较只能在各个分项工程或工作(序)之间进行，无法对整个工程进度情况进行全局性的管理这一不足而提出的。S 曲线以工期为横轴，以累计完成的工程费用的百分比或累计完成的工程量的百分比为纵轴的图表化曲线，如图 3-2 所示。

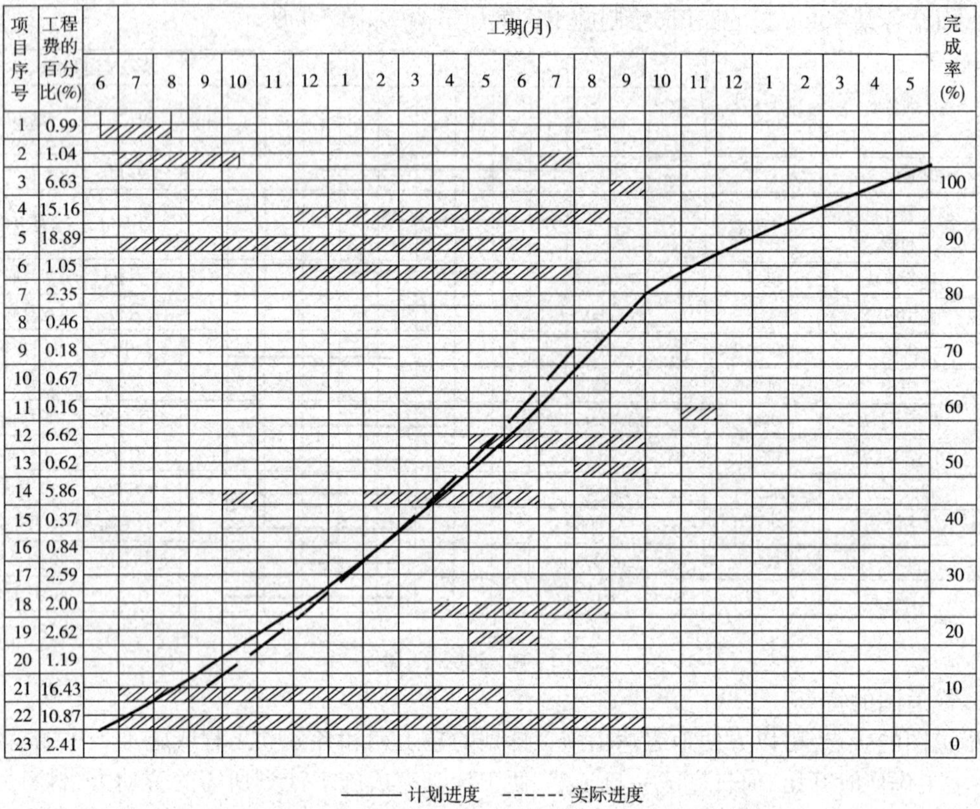

图 3-2　S 曲线

2. S 曲线的形状特点

假设工程进度曲线用函数 $C=f(T)$ 表示，则 $V=\mathrm{d}C/\mathrm{d}T$ 表示工程在点 T 处的施工速度，也就是该点处曲线的切线方向即为曲线的斜率。

一般情况下，项目施工初期应进行临时工程建设或做各项施工准备工作，劳动力和施工机械的投入逐渐增多，每天完成的工作量也逐渐增加，所以施工速度逐渐加快，即工程进度曲线的斜率逐渐增大，此阶段的曲线呈凹形；在项目施工稳定期间，施工机械和劳动力投入最大且保持不变时，若不出现意外作业时间损失，且施工效率正常，则每天完成的工作量大致相等，这时施工速度近似为常数，工程进度曲线的斜率几乎不变，故该阶段的曲线接近为直线；项目施工后期，主体工程项目已完成，剩下修补加工及清理现场等收尾工作，劳动力和施工机械逐渐退场，每天完成的工作量逐步减少，此时施工速度也逐步减小，即工程进度曲线的斜率逐步减小，此阶段的曲线则为凸形。

由此可见，一般工程进度曲线大体上呈S形（图3-3），所以该曲线又称为S曲线。

3. S曲线在公路工程施工监理中的作用

由于S曲线是工程进度曲线也是现金流动曲线，所以它在公路工程施工进度及费用监理中均可应用，其作用如下：

(1)审批施工进度计划时，可用S曲线判断承包人编制的施工进度计划是否合理。合理的施工进度计划，其工程进度曲线的形状大致呈S形，劳动力、材料和施工机具设备供应及工程费用使用分配符合一般规律。反之，工程初期曲线不是凹形；或者施工稳定期间，曲线完全不是直线；或者工程后期曲线不呈凸形等，均说明施工中资源调配违背了一般规律。上述任何一种不合理情况都应要求承包人重新修订施工进度计划。

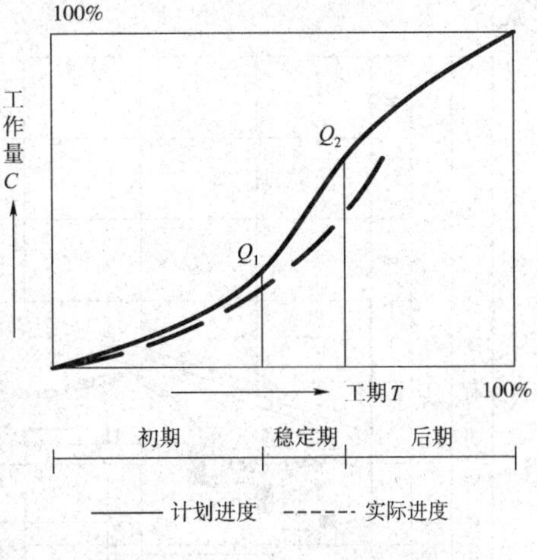

图3-3　工程进度曲线形状

(2)监控施工进度计划实施阶段，进度控制可方便地利用S曲线评价实际进度情况属于正常、提前或滞后。当实际进度按计划进度正常施工时，其实际进度与计划进度曲线相吻合，此时说明实际进度正常。如果实际进度比计划进度提前，则实际进度曲线应在计划进度曲线上方，此时实际施工速度比计划施工速度快，照此施工下去工期就会提前，监理工程师据此可作出两种决策：一是工程成本消耗较合理时，按实际施工进度不变，提前完成任务；二是工程成本消耗较高时，应适当放慢施工，使实际进度按计划进度进行，确保按计划工期完成任务。如果实际进度比计划进度滞后，则实际进度在计划进度的下方，这时实际施工速度比计划施工速度慢，照此下去工期就会拖延，此时监理工程师的一般决策是：增加资源供应，加快施工速度，使实际进度赶上计划进度，保证计划工期的按时完成。

(3)S曲线可用于工程费用监理中工程计量及费用支付的依据。S曲线是工程进度与累计完成的工程量或工作量（费用）的百分比表示曲线，也是工程项目实施中进度与现金流动关系曲线。项目实施期间实际完成了多少工程量或工作量（工作费用），在实际进度曲线上一目了然，据此可方便地进行中期工程量的计量与支付。

三、斜条图法

1. 斜条图

斜条图法又称为垂直法或垂直坐标表示法。斜条图以纵坐标表示施工期限，横坐标表示里程或工程位置，而各分项工程或施工工序的施工进度则相应地以不同形式的斜条线表示。图3-4为某80km路段综合施工的工程进度斜条图。

2. 斜条图的特点

由图3-4可以看出，斜条图与横道图相似，它是横道图的另一种表示方法。在斜条图中各分项工程或施工工序的相互关系、施工紧凑程序及施工速度都十分清楚，工程的分布情况和施工日期清晰可见，从图中还可以直接找出任何时间各施工队伍所在的施工位置和应完成的工程数量。它与横道图相比,减少了横道图的不足,但它作为一种进度监理工具,仍然存在以下缺点:不能反映各项目或工作(工序)之间错综复杂的关系;不能确定工作机动时间及关键工作;不能使用电子计算机进行定量分析;计划的编制及修改的工作量较大;不能进行计划方案的比较及优选等。因此,斜条图法仅是编制道路、隧道等线形工程施工进度计划的一种较好形式。

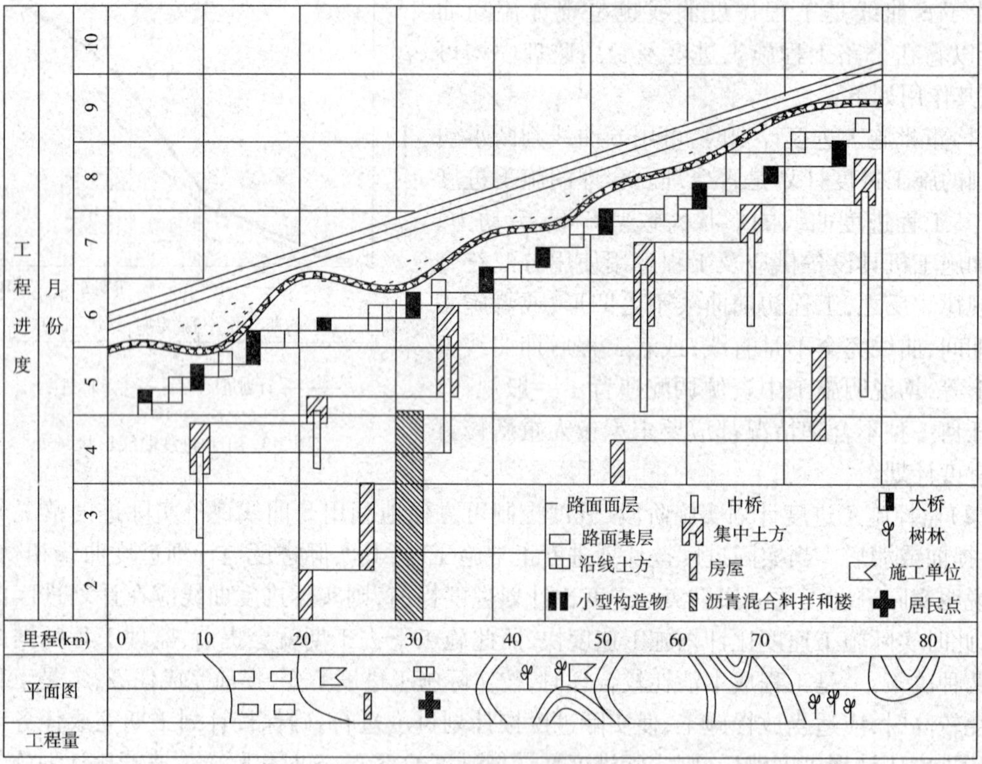

图3-4 斜条式综合工程进度图

四、网络计划图法

网络计划技术有许多方法,主要有关键线路法(CPM)、计划评审方法(PERT)、流水作业网络计划、搭接网络计划(CNT)、图例评审法等。这里不再叙述。

第三节 进度计划的编制与审批

一、施工进度计划的编制

(一)施工进度计划的基本内容

工程建设由施工准备期、工程施工期和交工验收与缺陷责任期三阶段组成。工程施工进度计划,就是对上述诸阶段的总的规划。工程进度计划是监理工程师对工程实施过程进行监理的前提。因此,承包人应在工程开工前,向监理工程师提供格式和内容符合规定的工程进度计划,以及为完成该计划而采用的施工安排的施工方案说明。使其可按该进度计划来确定监理工作的实施方案和施工要求;督促承包人做好具体工程开工之前的准备工作;根据进度计划的安排协调施工图纸的供应，以满足现场施工的需要；依据进度计划，在施工过程中协调人力、物力、依据进度计划监督实际进度及评价由于各种管理失误、恶劣气候或由于业主的主观因素等变化而对工程进度产生的影响。另外，当监理工程师进行费用或成本控制时，亦需依据具体的进度计划来审定和批准有关的单价和工程费用的支付。

根据工程项目实施的不同阶段，其进度计划可分为总体进度计划，年、月（以及承包人每周工作计划）进度计划。对于某些起控制作用的关键工程项目（如桥梁、隧道、立交等），还应单独编制工程进度计划。

（1）总体进度计划的内容。总体进度计划是从工程开工起，一直到交工验收为止的这段时间内，各个主要施工环节的总的进度安排。其内容包括：工程项目的合同工期；完成各单位工程及各施工阶段所需要的工期、最早开始和最迟结束时间；各单位工程及各施工阶段需要完成的工程量及现金流动估算；各单位工程及各施工阶段所需配备的人力和机械的数量；各单位工程或分部工程的施工方案和施工方法；施工组织机构的设置及质量保证体系，包括人员配备，试验室等内容。

（2）年度进度计划的内容。由于公路工程项目的建设周期较长，当项目比较大时，除需编制工程的总体计划外，还需编制年度和月进度计划。其内容包括：本年度计划完成的单位工程及施工阶段的工程项目内容，工程数量及投资指标；施工队伍和主要施工设备的数量及调配顺序；不同季节及气温条件下各项工程的时间安排；在总体进度计划下对各分项工程进行局部调整或修改的详细说明等。

（3）月（季）进度计划的内容。其内容包括：本月（季）计划完成的分项工程内容及顺序安排；完成各分项工程的工程数量及投资额；完成各分项工程的施工队伍及人力和主要机械设备的配额；在年度计划下对各单位工程或分项工程进行局部调整和修改的详细说明等。

（4）承包人每周工作计划。工程施工应长计划短安排，即将上述各种计划落实到工日，使宏观计划能得以具体实施，其内容如表3-1所示。

承包人每周工作计划　　表3-1

承包单位：　　合同号：

监理单位：　　编　号：

<table>
<tr><td colspan="3" rowspan="2">工作计划日期：</td><td>承包人递交日期：</td><td colspan="3">监理收到日期：</td></tr>
<tr><td>签字：</td><td colspan="3">签字：</td></tr>
<tr><td colspan="3">计划施工项目：</td><td rowspan="2">施工项目说明</td><td colspan="3">申请监理安排</td></tr>
<tr><td>桩号</td><td>部位</td><td>日期</td><td>检查</td><td>试验</td><td>测量</td></tr>
<tr><td></td><td></td><td></td><td></td><td></td><td></td><td></td></tr>
<tr><td colspan="3">监理工程师意见：</td><td colspan="4"></td></tr>
</table>

（5）关键工程进度计划的内容。桥梁、隧道、立交等关键工程，其施工工期常关系到整个工程项目施工总工期的长短。因此，需单独编制服从于工程总体进度计划的单项关键工程进度计划。具体内容包括：具体的施工方案和施工方法；总体进度计划及各道工序的控制日期；各施工阶段的人员和机械设备的配额及其运转安排；现金流动估算；施工准备及结束后清场的时间安排；对总体进度计划及其他相关工程的控制，依赖关系和说明等。

（二）施工进度计划的表示方式

一般的公路工程项目，其总体进度计划及关键项目的工程进度计划，常采用横道图、斜道图或进度曲线等方式表示；对于高等级大型项目，还应用网络图表示；年度月（季）进度计划可采用横道图、进度曲线及有关形象进度图表示。

（三）施工进度计划的编制

根据《公路工程国内招标文件范本》（2003 年版）通用条款 14.1 款，承包人在收到中标通知书之日后，在本合同公路工程国内招标文件范本专用条款规定的日期内，应向监理工程师提交一份详细和格式符合要求的工程总体进度计划及必要的各项关键工程的进度计划；一份有关全部支付的现金流动估算；一份有关施工方案和施工方法的总说明（即通过施工组织设计提出的说明）。

根据《公路工程国内招标文件范本》通用条款 14.3 款，承包人应在每年 11 月底前，或在将要开工以前，或在开工以后合理的时间内，向监理工程师提交以下阶段性的进度计划，即年度进度计划及现金流动估算、月（季）进度计划及现金流动估算、分项（或分部）工程的进度计划。

1. 总体进度计划的编制

承包人编制的施工阶段的总体进度计划（施工组织设计），其内容与施工组织计划的内容相似。它是按施工组织设计的编制要求编制的，即在投标文件施工组织设计的基础上，根据评标和合同谈判期间提出的一些问题而增列的合同补充条款、施工现场更为精确的基础资料和承包人能进场的主要施工机械设备，再按需增编：材料供应图；运输组织计划图；附属企业或自办料场施工组织设计图表；供水、电计划图表；重点项目的技术组织措施计划或工艺设计；网络设计图；各种管理制度等。

承包人在编制实施性的施工组织设计时，还应注意以下问题：

（1）施工条件。包括工程条件和自然条件，虽在工程的合同文件及发包单位（业主）提供的参考资料中已有叙述，但在施工组织设计的第一章中还是应再摘抄一下，使文件前后呼应，更具条理，也给阅读者提供方便，不需要临时去查找这些资料。

（2）施工方法是施工总进度表编制的基础，也是施工总布置及投资单价分析的主要依据，它是在料场、施工设备及施工工期已定的前提下决定的。由于招标文件中已明确了料场的地点、分布范围、储量和质量等，所以，只应阐述料场的施工布置、开采工艺、质量控制、转动措施、施工设备及开采进度计划等。

（3）招标文件中的施工总体布置图仅表明可供承包人使用的施工用地，而承包人提交的施工总体布置图中须标明临时工程设施和生活设施的位置、面积和规模、临时施工道路等。

（4）编制施工总进度时，必须满足合同文件中已规定的工程进度控制时间，并应注意协调好年度进度计划及各单项工程之间的衔接关系。

2. 年度、月（季）进度计划的编制

年度进度计划可按路基、路面、基础、墩台和桥面等单位工程或分部、分项工程划分工程项目，并根据年度季节、气候的不同，确定各项年度生产指标，合理安排施工进度，编制出能反映本年度施工的各单项工程形象进度控制指标的切实可行的年度施工进度计划。

在安排年度进度计划时，应首先安排重点、大型、复杂、周期长、占劳动力多和施工机械设备多的工程，优先安排主要工种或经常处于短线状态的工种的施工任务，使其连续作业。同时，还应重点突出组织顺序上的联系，如大型机械设备的转移顺序及主要施工队伍的转移顺序等，以达到减少人工、机械设备的窝工，节省工程费用的目的。

月（季）工程进度计划的编制，除根据年度进度计划要求外，还应按监理工程师的建议或意见，确定月（季）施工任务，指导施工作业；进行月（季）施工各项指标的平衡、汇总，以便综合衡量完成的工程数量和工程投资，作为月（季）工程施工进度情况考核的依据。因此，在月（季）工程进度计划中应对本月（季）计划施工的分项工程，对各分项工程在本月（季）计划完成的工程数量及本月（季）计划完成的工程投资额等加以反映。

应注意，在安排年度及月（季）进度计划时，要理顺下列关系：即一般工程受重点工程的制约，配套项目受主体项目的制约；下级计划受上级计划的制约；计划内短期安排受整个计划工期（总工期）的制约。不过，在调整计划时，应尽量不改变年度计划的指标，以便于考核计划的执行。

3. 关键工程进度计划的编制

包括以下内容：工程概况，指名称、位置、结构、施工要求等；工程的前期准备工作，如施工组织机构的设置、劳动力、材料、机械设备等；施工工艺设计，包括计算书及施工图纸；施工进度安排，如作业进度图等；施工现场平面图布置设计；质量控制及安排措施等。

二、监理工程师对进度计划的审批

公路工程施工是一项科学性很强、涉及面十分广泛的系统工程。施工进度计划与施工组织设计是完成这个系统工程，指导施工准备工作和组织工程施工的纲要，也是控制工程质量的关键性文件。因此，监理工程师在接到承包人提交的工程进度计划之后，应对其进行认真的审核，并签署审批意见。

监理工程师对进度计划审批的目的是：全面分析和检查承包人所制定的工程进度计划；了解计划中所采取施工方案和技术措施等是否符合工程的现场情况和实际条件；确认所制定的实现合同工期的目标是否合理和可行。监理工程师在收到承包人提交的各项进度计划后，应组织有关人员在合同规定或满足施工需要的合理时间内将其审查完毕。审查工作可按以下步骤进行：①阅读文件、列出问题、进行调查了解；②提出问题与承包人进行讨论或澄清；③对有问题的部分进行分析，向承包人提出修改意见；④审查批准承包人修改后的进度计划。

进度计划审批的内容如下：

1. 工期和施工时间安排的合理性

即施工总工期的安排应符合合同规定的工期；各施工阶段或单位工程（包括分部、分项工程）的施工顺序和时间安排与材料和设备的进场计划相协调；易受低温、冰冻、炎热、雨季等气候的影响的工程的时间安排和有效的预防保护措施是否得当；对动员、清场、节假日及天气影响的时间，是否留有充分的余地。

2. 施工准备的可靠程度

承包人的主要施工骨干人员及施工队伍的进场日期已经落实；施工测量放样、材料检查及标准试验的工作已经安排；驻地建设、进场道路、施工便道和便桥、供电、供水、通信等已经解决或已有可靠的解决方案；施工所需主要材料和设备的运送日期已有保证。

3. 计划目标与施工能力的适应性

即应审查承包人各阶段或单位工程计划完成的工程数量及投资额是否与承包人的设备、人力实际状况相适应；各项工程的施工方案和施工方法是否与承包人的施工经验和技术水平相适应；关键线路上安排的施工力量与非关键线路上安排的施工力量是否合适。

根据《公路工程国内招标文件范本》通用条款第 14.2 条规定，当监理工程师通过调查研究，如确认承包人为完成本合同工程而提供的工程进度计划是合理的，且是切实可行的时，应在合理的时间内同意承包人编制的进度计划，并通知承包人可按计划安排施工。若认为承包人所提交的工程进度计划与其实际的技术、装备能力不相适应,尤其是在计划中关键线路上的工作安排不合理时,则应要求承包人修订工程进度计划。重新修订的工程进度计划,亦应报监理工程师审批。

总体进度计划应由总监理工程师审批;月进度计划和单项工程进度计划应由驻地监理工程师审核并报总监办。在工程开工后,驻地监理工程师应建立单项工程的月、旬、周进度报表及进度控制图表,以便对分项施工的工程进行更为具体的控制。

监理工程师的审批意见,可按"照此执行"、"按修改执行"、"修改后重新递交审批"、"不能执行"四种意见批复。不过,监理工程师对施工进度计划的审批意见,一般是建议性的,承包人可以采纳,也可以不采纳。若不采纳,承包人应说明其理由。一般情况下,监理工程师亦应尽量尊重承包人的意见,尤其是对一些重大问题,在作出书面审批意见之前,最好先和承包人交换意见,沟通一下思想,以避免审批意见和承包人意见产生重大分歧或审批意见不够确切的情况出现。

最后,监理工程师还应注意:各项进度计划的审批,必须在合同规定或满足施工需要的时间期限内完成。若逾期不提出审批意见,则应视为"审阅"通过。

现以对××高速公路 PF2 合同段施工组织设计的审批意见为例,说明具体审批方法。

PF2 合同段施工组织设计审阅意见

1. 承包人将整个合同段分为 1、2 两个作业区,以两个作业面开展施工,较好,并规定谁主管谁负责,亦好。但未看出两个作业区具体协调的措施,故担心结合部的工程质量,另外如何与 PF1、PF3 两相邻合同段的衔接,"施工组织设计"中亦未反映。因此,从宏观管理上,建议承包人重新考虑,修改"施工组织设计"计划。

2. 施工组织方案的管理体系未具体落实到人,且其职责不明,质量自检体系未列明,也未落实到具体人;现场技术人员除负责人外,应将班子组建列入,尤其是质量自检人员名单更应明确。

3. 试验路段方案未列。建议承包人作填方路段、半填半挖路段、全开挖路段三段试验路段。具体段落再另行确定。

4. K75 + 000 ~ K76 + 125 路段过湿土处理的施工,具体方案未列出,请承包人特别注意此路段的施工工艺和方案问题,以确保全合同段的工程质量。

5. 请承包人再核对一遍(按标价的工程量清单)桥梁下部,1、2 号作业区段的涵洞、桥梁、土方总数等,以避免出入。

6. P13 第 3 行"中途长期停工",请承包人解释其具体内涵。

总之,本施工组织方案编制较全面,技术措施也较全面和得体,但若将上述各条重新加以考虑、加以改进,并加强质量监控措施及工期进度控制措施,加强安全施工、文明施工,则更好。

结论:"修改后执行"。

第四节　施工进度计划的检查与修订

一、施工进度计划的检查

在项目实施过程中,监理工程师应经常地、定期地对进度的执行情况进行跟踪检查,即通过进度报表或现场实地检查的方式收集反映工程实际进度的有关数据,并在整理、统计、分析的基础上,进行实际进度与计划进度的比较,以发现偏差,然后进行调整。

每日进度的检查记录由专业监理工程师执行。专业监理工程师应要求承包人按单位工程、分项工程或工点对其实际进度进行记录,并予以检查,以作为掌握工程进度和进行决策的依据。

每日进度检查记录的内容包括:当日实际完成及累计完成的工程量;当日实际参加施工的人力、机械数量及生产效率;当日施工停滞的人力、机械数量及其原因;当日承包人的主管及技术人员到达现场的情况;当日发生的影响工程进度的特殊事件或原因;当日的天气情况等。

每月向总监理工程师及其代表和业主提交的每月工程进度报告由驻地监理工程师提供。月工程进度报告根据承包人现场提供的每日施工进度记录,及时进行统计和标记,并通过分析和整理而成。其内容包括:以记事方式对计划进度执行情况提出分析的概况或总说明;以工程数量清单所列细目为单位;编制出的工程进度累计曲线和完成投资额的进度累计曲线;可显示关键线路上(或主要工程项目上)一些施工活动及进展情况的工程图片;应反映承包人的现金流动、工程变更、价格调整、索赔、工程支付及其他财务支出的财务状况;应记述影响工程进度或造成延误的因素及解决措施。

二、进度计划实施中的监测与修订方法

(一)施工阶段进度控制的内容

施工阶段的进度控制内容包括体现事前、事中和事后进度控制的内容。事前进度控制即工期预控,具体内容包括:编制施工阶段进度控制工作细则;编制或审核施工总进度计划及单位工程施工进度计划;审核承包人提交的施工方案及施工总平面布置图;提供施工用地与通道;完成拆迁;向承包人及时提供图纸;及时向承包人支付预付款。事中进度控制的内容如下:建立现场办公室;及时检查和审核承包人提交的工程进度报告;加强旁站、巡视、抽检等监理手段;组织现场协调会;定期向业主汇报工程进展情况,按期提交必要的进度报告等。事后进度控制的主要内容是:及时组织验收;及时处理工程索赔;及时整理及归档工程进度资料;根据实际施工进度,及时修改和调整验收阶段进度计划及监理工作计划,以保证下一阶段工作的顺利开展。

(二)实际进度与计划进度的图形比较法

1. 横道图比较法

横道图比较法是将项目实施过程中所观测到的实际进度,用横道线直接绘于原横道计划图中,并将二者进行直观比较。通过比较,使进度控制人员掌握进度现状,以便采取相应措施。当工程项目的各项工作按匀速进展,即某项工作单位时间内完成的工作量相同,或工作量(工作量可以是实物工程量,也可是工时消耗或费用支出)的百分比相同时,可采用图 3-5 所示的方法进行比较。

该图的具体作法是:首先在横道计划上标出进度检查日期,然后在原计划的横道线下方作一条平行的横道线(涂黑部分),此横道线的长度应反映实际累计完成工作量的百分比,且应按比例画出。在实际工作中,这条横道线的右端点不一定正好与检查日期重合,若横道线右端点在检查日期左侧,则表示此刻的实际进度比计划进度拖后;反之,横道线右端点落在检查日期右侧,则表示实际进度比计划进度超前。此外,根据横道线右端点与检查日期差距的大小,还可知进度超前或拖后的大小。例如,从图 3-5 中可知进度拖后 12.5%。

当工作按变速进展时,若再采用形式I,则很难判明实际进度比计划进度究竟是超前还是落后,此时,应采用如图3-6所示的形式II进行比较。

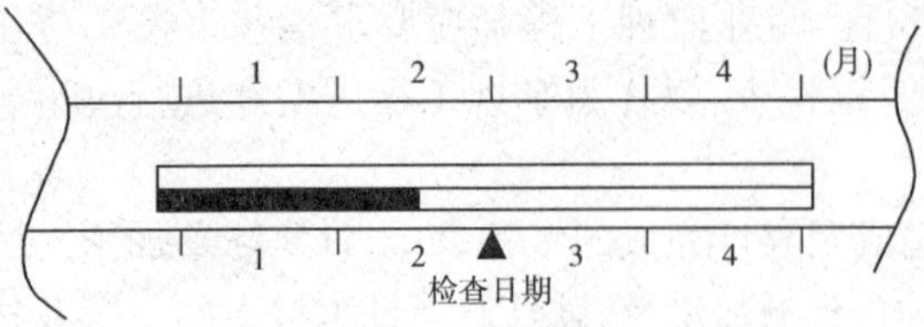

图3-5　横道比较图(形式I)

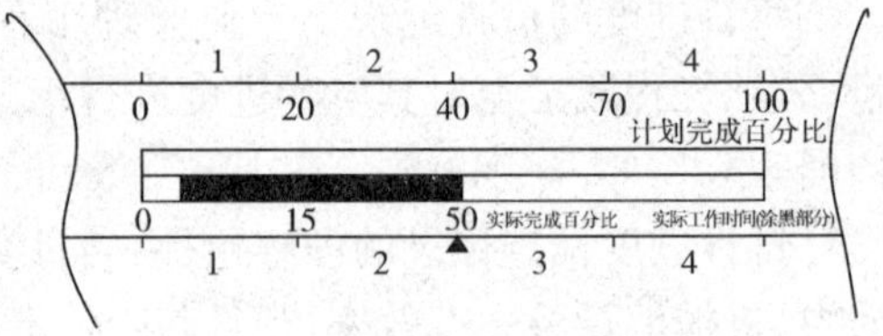

图3-6　横道比较图(形式II)

形式II的具体作图法是:首先在原计划横道线的上方标出不同时间按计划累计应完成的百分比,然后在项目施工过程中,定期检查实际的进度情况,并将其画在原计划横道线下方,即涂黑部分,此外,还需在实际横道线下方的检查日期处,标出实际累计完成的百分比。进度控制人员只需将横道线上方计划累计完成量与横道线下方同一位置处的实际累计完成量进行比较,便可知道项目施工进度的实际情况。例如,从图3-6中可知:在第2月中,该工作的实际进度比计划进度超前50% -40% =10%。在形式II中,因横道线的长度表示的是实际投入该工作的时间。所以,形式II不仅适用于变速进展的工作,而且还能从横道图中观察到已完成的工作在当时的实际进展情况。如图3-6所示,在第1个月中,该工作实际完成了15%。

2. S形曲线比较法

S曲线也可直观反映工程项目施工的实际进展情况。通常,在计划阶段要绘制计划的S曲线,在项目的实际进展过程中,每隔一定时间将实际进展情况的S曲线绘在计划的S曲线上,再进行直观比较,如图3-7所示。

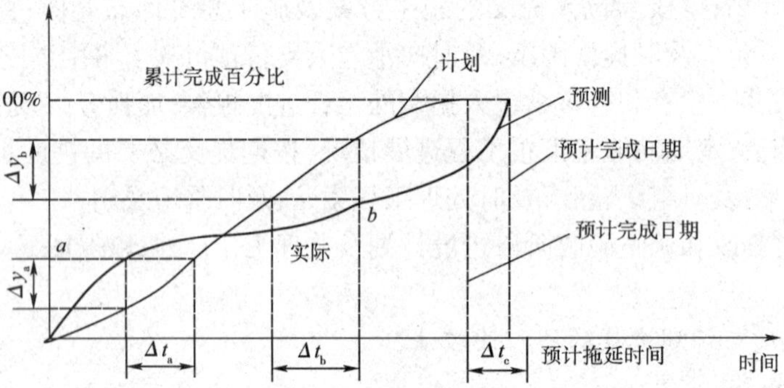

图3-7　S形曲线比较图

从图3-7中可得如下信息:

(1)工程实际进度。如按工程实际进度描出的点落在计划S曲线左侧,表示此刻实际进度比计划进度超前,如图中的a点;反之,则表示实际进度拖后,如图中b点。

(2)进度超前或拖后的时间,图中Δt_a表示t_a时刻进度超前的时间;Δt_b表示t_b时刻进度拖后的时间。

(3)工程量完成情况。图中Δy_a表示在t_a时刻超额完成的工程量;Δy_b表示在t_b时刻拖欠的工程量。

(4)后期工程进度预测。图中,虚线表示若后期工程按计划进度速度实施,则总工期拖延的预测值为Δt_c。

(5)分析工期拖期的界线。图3-8反映了S曲线与其切线的关系。工期拖期界线的分析,是通过作 S 曲线的切线进行的。在图中,由计划的 S 形曲线(细实线)上的 a_1 引切线,与通过点 b 且平行于横轴的直线交于点 b_1,此时,因 b_1 位于点 b 的右侧,说明项目进度较慢,按 a_1 点处速度实施不能满足工期要求;若由点 b 向计划的 S 形曲线引切线,点 a 为切点,说明项目的进度若按 a 处的速度实施,则恰好能满足工期的要求;此外,点 a_2 为计划 S 形曲线的反曲线,该处工程项目的进展速度最大,其切线与通过 b 点且平行于横轴的直线交于 b_2,并位于 b 的左侧,表明工程项目按此处的速度实施,可完全满足工期要求;但从实际的 S 形曲线上点 a_3 引的切线与通过点 b 且平行于横轴的直线交于点 b_3,因 b_3 位于 b 之右侧,说明若按点 a_3 处的速度施工,将不能满足工期要求。

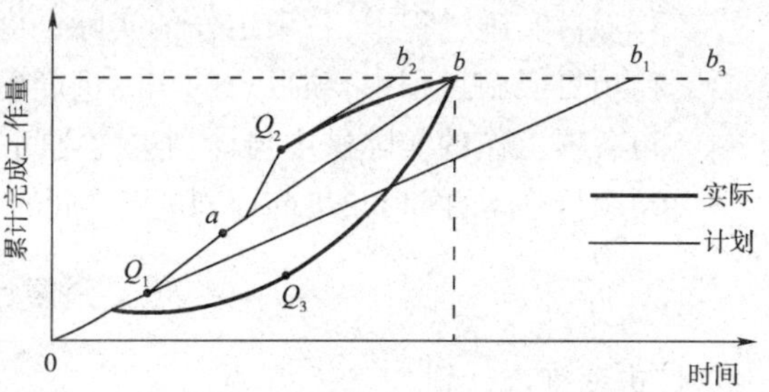

图 3-8　S 形曲线与其切线的关系

综上所述,为了保证工程项目按计划进度工期完成,实际的 S 形曲线上各点的切线应位于切线 ab 的左侧。一旦实际的 S 形曲线落在切线 ab 的下方,则必须采取措施,加快施工进度,以保证工期总目标的实现。

3. 横道图与香蕉曲线综合比较法

香蕉曲线实际上是由两条 S 形曲线组合而成,由于该曲线其形如香蕉,故而得名,其绘制方法与 S 曲线的绘制方法基本相同。香蕉曲线是由两条具有同一开始时间和同一结束时间的曲线组成,其中上方一条是以各项工作均按最早开始时间安排进度所绘制的 S 形曲线,简称为 ES 曲线;而下方一条则是以各项工作均按最迟开始时间安排进度所绘制的 S 形曲线,简称为 LS 曲线。

单纯利用香蕉曲线,虽然也能进行计划的合理安排、实际进度与计划进度的比较,以及像 S 形曲线一样对后期工程进度进行预测,但若能与横道图综合比较,就能在同一张图上既能反映项目局部的进展情况(横道图中各项工作的计划进度与实际进度的比较),又能反映项目总体的进展情况(香蕉曲线中项目总的实际完成情况与总的计划完成情况的比较),如图 3-9 所示。

图 3-9　横道图与香蕉曲线综合比较图

从图 3-9 中可获得如下信息:

(1)各项工作分别按最早开始时间和最迟开始时间安排的进度(通过横道图反映,即图中

的细实线所示);

(2)各工作分别按最早开始时间和最迟开始时间安排进度时,项目总体应有的进展速度(通过香蕉曲线反映,即图中的细实线);

(3)项目实施过程中,各项工作的实际进度(通过横道图反映,即图中的粗实线);

(4)项目实施过程中,项目总的实际进度(通过S形曲线反映,即图中的粗实线);

(5)各项工作的实际进度与计划进度之间的差距(通过横道中粗实线与细实线的比较);

(6)项目总体的实际进度与计划进度之间的差距(通过香蕉曲线中粗实线与细实线的比较)。

三、进度计划的修订

1. 进度符合计划

在工程的施工期间,如果实际进度(特别是关键线路上的实际进度)与计划进度基本相符时,监理工程师则不应干预承包人对进度计划的执行。但是,应及时掌握影响和妨碍工程进展的不利因素,促进工程按计划顺利进行。

2. 进度计划的修订

制订一个科学的、合理的工程项目进度计划,虽是实际进度控制的首要前提,但项目在其实施过程中,由于外部环境和条件的变化,往往会造成工程项目的实际进度与计划进度的偏差。监理工程师若发现承包人工程现场的组织安排、施工顺序或人力和设备与进度计划上的方案有较大不一致时,应要求其对原工程进度计划及现金流动计划予以修订,且修订后的工程进度计划应符合工程现场实际,并应保证满足合同工期的要求。

修订工程进度计划的原则:主要应调整关键线路上的施工安排,对于非关键线路,如其实际进度与计划进度的差距并不对关键线路上的实际进度造成不利影响时,监理工程师可不必要求承包人对整个工程进度计划进行修订。

施工进度计划在年度内进行修订,是最常见的一种调整。当月计划未完成,应要求在下个月的施工计划中补上。倘若由于某种原因,如发生了大的自然灾害,或因材料、设备、资金等未能按计划要求提供,使进度拖欠较多时,则要求承包人在季度或年度的其他月份调整,并应根据年度施工进度计划,结合实际可能,认真负责,实事求是地修订出合理可行的施工进度计划,报监理工程师审批。

工程的年度施工进度计划是报经上级主管部门审查批准的,大型工程的年度施工进度计划还须报经国家批准,成为国家计划的一部分,应有其严肃性。当年的计划,承包人应力争在当年内完成。若出现以下意外情况,如发生承包人无法抗拒的自然灾害,或遭遇严重的不良地质情况,或材料、设备、资金供应等无法保证时,承包人虽通过各种努力仍难完成年度计划时,则就允许部分工程的施工进度后延,即跨年度调整当年剩余月份的施工进度计划。不过,在修订时需注意:合同书上规定的竣工日期不能变;尽可能只调整非关键线路上的施工进度;若当年的月(季)施工进度计划的调整需跨年度时,应结合总进度计划的修订加以考虑。

在万不得已的情况下,当施工进度计划的修订已无法在合同规定的竣工日期内实现,则只能采取超过合同工期的办法进行修订。不过,修订的总原则应使推迟竣工的时间为最短。

本 章 小 结

1. 进度监理的作用是在考虑了工程施工管理的三个因素的同时,通过计划、组织、协调、检查、调整等手段，调动一切积极因素，努力实现施工过程中的各个阶段目标，确保总工期。

2. 监理工程师在工程进度监理方面的主要任务是：要求承包人编制出符合实际且便于管理的施工组织计划；审批承包人编制的施工组织计划；督促承包人执行已审批的施工组织计划，并在执行过程中，通过计划进度与实际进度的比较，定期地、经常地检查和调整进度计划；协调业主和承包人，承包人与承包人，承包人与分包人，设计供图、材料设备供货、交通通信、电力供应、消防治安、地方政府、当地群众等各方面、各部门之间的关系，以便工程能按预期进度进行。

3. 进度监理基本方法有横道图法、S曲线法、斜条图法、网络计划图法。

复习思考题

1. 什么叫进度监理？进度监理的作用和任务是什么？
2. 进度监理的主要方法有哪些？
3. 监理工程师在进度监理中的作用是什么？他具有哪些权限？
4. 监理工程师在进度监理中应注意哪些问题？
5. 质量、进度、费用三大指标之间的关系如何？
6. 如何用横道图比较法进行进度控制？
7. 如何用S曲线评价进度情况？
8. 监理工程师在审核承包人的工程进度计划时应注意哪些事项？
9. 概述网络进度计划调整的目的及方法。
10. 监理工程师如何处理承包人的工程施工进度延误？

第四章　公路工程施工质量监理

第一节　概　　述

一、工程项目质量形成的过程及特点

1. 工程质量形成的过程

任何工程项目从酝酿筹备到投产运行都先后经历决策规划、设计、施工、项目竣工验收四个阶段，且各阶段对工程项目的质量均有不同的影响。在项目的决策规划阶段，主要是制定项目的质量目标及其水平；设计阶段则是通过勘察设计使质量目标具体化；施工阶段则是将质量目标付诸实施的过程，且通过施工及进行相应的质量控制把设计图纸变成工程实体，这一阶段是质量控制的关键时期；而交工验收阶段则是对工程项目的质量目标的完成程度进行检验、评定和考核的过程，是实现建设投资向生产力转化的标志，应积极慎重地抓好这一重要环节。运行保修阶段，即缺陷责任期阶段是通过运行保修过程收集有关的质量信息，巩固和确保工程质量，并在此基础上总结经验教训，以使同类工程项目的质量不断提高。

2. 影响工程项目质量的因素

影响工程项目质量的因素很多，可概括为人、机、料、法、环等五大因素。其中人，系指与工程项目建设有关的所有人员；机，即是指施工机械设备；料，则是指材料，如砂、石、水泥、预制构件等；法，系指施工方法，包括施工方案和施工工艺等；环，即指施工环境。

3. 工程项目质量的特点

公路工程项目是建筑产品，它与一般的工业产品不同。首先，它属于重要的生产和生活资料，建成投产后对城乡面貌、人民生活和沿线的社会经济发展将长期发挥重要作用；其次，它的投资巨大，要消耗大量的人力、物力、财力，且建造过程关系复杂，是高度社会化生产的产品；再次，由于它的产品位置固定，又是单件生产，需要按订货计划组织生产，且生产周期甚长，生产过程亦是商品行为的延续。

建筑产品的以上特点，使得它的质量不同于一般工业产品的质量，因其影响因素多、波动性大，且具有虚假性、变异性、终检的局限性等特性。鉴于工程项目是一次性产品，建造过程中，某些缺陷不可能立即显现；项目建成后，在进行终检验收时，既不可能发现其内在的、隐蔽的质量缺陷，也不可能像工业产品那样，检查出质量问题后采取“总成替换”的方式处理。所以，应特别重视质量的事前控制，防患于未然，把质量隐患消除于萌芽状态。

二、工程质量的等级评定

对承包人来说，工程质量是关系到企业的信誉、生存和发展的大事。因此，如何评定项目的工程质量，就显得十分重要。评价工程质量，首先要确定质量特征和质量标准。所谓工程质量特征，是指对最终建筑产品的功能和使用要求产生影响的技术指标。如路面工程的质量特

征有：外形尺寸、密实度、表面平整度、弯沉值、摩阻系数等。一般情况下，可选择在施工的初始阶段就能进行测定，并能尽早获得结果的因素作为质量特征。质量标准则是指由国家颁发的《公路工程施工监理规范》（JTG G10—2006）、《公路工程质量检验评定标准》（JTG F80/1—2004）等所规定的各项质量特征值。质量特征值的分布，通常采用直方图来检查，并在满足质量标准的情况下，画出质量控制图。在控制图中，若发现质量特征值数值分布出现异常情况时，应利用质量因素分析的方法查找原因，并进行改正，以保证施工过程中质量的稳定。关于质量管理的直方图、管理图等方法，在《公路工程管理》课程中已作出了全面的介绍，此处从略。下面仅对工程质量的等级评定，即工程质量的评分方法作一简介。

承包人应对各分项工程按本标准所列基本要求、实测项目和外观鉴定进行自检，按《公路工程质量检验评定标准》（JTG F80/1—2004）附录 J 中“分项工程质量检验评定表”及相关施工技术规范提交真实、完整的自检资料，对工程质量进行自我评定。

工程监理单位应按规定要求对工程质量进行独立抽检，对承包人检评资料进行签认，对工程质量进行评定。

业主根据对工程质量的检查及平时掌握的情况，对工程监理单位所做的工程质量评分及等级进行评定。

质量监督部门、质量检测机构可依据《公路工程质量检验评定标准》（JTG F80/1—2004）对公路工程质量进行检测评定。

根据建设任务、施工管理和质量检验评定的需要，将建设项目划分为：单位工程、分部工程、分项工程。

公路工程质量检验评分，以分项工程为评定单元，并采用 100 分制的方法进行。然后，在分项工程评分的基础上，逐级计算各相应的分部工程、单位工程的评分值，以及该建设项目中单位工程的优良率。

1. 分项工程质量评分方法

分项工程质量检验的内容包括：基本要求、实测项目和外观鉴定三个部分，只有在其使用的材料、半成品、成品及施工工艺符合基本要求的规定，且无严重外观缺陷和质量保证资料基本齐全时，方可对分项工程的质量进行检验评定。

涉及结构安全和使用功能的重要实测项目为关键项目，其合格率不得低于 90%（属于工厂加工制造的桥梁金属构件不低于 95%，机电工程为 100%），且检测值不得超过规定极值，否则必须进行返工处理。

实测项目的规定极值是指任一单个检测值都不能突破的极限值，不符合要求时该实测项目为不合格。

采用《公路工程质量检验评定标准》（JTG F80/1—2004）附录 B 至附录 I 所列方法进行评定的关键项目，不符合要求时则该分项工程评为不合格。

分项工程的评分值满分为 100 分，按实测项目采用加权平均法计算。存在外观缺陷或资料不全时，应予减分。

$$\text{分项工程得分} = \frac{\sum[\text{检查项目得分} \times \text{权值}]}{\sum \text{检查项目权值}} \tag{4-1}$$

$$\text{分项工程评分值} = \text{分项工程得分} - \text{外观缺陷减分} - \text{资料不全减分}$$

（1）基本要求检查

分项工程所列基本要求，对施工质量优劣具有关键作用，应按基本要求对工程进行认真检查。经检查不符合基本要求规定时，不得进行工程质量的检验和评定。

(2)实测项目计分

对规定检查项目采用现场抽样方法，按照规定频率和下列计分方法对分项工程的施工质量直接进行检测计分。

检查项目除按数理统计方法评定的项目以外，均应按单点(组)测定值是否符合标准要求进行评定，并按合格率计分。

$$检查项目合格率 = \frac{检查合格的点(组)数}{该检查项目的全部检查点(组)数} \times 100\% \tag{4-2}$$

$$检查项目得分 = 检查项目合格率 \times 100 \tag{4-3}$$

(3)外观缺陷减分

对工程外表状况应逐项进行全面检查，如发现外观缺陷，应进行减分。对于较严重的外观缺陷，承包人须采取措施进行整修处理。

(4)资料不全减分

分项工程的施工资料和图表残缺，缺乏最基本的数据，或有伪造涂改者，不予检验和评定。资料不全者应予减分，减分幅度可按《公路工程质量检验评定标准》(JTG F80/1—2004)第3.2.4条所列各款逐款检查，视资料不全情况，每款减1~3分。

2. 分部工程和单位工程质量评分方法

(1)《公路工程质量检验评定标准》(JTG F801/1—2004)附录I所列分项工程和分部工程区分为一般工程和主要(主体)工程，分别给以1和2的权值。进行分部工程和单位工程评分时，采用加权平均值计算法确定相应的评分值。

$$分部(单位)工程评分值 = \frac{\sum[分项(分部)工程评分值 \times 相应权值]}{\sum 分项(分部)工程权值} \tag{4-4}$$

(2)合同段和建设项目工程质量评分

合同段和建设项目工程质量评分值按《公路工程竣工(交)工验收办法》计算。

(3)质量保证资料

承包人应有完整的施工原始记录、试验数据、分项工程自查数据等质量保证资料，并进行整理分析，负责提交齐全、真实和系统的施工资料和图表。

工程监理单位负责提交齐全、真实和系统的监理资料。质量保证资料应包括以下六个方面：

①所用原材料、半成品和成品质量检查结果；

②材料配比、拌和加工控制检验和试验数据；

③地基处理、隐蔽工程施工记录和大桥、隧道施工监控资料；

④各项质量控制指标的试验记录和质量检验汇总表图；

⑤施工过程中遇到的非正常情况记录及其对工程质量影响分析；

⑥施工过程中如发生质量事故，经处理补救后，达到设计要求的认可证明文件。

3. 工程质量等级评定办法

(1)分项工程质量等级评定

分项工程评分值不小于75分者为合格，小于75分者为不合格；机电工程、属于工厂加工制造的桥梁金属构件不小于90分为合格，小于90分者为不合格。

评定为不合格的分项工程，经加固、补强或返工，调测，满足设计要求后，可以重新评定其质量等级，但计算分部工程评分值时按其复评分值的90%计算。

(2)分部工程质量等级评定

所属各分项工程全部合格,则该分部工程评为合格;所属任一分项工程不合格,则该分部工程为不合格。

(3)单位工程质量等级评定

所属各分部工程全部合格,则该单位工程评为合格;所属任一分部工程不合格,则该单位工程为不合格。

(4)合同段和建设项目质量等级评定

合同段和建设项目所含单位工程全部合格,其工程质量等级为合格;所属任一单位工程不合格,则合同段和建设项目为不合格。

三、施工监理阶段的监理工作内容

前面已述,施工监理划分为三个阶段:准备阶段、施工阶段、交工验收与缺陷责任期阶段。

1. 准备阶段

监理工程师应参与设计交底、审批施工组织设计、检查保证体系、审核工地试验室、审批复测结果、验收地面线、审批工程划分、确定场地占用计划、核算工程量清单、签发开工预付款支付证书、召开监理交底会、召开第一次工地会议、签发合同工程开工令等。

2. 施工阶段

监理工程师应审查工程分包、审批施工测量放线、审批工程原材料与混合料、审查施工组织及人员配备、审查施工机械设备、审查施工方案及主要工艺、验收构配件或设备、巡视、旁站、抽检、关键工序签认、质量事故处理、进行中间交工验收和质量评定等。

因此,在施工阶段,监理工程师主要应抓住"检查"这个中心环节,并尽可能增加检查时间,加密检查点,使检查工作达到足够的深度和广度。对已发现的质量问题,要及时责令承包人处理,同时,还应尽力做好"三控、两管、一协调"工作。

3. 交工验收与缺陷责任期

监理工程师应审查交工验收申请、评定工程质量与编制监理工作报告、参加交工验收、签认交工结算证书、进行缺陷责任期的监理、签发缺陷责任期终止证书、签认最后支付证书、参加工程竣工验收等。

在工程交工验收与缺陷责任期阶段,监理工程师的主要任务是对承包人已完成的工程进行质量验收和等级评定。但其工作重点应放在竣工验收前,督促承包人作好竣工验收准备,组织初验并限期解决遗留问题,以确保工程实体的质量达到合同规定和评定标准有关的质量要求。若检查合格,监理工程师应向承包人签发质量验收单。在规定的缺陷责任期内,监理工程师应督促设计、承包人对竣工运营路段进行质量回访,实行保修,以及向业主提供必要的服务。

工程质量监理是贯穿于施工全过程的,上述三个阶段缺一不可。但在实施时,应把重点放在第一、二两个阶段上,其目的是力求尽早发现问题,并将其解决在开工之前和施工过程中。

四、工程质量监理的依据和任务

1. 工程质量监理的依据

工程质量监理的依据为:

①国家和地方法律、法规;

②国家和行业、地方有关标准、规范、规程;

③监理合同;

④施工合同;

⑤工程前期有关文件;

⑥工程设计文件和图纸;

⑦工程实施过程中有关的函件。

即施建项目各项工程质量的保障责任、处理程序、费用支付等,均应符合合同条件的规定;施建的全部工程应与合同图纸相符合,并符合监理工程师批准的变更与修改要求;所有用于工程的材料、设施、设备及施工工艺,均应符合合同文件所列的技术规范和监理工程师同意使用的其他技术规范及监理工程师批准的工程技术要求;所有工程质量均应符合合同文件中列明的质量标准或监理工程师同意使用的其他标准。

2. 工程质量监理的任务

监理工程师在质量监理方面,应审查承包人的质量控制体系和措施,核实质量文件,对施工依据的合同文件、设计图纸和技术要求等进行检查和认可,对施工质量进行监督;对单项工程、隐蔽工程和施工前的准备工作等进行检查、验收、发布停工令、复工令等监理指令,对施工质量进行评价。即对施工全过程进行检查、监督和管理,制止影响工程质量的各种不利因素,使承包人提交的工程项目符合合同图纸、技术规范、使用要求和验收标准。

五、工程质量监理的特点

工程质量监理的特点如下:

(1)监理工程师对工程质量的监理权受法律保护。

(2)监理工程师对工程项目实行全过程、全方位、全天候的全面质量管理。

(3)工程质量的监理强调事先监理和主动监理,而监理的重点则是施工前的准备阶段和施工过程中的各个环节,并力求及早发现问题,"防患于未然"。

(4)质量监理应与工程支付挂钩,未经监理工程师验收并签认的工程项目,其费用应一律不予支付。

六、工程质量监理的程序和方法

(一)工程质量监理的程序

质量监理的程序即是在合同管理中为保证监理工程师有效地控制工程质量,而将工程施工过程中承包人和监理工程师应做的工作,按时间先后顺序而确定下来的工作步骤。工程在开工前,监理工程师应向承包人提出适用于对所有工程项目进行质量控制的程序及其说明,以供所有监理人员、承包人的质量自检人员和施工人员共同遵循,使工程质量的控制程序化。质量控制一般按以下程序进行。

(1)开工报告。在各单位工程、分部工程或分项工程开工之前,驻地监理工程师应要求承包人提交工程开工报告并进行审批。工程开工报告应包括以下内容:工程实施计划和施工方案;根据技术规范列明本项工程的质量控制指标及检验频率和方法;说明材料、设备、劳力及现场管理人员等项的准备情况;提供放样测量、标准试验、施工图等必要的基础资料。

(2)工序自检报告。承包人的质量自检人员按照专业监理工程师批准的施工工艺流程和提出的工序检查程序,在每道工序完工后首先进行自检,自检合格后,提交工序自检报告,申报专业监理工程师进行检查认可。

(3)工序检查认可。专业监理工程师应紧接承包人的自检,或与承包人的自检同时对每道工序完工后进行检查验收并签认;而对不合格的工序,则应指示承包人进行缺陷修补或返工。若前道工序未经检查认可,则后一道工序不得进行施工。

(4)中间交工报告。当工程的单位、分部或分项工程完工后,承包人的质量自检人员还应再进行一次系统的自检,汇总各道工序的检查记录及测量抽样试验的结果,然后提出交工报告。对自检资料不全的交工报告,专业监理工程师应拒绝签收。

(5)中间交工证书。专业监理工程师应首先对承包人按工程量清单的分项完工的单项工程,进行一次系统的检查验收,必要时,还应作测量或抽样试验。当检查合格后,再提请驻地监理工程师签发《中间交工证书》。未经中间交工检验或检验不合格的工程,不得进行下一工程项目的施工。

(6)中间计量。对签发了《中间交工证书》的工程,应进行工程计量,并由驻地监理工程师签发《中间计量表》。

综上所述,一个分项工程的质量控制程序是从开工到完工而言的,且主要是控制开工申请批复、质量验收、《中间交工证书》的签发三个基本环节。为了减少工作层次、节省时间、使在检查中所发现的问题能得到及时沟通和纠正,在质量控制程序具体执行中,若承包人的自检与监理工程师的检查配合得好,亦可以同时平行进行。

(二)工程质量监理的方法

在施工阶段,监理工程师对质量监理的方法,可分为以下三类:即审查承包人所提供的技术报告和文件;到施工现场进行检查(目测检查、量测检查、试验检查);检查信息的及时反馈。下面仅对到施工现场进行检查加以叙述。

(1)现场监理:即监理人员到现场监督和检查。主要是对承包人的各项施工程序、施工方法和施工工艺、材料、设备、机械、配比等进行全方位的巡视、全过程的旁站、全环节的检查,使工程的施工质量得到有效的监督和管理。

(2)全环节检查:就是现场监理工程师对承包人每道施工工序,在结束后应及时进行检查和认定,并现场监督承包人进行试样抽取及施工记录。

(3)巡视:即监理人员对施工现场或关键工程所进行的经常性的检查。巡视工作由总监理工程师和驻地监理工程师进行。在工程的施工期间,驻地监理工程师应每天对施工现场巡视一次,以便现场发现并处理施工中的质量问题。

(4)旁站:即监理人员对工程的重要环节或关键部位,实施全过程的现场察看监理。对承包人施工的隐蔽工程、重要工程部位、重要工序及工艺,专业监理工程师应实行全过程的旁站监督,以便及时消除影响工程质量的不利因素。《公路工程施工监理规范》(JTG G10—2006)规定公路工程监理旁站工序和部位见表4-1。

(5)测量:测量是监理人员对承包人的放样和有关几何指标进行检查和控制的重要手段。在公路工程开工之前,对承包人依据监理工程师提供的原始基准点、基准线、基准高程所进行的定线控制测量进行监督检查和认可;在各项工程开工之前,对承包人的施工放线测量进行监督检查和认可;在各项工程的施工过程中,对控制工程的位置、高程、尺寸及其线形的准确性进行监督检查和认可;在各分项工程、分部工程、单位工程、工程段落或总体工程项目的中间交工和竣工验收时进行测量检查、汇总并提出各项工程的测量成果资料。当发现承包人的放样测量不合格时,要督促其返工;对已完工程进行测量验收时,若发现不合格,一定要责令承包人整修;对通过整修仍达不到质量要求的工程,应坚决予以返工重建。

公路工程监理旁站工序/部位一览表 表4-1

	分部工程	分项工程	旁站工序或部位
路基工程	路基土石方工程	软土地基处治(碎石桩、塑排内板等)	试验工程
		土工合成材料处治层	试验工程
	大型挡土墙	基础	混凝土浇筑
路面工程	路面工程	底基层、基层、垫层、连接层	试验工程
		沥青面层	试验工程
		水泥混凝土面层	试验工程、摊铺
桥梁工程	基础及下部构造	桩基	试桩、钢筋笼安放、混凝土浇筑
		地下连续墙	混凝土浇筑
		沉井浇筑顶板混凝土	定位、下沉、浇筑封底混凝土
		桩的制作、墩台帽、组合桥台	张拉、压浆
	上部构造预制和安装	预应力筋的加工和张拉	张拉、压浆
		转体施工拱	桥体预制、接头混凝土浇筑
		吊杆制作和安装	穿吊杆、预应力束张拉、压浆
	上部构造现场浇筑	预应力筋的加工和张拉	张拉、压浆
		主要构件浇筑、悬臂浇筑	主梁段混凝土浇筑、压浆
		劲性骨架混凝土拱、钢管混凝土拱	混凝土浇筑
	总体、桥面系和附属工程	桥面铺装	试验工程
		钢桥面板上沥青混凝土面层	试验工程、面层铺筑
		伸缩缝安装,大型伸缩缝安装	首件安装
隧道工程	洞身衬砌	初期支护	试验工程
		混凝土衬砌	试验工程
	隧道路面	基层、面层等	同路面工程基层、面层
	辅助施工措施	小导管周壁预注浆、深孔注浆	注浆
交通安全设施	防护栏	混凝土护栏	首段混凝土浇筑

(6)试验:对公路工程施工质量合格与否的判断,有许多是要通过试验结果才能作出结论的,试验是监理工程师进行质量监控的重要手段。对材料或商品构件应进行预先鉴定,即进行验证试验,以决定其是否可以用于工程,在材料或商品构件的采购、储存保管、施工进行中,均应按规定的批量和频率进行抽样验证试验,对不合格者不准用于工程,还应指令承包人运出场外;在各项工程开工前,承包人应在合同规定或合理的时间内,先行完成标准试验,如各种标准击实试验、集料的级配试验、混合料的配合比试验、结构的强度试验等,并将试验报告及试验材料提交监理工程师中心试验室审查批准,同时,试验监理工程师应派出试验监理人员参加承包人试验的全过程,并进行有效的现场监督检查;路基、路面及其他需预先通过试验方能正式进行施工的分项工程,应预先进行工艺试验,然后根据试验结果全面指导施工。进行工艺试验之前,监理工程师应要求承包人提出工艺试验的施工方案和实施细则并予以审批,尤其对工艺试验的机械组合、人员配额、材料、施工程序、预埋观测及操作方法等应有两组以上方案,以便通

过试验作出选定。对承包人进行工艺试验的全过程，监理工程师应进行旁站监理，并作出详细记录，工艺试验结束后，由承包人提出试验报告，并经监理工程师审查批准；对各项已完工程的实际内在品质作出评定，需进行验收试验，当承包人进行钻芯抽样试验时，监理工程师应派出试验监理人员，对钻芯抽样试验的频率、抽样方法和试验过程进行有效的监督，而对承包人按技术规范要求进行的加载试验或其他检测试验项目的试验方案、设备及方法，监理工程师应进行审批，对试验的实施进行现场检查、监督，并对试验结果进行评定。

(7)监理工程师发布监理指令：监理工程师可通过发布指令性文件来对工程质量进行监控，如变更设计，补充技术标准和质量要求，以及一些通知、会议记录等，都可按监理指令性文件发布给承包人。对施工中存在的问题或质量事故苗头，亦可以监理指令的形式向承包人发布，提醒其加以注意和改进。对于重大质量事故，还可向承包人发出质量事故通知单，要求承包人迅速采取措施加以纠正和补救。由于质量事故通知单要存入竣工文件和档案中，会影响承包人的形象，因此，应随时提醒承包人重视企业自身的形象、重视施工质量，力求避免发质量事故通知单。

第二节　监理试验室

一、监理试验室的职责

工程施工监理的中心任务是控制工程质量。监理工程师对施工质量的判断，则以检测试验数据为依据，而数据的主要来源又是承包人的施工质量自检报告。由于某些原因，在承包人的自检结果中往往会掺杂一些不可信的数据，为对这些有疑问的数据进行核查，监理工程师必须设立自己专用的试验室，即中心试验室。监理工程师中心试验室应当是对整个工程项目进行数据控制和检验测定的中心。凡涉及决定质量标准的一切试验，经现场材料试验监理人员监督审查后，报监理工程师批准，当监理工程师认为有必要时，可指令监理试验室做对比试验；承担各合同段送交或提交的抽样试验，并根据部分工程完工情况迅速提出试验数据，满足各合同段的需要；当现场各专业监理人员对承包人提供的试验资料有疑问，或认为其可靠性有问题时，应提请监理试验室进行核查，并提供出正确的数据；定期或不定期对承包人的试验仪器和设备进行检验，并监督承包人将其交由政府监督部门进行标定。

监理工程师中心试验室及承包人工地试验室的各种试验工作，均应统一按合同列明的或正式颁布的国家标准及行业标准进行。当监理工程师中心试验室的试验结果与承包人的试验结果出现允许误差以外的差异时，一般应以中心试验室的试验结果为准。若承包人拒绝接纳该结果，则双方应在具备资格的政府监督部门的试验室进行校核试验，并应据此作为批准或认定的依据，但其试验费用须按合同条款规定办理。对经监理工程师审查并经业主批准，承包人采用合同未曾列明或无现成标准可循的新材料、新技术、新工艺进行施工的特殊项目时，试验监理工程师应要求承包人提供相关的科技资料及鉴定报告，拟定出符合工程实际的暂行标准或规程，并经监理工程师审查批准后执行。

二、监理试验室的设置与工作程序

(一)监理试验室的设置

监理试验室应根据工程规模大小和其施工特点，并与监理组织机构层次相对应设置。根据《公路工程施工监理规范》(JTG G10—2006)的规定:监理机构应分别成立总监办中心试验室和驻地办试验室。总监办中心试验室应按监理合同要求配备常规的试验检测设备;驻地办试验室应按监理合同要求配备现场抽查常用的试验检测设备。

(二)监理试验室的工作程序

(1)不定期的对承包人所用各种材料 ,按规范要求进行抽查与评定,如发现问题应及时向监理工程师和承包人反馈信息,并根据监理工程师的指令对其处理。

(2)当承包人的单项工程完工后,在承包人已自检完毕的基础上,先由驻地办试验室进行测定,若符合规范要求,再由承包人填写《质量验收通知单》,经驻地监理工程师签字后,向中心试验室提出验收申请。中心试验室在收到《质量验收通知单》之后,应先查阅承包人的各种自检记录,然后再对已完工的单项工程进行实地试验,待所测得的各种试验结果合格后,由中心试验室分别向驻地监理工程师与承包人发出质量评定意见。驻地监理工程师则根据中心试验室对该单项工程的评定结果,作为中间计量的依据。

(3)凡需试验批准的各种文件,均应在规定时间以内进行核实,并上报监理工程师予以批复。

(4)每月配合总监办进行批准支付本段的拟支付工程的抽查,进行一系列的试验与检查工作。

第三节　承包人质量自检系统

保证工程质量是承包人的义务。为了使承包人正确地履行合同义务,承包人应按合同要求建立一个完整的以自检为主的质量保证组织体系。监理工程师应审查批准承包人在投标书中所报负责质量保证和自检工作负责人的资格,并要求其一直在工程现场专职负责本工程的自检工作。各级自检人员应由富有施工经验、具有专业技术职称、熟悉规范和图纸,并且工作作风优良的技术人员担任。

一、承包人试验室

承包人试验室是其控制施工质量的关键部门。监理工程师应监督、检查和批准承包人装备自己的工地试验室和流动试验室,其规模、设备及人员配备应能满足本工程各项试验的需要。

(一)工地试验室的功能及要求

(1)在各工程项目开工前,工地试验室应进行标准试验和预先试验,并将试验结果提交监理工程师中心试验室进行复验和批准。

(2)承担流动试验室没有条件完成的当地材料的鉴定试验,并将试验结果提交监理工程师中心试验室复验和批准。

(3)统一协调和管理各流动试验室的试验业务,并将抽检试验的结果报监理工程师中心试验室备案。

(4)对本工程项目的各种试验结果进行数理统计和分析整理,建立全部工程的试验资料档案,以便随时向监理工程师提供可靠的数据及为工程竣工提供详实的试验资料。

(二)流动试验室的功能及要求

(1)对工程所采用的当地材料进行鉴定试验,并将试验结果提交监理工程师中心试验室进行复验和批准。

(2)配合施工进度,提供和采集为控制施工质量所需要的各种参数。

(3)根据规范规定的抽样频率、时间、方法,进行施工过程中的抽样试验和工序或单项工程完工后的检查试验,并向监理工程师提供试验结果。

二、承包人自检职责及其要求

(1)在工程开工之前,承包人应自检各项工程的开工条件,满足要求后,提出各项工程的开工报告及有关技术资料。

(2)在各项工程的施工中,承包人自检人员应按照监理工程师规定的质量监控程序,对每道工序或工艺进行现场质量自检,保证整个施工过程中的材料、操作及工艺符合要求并获得监理工程师认可。

(3)当施工过程中出现质量缺陷,经监理人员认可后,应及时采取措施予以消除。

(4)对工程质量事故或安全事故进行现场记录,并及时报告监理工程师。

(5)及时检测各工程部位的位置、高程和几何尺寸,并将检测资料提交给监理工程师,以获得其认可。

(6)按合同和规范规定的抽样频率、时间、方法,及时通知工地试验室进行取样或现场试验,并对保留在工程现场试样的养护与管理进行监督检查。

(7)对每道工序或分项工程完工后进行自检和测定,并配合监理工程师进行检查验收。

(8)对各项工程质量进行数理统计和分析整理,建立质量的档案系列,为交工验收时提供详实的施工资料。

三、监理工程师对承包人工地试验室管理

对承包人的工地试验室和流动试验室,监理工程师中心试验室应派员对其进行全面的监督和管理。对承包人质量自检体系的负责人,要进行资格审查;要求其所有试验仪器均须经事前标定及定期鉴定;所有参加试验工作的人员必须持有经过业务培训和考核合格的上岗证书,在试验中,必须严格执行试验规模和操作规程;对重要的试验,监理人员应旁站监督;对不称职和不合格的试验人员,监理工程师应根据合同规定,建议承包人撤换。

第四节 工程质量事故分析及其处理

一、工程质量缺陷与质量事故的产生原因

在施工过程中,凡工程质量不符合规定的质量标准或设计要求的,均称为工程质量缺陷甚至质量事故。导致工程质量缺陷与质量事故的原因,主要有以下几方面:

(1)违背基本建设程序,如边设计,边施工;在没有或缺乏水文、工程地质等自然资料,以及施工工艺不过关的情况下盲目施工。

(2)设计计算失误。

(3)工程地质勘察失误,或地基处理失误。

(4)原材料、预制构件质量指标不符合要求。

(5)施工管理不当或未按操作规程作业,或运行管理不当。

(6)自然环境方面的影响。

二、工程质量缺陷与质量事故的分类及特点

在施工过程中,若通过试验检查发现了问题,但经承包人自行解决处理,并未造成经济损失或延误工期的,均属未遂事故;凡造成较大经济损失及不良后果者,则构成事故。按事故产生的原因,可将其分为:人为指导责任事故和操作责任事故。而按事故的性质及其对工程的耐久性、可靠性和正常使用的影响程度,以及检查、分析、处理事故对工期的影响与造成的直接经济损失的大小,可将其分为:一般质量事故、重大质量事故和特大质量事故。凡是已遂工程质量事故,一般均具有复杂性、严重性、可变性及多发性的特点,处理起来也颇为困难。因此,对于在施工过程中发生的某些质量问题,凡可以不作处理或稍作处理即可达到合同和规范要求的质量标准者,均不宜轻易将其定为质量事故,而应按质量缺陷加以处理。

三、工程质量缺陷与质量事故处理的目的及程序

分析与处理工程质量事故的目的是:正确分析事故、创造正常的施工条件;保证结构的安全使用,减少事故损失;总结经验教训,预防同类事故重复发生;了解结构(新结构)的实际工作状态,为正确选择结构计算简图、进行构造设计、修订规范(规程)和采取有关技术措施提供依据。工程项目出现质量事故,其直接责任者一般是承包人,但由于监理工程师对工程项目的建设负有监控责任,所以,监理工程师对质量事故也应负失控的责任。在各项工程的施工过程中或其完工以后,若发现工程项目存在着技术规范所不允许的质量缺陷时,承包人应立即报告监理工程师,并分析产生的原因,提出处理意见。监理工程师在收到报告后,应立即组织调查和批复。

(一)工程质量缺陷的处理

首先,应详细调查该质量缺陷发生的基本情况,并根据其性质和严重程度,酌情按以下方式处理。

(1)当因施工而引起的质量缺陷尚处在萌芽状态时,应及时加以制止,并要求承包人改变不正确的施工方法及操作工艺。

(2)若因材料、设备不合格,或不称职的施工人员所为,应要求承包人立即予以更换。

(3)当因施工而引起的质量缺陷已出现时,应立即向承包人发出暂停施工的指令(先口头再书面),待承包人采取了能足以保证施工质量的有效措施,并对质量缺陷进行了正确的补救处理后,再书面通知其恢复施工。

(4)当质量缺陷发生在某道工序或单项工程完工以后,且对下道工序或分项工程的质量将产生影响时,监理工程师应对质量缺陷产生的原因及责任预先作出判定并确定了补救方案后,再进行质量缺陷的处理或下道工序或分项工程的施工。

(5)若施工质量缺陷在缺陷责任期内才发现,则监理工程师应及时指令承包人进行修补、加固或返工处理。对因施工原因而产生的质量缺陷进行修补与加固,其修补方案及方法应先由承包人提出,报经监理工程师批准后方可施行。对因设计原因而产生的质量缺陷,则应通过业主提出处理方案和方法,再由承包人进行修补。对已完工程的质量缺陷,若不危及工程安全,且又能满足设计和使用要求时,在征得业主同意后,可不进行加固或变更处理。倘若工程的质量缺陷确属承包人的责任,通过业主与承包人协商后,可降低对此项工程的支付费用。

(二)工程质量事故的处理

当某项工程在施工期间或缺陷责任期出现了断层、裂缝、倾斜、倒塌、沉降、强度不足等技术规范所不允许的情况时,应视其为质量事故,并按以下程序处理:

(1)监理工程师应立即指令承包人暂停该项工程的施工,并对现场采取有效的安全措施。

(2)监理工程师应要求承包人尽快提出质量事故报告并报告业主,在质量事故报告中,承包人应详细而真实地反映发生事故工程的名称、部位、产生原因、应急措施、处理方案、损失的费用等内容。

(3)监理工程师应立即组织有关人员到事故现场进行调查研究,并在审查、分析、诊断、测试或验算的基础上,对承包人报告中提出的处理方案予以审核后报业主批准,对处理方案的实施进行监理并予以验收,处理合格、隐患消除的,可指令承包人恢复该项工程的施工。

(4)当事故比较严重,在技术规范规定范围内无法解决时,监理工程师应组织专家进行专项调查研究,并提出处理方法。

(5)对承包人提出的有争议的质量事故,监理工程师应全面审查有关的施工记录、设计资料及水文地质现状等(必须时还应实际检验测试),对质量事故的责任予以判定,同时,在分清技术责任时,还应明确事故处理的费用数额、承担比例及其支付方式。根据合同条件规定,经事故处理后的工程,当验收合格后,应予以计量支付,但只计量支付质量合格部分的费用,而对处理质量事故所发生的一切费用,则完全由承包人自己承担。

《公路工程施工监理规范》(JTG G10—2006)对质量事故的处理还规定如下:

当发生不属于监理机构处理的质量事故时,监理工程师应要求施工单位按规定速报有关部门。监理机构应和施工等单位一起保护事故现场,抢救人员和财产,防止事故扩大,积极配合调查。对加固、返工或重建的工程,除特殊规定外,应视同正常施工工程进行监理。

四、工程质量事故处理的结论

监理工程师应根据设计要求、施工规范及质量检验评定标准等对工程质量事故的处理效果作出结论。监理工程师所作的结论应该明确,不能含糊其辞。结论应包括:

(1)质量事故已经排除,可以继续施工;隐患已经消除,工程结构安全。

(2)经修补后,完全满足使用要求。

(3)基本满足使用要求,但附有限制条件。

(4)对耐久性及安全方面的影响的结论。

(5)对工程外观影响的结论。工程质量事故经处理后,应重新进行工程质量的检查和评定,并在质量等级评定栏内,加盖“处理”章。对于重大和特大质量事故,经处理后,还应呈报上级主管部门和上一级质量监督部门备案。

第五节　施工准备阶段的监理

一、施工监理工作准备

施工监理人员在合同规定的开工日期以前适当的时间,应进驻施工现场。监理人员进场后,首先应全面熟悉合同文件、有关标准和测试方法,对合同文件中存在的差错、遗漏、含糊不清等问题要查证清楚,能作出合理的解释,并应提出合理的处理方法。同时,监理工程师还应要求承包人对施工合同文件中提供的图纸和定线数据等设计资料进行必要的现场核对复查，纠正差错，补充漏缺；当发现有重大错误、漏项或方案性问题时，应向业主提出报告。监理工程师还应对施工环境进行调查，尤其应要求承包人对工程占地范围以内尚未拆迁的建筑物及其他障碍物，施工前尚不能按时交接的工程占地及有争议的工程占地进行调查，并根据调查结果提出处理措施，向业主报告。此外，监理工程师应根据施工合同文件的要求及工程项目实际，在选用《公路工程施工监理规范》（JTG G10—2006）有关表格的基础上，补充完善并统一制定出一套进行质量监理、进度监理、工程费用监理和合同管理等的各种记录、报表、证书及图式，送交承包人制备，以便供监理工程师和承包人双方共同使用。

二、施工准备阶段的监理工作

监理工程师应参加设计交底、审批施工组织设计、检查保证体系、审核工地试验室、审批复测结果、验收地面线、审批工程划分、确定场地占用计划、核算工程量清单、签发开工预付款支付证书、召开监理交底会、召开第一次工地会议、签发合同工程开工令、监理其他与保证按期开工有关的施工准备工作。

监理工程师在施工准备阶段的工作与施工阶段乃至缺陷责任期阶段的监理工作，是有机联系的，而且某些工作也不可能在准备阶段一次性地完成，需要在整个施工过程中分期分段穿插进行。因此，在准备阶段，监理工程师的工作主要是围绕召开第一次工地会议，为签发开工令而进行的。

首先，监理工程师应在合同规定的时间内或在承包人进行施工放线之前，书面向承包人提供原始基准点、基准线、基准高程的方位和数据。若原始基准点或基准高程连续在两个点以上发生损坏或丢失，应通过业主予以补定；若仅有一个点损坏或丢失时，承包人可直接予以补定，但须经监理工程师复核认定；对承包人为加密控制、定线和施工放样所进行的测量工作，监理工程师亦应进行现场监督、检查及复核认定；对业主提供的或图纸上的原始资料进行复核时发现差错，且又无能力消除时，应通过业主予以纠正；对于所有永久性标桩，包括中线桩、转角桩、水准基点、三角网点、桥涵和隧道的控制点以及放样和检验工程必需的标桩，承包人应树立易识别的标志并认真加以保护，在工程竣工前，上述标志如有损坏或丢失，承包人应根据监理工程师的指示，自费加以恢复。

其次，监理工程师应要求承包人对合同段的全部工程或开工段落的原始地面线进行实际测定，并对其测定工作进行检查验收，以作为路基横断面施工图和土石方工程计量的依据。承包人测量时所使用的仪器精度及操作方法须符合勘察设计要求与规定。监理工程师应要求承包人根据合同文件提供的标准横断面、纵断图等资料进行测量，并对承包人旨在影响土石方工程数量的任何纵向加桩及横向测点的不合理性加以纠正，以使纵向加桩的连线及横向测点的连线与实际地面线相吻合。然后，要求承包人按合同文件提供的纵、横断面图及实际测定的原始地面线资料，提交出用于施工放样的横断面施工图和用于确定实际土石方工程数量的土石方计算表，以供监理工程师审核。

再次，监理工程师应在各项工程开工前合同规定的合理时间内，对承包人依据合同规定完成并提交的各种施工图进行审核批准。承包人提交的施工图，其图幅应按统一规定，且应与竣工图一致。

最后，在合同规定的开工令发出之前，以及各项工程开工前合理的时间里，监理工程师应督促业主将全部工程或施工段落的工程场地移交给承包人使用。同时，监理工程师应要求承包人预先提出工程场地占用计划(附图)给业主,以便业主能在合理的时间内完成工程场地的准备;倘若业主一时难以按工程进度计划及场地占用计划提供施工段落的工程场地时,监理工程师应与承包人协商,合理地对施工段落的顺序安排加以调整;占用工程场地的交接工作应在工程现场进行,并履行必要的文字手续,即各有关代表均须在文件上签字;对已占有的工程场地,承包人应根据监理工程师指示埋置永久性的界桩,并对场地进行看管。

监理工程师在施工准备阶段的另一重要工作就是审查承包人的施工机械设备。监理工程师应按其批准的承包人的工程进度计划分期审查承包人在实施工程时所使用的施工机械设备。首先,监理工程师应检查承包人进场机械设备(包括计划进场的机械设备)的数量、型号、规格、生产能力、完好率是否与投标书附表所填列的相符合;其次,检查承包人各种施工机械设备的进场及周转计划是否与工程进度计划,尤其是与网络计划中的关键线路相适应;检查承包人各种施工机械设备的配套情况,及满足施工技术要求的适应性;当承包人的施工机械设备数量不足或不配套时,应限期补足进场;审验不合格的施工机械设备,应限期让承包人撤离工地;若承包人要求替代或更换施工机械设备,承包人应事先征得监理工程师同意;最后,已运入施工现场并经监理工程师审查的施工机械设备,未征得同意,承包人不得将其运出工地。

第六节　施工阶段的质量监理

工程质量的好坏是建设参与各方共同利益之所在,亦是各方关注的焦点。工程施工阶段,是将蓝图由抽象变成实际工程的过程,在此阶段进行质量控制乃是控制质量形成过程中的关键环节。因此,监理工程师的主要精力和时间都应当花费在这一阶段,抓住这个中心,使工程的最终质量达到要求。本节介绍路基工程、路面工程、桥涵工程、隧道工程、交通安全设施施工质量监理。

一、路基工程施工质量监理

(一)路基工程施工准备阶段的监理

从承包人进场至监理工程师正式签发开工令之前,即为路基工程施工的准备阶段。监理工程师在此阶段的工作重点是:根据合同条件对承包人开工前的准备工作进行检查,除检查施工方案、材料、施工机械和自检系统外,还应检查承包人进行的施工测量。

1. 路基工程备料阶段的质量监理

在材料进入工地之前,监理工程师要对其进行严格的监控。首先,要求承包人提供当地或外购材料的产地、厂家及出厂合格证书备监理工程师审查;在施工初期,监理工程师可亲自或派助手对这些产地和厂家的生产工艺、设备等进行了解;对自产材料,承包人应提供该料场的开采机械、加工设备、成品率及取样试验资料给监理工程师审查,以便确定该料场的采用与否;对外购材料或构件,如管道、混凝土构件等,承包人应提供生产厂家的试验报告,以备监理工程师审批;对合同段内准备用做填方材料的挖方段或借方土料场,承包人应进行土质的塑、液限值以及塑性指数、颗粒筛分、天然含水量、干湿重度、有机质含量等的指标测试试验,并将报告提交监理工程师审批;对已进场的材料,应按规范规定作进一步的抽样试验。凡是经检验不合格的材料,不得用于工程。

2. 路基施工准备阶段的质量监理

(1)施工现场的检查和测量放样的校核

①监理工程师在合同签订后规定的时间内向承包人书面提供原始基准点、基准线和基准高程的方位和数据。承包人应根据监理工程师书面提供的数据做好施工测量工作。

②承包人必须根据设计资料认真做好导线复测工作，复测应采用满足测量精度的仪器，复测导线时必须和相邻施工段的导线闭合。

③承包人在路基开工前应全面恢复中线并固定路线主要控制桩，如交点、转点、圆曲线及缓和曲线的起讫点等。发现问题应及时查明原因，并报现场监理工程师。

④检查校核承包人纵断面高程测量。

⑤检查校核承包人横断面测量。

⑥校核检查承包人水准基点的测量。

(2)施工机械的检查和审批

承包人进入施工现场的土方施工机械设备，不仅关系到开工后的施工质量和进度，而且对因工期的延误产生的索赔费用计算有直接的影响。因此，监理工程师应要求承包人详细填写施工机械进场检验单报批，并对已进场的机械设备的数量、型号、规格、生产能力、完好率等依照进场检验单进行认真的检查和记录。当发现承包人进场的机械设备和投标书附表所填不一致时，应查明原因，尤其对承包人直接用于网络计划中关键线路工程上的机械的生产能力、效率、性能、配套使用及周转情况，更应特别仔细地进行检查，并以满足施工需要为准。

(3)施工方案的审批

承包人在提交《路基工程开工申请单》报告时，应附一份施工进度计划及其说明，以便监理工程师审批。监理工程师在审批施工进度计划时应注意：调查承包人实现进度计划的能力和不利因素；落实业主对工程进度计划实现的不利影响因素；当确认承包人所提交的工程进度计划是合理而切实可行时，应在合理的时间内同意该进度计划；经过充分的分析调查，确认承包人提交的工程进度计划与其实际的技术、装备能力不相适应，尤其是计划中的关键线路和动员阶段的计划不可靠或并非有效时，应要求承包人重新拟定一份工程施工进度计划并报监理工程师审批。

(4)施工质量自检系统的检查

在工程开工前，监理工程师应尽早督促承包人建立施工质量自检系统，并对其配备的自检人员、试验人员的素质及试验设备进行审查。

(5)批准开工申请

当监理工程师对承包人的施工准备工作和开工条件经过认真核查，确认已满足合同规定的开工条件时，应立即签发路基开工通知单。

(二)路基工程施工阶段的质量监理

施工阶段是一项工程形成的阶段。在此阶段，监理工程师的重点是要抓住各道施工工序的检查，严格执行工序质量管理程序，以确保每道工序的质量符合规范的技术要求。

1.工序质量检查程序

路基工程的分项和工序如下：表土的清理与压实；填方铺筑与压实；挖方路堑与边坡；路基排水设施；路基挡土墙与护坡；特殊路基处理等。监理工程师应在工程开工前，提出工序检查程序说明，以供现场旁站监理、承包人的自检人员及施工人员共同遵循。当每道工序完成后，承包人的自检人员应按照专业监理工程师批准的工艺流程和提出的工序检查程序先进行质量自检，合格后，申报专业监理工程师检查认可；监理工程师收到承包人的《通知单》后，应立即赶赴现场对待检部位进行检查，然后根据检验结果，填写《质量验收单》，并将一份复印件交给承包人,作为对该道工序的质量鉴定结果。若监理工程师检验合格,可批准其进行下一道工序施工;若不合格,则应令承包人返工。

2. 各工序质量监理工作的内容及重点

(1)表土的清理与压实

表土是指自然地面表层有利于植物生长的土。在路基施工范围内的树根或有树根的表层土必须挖除,且应掘至自然地面以下 50cm;对路堤填高小于 80cm 的路段,其挖掘深度应达到 100cm;挖方及高填方路段的表土、草皮,应挖除至自然地面以下 200cm;建筑物或其他障碍物的地下部分,应掘除到设计图或监理工程师指示的深度;对含有地表水、淤泥、杂草、垃圾、腐殖土等的路基地基,应进行排除清理;对膨胀土、污染土、软土地基,则要进行特殊处理。挖出的不带树根的表土,应搬运到由承包人提供且经监理工程师同意的储料堆存放。为使路基土方能均匀压实,无论是旧路基或新铺平的地面,均要进行碾压,其压实度应达到表 4-2 规定。

路床土最小强度和压实度要求 表 4-2

填挖类型	路床顶面以下深度(cm)	填料最小强度(GBR 值)(%)			压实度(%)		
		高速公路、一级公路	二级公路	三、四级公路	高速公路、一级公路	二级公路	三、四级公路
填方	0 ~ 30	8	6	5	≥96	≥95	≥94
	30 ~ 80	5	4	3	≥96	≥95	≥94
	80 ~ 150	4	3	3	≥94	≥94	≥93
	>150	3	2	2	≥93	≥92	≥90
零填及挖方	0 ~ 30	8	6	5	≥96	≥95	≥94
	30 ~ 80	5	4	3	≥96	≥95	—

(2)填方铺筑压实

填方铺筑压实工序的流程及监理工作内容见图 4-1 所示。

道路在进行填筑压实前,应对填方材料进行颗粒分析、塑限、液限、有机质含量及标准击实等试验,并将试验结果报监理工程师审批。

另一方面,还应对用于填方的各种主要填料进行试验路段的铺筑压实试验。承包人在路基填方开工前 28d,应遵照监理工程师指示,结合现场实际情况,选择面积为 1 000m^2 的试验场地,进行试验路段的施工。试验路段施工时,监理工程师应加强旁站检查,并应记录压实设备的类型、型号及其最佳组合方式;填筑材料每层的松铺厚度;材料的含水量;填筑碾压工序;碾压遍数及碾压速度等。试验结果经监理工程师批准后,即成为一套标准的施工方法,可作为该种填料施工时的依据。

要控制好路基压实质量,首先应充分认识到影响压实的各种因素,然后根据现场实际情况采取各种技术措施,充分发挥现场压实机械的工作效率,使所施工的路基达到压实标准的要求。为此,监理工程师在施工过程中进行质量监理时,应注意以下几点:

①确定不同种类填土最大干密度和最佳含水量;

②检查控制填土含水量;

③分层填筑,分层碾压;

④全宽填筑,全宽碾压;

⑤加强测试试验;

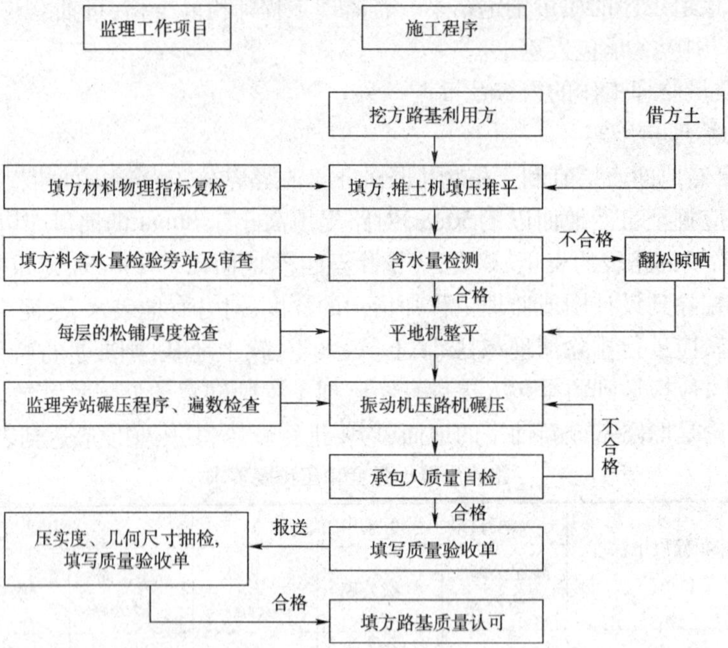

图 4-1　填方铺筑压实工序流程示意图

⑥路基压实标准及现场压实质量的评定。其压实度应达到表 4-2 的规定。

(3)挖方路基与边坡

挖方路基施工的工序流程及监理工作内容参见图 4-2。挖方路基的质量监理应注意以下几个方面:

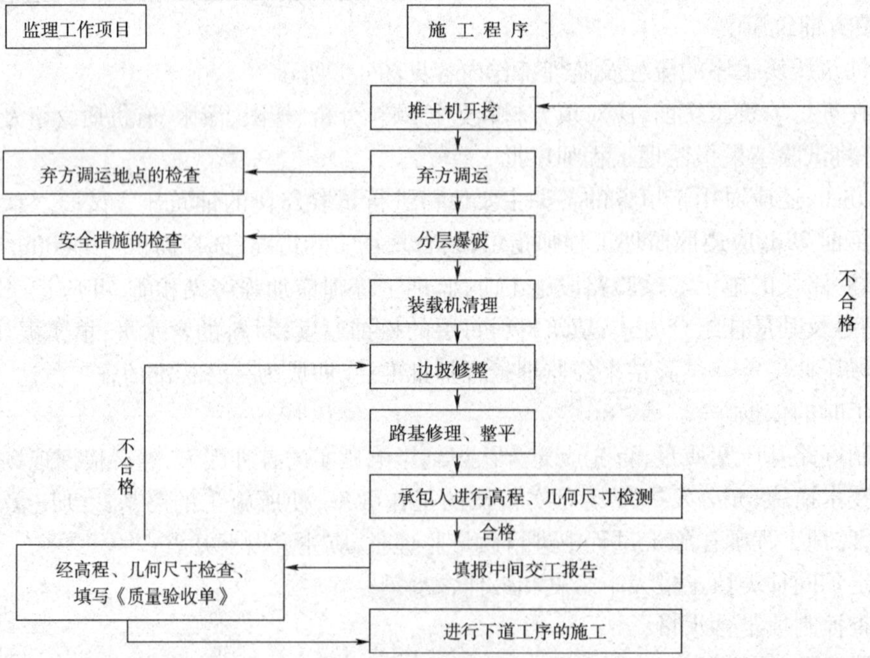

图 4-2　挖方路基施工程序示意图

①开挖方式。路堑的开挖方式,可根据路堑的长短采用不同的方法。当路堑短而浅,从两

端向中间掘进，并采用全断面开挖法；当路堑较长，可采用分段开挖法施工，即两端为纵向出土，而在中部选择适当地点挖穿堑壁，采用横向出土，达到加快进度的目的；拟设挡土墙的路堑，亦可考虑采用纵向分段开挖，以便同时分段修筑挡土墙；拟设防护工程的边坡，当防护工程不能紧跟开挖施工时，应留下一定厚度的保护层，待防护工程施工时再刷坡挖足；当路堑较深时，可采用上层在前，下层随后的台阶式分层开挖。

②开挖规定。当挖方路基（含取土坑）有不同的土或岩石层次时，承包人应尽可能按土和岩石层次分层进行开挖；在开挖中，如果出现石方（某些合同规定，对体积大于 $1m^3$ 的孤石，可称为石方），承包人应测出土石分界线，并经监理工程师鉴定认可，无论在任何情况下，是否按石方开挖，需经监理工程师同意并批准，方能按石方计量付款；承包人应将开挖中挖出的适用材料和不适用材料严格分开，未经监理工程师同意，不得将可利用的适用材料倾弃；在开挖中应尽量避免超挖，因超挖数量不仅不计量支付，若路基面发生超挖，承包人还要自费采用监理工程师批准的材料回填压实。

③弃方处理。路基弃方包括两个方面，一是路堑开挖中挖出的未被利用的剩余材料，另一个是清理表土和清理场地的杂物和废料，以及不适合作路堤填料的材料。上述弃方应送到设计图纸指示或承包人提供的，并经监理工程师同意的地点堆放。承包人在弃土堆堆放弃土时，应防止对周围的灌溉渠道和天然水流的污染和淤塞。任何因弃土而污染水源和淤塞水道所造成的损失，均应由承包人自行负责进行补救处理。

(4)路基排水设施

在土方工程施工期间，为保证路基的稳定，始终要保护施工现场良好的排水状态，除修建永久性排水设施外，还可修建一些临时排水沟，供施工排除积水用。路基排水设施的施工质量控制的监理工作要点是：

①对各类排水设施的几何尺寸、砌筑材料、排水是否畅通、防渗漏的效果等进行现场检查，一旦发现有不符合规定要求者，应立即令承包人返工。

②遇到下列情况时，监理工程师应详细检查，地面排水系统是否采取了防漏或防冲刷的加固措施：

a. 位于松软或透水性大的土层，以及有裂缝的岩石上；

b. 流速较大，可能引起冲刷的地段；

c. 当纵坡大于4%，或者可能产生路基病害地段的边沟；

d. 路堑与路堤交接处的边沟出口处；

e. 水田地带、路堤填土高度小于0.5m 地段的排水沟；

f. 兼作灌溉沟渠的边沟或排水沟；

g. 有集中水流进入的截水沟和排水沟。

③对于排水设施的施工现场，监理工程师应实行旁站监理，并对承包人填报的《隐蔽工程记录单》进行审核检查，然后填写《隐蔽工程质量验收单》。

(5)路基支挡及防护构造物

路基支挡及防护构造物是指：挡土墙、护墙、护坡、护面墙等。其施工程序及监理工作项目如图4-3所示。支挡及防护构造物施工质量的监理要点如下：

①材料要求。用于支挡及防护构造物的块、片石、砂浆、砂砾垫层材料、反滤层材料等应符合合同条件及技术规范的要求。

②基础开挖。在进行结构物基础开挖之前，承包人应制定开挖方法和支护方案报送监理

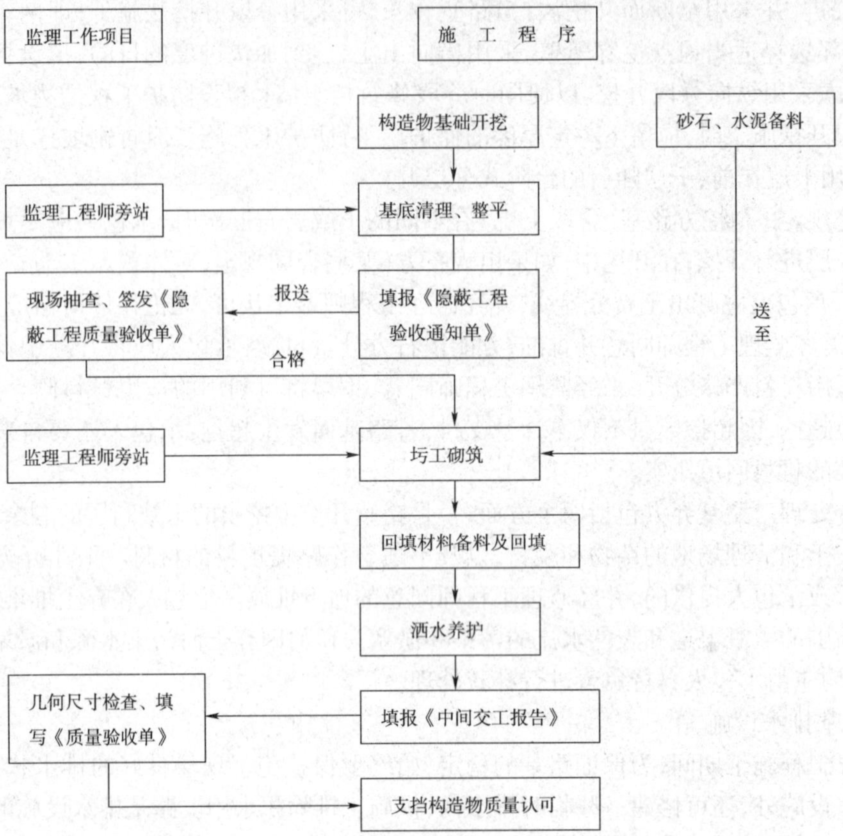

图4-3　支挡及防护构造物施工程序流程示意图

工程师，待批准后方能施工，但这种批准并不免除承包人应负的责任；结构物的基坑和涵管沟槽，应按设计图所示的高程和尺寸进行开挖，且不得超挖，若超挖，承包人应自费使用与结构物基础相同等级的混凝土与基础整体浇注；但监理工程师可根据实际情况，经业主同意后，决定基础的开挖深度和宽度，承包人据此施工而增加的费用，由业主负担；基础在开挖期间，承包人必须采取措施避免基坑或沟槽内积水，以保持施工在干燥状态下进行；如开挖工作和基础工程必须在已知地下水位以下作业时，为排降渗水和积水，承包人应提供良好的排水系统，施工现场要配置足够的水泵（含1/3的备用泵），并且有每天24h工作的排水能力，因此，承包人应提交关于保证整个工程能在干燥条件下施工的建议措施报告，经监理工程师审批后方能施工；已提供的排水系统，未经监理工程师批准，亦不得拆除。

③基底处理与检查。结构物基坑底应分别按岩层（未风化、风化、泥岩等）、土层（碎石类、砂类、黏性土、不均匀土层等）及土质不良需换填等不同情况，分别加以处理。

（6）特殊地基路段的处理和检查

特殊地基路段因成因复杂，种类繁多，这里主要是指线路位于水田地区、软土地带。在路基施工中遇到这类地质情况时，必须事先对其进行特殊处理，以提高路基的稳定性。水田、泥沼、软土地带路基处理工程的施工程序及监理工作项目内容如图4-4所示。

在软土地段填筑路堤，承包人应将施工方法及所使用的材料样品和试验报告提交监理工程师，并经监理工程师批准后才能施工。在合同段内，承包人应提前安排软土地段的施工，并在施工中做好沉降监测和严格控制施工填料的加载速度。

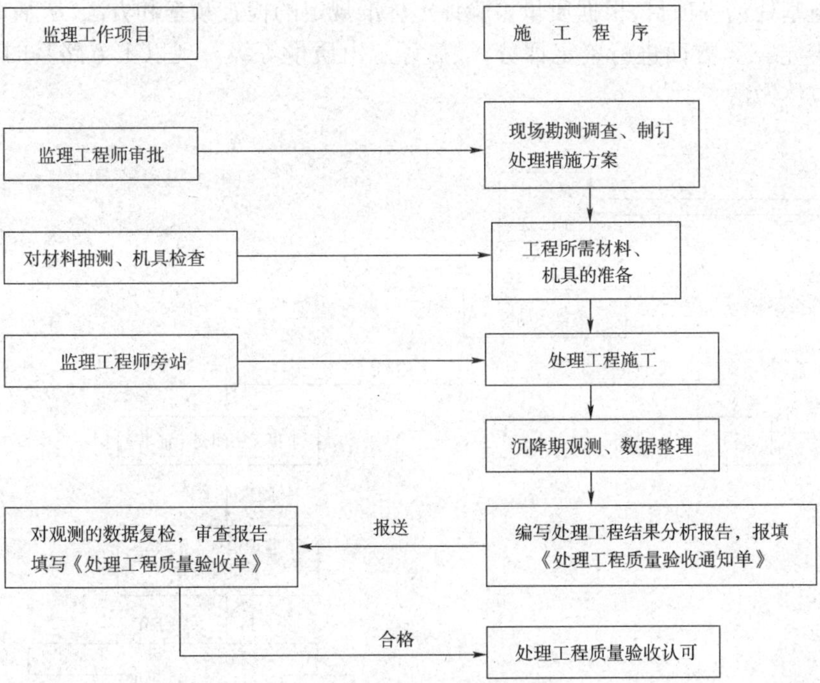

图4-4　特殊路基施工程序流程示意图

承包人在软土地段填筑路堤,其填料的加载速度可按下述方法控制,即在已压实的填料上作标记,每日测一次高程,当日沉降量小于20mm时,则可继续加载填筑。承包人每次进行定期测量后,应将测量结果尽快提交给监理工程师审核。

软土地带的路堤完工,路面未施工前,应有一段路堤沉降期,沉降期一般为6个月(或由设计图示出)。在沉降期内,承包人不得在路堤上进行任何工程,且应进行沉降监测。在沉降期完成前10d,承包人应把监测记录、绘制的沉降曲线和完成沉降期的报告,提交给监理工程师审批。沉降期完成并经监理工程师批准后,承包人应将路堤预压填料的多余部分移出,并将路堤整修到路基面高程。

(三)路基中间交工验收阶段的质量监理

1. 中间交工验收监理工作程序

(1)路基工程按合同规定要求完工后,承包人应根据合同及工程质量检验评定标准要求先进行质量自检,合格后,填报《中间交工证书》,报送监理工程师。

(2)监理工程师收到承包人报送的《中间交工证书》后,首先应汇总检查该单项(个)工程每道(步)工序的各《质量验收单》,并将《质量验收单》编号,填写到《中间交工证书》中,然后对交工项(个)工程进行现场检查。若《质量验收单》证明每道(步)工序均符合规范要求,则最后检验也应符合规范要求,且同时具备《交工申请单》时,监理工程师才签认《中间交工证书》。否则,应责令承包人返工。

(3)应注意,《中间交工证书》不一定要与《交工申请单》和《质量验收单》一一对应。

(4)路基中间交工验收监理工作程序流程如图4-5所示。

2. 路基中间交工验收检测项目及内容

路基工程除压实度指标需分层检测外,其他检查项目在路基完成后的路基顶面进行检查测定,但路肩工程应作为路面工程的分项工程进行检查评定。具体检查时,按土方路基、石方路基、软土地基处治等项目，根据质量检验评定标准规定的检查频率和方法，从基本要求、实测项目、外观鉴定三个方面进行鉴定评分，最后评定出质量等级。现以土方路基的检查测定为例，说明其具体做法：

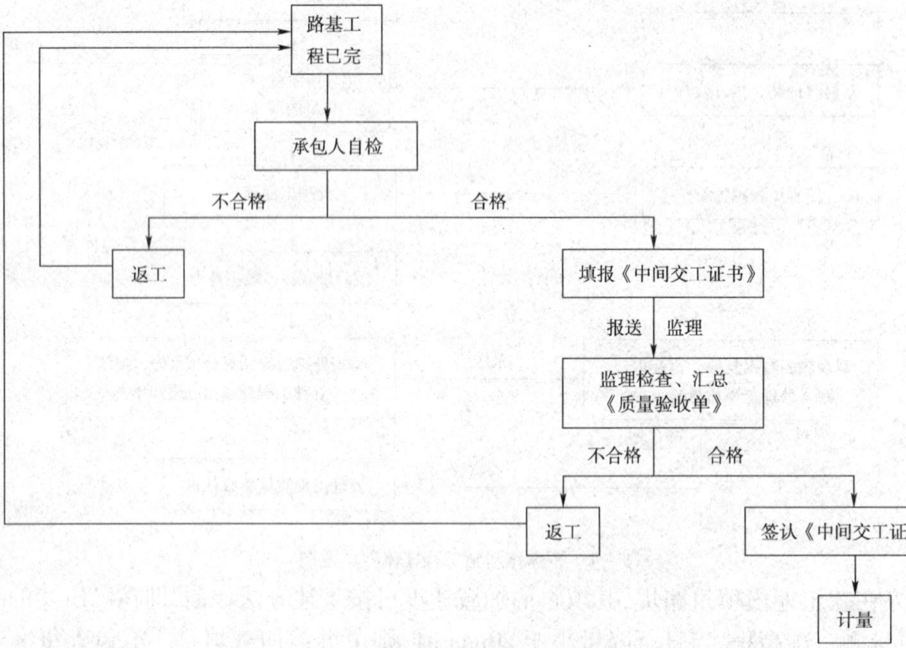

图 4-5　路基中间交工验收监理工作程序流程示意图

(1)基本要求。在土方路基施工中，以下所列基本要求，对其施工质量的优劣具有关键作用，监理工程师应认真进行检查，以便进行工程质量的评定。即在路基用地和取土范围内，承包人应认真清除地表植被、杂物、积水、淤泥和表土，处理坑塘，并对路基基底按路基施工规范要求进行认真压实；承包人在路堤填方时，应采用透水性良好的土壤作填料，不得采用设计或规范规定的不适用土料，即在通常情况下，不得采用不能被压实和不能形成稳定路基的土，如沼泽土、淤泥、泥炭、细粉砂土、含有树根和易腐物质的土等作为路基填料；所填筑的路基必须分层填筑压实，每层表面应平整，路拱合适，排水良好；施工过程中，承包人应作到施工临时排水系统与设计的永久排水系统相结合，勿使路基顶面附近积水，应能保证整个施工过程有一个干燥的施工环境，同时，还应避免冲刷边坡。

(2)实测项目。路基实测项目如表 4-3 所示；石方路基实测项目如表 4-4 所示；挡土墙实测项目如表 4-5 所示。

(3)外观鉴定。土方路基的外观鉴定按下列各条进行：

①路基表面应平整，边线直顺，曲线圆滑。不符合要求时，单向累计长度每 50m 减 1 ~ 2 分。

②路基边坡坡面平顺、稳定、不得亏坡，曲线圆滑。不符合要求时，单向累计长度每 50m 减 1 ~ 2 分。

③取土坑、弃土堆、护坡道、碎落台的位置适当、外形整齐、美观，能防止水土流失。不符合要求时，每处减 1 ~ 2 分。

土方路基实测项目 表 4-3

项次	检查项目			规定值或允许偏差			检查方法和频率	权值
				高速公路 一级公路	其他公路			
					二级公路	三、四级公路		
1Δ	压实度（%）	零填及挖方（m）	0～0.30	—	—	94	按 JTG F80/1—2004 附录 A 检查。 密度法：每 200m 每压实层测 4 处	3
			0～0.80	≥96	≥95	—		
		填方（m）	0～0.80	≥96	≥95	≥94		
			0.80～1.50	≥94	≥94	≥93		
			>1.50	≥93	≥92	≥90		
2Δ	弯沉(0.01mm)			不大于设计要求值			按 JTG F80/1—2004 附录 B 检查	3
3	纵断高程（mm）			+10，-15	+10，-20		水准仪：每 200m 测 4 断面	2
4	中线偏位（mm）			50	100		经纬仪：每 200m 测 4 点，弯道加 HY、YH 两点	2
5	宽度（mm）			符合设计要求			米尺：每 200m 测 4 处	2
6	平整度（mm）			15	20		3m 直尺：每 200m 测 2 处×10 尺	2
7	横坡（%）			±0.3	±0.5		水准仪：每 200m 测 4 断面	1
8	边坡			符合设计要求			尺量：每 200m 测 4 处	1

注：①表列压实度以重型击实试验为准，评定路段内的压实平均值下置信界限不得小于规定标准，单个测定值不得小于极值（表列规定值减 5 个百分点）。小于表列规定值 2 个百分点的测点，按其数量占总检查点的百分数计算减分值。

②采用核子仪检验压实度时应进行标定试验，确认其可靠性。

③特殊干旱、特殊潮湿地区或过湿土路基，可按交通部颁发的路基设计、施工规范所规定的压实度标准进行评定。

④三、四级公路铺筑沥青混凝土或水泥混凝土路面时，其路基压实度应采用二级公路标准。

石方路基实测项目 表 4-4

项次	检查项目		规定值或允许偏差		检查方法和频率	权值
			高速公路一级公路	其他公路		
1	压实度		层厚和碾压遍数符合要求		查施工记录	3
2	纵断高程（mm）		+10，-20	+10，-30	水准仪：每 200m 测 4 个断面	2
3	中线偏位（mm）		50	100	经纬仪：每 200m 测 4 点，弯道加 HY、YH 两点	2
4	宽度（mm）		符合设计要求		米尺：每 200m 测 4 处	2
5	平整度（mm）		20	30	3m 直尺：每 200m 测 2 处×10 尺	2
6	横坡（%）		±0.3	±0.5	水准仪：每 200m 测 4 断面	1
7	边坡	坡度	符合设计要求		每 200m 抽查 4 处	1
		平顺度	符合设计要求			

注：土石混填路基压实度或固体体积率可根据实际可能进行检验，其他检测项目与石方路基相同。

砌体挡土墙实测项目 表 4-5

项次	检查项目		规定值或允许偏差	检查方法和频率	权值
1Δ	砂浆强度(MPa)		在合格标准内	按 JTG F80/1—2004 附录 C 检查	3
2	平面位置(mm)		±50	经纬仪:每 20m 检查墙顶外边线 3 点	1
3	顶面高程(mm)		±20	水准仪:每 20m 检查 1 点	1
4	竖直度或坡度(%)		0.5	吊垂线:每 20m 检查 2 点	1
5Δ	断面尺寸(mm)		不小于设计	尺量:每 20m 量 2 个断面	1
6	底面高程(mm)		±50	水准仪:每 20m 检查 1 点	1
7	表面平整度(mm)	块石	±20	2m 直尺:每 20m 检查 3 处,每处检查竖直和墙长两个方向	1
		片石	±30		
		混凝土块,料石	±10		

二、路面工程施工质量监理

(一)底基层和基层的施工质量监理

在我国高等级公路中,底基层和基层类型多采用石灰稳定碎(砾)石和水泥稳定碎(砾)石,其混合料的拌和方式分为路拌和厂拌两种,摊铺方式分为人工和机械两种。

1. 施工准备阶段的监理

1)施工机械设备的检查

指混合料拌和机、摊铺机、平地机、压路机及其他机械设备,主要检查以下几个方面:

(1)设备的数量、规格型号是否与合同一致;

(2)设备是否配套,生产能力是否满足正常生产的需要。

2)工地试验室的检查

主要检查工地试验室是否具备施工自检的能力;是否建立、健全质量检验及工序间的交接验收制度。试验室的设置、试验仪器、人员的配备必须符合规范要求,并经监理工程师审批合格后才能投入使用。

3)原材料的要求

在进材料前,监理工程师应与承包人试验人员一起到料场取样两份,一份送中心试验室,一份送监理平行试验室进行检测,确定该材料是否合格,只有在原材料检测合格的情况下,再进行标准试验。为了保证材料的均匀性,供应料场应尽量固定一个,如果为多个料场供应材料,则监理工程师应随时抽检以保证其规格一致。

(1)石灰稳定碎(砾)石

石灰稳定碎(砾)石所用石灰质量应符合 III 级消石灰或 III 级生石灰的技术指标。应尽量缩短石灰的存放时间,如存放时间较长,应采取覆盖封存措施,妥善保管。生石灰块在使用前 7 ~ 10d 充分消解。

石灰稳定碎(砾)石中所用石料颗粒最大粒径及级配范围应符合规范要求,碎石和砾石的压碎值应符合要求。

在石灰稳定碎(砾)石施工前,应取所定料场中具有代表性的样品按《公路工程无机结合料稳定材料试验规程》(JTJ 057—94)的要求进行试验。

(2)水泥稳定碎(砾)石

水泥稳定碎(砾)石所用石料颗粒最大粒径及级配范围应符合规范要求,碎石和砾石的压碎值应符合要求。

普通硅酸盐水泥、矿渣硅酸盐水泥和火山灰硅酸盐水泥都可用于稳定土,但应选用初凝时间3h以上和终凝时间较长(宜在6h以上)的水泥。

在水泥稳定土施工前,应取所定料场中有代表性的样品按《公路工程无机结合料稳定材料试验规程》(JTJ 057—94)进行试验。

4)堆料场地的检查

(1)堆料场地的规划应考虑到有利于排水,必要时需对料场进行硬化处理。

(2)为了保证材料的均匀性,堆放碎砾石时,避免随意堆放,不同粒径的碎石或砾石以及细集料应隔离,并分别堆放。

(3)在潮湿多雨地区或其他地区的雨季施工时,应采取措施保护集料,特别是细集料,应有覆盖,防止雨淋。否则会影响到混合料的含水量。

5)拌和设备的调试

一般采用"流量法"对拌和机的转速进行标定,具体步骤如下:

(1)开动拌和机,在传输带上取样每延米各材料,并称出湿重,同时计算总湿重。

(2)现场测定各材料的含水量。

(3)根据各材料湿重和含水量计算各材料干重及总的干重。

(4)计算各材料的干重比例,判断其是否达到设计的配合比例。如达不到,则调整控制料仓的转速,重复上述步骤直到达到为止。

(5)根据达到配合比的各材料总的湿重和总的干重计算出混合料的综合含水量,再根据总的干重和标准试验混合料的最佳含水量,算出每延米混合料应加入的水量,从而按比例则可得到每小时拌和混合料应加入的水量(m^3/h)。

6)路床的检验,准备下承层、施工放样。

7)铺筑试验路段

在底基层和基层正式开工前,应铺筑试验路段。通过铺筑试验路段,主要确定以下项目:

(1)用于施工的集料配合比例;

(2)材料的松铺系数;

(3)标准施工方法;

(4)每一做作业段的合适长度;

(5)一次铺筑的合适厚度;

(6)控制结合料数量和拌和均匀性的方法。

8)签发《路面底基层和基层开工通知单》

(1)检查施工组织设计;

(2)试验检测报告的签认;

(3)试验路段总结报告的签认。

2. 施工阶段的监理(图4-6)

1)后场(冷拌场)

(1)每天开机时,重新标定拌和机各料仓材料传送带的转速及每小时拌和混合料应加入的水量,含水量宜略大于最佳含水量(1%~2%),使混合料运到现场摊铺后碾压时的含水量不小于最佳含水量,方法同上述拌和设备的调试方法。

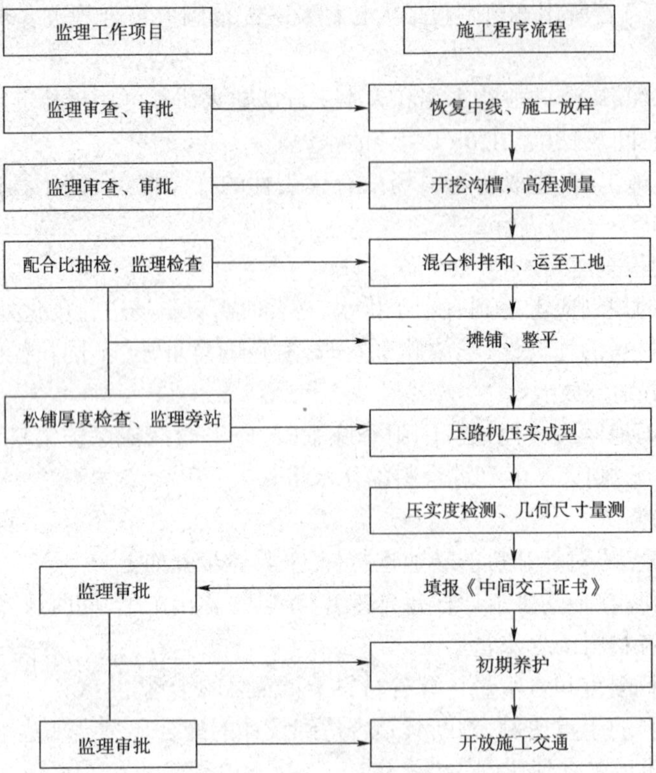

图4-6　底基层、基层施工程序及监理工作示意图

(2)检查各料仓上口之间是否隔开,防止装载机装料发生"窜料"现象,否则应采取措施使其完全分开。

(3)拌和场应取样进行下列试验:

①级配;

②集料压碎值;

③水泥或石灰剂量;

④含水量;

⑤压实度;

⑥无侧限抗压强度。

2)前场

(1)石灰稳定碎(砾)石拌成混合料的堆放时间不宜超过24h,宜在当天将拌成的混合料运送到铺筑现场,车上的混合料应该覆盖,以减少水分损失。水泥稳定碎(砾)石路拌法施工时,必须严密组织,采用流水作业法施工,尽可能缩短从加水拌和到碾压终了的延迟时间,此时间不应超过3~4h,并应短于水泥的终凝时间。采用集中厂拌法施工时,延迟时间不应超过2h。

(2)整形和碾压。整形后,当混合料的含水量为最佳含水量(±1%~±2%)时,应立即用轻型压路机并配合12t以上压路机在结构层全宽内进行碾压。直线和不设超高的平曲线段,由两侧路肩向外侧路肩进行碾压。碾压时,应重叠1/2轮宽,后轮必须超过两段的接缝处,后轮压完路面全宽时,即为1遍,一般需要6~8遍。压路机的碾压速度,头两遍以采用1.5~1.7km/h为宜,以后宜采用2.0~2.5km/h。碾压过程中应注意:

①严禁压路机在已完成的或正在碾压的路段上掉头或急制动，应保持稳定土层表面不受破坏。

②碾压过程中，水泥稳定土的表面应始终保持湿润，如水分蒸发过快，应及时补洒少量的水，但严禁洒大量水碾压。

③碾压过程中，如有"弹簧"、松散、起皮等现象，应及时翻开重新拌和或用其他方法处理，使其达到质量要求。

④经过拌和、整形的水泥稳定土宜在水泥初凝前并应在试验确定的延迟时间内完成碾压，并达到要求的密实度，没有明显的轮迹。

⑤在碾压结束之前，用平地机再终平一次，使其纵向顺适，路拱和超高部分符合设计要求。终平应仔细进行，必须将局部高出部分刮除并扫出路外；对于局部低洼之处，不再进行找补，可留待铺筑面层时处理。

(3)接缝处理：

①关于横向接缝，如压实层末端未用方木作支撑处理，在碾压后末端成一斜坡，则在第二天开始摊铺新混合料之前，应将末端斜坡挖除，并挖成一横向(与路中心线垂直)垂直向下的断面。

②应避免纵向接缝。高速公路和一级公路的基层应分两幅摊铺，宜采用两台摊铺机一前一后相隔约5～10m同步向前摊铺混合料，并一起进行碾压。在不能避免纵向接缝的情况下，纵缝必须垂直相接，严禁斜接。

(4)养生及交通管制

①石灰稳定碎(砾)石

a. 石灰工业废渣稳定碎(砾)石碾压完成后的第二天或第三天开始养生，每天洒水的次数视气候条件而定，应始终保持表面潮湿。对于二灰稳定粗、中粒土的基层，也可用沥青乳液和沥青下封层进行养生，养生期一般为7d。

b. 在养生期间，除洒水车外，应封闭交通。

c. 养生结束后，宜先让施工车辆慢速通行7～10d，磨去表面的二灰薄层，或用带钢丝刷的机械扫刷去表面的二灰薄层。清扫和冲洗干净后再喷洒透层油或黏层沥青，然后尽早铺筑沥青面层的底面层。

d. 在清扫干净的基层上，也可先做下封层，防止基层干缩开裂，同时保护基层免遭施工车辆破坏。宜在铺设下封层后的10～30d内开始铺筑沥青面层的底面层。如为水泥混凝土面层，也不宜让基层长期暴晒，以免开裂。

e. 石灰稳定碎(砾)石底基层分层施工时，下层碾压完毕后，可以立即铺筑上一层，不需专门的养生期。也可以养生7d后再铺筑另一层。

②水泥稳定碎(砾)石

a. 水泥稳定碎(砾)石底基层分层施工时，下层水泥稳定土碾压完后，宜养生7d后铺筑上层水泥稳定土。在铺筑上层稳定土之前，应始终保持下层表面湿润。在铺筑上层稳定土时，宜在下层表面撒少量水泥或水泥浆。底基层养生7d后，方可铺筑基层。

水泥稳定级配碎石(或砾石)基层分两层用摊铺机铺筑时，下层分段摊铺和碾压密实后，在不采用重型振动压路机碾压时，宜立即摊铺上层，否则在下层顶面应撒少量水泥或水泥浆。

b. 每一段碾压完成并经压实度检查合格后，应立即开始养生。

c. 对于高速公路和一级公路，基层的养生期不宜少于7d；对于二级和二级以下的公路，如养生期少于 7d 即铺筑沥青面层,则应限制重型车辆通行。

d. 对于二级和二级以下公路,如基层上为水泥混凝土面板,且面板是用小型机械施工的,则基层完成后可较早铺筑混凝土面层。

e. 在养生期间未采用覆盖措施的水泥稳定土层上,除洒水车外,应封闭交通。在采用覆盖措施的水泥稳定土层上,不能封闭交通时,应限制重车通行,其他车辆的车速不应超过 30km/h。

f. 养生期结束后,如其上为沥青面层,应先清扫基层,并立即喷洒透层或黏层沥青。

g. 在清扫干净的基层上,也可先做下封层,以防止基层干缩开裂,同时保护基层免遭施工车辆破坏,宜在铺设下封层后的 10 ~ 30d 内开始铺筑沥青面层的底面层。如为水泥混凝土面层,不宜让基层长期暴晒,以免开裂。

(5) 对于无机结合料,应取钻件(俗称路面芯样)检查其整体性。水泥稳定基层的龄期 7 ~ 10d 时,应能取出完整的钻件。二灰稳定基层的龄期 20 ~ 28d 时,应能取出完整的钻件。如果路面钻机取不出水泥稳定基层或二灰稳定基层的完整钻件,则应找出不合格基层的界限,进行返工处理。

(6) 拌和场应取样进行松铺厚度与压实厚度试验。

检验材料层的松铺厚度,视其是否符合预定要求。松铺厚度 = 压实厚度 × 松铺系数,水泥稳定类混合料松铺系数参考值见表 4-6;石灰稳定类混合料的松铺系数参考值见表 4-7。

水泥稳定混合料松铺系数参考值 表 4-6

材料名称	松铺系数	备注
水泥稳定砂砾	1.30 ~ 1.35	现场人工摊铺砂砾和水泥
水泥土	1.53 ~ 1.58	现场人工摊铺土和水泥,机械拌和、人工整平

石灰稳定类混合料松铺系数参考值 表 4-7

材料名称	松铺系数	备注
石灰土	1.53 ~ 1.58	现场人工摊铺土和石灰,机械拌和,人工整平
	1.65 ~ 1.70	路外集中拌和,运到现场人工摊铺
水泥土	1.52 ~ 1.55	路外集中拌和,运到现场人工摊铺

3. 石灰、粉煤灰基层和底基层施工质量检验

1) 基本要求

(1) 土质应符合设计要求,土块应经粉碎。

(2) 水泥用量应按设计要求控制准确。

(3) 路拌深度应达到层底。

(4) 混合料应处于最佳含水量状况下,用重型压路机碾压至要求的压实度。从加水拌和到碾压终了的时间不应超过 3 ~ 4h,并应短于水泥的终凝时间。

(5) 碾压检查合格后,应立即覆盖或洒水养生,养生期应符合规范要求。

2) 实测项目(表 4-8)

3) 外观鉴定

(1) 表面平整密实,无坑洼。不符要求时,每处减 1 ~ 2 分。

(2)施工接茬处平整、稳定。不符要求时,每处减1~2分。

石灰、粉煤灰基层和底基层实测项目表

表4-8

项次	检查项目		规定值或允许偏差				检查方法和频率	权值
			基层		底基层			
			高速公路一级公路	其他公路	高速公路一级公路	其他公路		
1Δ	压实度(%)	代表值	—	95	95	93	按JTG F80/1—2004附录A检查,每车道2处	3
		极值	—	91	91	89		
2	平整度(mm)		—	12	12	15	3m直尺:每200m测2处×10尺	2
3	纵断高程(mm)		—	+5,-15	+5,-15	+5,-20	水准仪:每200m测4个断面	1
4	宽度(mm)		符合设计要求		符合设计要求		尺量:每200m测4处	1
5Δ	厚度(mm)	代表值	—	-10	-10	-12	按JTG F80/1—2004附录D检查,每200m每车道1点	2
		合格值	—	-20	-25	-30		
6	横坡(%)		—	±0.5	±0.3	±0.5	水准仪:每200m测4个断面	1
7Δ	强度(MPa)		符合设计要求		符合设计要求		按附录E检查	3

4.中间交工验收阶段的监理

底基层和基层完工后,应完成中间交工验收,填写《中间交工证书》,并尽快完成路面面层的铺筑。

(二)沥青路面的施工质量监理

1.施工准备阶段的监理

1)施工机械设备的检查

主要指沥青混合料拌和楼、摊铺机、压路机等各种施工机械和设备,主要检查以下几个方面:

(1)设备的数量、规格型号是否与合同一致;

(2)设备是否配套,生产能力是否满足正常生产的需要;

(3)机械设备的技术性能、传感器计量精度等的标定。

2)工地试验室的检查

主要检查工地试验室是否具备施工自检的能力;是否建立健全有效的质量保证体系,对施工各工序的质量进行检查评定,达到质量标准,确保施工质量的稳定性;是否建立、健全质量检验及工序间的交接验收制度。试验室的设置、试验仪器、人员的配备必须经监理工程师审批合格后才能投入使用。

3)原材料的要求

施工前必须检查各种材料的来源和质量。对于按招标程序购进的沥青、集料等重要材料,供货单位必须提交最新检测的正式试验报告。从国外进口的材料应提供该批材料的船运单。对首次使用的集料,应检查生产单位的生产条件、加工机械、覆盖层的清理情况。所有材料都应按规定取样检测,经质量认可后方可订货。不符合规范技术要求的材料不得进场。

(1)沥青材料

沥青路面使用的各种材料运至现场后必须取样进行质量检验,经评定合格后方可使用,不得以供应商提供的检测报告或商检报告代替现场检测。

使用成品改性沥青的工程,应要求供应商提供所使用的改性剂型号、基质沥青的质量检测报告。使用现场改性沥青的工程,应对试生产的改性沥青进行检测。

乳化沥青宜存放在立式罐中,并适当搅拌。储存期以不离析、不冻结、不破乳为度。

(2)粗集料

集料粒径规格以方孔筛为准。不同料源、品种、规格的集料不得混杂堆放,必须完全分开。

沥青面层用粗集料包括碎石、破碎砾石、筛选砾石、钢渣等,但高速公路和一级公路不得使用筛选砾石和钢渣。筛选砾石仅适用于三级及三级以下公路的沥青表面处治路面。

粗集料应该洁净、干燥、表面粗糙,质量应符合《公路沥青路面施工技术规范》(JTG F40—2004)表4.8.2的技术要求。拌制沥青混合料时,应采用分级料。当单一规格集料的质量指标达不到要求,而按照集料配合比计算的质量指标符合要求时,工程上允许使用。

高速公路、一级公路沥青路面的表面层(或磨耗层)的粗集料的磨光值应符合《公路沥青路面施工技术规范》(JTG F40—2004)表4.8.5的技术要求。除SMA、OGFC路面外,允许在硬质粗集料中掺加部分较小粒径的磨光值达不到要求的粗集料,其最大掺加比例由磨光值试验确定。

粗集料与沥青的黏附性应符合《公路沥青路面施工技术规范》(JTG F40—2004)表4.8.5的技术要求。当粗集料的黏附性不符合要求时,宜掺加消石灰、水泥或用饱和石灰水处理后使用,必要时同时在沥青中掺加耐热、耐水、长期性能好的抗剥落剂,也可采用改性沥青的措施,使沥青混合料的水稳定性检验达到要求。掺加外加剂的剂量由沥青混合料的水稳定性检验确定。

(3)细集料

沥青路面的细集料包括天然砂、机制砂、石屑。

细集料应洁净、干燥、无风化、无杂质,并有适当的颗粒级配,其质量应符合《公路沥青路面施工技术规范》(JTG F40—2004)表4.9.2的技术要求。

天然砂可采用河砂或海砂,宜采用粗、中砂。热拌沥青混合料中天然砂的用量通常不宜超过集料总量的20%,SMA和OGFC混合料不宜使用天然砂。

石屑是采石场破碎石料时通过4.75mm或2.36mm的筛下部分,其规格应符合《公路沥青路面施工技术规范》(JTG F40—2004)表4.9.4的技术要求。

(4)填料

沥青混合料的矿粉必须采用石灰岩或岩浆岩的强基性岩石等憎水性石料经磨细得到的矿粉,原石料中的泥土杂质应除净。矿粉应干燥、洁净,能自由地从矿粉仓流出。

(5)纤维稳定剂

在沥青混合料中掺加的纤维稳定剂宜选用木质素纤维、矿物纤维等。

纤维应在250℃的干拌温度不变质、不发脆,使用纤维必须符合环保要求,不危害身体健康。纤维必须在混合料拌和过程中能充分分散均匀。

4)目标配合比设计

正式开工前,监理工程师应抽检各种原材料进行试验,待其结果符合要求后,应及时进行目标配合比设计。中心试验室应在规定的期限内向业主及监理工程师提出正式报告,待取得正式认可后,方可使用。

5)堆料场地的检查

(1)在进材料前,监理必须对材料的存放场地施进行检查与确认,要求堆料场地要有很好的防雨和排水措施，应对堆料场地进行硬化处理。

(2)为了保证材料的均匀性，堆放集料时，避免随意堆放，不同粒径的集料应隔离好，防止窜料现象；同时尽量让材料不产生离析，宜采用层铺法进行备料。

(3)在潮湿多雨地区或其他地区的雨季施工时，应采取措施，保护集料，特别是细集料(如石屑和砂等)，应有覆盖，防止雨淋。

(4)矿粉等填料应在专门的堆料库中堆放。

6)拌和设备的调试并进行生产配合比的设计

(1)检查拌和楼振动筛的筛孔尺寸与安装角度，保证热料仓的集料符合要求。

(2)标定沥青秤的精度，确保沥青称量的准确性。

(3)根据监理工程师确认的目标配合比进行冷料仓的调试，主要是调试各冷料仓材料传送带的转速达到目标配合比的集料比例。

(4)根据调试好的冷料仓转速将原材料按比例输送到拌和楼，经过振动筛的二次筛分后，取各热料仓的材料，同时外取矿粉与沥青进行生产配合比设计。

7)基层的检验，施工放样，洒布透层沥青

8)铺筑试验路段，验证生产配合比

试验路段铺筑应由有关各方共同参加，及时商定有关事项，明确试验结论。铺筑结束后，承包人应就各项试验内容提出完整的试验路施工、检测报告，取得业主或监理工程师的批复。

在试验路段施工中，为保证其施工质量，当沥青混合料摊铺压实 12h 后，应按标准方法进行密实度、厚度检验。抽样检查的频度见表 4-9 所示。

试验路段抽样检验的内容和数量 表 4-9

试验种类	试验数量
厚度、密实度、沥青含量、集料级配、稳定度、流值、空隙率、饱和度、重度	每种混合料取 6 处，每种混合料取样 1 次

9)签发《沥青路面开工通知单》

2. 施工阶段的监理

沥青面层施工监理工作项目内容见图 4-7 所示。

1)后场(热拌场)

(1)按规范要求的频率进行原材料的抽样检验。

(2)从料堆和皮带运输机随时目测各种材料的质量和均匀性，检查泥块及超粒径碎石，检查冷料仓有无窜仓。目测混合料拌和是否均匀、有无花白料、油石比是否合理，检查集料和混合料的离析情况。

(3)检查控制室拌和机各项参数的设定值、控制屏的显示值，核对计算机采集和打印记录的数据与显示值是否一致。进行沥青混合料生产过程的在线监测和总量检验。

(4)在沥青混合料拌制过程中，因材料的含水量可能有变化，允许冷料仓的转速有较小的调整，防止待料和吐料现象发生。

(5)检测沥青混合料的材料加热温度、混合料出厂温度，取样抽提、筛分检测混合料的矿料级配、油石比。抽提筛分应至少检查 0.075mm、2.36mm、4.75mm、公称最大粒径及中间粒径等 5 个筛孔的通过率。

(6)取样成型试件进行马歇尔试验,测定空隙率、稳定度、流值,计算合格率。同时确定压实度测定的标准密度。

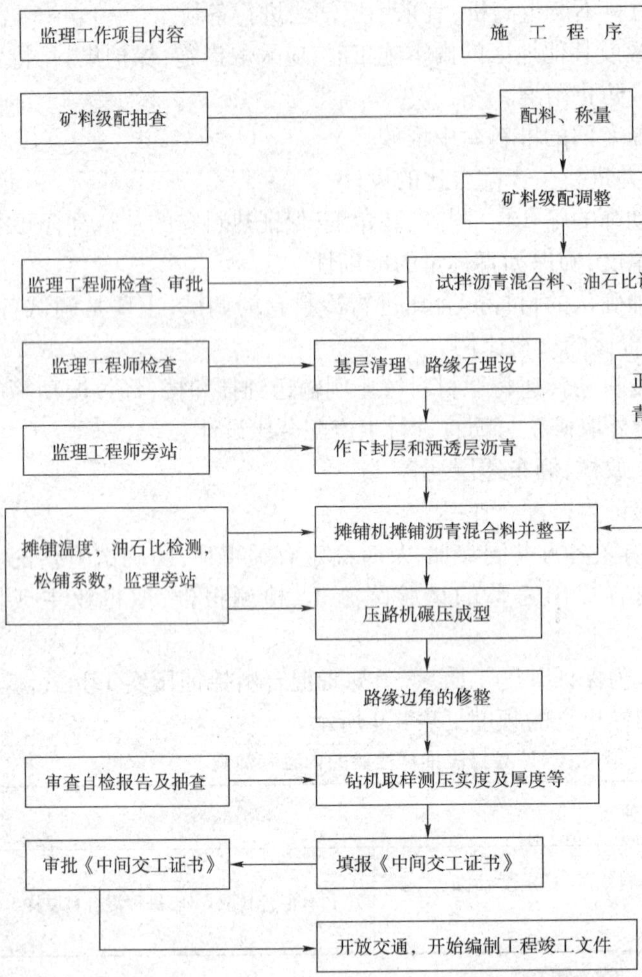

图 4-7 沥青面层施工程序及监理工作示意图

2)前场

(1)检测沥青混合料到场温度,并做好记录。

(2)利用摊铺过程在线控制,不断地用插尺或其他工具插入摊铺层测量松铺厚度。

(3)重点对碾压工艺进行过程控制,碾压工艺的控制包括压路机动的配置(台数、吨位及机型)、排列和碾压方式、压路机与摊铺机的距离、碾压温度、碾压速度、压路机洒水(雾化)情况、碾压段长度、掉头方式等。

(4)施工过程中随时用3m直尺检测平整度。

(5)在路面完全冷却后,随机选点钻孔取样,如一次钻孔同时有多层沥青层时需用切割机切割,待试件充分干燥后(在第二天之后),分别测定密度,并计算压实度。钻孔后应及时将孔中灰浆淘净,吸净余水,待干燥后以相同的沥青混合料分层填充夯实。为减少钻孔数量,有关施工、监理、监督各方宜合作进行钻孔检测,以免重复钻孔。

(6)压实成型的路面应随机选点检测渗水情况。

(7)施工过程中应随时对路面进行外观(色泽、油膜厚度、表面空隙)评定,尤其特别注意防止粗细集料的离析和混合料温度不均，造成路面局部渗水严重或压实不足，酿成隐患。如果该路段严重离析、渗水，且经2次补充钻孔仍不能达到压实度要求，确属施工质量差的，应铣刨或局部挖补，返工重铺。

3. 沥青路面施工质量检验

沥青表面实测项目见表4-10，沥青混凝土面层和沥青碎(砾)石面层实测项目见表4-11。

沥青表面处治面层实测项目　　表4-10

项次	检查项目		规定值或允许偏差	检查方法和频率	权值
1	平整度(mm)	σ(mm)	4.5	平整度仪：全线每车道连续按每100m计算IRI或σ	2
		IRI(m/km)	7.5		
		最大间隙h(mm)	10	3m直尺：每200m2处×10尺	
2	弯沉值(0.01mm)		符合设计要求	按JTG F80/1—2004附录B检查	2
3Δ	厚度(mm)	代表值	-5	按JTG F80/1—2004附录D检查，每200m每车道1点	3
		极值	-10		
4	沥青总用量(kg/m^2)		±0.5%	每工作日每层洒布查1次	2
5	中线平面偏位(mm)		30	经纬仪：每200m测4点	1
6	纵断高程(mm)		±20	水准仪：每200m测4点	1
7	宽度(mm)	有侧石	±30	尺量：每200m测4处	2
		无侧石	不小于设计		
8	横坡(%)		±0.5	水准仪：每200m测4断面	1

沥青混凝土面层和沥青碎(砾)石面层实测项目　　表4-11

项次	检查项目			规定值或允许偏差：高速公路、一级公路	规定值或允许偏差：其他公路	检查方法和频率	权值
1Δ	压实度(%)			试验室标准密度的96%(*98%) 最大理论密度的92%(*94%) 试验段密度的98%(*99%)		按JTG F80/1—2004附录A检查，每200m测1处	3
2	平整度	σ(mm)		1.2	2.5	平整度仪：全线每车道连续按每100m计算IRI或σ	2
		IRI(m/km)		2.0	4.2		
		最大间隙h(mm)		—	5	3m直尺：每200m测2处×10尺	
3	弯沉值(0.01mm)			符合设计要求		按附录B值	2
4	渗水系数			SMA路面200mL/min；其他沥青混凝土路面300mL/min	—	渗水试验仪：每200m测1处	2
5	抗滑	摩擦系数		符合设计要求	—	摆式仪：每200m测1处；横向力系数测定车：全线连续，按JTG F80/1—2004附录K评定	2
		构造深度				铺砂法，每200m测1处	
6Δ	厚度(mm)	代表值		总厚度：设计值的-5% 上面层：设计值的-10%	-8%H	按JTG F80/1—2004附录D检查每20m每车道1点	3
		合格值		总厚度：设计值的-10% 上面层：设计值的-20%	-15%H		

续上表

项次	检 查 项 目		规定值或允许偏差		检查方法和频率	权值
			高速公路、一级公路	其他公路		
7	中线平面偏位（mm）		20	30	经纬仪：每 200m 测 4 点	1
8	纵断高程（mm）		±15	±20	水准仪：每 200m 测 4 点	1
9	宽度（mm）	有侧石	±20	±30	尺量：每 200m 测 4 断面	1
		无侧石	不小于设计值			
10	横坡（%）		±0.3	±0.5	水准仪：每 200m 测 4 处	1

注：①表内压实度可选用其中的 1 个或 2 个标准评定，选用两个标准时，以合格率低的作为评定结果。带 * 号者是指 SMA 路面，其他为普通沥青混凝土路面。

②表列厚度仅规定负允许偏差。其他公路的厚度代表值和合格值允许偏差按总厚度计，当总厚度≤60mm 时，允许偏差分别为 -5mm 和 -10mm；总厚度 >60mm 时，允许偏差分别为 -8% 和 -15% 的总厚度，H 为总厚度（mm）。

4. 中间交工验收阶段的监理

（1）工程完工后，承包人应将全线以 1～3km 作为一个评定路段，每一侧车行道按规定的频度，随机选取测点，对沥青面层进行全线自检。将单个测定值与规范的质量要求或允许偏差进行比较，计算合格率；然后计算一个评定路段的平均值、极差、标准差及变异系数。承包人应在规定时间内提交全线检测结果及施工总结报告，申请交工验收。

（2）沥青路面交工时应检查验收沥青面层的各项质量指标，包括路面的厚度、压实度、平整度、渗水系数、构造深度、摩擦系数、回弹弯沉、全线宽度、纵断面高程、横坡度、中线偏位等。

（三）水泥混凝土路面的施工质量监理

1. 施工准备阶段的监理

1）施工机械设备的检查

首先检查设备数量型号是否配套，是否满足工程建设的需要；其次检查设备的运行状况是否良好。

2）工地试验室的检查

主要检查工地试验室是否具备施工自检的能力。

3）原材料的要求

（1）水泥

特重、重交通路面宜采用旋窑道路硅酸盐水泥，也可采用旋窑硅酸盐水泥或普通硅酸盐水泥。中、轻交通的路面可采用矿渣硅酸盐水泥。低温天气施工或有快通要求的路段可采用 R 型水泥，此外宜采用普通型水泥。水泥进场时每批量应附有化学成分、物理、力学指标合格的检验证明。选用水泥时，除满足规范要求外，还应通过混凝土配合比试验，根据其配制弯拉强度、耐久性和工作性优选适宜的水泥品种、强度等级。

（2）粗集料

粗集料应使用质地坚硬、耐久、洁净的碎石、碎卵石或卵石。高速公路、一级公路、二级公路及有抗（盐）冻要求的三、四级公路混凝土路面使用的粗集料级别应不低于 II 级，无抗（盐）冻要求的三、四级公路混凝土路面、碾压混凝土及贫混凝土基层可使用 III 级粗集料。有抗（盐）冻要求时，I 级集料吸水率不应大于 1.0%，II 级集料吸水率不应大于 2.0%。

用做路面混凝土的粗集料不得使用不分级的统料，应按最大公称粒径的不同采用偏少 4

个粒径的集料进行掺配，掺配后的合成级配应符合规范要求。卵石最大公称粒径不宜大于19.0mm；碎卵石最大公称粒径不宜大于26.5mm；碎石最大公称粒径不应大于31.5mm。贫混凝土基层粗集料最大公称粒径不应大于31.5mm；钢纤维混凝土与碾压混凝土粗集料最大公称粒径不宜大于19.0mm。碎卵石或碎石中粒径小于0.075mm的石粉含量不宜大于1%。

(3)细集料

细集料应采用质地坚硬、耐久、洁净的天然砂、机制砂或混合砂。高速公路、一级公路、二级公路及有抗(盐)冻要求的三、四级公路混凝土路面使用的砂级别应不低于II级，无抗(盐)冻要求的三、四级公路混凝土路面、碾压混凝土及贫混凝土基层可使用III级砂。特重、重交通混凝土路面使用河砂、砂的硅质含量不应低于25%。

细集料的级配要求应符合规范要求，路面用天然砂宜为中砂，也可使用细度模数在2.0～3.5之间的砂。同一配合比用砂的细度模数变化不应超过0.3，否则应分别堆放，并调整配合比中的砂率后使用。

路面和桥面铺装混凝土所使用的机制砂，还应检验砂浆磨光值，其值宜大于35，不宜使用抗磨性较差的泥岩、页岩、板岩等水成岩类母岩品种生产机制砂。配制机制砂混凝土应同时掺引气高效减水剂。

(4)水

饮用水可直接作为混凝土搅拌和养护用水。

(5)外加剂

供应商应提供有关相应资质外加剂检测机构的品质检测报告，检验报告应说明外加剂的主要化学成分，认定对人体无毒副作用。

引气剂应选用表面张力降低值大、水泥稀浆中起泡容量多而细密、泡沫稳定时间长、不溶、残渣少的产品。有抗冰(盐)冻要求地区，各交通等级路面、桥面、路缘石、路肩及贫混凝土基层必须使用引气剂；无抗冰(盐)冻要求地区，二级及二级以上公路路面混凝土中应使用引气剂。

各交通等级路面混凝土宜选用减水率大、坍落度损失小、可调控凝结时间的复合型减水剂。高温施工宜使用引气缓凝(保塑、高效)减水剂；低温施工宜使用引气早强(高效)减水剂。选定减水剂品种前，必须与所有用的水泥进行适应性检查。

(6)钢筋

各交通等级混凝土路面、桥面和搭板所用钢筋应顺直，不得有裂纹、断伤、刻痕、表面油污和锈蚀。传力杆钢筋加工应锯断，不得挤压切断，断口应垂直、光圆，用砂轮打磨掉毛刺，并加工成2～3mm圆倒角。

(7)接缝材料

高速公路、一级公路宜采用塑胶、橡胶泡沫板或沥青纤维板；其他公路可采用各种胀缝板。

(8)其他材料

用于胀缝传力杆端部的套帽宜采用镀锌管或塑料管，厚度不应小于2.0mm，要求端部密封不透水，内径宜较传力杆直径大1.0～1.5mm，塑料套帽长度宜为100mm左右，镀锌套帽长度宜为50mm左右，顶部空隙长度均不小于25mm。

4)施工准备

(1)施工机械选择

施工单位应根据不同的公路等级，选择与公路等级相适应的机械设备。各级公路均不得使用体积计量、小型自落滚筒式搅拌机,严禁使用人工控制加水量。

(2)施工组织

施工单位应根据设计图纸、合同文件、摊铺方式、机械设备、施工条件等确定混凝土路面施工工艺流程、施工方案、进行详细的施工组织设计。

(3)搅拌场设置

搅拌场应设置在摊铺路段的中间位置,内部布置应满足原材料储运、混凝土运输、供水、供电、钢筋加工等使用要求,并尽量紧凑,减少占地。同时应保障搅拌、清洗、养生用水的供应,并保证水质和充足的电力供应。

(4)摊铺前材料与设备检查

开工前,工地试验室应对计划使用的原材料进行质量检验和配合比的优选,初步选择原材料供应商。监理工程师应对原材料抽检和配合比试验进行验证,报请建设单位正式审批。施工前必须对机械设备、测量仪器、基准线或模板、机具工具及各种试验仪器等进行全面检查、调试、校核、标定、维修和保养。主要施工机械的易损部件应有适量储备。

(5)路基、基层和封层的检测与修整

垫层、基层应符合《公路水泥混凝土路面设计规范》(JTG D40—2003)和《公路路面基层施工技术规范》(JTJ 034—2000)的要求。面板铺筑前,应对基层进行全面的破损检查,当基层产生纵、横向断裂、隆起或碾坏时,应采取有效措施进行彻底修复。当封层出现局部损坏时,摊铺前应采用相同的封层材料进行修补,经质量检验合格,并由监理工程师签认后,方可铺筑水泥混凝土面层。

2. 施工阶段的监理

1)混凝土拌和物搅拌与运输

(1)搅拌设备

混凝土路面不同摊铺方式的搅拌楼应满足最小配置容量。一般可配备 2 ~ 3 台搅拌楼,最多不宜超过 4 台。搅拌楼的规格和品牌尽可能统一。

(2)拌和技术要求

每台搅拌楼在投入生产前,必须进行标定和试拌。在标定有效期满或搅拌楼搬迁安装后,均应重新标定。施工中应每 15d 校验一次搅拌楼计量精确度。施工时应根据拌和物的黏聚性、均质性及强度稳定性试拌确定最佳拌和时间。混凝土拌和过程中,不得使用污水、夹冰雪、表面沾染尘土和局部曝晒过热的砂石料。拌和物应均匀一致,有生料、干料、离析或外加剂、粉煤灰成团现象的非均质拌和物严禁用于路面摊铺。

(3)运输车辆

可选配车况优良、载重量 5 ~ 20t 的自卸车,自卸车后挡板应关闭紧密,运输时不漏浆撒料,车厢板应平整光滑。远距离运输或摊铺钢筋混凝土路面及桥面时,宜选配混凝土罐车。

(4)运输技术要求

应根据施工进度、运量、运距及路况,选配车型和车辆总数,确保新拌混凝土在规定时间内运到摊铺现场。运输到现场的拌和物必须具有适宜摊铺的工作性,否则应加入外加剂,但用量必须通过试验确定。

2)铺筑试验路段

(1)二级及其以上公路混凝土路面工程,使用滑模、轨道、碾压、三辊轴机组机械施工时,在正式摊铺混凝土路面前,必须铺筑试验路段。试验路段长度不应短于 200m,高速公路、一级公路宜在主线路面以外进行试铺。路面厚度、摊铺宽度、接缝设置、钢筋设置等均应与实际工程相同。

(2)试验路段分为试拌及试铺两个阶段,通过试验路段应达到下述目的:

通过试拌检验搅拌楼性能及确定合理搅拌工艺,检验适宜摊铺的搅拌楼拌和参数:上料速度、拌和容量、搅拌均匀所需时间、新拌混凝土坍落度、振动黏度系数、含气量、泌水性、VC值和生产使用的混凝土配合比等。

通过试铺检验主要机械的性能和生产能力;检验辅助施工机械组配合理性;检验路面摊铺工艺和质量;检验模板架设固定方式或基准线设置方式;检验摊铺机械(具)的适宜工作参数,包括:松铺高度、摊铺速度、振捣时间与频率、滚压遍数、压实度、中间和侧向拉杆置入情况等;检验整套施工工艺流程。

3)混凝土面层铺筑

(1)现场监理工程师对路面施工应进行全过程跟踪旁站。

(2)按规定的频率在拌和站和施工现场抽取弯拉强度试块。

(3)现场监理工程师在摊铺过程中应随时监督如下事项:

①对滑模摊铺而言,任何情况下停机超过60min,应设备工作缝;

②禁止用水车直接在水泥混凝土的混合料上洒水;

③对滑模摊铺,不得随意调整摊铺机的传感器和虚方控制板,摊铺速度、振捣棒振捣频率应控制在适当的范围内,并尽可能保持连续摊铺,不宜频繁停机;

④摊铺现场至少应准备能覆盖100m长摊铺路面的防水布或活动风雨篷。

(4)对滑模摊铺,下列情况下监理工程师应下令停机:

①摊铺机出现故障;

②摊铺现场的表面水分蒸发率已超过0.75kg/(m^2·h),而施工单位采取的防止水分蒸发的措施不能令监理工程师满意;

③相对湿度小于40%、风速大于6m/s;

④钢筋未运至摊铺现场或构造物钢筋网绑扎不合格而又无法在摊铺机摊铺到达时纠正;

⑤监理工程师认为应该停机的其他情况。

(5)主车道面板施工结束后,同侧辅车道面板施工间隔不应超过28d。

4)面层接缝、抗滑与养生

(1)纵缝施工应设置拉杆,拉杆采用螺纹钢筋。

(2)横向缩缝施工:在中、轻交通的路面上,横向缩缝可采用不设传力杆假缝型。在特重和重交通公路、收费广场、领近胀缝或路面自由端的3条缩缝应采用假缝加传力杆型,传力杆采用光圆钢筋。

(3)胀缝设置与施工

普通混凝土路面的胀缝应设置胀缝补强钢筋支架、胀缝板和传力杆。钢筋混凝土和钢纤维混凝土路面可不设钢筋支架。

(4)灌缝

混凝土板养生期满后,应及时灌缝。

(5)抗滑构造施工

抗滑处理有采用机械拉毛、人工拉槽或刻槽三种方式,特重和重交通混凝土路面宜采用硬刻槽。只有在路面混凝土抗压强度达到设计强度的40%后方可开始硬刻槽,并宜在两周内完成。新建路面或旧路面抗滑构造不满足要求时，可采用硬刻槽或喷砂打毛等方法加以恢复。

(6)混凝土路面养生

混凝土路面铺筑完成应立即开始养生,机械摊铺的各种混凝土路面、桥面及搭板宜采用喷洒养生剂同时保湿覆盖的方式养生。在雨天或养生用水充足的情况下,也可采用覆盖保湿膜、土工毡、土工布、麻袋、草袋、草帘等洒水湿养生方式,不宜使用围水养生。

养生时间应根据混凝土弯拉强度增长情况而定,不宜小于设计弯拉强度的80%,应特别注重前7d的保湿(温)养生。

混凝土板养生期间,严禁人、畜、车辆通行。在路面养生期间,平交道口应搭建临时便桥。面板达到设计弯拉强度后,方可开放交通。

3. 水泥混凝土面层施工质量检验

1)基本要求

(1)基层质量必须符合规定要求,并应进行弯沉测定,验算的基层整体模量应满足设计要求。

(2)水泥强度、物理性能和化学成分应符合国家标准及有关规范的规定。

(3)粗细集料、水、外掺剂及接缝填料应符合设计和施工规范要求。

(4)施工配合比应根据现场测定水泥的实际强度进行计算,并经试验,选用最佳配合比。

(5)接缝的位置、规格、尺寸及传力杆、拉力杆的设置应符合设计要求。

(6)路面拉毛或机具压槽等抗滑措施,其构造深度应符合施工规范要求。

(7)面层与其他构造物相接应平顺,检查井井盖顶面高程应高于周边路面1~3mm。雨水口高程按设计比路面低5~8mm,路面边缘无积水现象。

(8)混凝土路面铺筑后按施工规范要求养生。

2)实测项目(表4-12)

水泥混凝土面层实测项目 表4-12

项次	检查项目		规定值或允许偏差		检查方法和频率	权值
			高速公路、一级公路	其他公路		
1Δ	弯拉强度(MPa)		在合格标准之内		按 JTG F80/1—2004 附录 J 检查	3
2Δ	板厚度(mm)	代表值	-5		按 JTG F80/1—2004 附录 D 检查每200m每车道2处	3
		合格值	-10			
3	平整度(mm)	σ(mm)	1.2	2.0	平整度仪:抽一车道连续检测,按每100m计算 σ、IRI	2
		IRI(m/km)	2.0	3.2		
		最大间隙 h(mm)	—	5	3m直尺:半幅车道板每200m测2处×10尺	
4	抗滑构造深度(mm)		一般路段不小于0.7且不大于1.1;特殊路段不小于0.8且不大于1.2	一般路段不小于0.5且不大于1.0;特殊路段不小于0.6且不大于1.1	砂铺法:每200m1处	2

续上表

项次	检查项目	规定值或允许偏差		检查方法和频率	权值
		高速公路、一级公路	其他公路		
5	相邻板高差(mm)	2	3	抽量:每条胀缝2点,每200m抽纵、横缝各2条、每条2点	2
6	纵、横缝顺直度(mm)	10		纵缝20m拉线、横缝沿板宽拉线:每200m测4处,每200m测4条	1
7	中线平面偏位(mm)	20		经纬仪:每200m测4点	1
8	路面宽度(mm)	±20		抽量:每200 m测4处	1
9	纵断高程(mm)	±10	±15	水准仪:每200 m测4点	1
10	横坡(%)	±0.15	±0.25	水准仪:每200 m测4断面	1

注:表中σ为平整度仪测定的标准偏差;IRI为国际平整度指数;h为3m直尺与面层的最大间隙。

3)外观鉴定

(1)混凝土板的断裂块数,高速公路和一级公路不得超过评定路段混凝土板总块数的0.2%,其他公路不得超过0.4%,不符合要求时每超过0.1%减2分。对于断裂板应采取适当措施予以处理。

(2)混凝土板表面的脱皮、印痕、裂纹和缺边掉角等病害现象,对于高速公路和一级公路,有上述缺陷的面积不得超过受检面积的0.2%,其他公路不得超过0.3%,不符合要求时每超过0.1%减2分。

(3)路面侧石直顺、曲线圆滑,越位20mm以上者,每一处减1~2分。

(4)接缝填筑饱满密实,不污染路面,不符合要求时,累计长度每100m减2分。

(5)胀缝有明显缺陷时,每条减1~2分。

4.中间交工验收阶段的监理

水泥混凝土路面工程中间交工验收的监理工作程序如下:

1)工程完工后,承包人应首先进行质量自检,合格后,写出质量验收报告,并向监理工程师提交《交工验收申请单》。

2)监理工程师收到承包人提交的验收申请报告后,应立即组织监理试验室按合同规定的要求,对该工程进行现场检验:

(1)外观鉴定。

(2)审查混凝土各种原材料质量检验的记录是否符合要求。

(3)审查施工现场的原始记录,特别是坍落度的检验记录。

(4)审查混凝土强度试件的试验报告是否符合规范要求。

(5)审查基层强度的检验记录是否符合规范要求。

(6)审查承包人提交的竣工检验自检报告。

3)以上审核检查均合格后,监理工程可根据检查结果进行质量等级评定;同时,签发《中间交工证书》。

三、桥涵工程施工质量监理

(一)桥涵工程质量控制的基本要求

在《桥梁工程》中,我们已经学习了桥梁和涵洞工程设计和施工方面的知识,本节则着重介绍施工质量监理的有关知识。为了和《桥梁工程》教材内容协调统一,本节仍以桥梁总体、桥梁下部工程(基础、钻孔桩、圬工墩台)、上部工程(梁、板、拱、吊装运道、预应力)、桥面系、涵洞工程等为主线,进行讲述。

1.桥梁总体质量控制的基本要求

桥梁工程为一个单位工程,若建设项目中有若干座大、中桥时,则每座大、中桥为一个统计单元;若每座大、中桥具有若干个墩台,其基础及下部构造应为一个分部工程,而每个墩、台则为一个统计单元。

1)基本要求

(1)桥梁施工应严格按照设计图纸、施工技术规范和有关技术操作规程进行。

(2)桥下净空不得小于设计要求。

(3)特大桥梁或结构复杂的桥梁,必要时进行荷载试验。

2)实测项目(表4-13)

桥梁总体实测项目 表4-13

项次	检查项目		规定值或允许偏差	检查方法和频率	权值
1	桥面中线偏位(mm)		20	全站仪或经纬仪:检查3~8处	2
2	桥宽(mm)	车行道	±10	尺量:每孔3~5处	2
		人行道	±10		
3	桥长		+30,-100	全站或经纬仪、钢尺:检查中心线	1
4	引道中心线与桥梁中心线的衔接(mm)		20	尺量:分别将引道中心线和桥梁中心线延长至两长端部,比较其平面位置	2
5	桥头高程衔接(mm)		±3	水准仪:在桥头搭板范围内侧延桥面纵坡,每米1点测量高程	2

3)外观鉴定

①桥梁的内外轮廓线条应顺滑清晰,无突变、无明显折变或反复现象,不符合要求时减1~3分。

②栏杆、防护栏、灯柱和缘石的线形顺滑流畅,无折弯现象,不符合要求时减1~3分。

③踏步顺直,与边坡一致,不符合要求时减1~2分。

2.桥梁基础质量控制的基本要求

常用的桥梁基础形式有扩大基础、桩基基础、沉井基础等。

1)扩大基础

(1)基本要求

①所采用的水泥、砂、水、外掺剂及混合材料的质量和规格必须符合有关规范的要求,按规定的配合比施工。

②不得出现露筋和空洞的现象。

③基础的地基承载力必须满足设计要求。

④严禁超挖回填土。

(2)实测项目(表4-14)

扩大基础实测项目 表 4-14

<table>
<tr><th>项 次</th><th colspan="2">检 查 项 目</th><th>规定值或允许偏差</th><th>检查方法和频率</th><th>权值</th></tr>
<tr><td>1Δ</td><td colspan="2">混凝土强度(MPa)</td><td>在合格标准内</td><td>按 JTG F80/1—2004 附录 G 检查</td><td>3</td></tr>
<tr><td>2</td><td colspan="2">平面尺寸(mm)</td><td>±50</td><td>尺量:长、宽各检查 3 处</td><td>2</td></tr>
<tr><td rowspan="2">3Δ</td><td rowspan="2">基础底面高程(mm)</td><td>土质</td><td>±50</td><td rowspan="2">水准仪:测量 5 ~ 8 点</td><td rowspan="2">2</td></tr>
<tr><td>石质</td><td>±50,-200</td></tr>
<tr><td>4</td><td colspan="2">基础顶面高程(mm)</td><td>±30</td><td>水准仪:测量 5 ~ 8 点</td><td>1</td></tr>
<tr><td>5</td><td colspan="2">轴线偏位(mm)</td><td>25</td><td>全站仪或经纬仪:纵、横各检查 2 点</td><td>2</td></tr>
</table>

(3)外观鉴定

混凝土表面应平整,无明显施工接缝,不符合要求时减 1 ~ 3 分。

2)桩基础

按施工方法的不同,桩基础又可分为:钻孔桩基础、挖孔桩基础、沉入桩基础。现以钻孔桩为例:

(1)基本要求

①桩身混凝土所用的水泥、砂、石、水、外掺剂及混合材料的质量和规格必须符合有关规范的要求,按规定的配合比施工。

②成孔后必须清孔,测量孔径、孔深、孔位和沉淀层厚度,确认满足设计或施工技术规范要求后,方可灌注水下混凝土。

③水下混凝土应连续灌注,严禁有夹层和断桩。

④嵌入承台的锚固钢筋长度不得低于设计规范规定的最小锚固长度要求。

⑤应选择有代表性的桩用无破损法进行检测,重要工程或重要部位的桩宜逐根进行检测。设计有规定或对桩的质量有怀疑时,应采取钻取芯样法对桩进行检测。

⑥凿除桩头预留混凝土后,桩顶应无残余的松散混凝土。

(2)实测项目(表 4-15)

钻孔灌注桩实测项目 表 4-15

<table>
<tr><th>项次</th><th colspan="3">检 查 项 目</th><th>规定值或允许偏差</th><th>检查方法和频率</th><th>权值</th></tr>
<tr><td>1Δ</td><td colspan="3">混凝土强度(MPa)</td><td>在合格标准内</td><td>按 JTG F80/1—2004 附录 G 检查</td><td>3</td></tr>
<tr><td rowspan="3">2Δ</td><td rowspan="3">桩位(mm)</td><td colspan="2">群桩</td><td>100</td><td rowspan="3">全站仪或经纬仪:每桩检查</td><td rowspan="3">2</td></tr>
<tr><td rowspan="2">排架桩</td><td>允许</td><td>50</td></tr>
<tr><td>极值</td><td>100</td></tr>
<tr><td>3Δ</td><td colspan="3">孔深(m)</td><td>不小于设计</td><td>测绳量:每桩测量</td><td>3</td></tr>
<tr><td>4Δ</td><td colspan="3">孔径(mm)</td><td>不小于设计</td><td>探孔器:每桩测量</td><td>3</td></tr>
<tr><td>5</td><td colspan="3">钻孔倾斜度(mm)</td><td>1% 桩长,且不大于 500</td><td>用测壁(斜)仪或钻杆垂线法:每桩检查</td><td>1</td></tr>
<tr><td rowspan="2">6Δ</td><td rowspan="2">沉淀厚度(mm)</td><td colspan="2">摩擦桩</td><td>符合设计规定,设计未规定时按施工规范要求</td><td rowspan="2">沉淀盒或标准测锤:每桩检查</td><td rowspan="2">2</td></tr>
<tr><td colspan="2">支承桩</td><td>不大于设计规定</td></tr>
<tr><td>7</td><td colspan="3">钢筋骨架底面高程(mm)</td><td>±50</td><td>水准仪:测每桩骨架顶面高程后反算</td><td>1</td></tr>
</table>

(3)外观鉴定

①桩的质量有缺陷,但经设计单位确认仍可用时,应减3分。

②桩顶面应平整,桩柱连接处应平直且无局部修补。不符合要求时减1~3分。

3. 桥梁下部构造质量控制的基本要求

桥梁下部墩台的轴线位置、长与宽、侧坡、顶面高程等施工放样必须满足设计和规范要求;当为圬工砌体时,应满足砌体施工的要求;当为混凝土圬工时,其混凝土浇注应满足有关施工规范的要求。

4. 桥梁上部构造质量控制的基本要求

本节指的桥梁上部构造,主要指梁、板、拱三种构造形式。无论采取现场浇注(含圬工拱桥的砌筑)或预制安装(含大跨径钢筋混凝土拱桥),其施工质量均应满足设计要求及有关规范规定。具体要求详见以后各小节所述。

5. 桥面系质量控制的基本要求

桥面系包括:桥面铺装、栏杆与扶手等,其质量控制的基本要求详见施工阶段的监理。

6. 涵洞(通道)的质量控制的基本要求

涵洞常用的形式有管涵、盖板涵与拱涵,每座涵洞由进水口、洞身及出水口组成。各类涵洞的涵身应平直;涵底铺砌(除管涵外)应密实平整,且无阻水现象;帽石及一字墙或八字墙应平直,无翘曲,其表面亦应平整,轮廓清晰,线条平直;钢筋混凝土圆管、盖板,无论是现浇、预制或外购,均应满足设计要求,施工安装时,要符合施工规范的要求;拱圈圬工的砌筑,应从两端拱脚向拱顶同时对称砌筑,砌筑施工中,拱架或拱圈均不得产生变形,当拱圈强度达到设计强度的70%时,方可拆除拱架;沉降缝、防水层、回填土等,均应按设计要求及有关规定施工。

1)基本要求

(1)涵洞施工应严格按照设计图纸、施工技术规范和有关技术操作规程进行。

(2)各接缝、沉降缝位置正确,填缝无空鼓、开裂现象;若有预制构件,其接缝应与沉降缝吻合。

(3)涵洞内不得遗留建筑垃圾、杂物等。

2)实测项目(表4-16)

涵洞总体实测项目 表4-16

项次	检查项目	规定值或允许偏差	检查方法和频率	权值
1	轴线偏位(mm)	明涵20,暗涵50	经纬仪:检查2处	2
2Δ	流水面高程(mm)	±20	水准仪、尺量:检查洞口2处,拉线检查中间1~2处	3
3	涵底铺砌厚度(mm)	±40,-10	尺量:检查3~5处	1
4	长度(mm)	±100,-50	尺量:检查中心线	1
5Δ	孔径(mm)	±20	尺量:检查3~5处	3
6	净高(mm)	明涵±20,暗涵±50	尺量:检查3~5处	1

3)外观鉴定

(1)洞身顺直,进出口、洞身、沟槽等衔接平顺,无阻水现象,不符合要求时减1~3分。

(2)帽石、一字墙或八字墙等应平直,与路线边坡、线形匹配,棱角分明,不符合要求时减1~3分。

(3)涵洞处路面平顺,无跳车现象,不符合要求时减2~4分。

(4)外露混凝土表面平整,颜色一致,不符合要求时减1~3分。

7. 构造物回填工程质量控制的基本要求

构造物回填一般指桥涵台背、桥台锥坡、挡土墙、护坡等的填土。应注意，未经监理工程师同意，不得进行回填。回填时间应待结构物混凝土达到设计强度的70%方能开始，高于桥面支承横梁底面的桥台回填，应在结构物拆模期终了3d之后进行。墩台周围的回填，应同时在两侧及基本相同的高程上进行，且特别应防止对结构物形成任何土楔的情况，必要时，挖方界内的坡度可修成台阶形。回填应采用透水性良好的土壤，若有困难时，高出水位以上部分可用与路堤相同的土壤填筑，但应在透水性填土下面铺填一层胶泥，胶泥层顶面还应设置横坡，以利排水。台背填土长度（顺路线方向）应自台身算起，顶部不小于桥台高度加2m，底部亦不小于2m，锥坡填土应与台背填土同时进行，并按设计宽度一次填足以避免事后补填；拱桥台背的填土必须与拱圈施工程序配合进行，以便使拱推力与台背填土之压力保持平衡。回填料的压实，应在材料接近最佳含水量时进行，压实度达到设计规定；为保证回填料达到压实度，可分层填筑和夯实。

（二）施工准备阶段的监理

在施工准备阶段，监理工程师的主要工作内容有以下几个方面：

1. 校核桥涵放样

施工开始前，承包人应对设计图纸中的桥涵中线位置桩、三角网基点桩、水准点及其测量资料进行校核，并补充施工所需的桥涵中线桩、墩台位置、水准基点桩及增设必要的护桩等；当有地下电缆、管道或构造物靠近开挖的桥梁基础位置时，应对这些构造物设置标桩。以上测量结果均应作详细记录，并呈报监理工程师审批。监理工程师应对承包人确定的桥涵位置进行检查，看其是否符合设计要求，若有疑问，应指令承包人复测（监理工程师旁站监督）或亲自到现场测量。

2. 施工机械设备的检查审批

承包人的施工机械设备进场后，应向监理工程师提交报告。监理工程师则根据承包人提交的报告，按合同规定逐项检查审核，看其数量和完好率及安全可靠性是否达到合同条款的规定，是否能保证工程的施工进度，当被检查审批的施工机械设备不符合要求时，承包人应按监理工程师的指示进行更换。

3. 原材料、砂浆、混凝土配合比的试验确认

所有用于桥涵工程施工的钢材、水泥、石料、砂、拌和用水等，均应由监理试验室对承包人的试验进行复检，其结果应符合设计要求及有关规范的规定。对砂浆和混凝土的配合比，监理工程师亦应通过监理试验室对承包人提供的配比进行复检后确认批准。审批的内容包括：材料的品种及来源；集料来源；混凝土的配合比；混凝土的和易性；混凝土的拌和与养护方法；外加剂的掺入量等。尤其是混凝土外加剂的使用，必须获得监理工程师的批准，否则，不得在混凝土中掺用外加剂及水硬性或填充性混合物。

4. 审批承包人的施工方案

桥梁开工前，承包人应根据设计文件和合同工期，编制施工方案，并呈报监理工程师审批。对施工方案，应重点审查以下内容：

1）设计主要数据

桥梁里程、桥梁的平面位置及纵断面、桥梁孔径、类型、高度、基础情况等。

2）主要工程数量

基础开挖或桩基础的工程量、墩台圬工数量、上部构造工程量及附属工程数量等。

3)资料依据

编制施工方案所采用的设计文件、图纸、定额及施工中的依据。

4)现场施工条件的说明是否正确

承包人应在施工方案中对施工现场的水文及地质资料,气候条件及当地交通、能源、通信、劳力资源等施工条件进行说明。监理工程师应对上述说明内容进行审查,看其是否正确。

5)施工顺序与施工方法是否合理

监理工程师应审查承包人在施工方案中对施工顺序的安排及采用的施工方法是否合理。

施工顺序应着重审查:施工机械、劳力、材料在各分部和分项工程中的使用情况;对劳动力安排要尽可能作到全年能持续地均衡施工,并尽量节省因临时设施和劳力调配时的窝工损失,同时,还应尽可能考虑桥头引道路基、路面施工对主体工程施工的干扰,以及在各工期的配合。

施工方法应着重审查:承包人提供的快速施工方法及新技术的可能性与可靠性;对采用新技术、技术革新或特殊的施工方法等,以及所采用的一些复杂的施工结构,应要求承包人绘制设计图。

在施工进度计划中,承包人划分的分部、分项工程是否正确;其工程量的计算、工期的计算、劳动组织的确定是否正确,是否与所采用的定额、指标一致。

(三)桥涵施工阶段的监理

在桥涵的施工阶段,各分项工程质量控制要点及监理工作程序分述如下:

1.基础开挖与检验

桥涵基础开挖的施工程序及监理工作程序如图4-8所示。

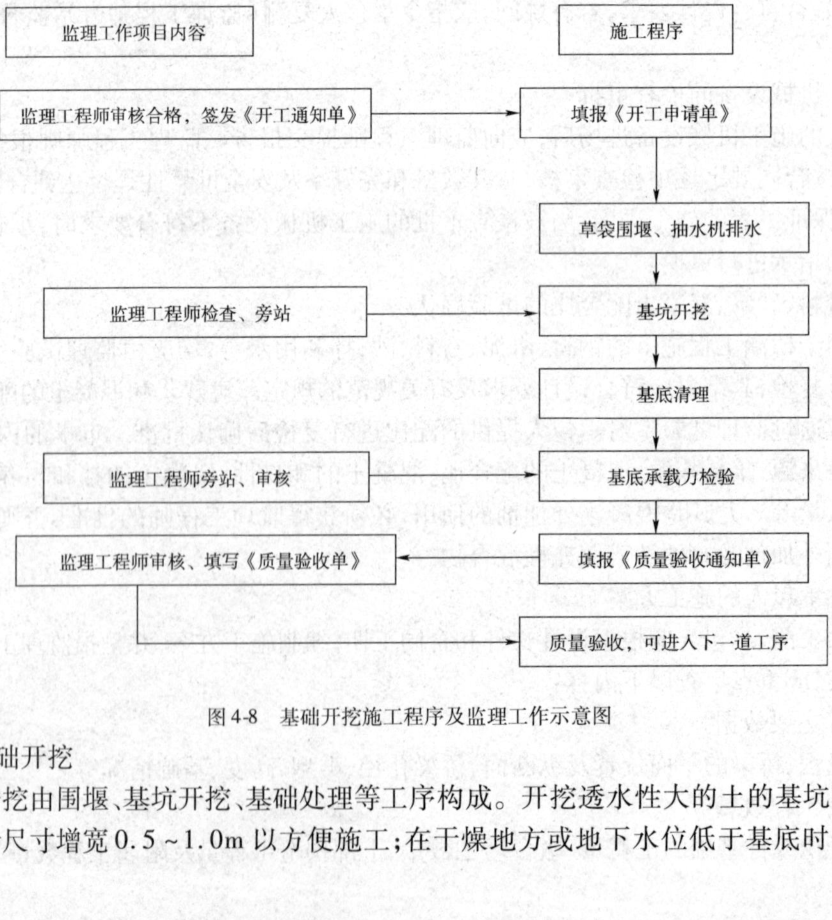

图4-8　基础开挖施工程序及监理工作示意图

(1)基础开挖

基础开挖由围堰、基坑开挖、基础处理等工序构成。开挖透水性大的土的基坑时,基底各边应比设计尺寸增宽0.5~1.0m以方便施工;在干燥地方或地下水位低于基底时,浅基坑的坑壁可不加固；当基坑深度大于5m时，坑壁可按土壤种类和基础顶缘受荷载情况设置一定边坡或加设平台；基底不得超挖，一般土质基坑，当挖至接近基底高程时，应保留10～20cm一层，待基础施工前以人工突击挖除，并迅速加以检验，随即进行基础施工。

（2）基础处理

主要是指对基底的处理，无论是对黏性土基底、碎石类土基底、砂类土基底或软基等，均应按《公路桥涵施工技术规范》（JTJ 041—2000）推荐的方法或其他行之有效的、并经监理工程师批准的方法进行处理。

（3）基础检查

基底土质及地层情况必须经监理工程师检验确认合格后，方可进行基础圬工的施工。对小桥和涵洞的地基检验，一般采用直观或动力触探方法进行，确有必要时再进行土壤分析试验或试压检验；对大中桥和地基土质复杂，而结构对地基又有特殊要求时，一般采用动力触探或钻探（钻探至4m）取土样试验，或者按设计中提出的特殊要求进行沉降等检验。基底检查的内容包括：基底表面位置、尺寸大小、基底高程；基底土质均匀性、地基稳定性及承载力；承包人的施工日记及有关试验资料等。基底检验时，承包人的质量检查员应将检验结果记录于基础检验记录表（表4-17），经监理工程师签认后作为技术档案资料。基底检验倘若不合格，承包人应即时处理，并经监理工程师重新检验合格后，方可进行基础施工。

基础工程检验记录表　　表4-17

<table>
<tr><td>施工部门</td><td colspan="3"></td><td colspan="4"></td><td></td></tr>
<tr><td rowspan="2">检验项目</td><td colspan="3">基础平面、基底高程</td><td colspan="4">基底土质、基底承载力（MPa）</td><td>地基处理方法</td></tr>
<tr><td>尺寸（m）</td><td>设计</td><td>实际</td><td>设计</td><td>实际</td><td>设计</td><td>实际</td><td></td></tr>
<tr><td>检验意见</td><td colspan="7"></td><td></td></tr>
</table>

工程负责人：　　　　质量检查员：　　　　监理工程师：

年　月　日

2. 钻孔桩基础施工质量控制

监理钻孔桩基础施工前，承包人必须将施工方案报送监理工程师，经书面审批后方可正式开工。

（1）钻孔桩的施工工序

钻孔桩的施工工序由钻孔准备、孔口护筒、护壁泥浆、钻孔、清孔、水下混凝土的配制、钢筋笼的制作、水下混凝土的灌注等组成。各工序的实施办法应按照《公路桥涵施工技术规范》（JTJ 041—2000）有关规定进行。钻孔桩施工程序与监理工作程序见图4-9。

（2）钻孔桩质量检查

钻孔桩在进行钻孔、清孔、安放钢筋笼、灌注水下混凝土后，应进行质量检查。检查的内容包括钻孔的质量和桩的质量。钻孔的质量检查的项目和内容，详见表4-15。桩的质量检查，主要指对水下混凝土灌注质量的检验。桩身质量的检测工作应由具有相应资格的部门进行，检测内容为结构的完整性检测和单桩承载力检测；对大桥的钻孔桩，应钻取岩芯对钻孔进行钻探检查，或用水电效应法进行检查；桩的质量及其极限承载力，则可用机械阻抗法加以检测。对钻孔桩质量的检查，承包人应如实向检测部门提供受检桩的施工原始记录及其有关情况，但须回避此项工作（包括确定检测方法、选择受检桩等）。倘若桩的质量经检测不符合规范要求或在施工中因不正常的现象使监理工程师有理由认为该桩的质量不良，且又无法加以补救时，应按废桩处理。报废桩可用一个或两个加桩代替,但加桩的数量、位置、深度,以及由于加桩而使基础尺寸的加大等,均应由承包人通过计算确定。计算书和变更图纸,应报送监理工程师审批。因加桩而产生的额外费用,完全由承包人自负。确有必要时,监理工程师还有权对所灌注的基桩作静载试验,其抽查数量可依具体情况加以确定。

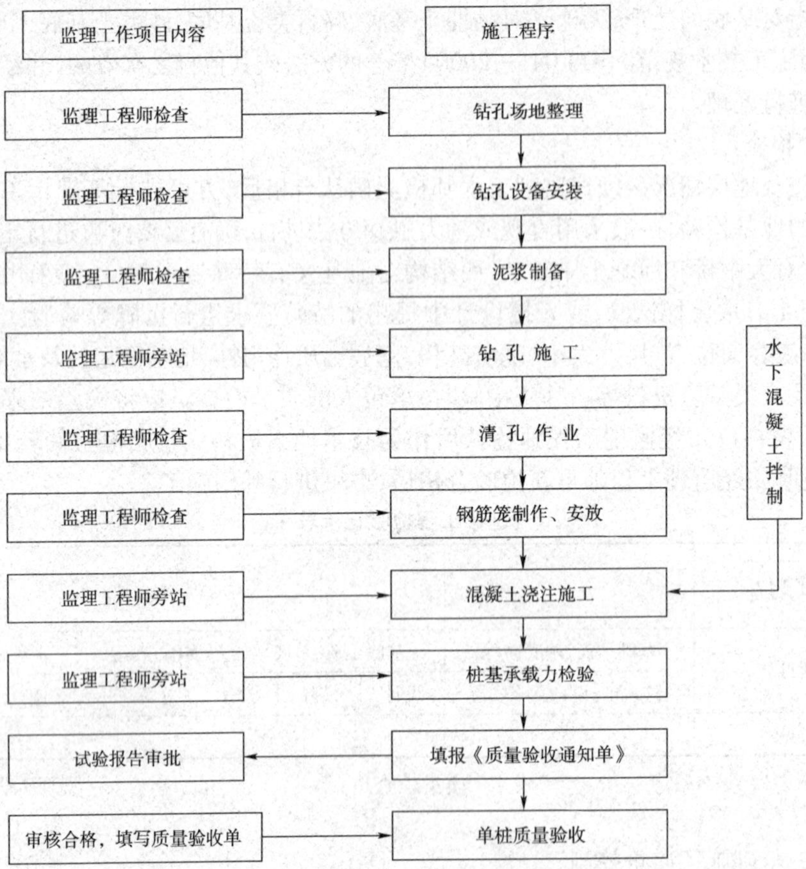

图 4-9　钻孔桩施工程序及监理工作程序

此外,在灌注水下混凝土时,承包人还应填写《水下混凝土灌注记录》,并统一交监理工程师存查。

3. 桥梁下部构造的质量监理

一般常用的桥梁墩台有混凝土圬工墩台、砌体圬工墩台和桩柱式墩台等,现以混凝土圬工桥涵墩台为例,对其施工质量的监控程序加以说明。混凝土桥涵墩台的施工程序及监理工作程序见图 4-10。

混凝土墩台施工各工序的质量监控要点如下:

(1)基底处理

浇注墩台基础和第一层混凝土时,首先应将基底加以处理。当基底土壤为非黏性土或干土时,应将其润湿,以免混凝土中的水分被基底土壤所吸收;当基面为岩石时,亦应加以润湿,并铺一层厚 2 ~3cm 的水泥砂浆底浆,然后于水泥砂浆凝结前浇注第一层混凝土。如基底实际情况与设计不相符时,应报请监理工程师处理,经批准后再进行施工。

一般墩台及基础的混凝土,应在整个平面范围内水平分层进行浇注。混凝土从浇注到养护初期均不得受水浸泡,当渗水水流较急。不能保证混凝土中的灰浆不被冲失时,应采用水下混凝土灌注法施工。

(2)加片石

在厚而无筋或少筋的墩台或基础中浇注混凝土,可在混凝土中埋放厚度不小于15cm的片石(受拉区混凝土或气温低于0℃时,不得埋放石块),将混凝土做成片石混凝土。施工时应选用无裂纹、无夹层、未被烧过的、具有抗冻性的、且抗压强度不低于30MPa并经清洗干净的石块。石块的一半应埋入已捣实的混凝土中,石块间距(净距)不得小于10cm,距结构侧面和顶面的净距亦不得小于15cm,且应分布均匀,以方便混凝土的振捣。

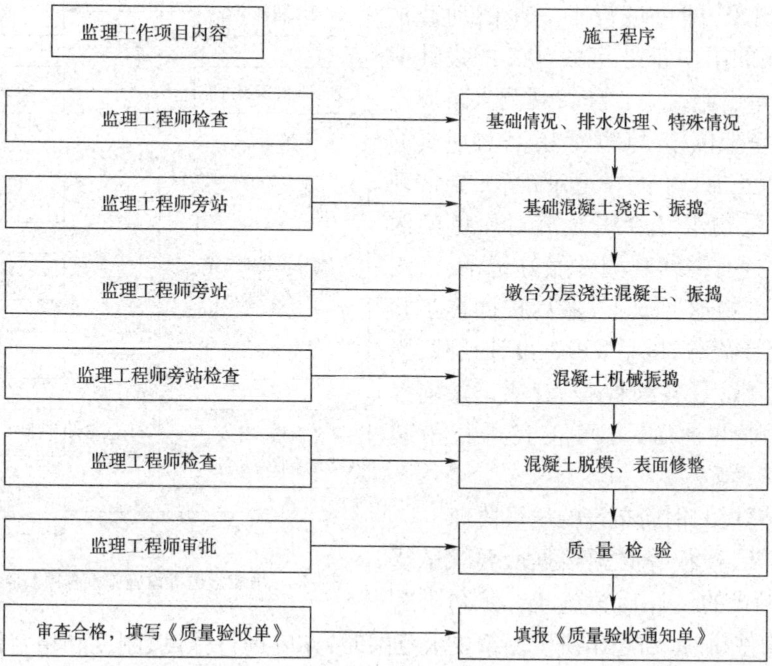

图4-10 混凝土墩台施工程序及监理工作示意图

(3)浇注混凝土

当采用较先进的滑升模板法浇注混凝土墩台时,宜采用低流动度或半干硬性的混凝土。具体浇注时应分层、分段,对称进行,各段应浇注到距模板上缘不小于10~15cm的位置为止,并应在同一时间内浇完同一层混凝土;混凝土的浇注应连续进行,若因故中途停工,应按施工缝处理;为加速模板提升,可掺入一定数量的早强剂,并在滑升的过程中须防止千斤顶或油管接头在混凝土或钢筋上漏油,如已漏油应立即将油污清除;混凝土的振捣宜采用插入式振捣器;混凝土脱模时的强度宜为0.2~0.5MPa,当脱模后如表面有缺陷,应在征得监理工程师同意后,及时予以修整。

4. 吊装索道的质量监理

吊装索道主要是供桥梁上部结构无支架吊装用的临时性结构。吊装索道的安装工序如下:索塔选位及安装;承重主索架设;试吊;空载运行试验;静载起动试验;动载运行试验;吊装。其施工程序及监理工作程序见图4-11。

质量检查的主要内容是:安装质量检查;空载试运转检查;静载试运转检查;动载试运转检查。吊装索塔的中线位置应设于桥轴线上,以使吊装方便,也可使墩台上的构件横移与吊装工序均衡进行。承重主索的架设以计算无荷载时的跨中最大垂度作为安装垂度控制值,且使主索下保持 4 ~6m 最低工作净空高度。索道安装完毕后，应进行试吊、试运转，以检查各部位设备和准备工作的可靠性；然后进行空载试运转，以便对索道的主要设施（地锚、绳索、塔架及各种运转机具设备）进行观测检查，当无异常情况时，方可进行下一项试验；再进行静载启动试验，即先起吊 60% 设计重量，离地 50cm，停留 10min；观测人员进行各项观测，并做好记录，按上述操作步骤起吊 100% 设计重量；最后，仍按相同操作步骤起吊 130% 设计重量。当静载试验无异常现象，即可进行下一步的动载试验。动载试验的第一步是起吊 60% 的设计荷载，并将跑车牵引至跨中，此时，观测人员应观测主索垂度、塔架位移、风缆受力、各种机具的运转状况是否正常，并做好记录；当无异常现象出现，再将重物继续牵引至离对岸塔架约 10m 左右的位置，继续观测并做好记录；当无异常后，遂将重物返回放下，然后按同样步骤试吊 100% 设计荷载、试吊 130% 设计荷载，当动载试运转正常，且各项检查、观测记录均报送监理工程师审批后，方可正式进行吊装作业。

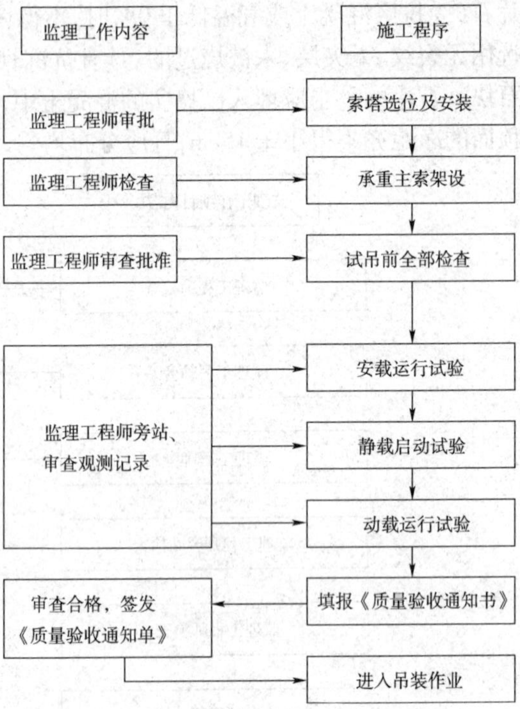

图 4-11 吊装索道等设施施工程序及监理工作示意图

5. 支架、模板的钢筋布设的质量监理

支架、拱架、模板等必须根据所要求承受的荷载进行正式的设计后再施工。承包人若采用常备式构件拼装，当超出拼装图纸要求范围时，亦应进行强度、刚度和稳定性验算。承包人应将拟采用的支架、拱架、模板的全部设计图纸及计算书的复印件，于制作的 14d 前提交给监理工程师，以便监理工程师审批。

1）模板的制作与安装质量的检查

模板材料 模板应用木材、金属或其他被认可的材料制作。

模板要求 具有足够的强度、刚度和稳定性；能可靠地承受施工过程中可能产生的、允许的各项荷载，并保证其不变形；应制作简单，拆装方便、不漏浆，且能多次周转使用。

（1）木模板。木模板宜选用厚 3 ~4cm，没有节疤、环裂和表面翘曲，含水量不大于 23% 的优质木材，用于外露面的模板还必须刨光，且宽度不超过 20cm；在模板的所有锐角处均应加设 2cm × 2cm 的嵌条，模板的突出部分（如大梁及墩帽模板的突出处）也必须做成斜角或琢边，以方便拆模；模板采用的拉杆应用螺栓，螺栓应配垫圈，其尺寸按计算确定，当拉杆需要抽出时，拉杆应加套，模板内的拉杆（或锚杆）应设置于表面下至少 50mm 深度处，在拆除拉杆和螺母以后，套筒必须用水泥砂浆填孔。

（2）金属模板。金属模板及其配件应外购，当需自制时，必须在模架上制作。制作时要求下料尺寸准确，模板平直，转角光滑，接缝平顺，连接孔的位置准确；焊接时应采取必要的措施，以减少焊接变形，为避免漏浆；金属模板宜制作成搭接缝，或于拼接缝处镶嵌方木或软橡皮等；模板及其金属配件，还应涂防锈漆，与混凝土的接触表面应涂隔离剂。

（3）滑升模板。滑升模板是一种新工艺，适用于较高的墩台和吊桥、斜拉桥的索塔施工。

承包人应做好滑模方案设计，并在施工前报监理工程师审批；滑升模板的支承和滑升设备应能保证模板竖直均衡上升，提升设备的配置应按构件截面形状及滑升模板的全部重量决定。

滑升模板由顶架、模板、围圈、千斤顶（提升设备）、工作平台等部分组成。组装时，应使各部分尺寸的精度符合设计要求，其组装方式有就地组装和整体吊装两种，应根据工程情况和起吊设备能力加以决定；组装完毕后，须经全面检查试验，并经监理工程师批准后，方能进行混凝土灌注。

在混凝土浇注前，承包人必须将模板清理干净，其底部应完全没有锯末、刨花、铁锈、污垢、泥土或其他杂物；与混凝土接触的表面应涂好隔离剂；经监理工程师检查批准后，方可预埋件，并浇注混凝土。

2）支架、拱架的制作安装质量检查

支架、拱架应按设计要求进行制作安装。为保证构造物竣工时尺寸准确，支架、拱架在设计、制作、安装时应预留施工预拱度，并应有调整高程的设施（如于底部设置千斤顶）。没有监理工程师的书面批准，支架、拱架、脚手架的支承，不准支在除基脚以外的结构物任何部位上。

支架、拱架基础的设计应防止过多的沉降和支撑的转动，能满足承载能力和稳定性的要求，且基础的支承面应是水平的。支架、拱架的基础应在监理工程师的指导下做荷载试验，且试验荷载应与设计荷载相当，并检查24h加载试验产生的挠度和沉降是否超过监理工程师所规定的数量（当小于监理工程师的规定值时，即为符合要求）。支架、拱架下面的地面应加以平整，必要时还应将地面填筑到适当的高度，并应有适当的排水设施，以防支架、拱架脚附近积水。在混凝土的浇注过程中，承包人应测量和记录支架、拱架的沉降，并按监理工程师的要求，使用预置的高程调节设施，对发生过大沉降的支架、拱架的高程进行调整。

3）模板、支架、拱架拆卸质量检查

（1）提交方案。承包人应在支架、拱架、模板拆除前3d，将所拟定的拆除方案提交给监理工程师审批，未取得监理工程师的批准，不得进行拆除。

（2）卸架。卸落支架和拱架应按事先详细拟定的并经监理工程师批准的程序进行，分几个循环卸完。开始的卸落量宜小，以后逐渐增大；在纵向应对称均衡卸落，在横向则应同时一起卸落；卸落拱架时，还应用仪器观测拱圈的挠度和墩台变位情况；承包人应做好记录，以便监理工程师核查。

（3）简支梁、连续梁的支架，宜从跨中间支座开始，依次循环卸落；悬臂梁则应先卸挂梁及悬臂的支架，再卸无铰跨内的支架。

模板拆除之前3d，承包人亦应报监理工程师并取得同意。模板的拆除，应保证混凝土结构不受损坏。当混凝土未达到足够的强度前，若承包人过早拆模而损坏了混凝土结构，则承包人应自费修复，并使监理工程师满意。一般情况下：不承重的垂直模板，可在混凝土强度超过2.5MPa，或其强度能保证结构表面与棱角不因拆模而损坏时拆除；栏杆柱等的模板至少须在混凝土浇筑后3d方可拆除；承重模板应待混凝土强度能承受自重，即对跨径小于3m的梁和板，应达到设计强度的50%，跨径大于3m时，应达到设计强度的70%时，方可将模板加以拆除。

4）钢筋加工及安装质量的检查

（1）基本要求

①钢筋、机械连接器、焊条等的品种、规格和技术性能应符合国家现行标准规定和设计要求。

②冷拉钢筋的机械性能必须符合规范要求，钢筋平直，表面不应有裂皮和油污。

③受力钢筋同一截面的接头数量、搭接长度、焊条和机械接头质量应符合施工技术规范要求。

④钢筋安装时,必须保证设计要求的钢筋根数。

⑤受力钢筋应平直,表面不得有裂纹及其他损伤。

(2)实测项目(表4-18)

钢筋安装实测项目 表4-18

项次	检查项目			规定值或允许偏差	检查方法和频率	权值
1Δ	受力钢筋间距(mm)	两排以上排距		±5	尺量:每构件检查2个断面	3
		同排	梁、板、拱肋	±10		
			基础、锚碇、墩台、柱	±20		
		灌注桩		±20		
2	箍筋、横向水平钢筋、螺旋筋间距(mm)			±10	尺量:每构件检查5~10个间距	2
3	钢筋骨架尺寸(mm)	长		±10	尺量:按骨架总数30%抽查	1
		宽、高或直径		±5		
4	弯起钢筋位置(mm)			±20	尺量:每骨架抽查30%	2
5Δ	保护层厚度(mm)	柱、梁、拱肋		±5	尺量:每构件沿模板周边检查8处	3
		基础、锚碇、墩台		±10		
		板		±3		

(3)外观鉴定

①钢筋表面无铁锈及焊渣,不符合要求时减1~3分。

②多层钢筋网要有足够的钢筋支撑,保证骨架的施工刚度,不符合要求时减1~3分。

6. 锚具、张拉设备及张拉作业的质量检查

1)预应力系统(张拉设备)

承包人应在预应力混凝土结构构件施工开始的28d以前,向监理工程师提交拟采用的预应力系统的全部细节,并说明材料的供应厂家,以便监理工程师审批。如果承包人拟采用的预应力系统与图纸所示的数量、型号、尺寸不一致时,则应提交一份拟采用的预应力系统的全部细节资料和规范,以取得监理工程师审查批准。

承包人的张拉机具应与锚具配套使用,并由专人使用与管理。锚具和千斤顶在使用前均应进行校核,其性能和精度均应使监理工程师满意。锚具及其连接器,成品应在工厂进行探伤检验,并在钢丝束张拉达到极限强度的95%时,锚具应无损和钢丝束过量回缩、锚塞滑移等现象;千斤顶应适用于所采用的预应力系统,且在使用过程中,每半月进行一次检查和保养,并对其精度进行校核;所有压力表、测力计及其他用于测量预应力荷载的机具的读数精度,均不得低于±2%。为了保证预应力张拉的质量,承包人应提供一个监理工程师同意的校核装置,以便对千斤顶进行检验。

2)材料

所有用于预应力混凝土工程的材料,如钢筋、钢丝、钢绞线、冷拉钢筋、冷拔低碳钢丝、预应力混凝土材料、压浆材料等,均应满足规范和设计图纸的要求,并应获得监理工程师的批准后,方能使用。

3)预应力张拉作业

(1)一般规定。施加预应力的各种机具设备及仪表,应由专人管理和使用,并应经常维护,定期校核。长期搁置未用的张拉机具,使用前应进行全面校验,其检校结果应符合要求,并应获得监理工程师认可;一般情况下,千斤顶使用超过 6 个月或 200 次以上,以及在使用过程中出现不正常现象时,应重新检校;弹簧测力计等检校期限,以不超过 2 个月为宜。所有检校结果都应符合规范要求,并取得监理工程师的认可。安装张拉设备时,对直线力筋,应使张拉力的作用线与孔道的中心线在张拉过程中相互重合;对曲线力筋,则应使张拉力的作用线与孔道末端中心点的切线相重合,且不得偏移。力筋的张拉应采用“双控”,在张拉过程中,如发现滑丝、断线、锚具压坏等情况,应立即停止操作,查明原因,做好记录,并报监理工程师处理。若滑丝、断丝数量超过设计图纸规定时,报请监理工程师同意后,可重新换束张拉。

在张拉作业中,承包人应按表 4-19 做好记录,并在每次张拉作业完成后 24h 内送交监理工程师。如张拉不合格,承包人应立即返工。

用千斤顶施加预应力记录表 表 4-19

构件名称:

型　　号:

<table>
<tr><td colspan="3">施加预应力日期</td><td>1</td><td colspan="2" rowspan="2">张拉时弹性伸长(cm)</td><td>计算</td><td>14</td></tr>
<tr><td colspan="3">构件编号</td><td>2</td><td>实际</td><td>15</td></tr>
<tr><td colspan="3">预应力钢筋张拉顺序编号</td><td>3</td><td colspan="3">张拉时温度</td><td>16</td></tr>
<tr><td colspan="3">钢筋冷拉时编号</td><td>4</td><td colspan="3">张拉时混凝土强度</td><td>17</td></tr>
<tr><td colspan="3">预应力钢筋规格</td><td>5</td><td colspan="3">张拉时主缝处混凝土或砂浆损害</td><td>18</td></tr>
<tr><td rowspan="2">设计</td><td colspan="2">油压表读数(MPa)</td><td>6</td><td colspan="3">钢筋放松时顺序编号</td><td>19</td></tr>
<tr><td colspan="2">张拉力(kN)</td><td>7</td><td colspan="3">千斤顶编号</td><td>20</td></tr>
<tr><td rowspan="6">张拉时</td><td colspan="2">千斤顶编号</td><td>8</td><td rowspan="6">放松时</td><td colspan="2">油压表编号</td><td>21</td></tr>
<tr><td rowspan="3">第一次</td><td>油压表编号</td><td>9</td><td>放松螺母时</td><td>油压表读数(MPa)</td><td>22</td></tr>
<tr><td>油压表读数(MPa)</td><td>10</td><td colspan="2"></td><td>23</td></tr>
<tr><td>拉力(kN)</td><td>11</td><td colspan="2"></td><td>24</td></tr>
<tr><td rowspan="2">第二次</td><td>油压表读数(MPa)</td><td>12</td><td colspan="2"></td><td>25</td></tr>
<tr><td>拉力(kN)</td><td>13</td><td colspan="2">备注:</td><td>26</td></tr>
</table>

(2)后张法。施加预应力前,承包人应对混凝土构件进行全面检查,其质量应符合要求。第一次张拉移梁时,混凝土的强度须达到设计规定值。检查结果经监理工程师审批后,且在场旁站监控时,方能进行张拉作业。

承包人应选派富有经验的技术人员专职指导张拉作业,所有参加操作预应力设备的工作人员,均须通过正式培训,且考核合格后方能上岗。当预应力加至设计规定值并让监理工程师感到满意时,方可锚固钢丝束,千斤顶压力应以锚具和钢丝束不受振动的方式予以解除;当气温下降到 -5℃以下且无保温措施时,张拉工作应立即停止进行。

(3)先张法。张拉工作开始前,承包人应将张拉方案及拟采用的张拉台、千斤顶、混凝土搅拌设备等的全部细节资料,提交监理工程师审批。具体张拉时,力筋的张拉顺序应按设计图纸所示或监理工程师的指示进行;为了减少钢筋预应力的损失,可采用超张拉;为了施工安全,应在超张拉后放松至 90% 控制应力时,再装设预埋件、非预应力筋及模板等;张拉完毕后,应使力筋的实际位置与设计位置的偏离误差,不得大于 5mm;当混凝土达到设计强度的 75% 时,方能放松预应力钢筋,然后用砂浆或防蚀材料封闭外露端头。

所有混凝土构件应标出经监理工程师同意的永久性标志。标志上应标明构件编号、制造的生产线、浇注混凝土和张拉的日期等,但其标志应在构件安装后不外露。

7.梁桥预制和安装梁(板)质量监理

1)基本要求

(1)所用的水泥、砂、石、水及掺剂及混合材料的质量和规格必须符合有关规范的要求,按规定的配合比施工。

(2)梁(板)不得出现露筋和空洞的现象。

(3)空心板采用胶囊施工时,应采取有效措施防止胶囊上浮。

(4)梁(板)在吊移出预制底座时,混凝土的强度不得低于设计所要求的吊装强度;梁(板)在安装时,支承结构(墩台、盖梁、垫石)的强度应符合设计要求。

(5)梁(板)安装前,墩、台支座垫板必须稳固。

(6)梁(板)就位后,梁两端支座应对位,梁(板)底与支座以及支座底与垫石顶必须密贴,否则应重新安装。

(7)两梁(板)之间接缝填充材料的规格和强度应符合设计要求。

2)实测项目

梁(板)预制和安装实测项目见表4-20和表4-21。

梁(板)预制实测项目 表4-20

项次	检查项目			规定值或允许偏差	检查方法和频率	权值
1Δ	混凝土强度(MPa)			在合格标准内	按JTG F80/1—2004附录G检查	3
2	梁(板)长度(mm)			±5,-10	尺量:每梁(板)	1
3	宽度(mm)	干接缝(梁翼缘、板)		±10	尺量:检查3处	1
		湿接缝(梁翼缘、板)		±20		
		箱梁	顶宽	±30		
			底宽	±20		
4	高度(mm)	梁、板		±5	尺量:检查2个断面	1
		箱梁		±0,-5		
5Δ	断面尺寸(mm)	顶板厚		±5,-0	尺量:检查2个断面	2
		底板厚				
		腹板或梁肋				
6	平整度			5	2m直尺:每侧面每10m梁长测1处	1
7	横系梁及预埋件位置(mm)			5	尺量:每件	1

梁(板)安装实测项目 表4-21

项次	检查项目		规定值或允许偏差	检查方法和频率	权值
1Δ	支座中心偏位(mm)	梁	5	尺量:每孔抽查4~6个支座	3
		板	10		
2	倾斜度(%)		1.2	吊垂线:每孔检查3片梁	2
3	梁(板)顶面纵向高程(mm)		±8,-5	水准仪:抽查每孔2片,每片3点	2
4	相邻梁(板)顶面高差(mm)		8	尺量:每相邻梁(板)	1

3）外观鉴定

（1）混凝土表面平整，颜色一致，无明显施工接缝。不符合要求时减1～3分。

（2）混凝土表面不得出现蜂窝、麻面，如出现必须修整，并减1～3分。

（3）混凝土表面出现非受力裂缝，减1～3分。裂缝宽度超出设计规定或设计未规定时超过0.15mm必须处理。

（4）封锚混凝土应密实、平整。不符合要求时减2～4分。

（5）梁、板的填缝应平整密实。不符合要求时减1～3分。

（6）梁体内不应遗留建筑垃圾、杂物、临时预埋件等。不符合要求时减1～2分，并应清理干净。

8. 梁桥就地浇筑梁（板）质量监理

1）基本要求

（1）所用的水泥、砂、石、水外及掺剂及混合材料的质量和规格必须符合有关规范的要求，按规定的配合比施工。

（2）支架和模板的强度、刚度、稳定性应满足施工技术规范的要求。

（3）预计的支架变形及地基的下沉应满足施工后梁体设计高程的要求，必要时应采取对支架预压的措施。

（4）梁（板）体不得出现露筋和空洞的现象。

（5）预埋件的设置和固定应满足设计和施工技术规范的规定。

2）实测项目（表4-22）

就地浇筑梁（板）实测项目 表4-22

项次	检查项目		规定值或允许偏差	检查方法和频率	权值
1Δ	混凝土强度（MPa）		在合格标准内	按JTG F80/1—2004附录G检查	3
2Δ	轴线偏位（mm）		10	全站仪或经纬仪：测量3处	2
3	梁（板）顶面高程（mm）		±10	水准仪：检查3～5处	1
4Δ	断面尺寸（mm）	高度	+5，-10	尺量：每跨检查1～3个断面	2
		顶宽	±30		
		箱梁底宽	±20		
		顶、底、腹板或梁肋厚	+10，-0		
5	长度（mm）		+5，-10	尺量：每梁（板）	1
6	横坡（mm）		±0.15	水准仪：每跨检查1～3处	1
7	平整度（mm）		8	2m直尺：每侧面每10m梁长测一处	1

3）外观鉴定

（1）混凝土表面平整，颜色一致，无明显施工接缝，不符合要求时每处减1～3分。

（2）混凝土不得出现蜂窝、麻面，如出现必须修整，并减1～2分。

（3）混凝土表面出现非受力裂缝，减1～3分，裂缝宽度超过设计规定或设计未规定时超过0.15mm必须处理。

（4）封锚混凝土应密实、平整，不符合要求时减2～4分。

（5）梁体内的建筑垃圾、杂物、临时预埋件等应清理干净，不符合要求时减1～3分。

9. 拱桥就地浇筑拱圈质量监理

1）基本要求

（1）混凝土所用的水泥、砂、石、水和外掺剂的质量和规格必须符合有关规范的要求，按规定的配合比施工。

（2）支架式拱架必须严格按照施工技术规范的要求进行制作，必须牢固稳定。

（3）严格按照设计规定的施工顺序浇筑拱圈混凝土。

（4）拱架的衔落必须按照设计和有关规范规定的御架顺序进行。

（5）不得出现露筋和空洞现象。

2）实测项目（表4-23）

就地浇筑拱圈实测项目 表4-23

项次	检查项目		规定值或允许偏差	检查方法和频率	权值
1Δ	混凝土强度（MPa）		在合格标准内	按JTG F80/1—2004附录G检查	3
2	轴线偏位（mm）	板拱	10	经纬仪：测量5处	1
2	轴线偏位（mm）	肋拱	5	经纬仪：测量5处	1
3Δ	内弧线偏离设计弧线（mm）	跨径≤30m	±20	水准仪：检查5处	2
3Δ	内弧线偏离设计弧线（mm）	跨径>30m	±跨径/1 500	水准仪：检查5处	2
4Δ	断面尺寸（mm）	高度	±5	尺量：拱脚、L/4，拱顶5个断面	2
4Δ	断面尺寸（mm）	顶、底、腹板厚	+10，-0	尺量：拱脚、L/4，拱顶5个断面	2
5	拱宽（mm）	板拱	±20	尺量：拱脚、L/4，拱顶5个断面	1
5	拱宽（mm）	肋拱	±10	尺量：拱脚、L/4，拱顶5个断面	1
6	拱肋间距（mm）		5	尺量：检查5处	1

3）外观鉴定

（1）混凝土表面平整，线形圆顺，颜色一致，不符合要求时减1～3分。

（2）混凝土麻面面积不得超过该面积的0.5%，不符合要求时，每超过0.5%减3分，深度超过10mm的必须处理。

（3）混凝土表面出现非受力裂缝减1～3分。裂缝宽度超过设计规定或设计未规定时超过0.15mm必须进行处理。

（四）中间交工验收阶段的监理

1. 中间交工验收阶段的监理工作程序

桥涵工程完工后，监理工作程序及内容如下：承包人按合同规定的要求组织交工检查，并写出自检报告，各项自检质量符合合同规定的技术标准后，承包人即可填写《交工验收申请报告》，连同自检报告一起提交给监理工程师审批。监理工程师在收到上述报告后，应立即组织监理试验室对已完工的项目进行检查，并对承包人提交的自检报告和各项检验结果进行复核抽查，即审查隐蔽工程项目的记录签字是否齐全，是否合格；审查工程的各分项工程每道工序的《质量验收单》是否齐全；审查各分项工程混凝土质量试验报告是否合格；审查整体工程和各分项工程的荷载试验报告是否合格；审查主要工程材料质量检验单（或报告）是否合格。当以上各项复核检查合格后，监理工程师即可签发《中间交工证书》并计量。

2. 验收检验项目及标准的主要内容

桥涵工程的交工验收检验项目如下：桥涵基础、承台、墩台身、墩台帽、桥梁上部构造、桥面工程及其他附属工程。检查内容按基本要求、实测项目、外观鉴定三部分，对其施工质量进行鉴定评分。几种常见的结构实测项目详见表4-24～4-29。

扩大基础实测项目 表4-24

项次	检查项目		规定或允许偏差	检查方法和频率	规定分
1	砂浆强度(MPa)		在合格标准内	按JTG F80/1—2004附录G检查	35
2	轴线偏位(mm)		25	用经纬仪测量纵、横各2点	20
3	平面尺寸(mm)		±50	用尺量长,宽各3处	20
4	顶面高程(mm)		±30	用水准仪测量5～8点	15
5	基底高程(mm)	土质	±50	用水准仪测量5～8点	10
		石质	+50,-200		

承台实测项目 表4-25

项次	检查项目	规定值或允许偏差	检查方法和频率	权值
1Δ	混凝土强度(mm)	在合格标准内	按JTG F80/1—2004附录G检查	3
2	尺寸(mm)	±30	尺量:长、宽、高检查各2点	1
3	顶面高程(mm)	±20	水准仪:检查5处	2
4	轴线偏位(mm)	15	全站仪或经纬仪:纵、横各测量2点	2

墩、台身砌体实测项目 表4-26

项次	检查项目		规定值或允许偏差	检查方法和频率	权值
1Δ	砂浆强度(MPa)		在合格标准内	按JTG F80/1—2004附录C检查	3
2	轴线偏位(mm)		20	全站仪或经纬仪:纵、横各测量2点	1
3	墩台长、宽(mm)	料石	±20,-10	尺量:检查3个断面	1
		块石	±30,-10		
		片石	±40,-10		
4	竖直度或坡度(%)	料石、块石	0.3	垂线或经纬仪:纵、横各测量2处	1
		片石	0.5		
5Δ	墩、台顶面高程(mm)		±10	水准仪:测量3点	2
6	大面积平整度(mm)	料石	10	2m直尺:检查竖直、水平两个方向,每$20m^2$测1处	1
		块石	20		
		片石	30		

墩、台帽或盖梁实测项目 表4-27

项次	检查项目	规定值或允许偏差	检查方法和频率	权值
1Δ	混凝土强度(MPa)	在合格标准内	按JTG F80/1—2004附录G检查	3
2	断面尺寸(mm)	±20	尺量:检查3个断面	2
3Δ	轴线偏位(mm)	10	全站仪或经纬仪:纵、横各测量2点	2
4Δ	顶面高程(mm)	±10	水准仪:检查3～5点	2
5	支座垫石预留位置(mm)	10	尺量:每个	1

拱圈砌体实测项目 表 4-28

项次	检查项目		规定值或允许偏差	检查方法和频率	权值
1Δ	砂浆强度(MPa)		在合格标准内	按 JTG F80/1—2004 附录 F 检查	3
2	砌体外侧平面偏位(mm)	无镶面	±30，-10	经纬仪：检查拱脚、拱顶、1/4 跨共 5 处	1
		有镶面	±20，-10		
3Δ	拱圈厚度(mm)		±30，-0	尺量：检查拱肋、拱顶、1/4 跨共 5 处	2
4	相邻镶面石砌块表层错位(mm)	料石、混凝土预制块	3	拉线用尺量：检查 3～5 处	1
		块石	5		
5Δ	内弧线偏离设计弧线(mm)	跨径≤30m	±20	水准仪或尺量：检查拱脚、拱顶、1/4 跨共 5 处高程	2
		跨径＞30m	±1/1 500 跨径		
		极值	拱腹四分点：允许偏差的 2 倍且反向		

桥面铺装实测项目 表 4-29

项次	检查项目			规定值或允许偏差		检查方法和频率	权值
1Δ	强度或压实度			在合格标准内		按 JTG F80/1—2004 附录 A 或 G 检查	3
2Δ	厚度(mm)			+10，-5		以同梁体产生相同下挠变形的点为基准点，测量桥面浇筑前后相对高差；每 100m 测 5 处	2
3Δ	平整度	高速、一级公路		沥青混凝土	水泥混凝土	平整度仪：全桥每车道连续检测，每 100m 计算 IRI 或 σ	3
			IRI(m/km)	2.5	3.0		
			σ(mm)	1.5	1.8		
		其他公路	IRI(m/km)	4.2			
			σ(mm)	2.5			
			最大间隙 h(mm)	5		3m 直尺：每 100m 测 3 处×3 尺	
4	横坡(%)		水泥混凝土	±0.15		水准仪：每 100m 检查 3 个断面	1
			沥青面层	±0.3			
5	抗滑构造深度			符合设计要求		砂铺法：每 200m 查 3 处	1

四、隧道工程施工质量监理

公路隧道工程的主要项目包括：隧道主体、路线接线工程、洞内排水系统、辅助坑道、管理设施、交通工程设施、环保绿化工程等。

隧道主体工程施工一般可分为以下 5 个分项工程：

①隧道开挖工程；

②隧道衬砌工程；

③施工辅助坑道工程；

④洞口及洞身砌筑工程；

⑤隧道防水与排水工程。

(一)施工准备阶段的监理

隧道施工准备阶段的监理工作的主要内容包括:隧道工程所需原材料的质量检验;隧道混凝土配合比的审查和确认;隧洞施工放样测量控制检查;施工设备及施工方案的审查。

1. 原材料的质量检验

隧道工程所需原材料主要指:水泥、砂、碎石、片块石、外掺剂和钢材。对于外购材料的质量,主要是审查材料出厂质量合格证明,但必要时应抽样检查;对于自产材料的质量主要是审查承包人提供的自检报告,必要时监理工程师应通过监理试验室复检。

2. 混凝土及圬工

(1)水泥

水泥应优先用普通水泥,其等级不低于42.5级,3d抗压强度不得低于16MPa,且一般为配制混凝土等级的1.5~3.0倍;用于C20混凝土时为2~2.5倍,用于C30混凝土时为1.5~2.0倍。

(2)圬工材料

圬工用石料的石质应为均匀、不易风化、无裂纹和无表面剥落的坚硬岩石加工而成。其中,片、块石的标号不得低于30MPa,粗料石不得低于40MPa,混凝土块件的强度不低于15MPa。片石混凝土中的片石掺用量不应超过总体积的20%,严寒地区,有渗水或受冻害的部位不宜用石砌体,必须使用时,石料的吸水率应不大于2.5%,砂岩的软化系数应在0.8以上。

(3)粗集料

混凝土粗集料应用坚硬的碎、卵石,亦可用经试验合格并筛分所得到的隧道弃渣。粗集料应具有适当的级配,其最大颗粒尺寸应为构件最小尺寸的1/4。对特殊要求(抗渗性、抗冻性)和大于C30的混凝土,应采用通过试验室确定的最佳级配。

(4)细集料

混凝土细集料一般采用天然中粗砂,也可用经过试验和鉴定合格并通过监理工程师批准的炼铁高炉的水淬矿渣砂。

(5)水

水可用饮用的自来水或洁净的自然水。

(6)外掺剂

混凝土中一般不允许用外掺剂。若需采用,除图纸中有明示者外,必须取得监理工程师的书面同意。常用的外掺剂有塑化剂、引气剂、早强剂、速凝剂和减水剂。其掺用量,应视工程具体情况,通过试验加以确定。

3. 隧道混凝土配合比的审查

图纸上所示不同标号的混凝土的配合比设计均应由承包人在混凝土浇注前至少35d内完成,并提交监理工程师审批。其审批内容如下:

(1)确定水灰比和坍落度是否符合规定。

(2)用水量的确定。

(3)计算水泥用量:

$$水泥用量=\frac{选定用水量}{水灰比} \tag{4-5}$$

在隧道主体工程上,每立方米混凝土的水泥用量在机械拌和时不宜少于200kg,但也不应超过450kg。

(4)计算集灰比。根据水灰比和水泥用量，计算混凝土的集灰比，即水泥与粗细集料之和的比。如配合比为1: S: G，则其集灰比为1:($S+G$)。

(5)选择的含砂率是否恰当。

(6)对防水抗渗有较高要求配合比的审查。

对防水抗渗有较高要求配合比应经试验决定，一般防水混凝土的水灰比应小于0.6，砂含量应介于35%~40%之间，并需结合改善骨料级配进行，必要时还可使用防水水泥或外掺剂。

4. 隧道施工前测量放样的检查

承包人在隧道开挖前，应根据监理工程师提供的设计文件，对隧道洞顶轴线、水准基点、平面控制的三角网基点、洞口投点等进行复测校核，并将复核结果书面提交监理工程师审批。

(1)隧道洞顶轴线复测校核的检查要点。隧道工程的起讫中线桩，一般应设在洞外一个平曲线以外，如平曲线的转角点距洞口较远，则工程起讫点中线桩可设于洞口外不小于200m处，且应在填挖交界点以外；隧道群则以始端及终端隧道洞口为依据，按上述原则办理。

(2)隧道平面控制测量网复测检查要点。为保证隧道工程在两个或多个开挖面的掘进中，施工中线在贯通面上的横向及高程能满足贯通精度要求，并能符合路面及线路纵断面的技术要求，必须进行控制测量网的校核，其施工中线在贯通面上的极限误差应符合表4-30的规定。

施工中线在贯通面上的极限误差 表4-30

类别	相向开挖洞口间长度(m)	两端施工中线在贯通面上的极限误差(mm)
横向	<3 000	±15
	3 000~6 000	±200
	6 000	视仪器设备及现场情况另行规定，并需报有关部门审核备案
高程	不限	

控制测量的精度应以中误差衡量，最大误差(极限误差)规定为中误差的两倍。为准确测定隧道各部位置和为施工准备条件，在复测中应做好洞外控制测量，补设或加固各开挖洞口的引测投点(各洞口投点应埋设混凝土金属标桩)。洞口投点的设置应尽量避免施工干扰，且便于引测进洞。各掘进洞口至少应设一个投点，并应尽量纳入控制网内，只有在条件不允许时，方可用插点形式与控制网联系。当洞口位于曲线上时，应在曲线或曲线附近增设一个投点，以利拨角进洞；洞口位于直线上时，也可于洞站前后各设一个投点，其间距不宜小于200m，以便使隧道中线延伸直线进洞。

5. 审查施工机械设备

施工前，承包人应将进场主要施工机械设备汇总上报监理工程师审查。隧道施工机械设备包括：开挖掘进、出渣运输、隧道混凝土拌和、发电和供水、隧洞撑护等方面的机械设备。

监理工程师应审核的主要内容有：

(1)各类机械设备的规格、型号、工作性能和数量等是否符合合同条款中的规定要求。

(2)各类机械设备之间的工作效率是否匹配。

(3)各类设备的完好状态以及维修保障系统是否具备连续施工的能力。

6. 审批施工方案

施工方案主要应审查：施工方案中所安排的工期计划的可行性与可靠性；隧洞开挖、衬砌所采用的施工方法是否合理可行；当施工中出现地质情况发生较大变化时，是否有应变措施及计划；在整个施工过程中，控制质量的手段和措施是否有效、可靠；供水供电方案是否合理，且能保证施工的需求；安全防护措施是否能在整个施工过程中得到保证。

(二)施工阶段的监理

1. 隧洞开挖质量监理内容

开挖前应详细审查承包人的施工方案。施工中，应严格控制开挖断面，不宜欠挖，也应尽量减少超挖。当石质坚硬和不影响质量时，可允许个别凸出部分突入衬砌，但不应超过衬砌厚度的1/3；采用先拱后墙法施工时，对于下部开挖，必须控制开挖厚度和用药量，并应采取防护措施，避免损伤拱圈；隧洞开挖，除完整坚硬的岩石可不设支撑外，开挖时均应作好支撑防护，以确保施工安全；位于不良地质地段时；应加强支撑，必要时可先做两侧边墙或结合地形开挖侧向安全洞。

2. 隧道衬砌监理要求

隧道衬砌，有整体式衬砌和复合式衬砌两种类型。衬砌材料可选用混凝土、混凝土砌块、块石和粗料石等。

承包人应在衬砌前，按设计中线和高程对开挖断面进行复测和修整，确认无误并经监理工程师批准后，方可进行衬砌。衬砌混凝土的石料应采用具有良好级配，质硬洁净的碎、砾石；砌石应选用质硬的块石或粗料石。当隧道拱圈采用石料或混凝土预制块，并用先拱后墙法施工时，拱脚应设置混凝土支撑或钢筋混凝土托梁，以防止开挖边墙时拱脚下沉而造成拱圈开裂。拱圈封顶和侧墙顶封口的混凝土都应注意振捣密实。衬砌用的拱架、模板必须具有足够的强度和刚度，较大跨度的拱架，施工时还应特别注意其稳定性，严防因失稳或移动造成拱圈圬工开裂。对坍方地段的衬砌，应视坍穴大小和地质情况予以加强，待衬砌完成后再及时对坍穴进行回填，小型坍方按超挖有关规定回填，大型坍穴则应先在拱背砌筑厚不小于0.6m的浆砌片石护拱，然后以弃渣回填。

3. 隧道混凝土的施工监理

隧道混凝土施工工序包括：配料、拌和、运送、灌注、衬砌背隔回填、养护和拆模等。混凝土配料前应对各种计量设备进行校核，对袋装水泥亦应过秤查对，并严格按配合比配料；混凝土拌制时，可采用250～400L容量的自落式搅拌机(拌制塑性混凝土)或采用375L容量的强制式搅拌机(拌制半干硬性混凝土)；混凝土拌和物的途中运送持续时间，应满足规范有关规定；混凝土拌和物在灌注时，其自由倾落高度应小于2m，且在灌注左右两侧边墙和拱圈时，应两侧对称分层进行，并应满足允许灌注厚度，其振捣时间应符合有关规定；初砌背隔空隙应回填密实，并与衬砌同步进行，但回填不得侵入衬砌范围，当衬砌背后有排水设施时，回填应注意切勿堵塞，墙址和先拱后墙法的拱墙脚以上1m范围内应用同等级混凝土灌注，以便与围岩黏结紧密；当超挖在允许限值内时，须用与衬砌同等级的混凝土填筑；超挖已超过允许限值时，可用5号水泥砂浆(渗漏时用7.5～10号)或片石混凝土回填；当围岩稳定、干燥无水时，方可用干砌片石回填；除寒冷及严寒地区并受冻害影响的圬工外，当环境温度在5℃以下时，可不洒水养护，但应按冬季施工有关规定做好防冻保温工作。

4. 辅助坑道施工监理

辅助坑道的设置，应根据隧道长度、工期、地形、地质、水文、设备，结合通风排水及出渣的需要，通过技术经济比较确定，且应获得监理工程师的批准。

5. 洞口及洞门施工监理

隧道洞门应尽早修建，并尽可能安排在雨季前施工。隧道洞门开工前，应先施工洞口土石方及挡护工程，洞口的边、仰坡必须保证稳定，避免大挖大刷，且应自上而下进行，严禁掏底取土，避免采用大量爆破，尽量做到少扰动原地层；位于悬崖峭壁下的洞口，一般不宜切削原山坡，当坡面及岩顶稳定，且无落石或坍塌可能时，可贴壁进洞，否则应延伸洞口设置明洞，或采取其他措施，以保证安全；洞口边、仰坡顶面及其周围，应视情况设置排、截水沟，坡面亦应采取防护措施，以保证安全；洞口仰坡坡脚至洞门墙背的水平距离不应小于1.0m，洞门端墙与仰坡之间水沟的沟底至衬砌拱顶外缘的高度不应小于1.0m，洞门墙顶应高出仰坡坡脚0.5m以上；洞门墙应根据实际需要设置伸缩缝、沉降缝和泄水孔，洞门墙基础必须设置于稳固地基上，并有足够的埋置深度。

6. 隧道防水与排水系统施工监理

施工前，承包人应提出可能出现的地下水分布情况，并预计涌水量，提出防、排水方案和机具配置意见，并获得监理工程师批准。施工中，应对出水部位、水量大小、补给情况，变化规律、水质成分等做好观察、试验和记录，供监理工程师核查，并作为竣工资料的一部分。

开挖中，洞内有大面积渗漏水时，可采用钻孔将其集中汇流引入排水沟；岩层地下水集中出露处，宜在衬砌背后设置环向、纵向盲沟，将水集流排至排水沟内；当地下水发育，含水层明显，又有长期充分的补给来源时，可根据实际情况，利用辅助坑道排水或设置泄水洞等截、排水设施。

当洞内水质有侵蚀性时，应先行处理后再排出，以免污染环境。靠围岩的边墙顶、边墙后，设纵向竖向盲沟将水引至边墙泄水孔排出。明洞侧洞应防止地面水侧向流入。

7. 隧道通风与防尘

在公路隧道施工期间，承包人应根据其选择的施工方法、设备条件、导坑掘进长度及其他影响健康的因素，并通过计算所需风量，选择合适的通风系统为施工提供通风，其目的是保证正常的空气成分和控制温度升值，以保护工人的身体健康和不影响正常的生产效率。洞内通风量按人均需求及隧道实际情况供给。通风方式可采用吸出式、压入式或者是混合式。通风排气口应设在洞外适当设置，且应离洞口15m之外，以防止废气回流至洞内。通风设备应由专门经过培训的技术工人修理和保养，并在安全工程师的领导下进行工作。

在隧道施工掘进或出渣期间，应在隧道开挖面附近采用沉积板或粉粒计数器进行粉尘含量测定。施工作业环境的粉尘允许含量应符合规范要求。

施工中，监理工程师一定要提醒承包人：通风设备应具有100%的能力作为备用；当采用湿式凿岩法施工时，应注意其游离粉尘，工作面供水在形成泥浆之前，应积极采取防尘措施，如喷雾、洒水、使用装石运输车上的集尘器除尘等；任何汽油动力设备都不允许停在隧道内或在隧道内使用，在任何情况下不允许将汽油运入洞内。

8. 隧道给排水

(1)隧道给水。隧道给水主要指隧道交付运营后的生产、生活、消防等各种用水。

给水工程的水源、水量、水压、水质以及供水设备、储水构筑物及输水设施等，监理工程师应要求承包人按图纸要求，提出实施性施工组织设计以供审批。实施性施工组织设计中应包括：施工方案、施工进度、必要的施工详图，以及机具、材料供应等内容。给水工程应先施工水源部分，并在施工过程中随时记录和分析实际的水文地质资料，进行抽水试验、水质化验等。具体检验项目，则应按不同用水对象根据规范或由监理工程师指定。

隧道储水构筑物包括集水井和蓄水池。一般情况下，集水井可采用容量为100 m^3 的钢筋混凝土圆形水池；蓄水池可采用容量为200 m^3 的钢筋混凝土圆形水池，池中应设置水位标尺和照明设施，四周应设置围墙及检修道路，蓄水池还应装设避雷设施，且应对其进行接地电阻试验,其冲击接地电阻不得大于20Ω。

水泵房及其设施除按图纸要求施工外,还应在水泵房建筑安装完工以后,按模拟的实际操作条件,对提供的设备进行2h的试运转,检查其振动及渗漏情况,以确保设备质量。对承包人按设计要求提供的水泵及其真空表、压力表等相关设备,均应按下列要求进行检查:每台水泵均应有厂名、系列号和型号;在一倍或半倍的工作压力下,测试运转应符合标准要求;在静态、动态和操作的情况下,水泵叶轮都应平稳。进行试运转时,在额定负荷下运转8h必须达到以下要求:电动机的电流不得超过额定值;运转中无较大振动,且声音正常,各连接部分不得松动或泄漏;滚动轴承最高温度不得超过70℃,滑动轴承不得超过60℃。应注意,试运转后如不继续使用,应将泵壳及管内的水放空。

供水工程输水管道材料、管径、工作压力、敷设路径、埋置深度及其他技术条件,均应符合图纸要求及有关规范。供水工程所用的材料和设备,均应有批准采用的厂商所提供的出厂产品合格证或产品质量检验证。供水工程管道及各种连接附件,应按《给排水管道工程施工及验收规范》(GB 50268—97)的有关规定进行防腐处理。输水管道安装合格后,还应进行压力试验和漏水试验。

(2)消防设备。隧道内消防设备包括化学灭火器、消火栓及报警装置等消防设施。同一隧道内应采用统一规格的消火栓、水枪和水龙带。并应按照设计图纸要求放置于明显且易于取用的地点。值得注意的是:消防设施及其附件、材料等,均应有批准采用的厂商提供的产品合格证或产品质量检验证;隧道外输水管道及与消防水源的连接、管道的敷设及自动控制装置的连接等技术要求,应满足图纸要求及有关规范的规定。

(3)排水。施工过程中所排放的废(污)水,监理工程师应监督承包人按国家现行排放标准进行排放。对供水系统废(污)水的排放,应符合《工业企业设计卫生标准》的要求。洞内废(污)水的排放,应通过隧道侧沟将水导入洞口路堑边沟排除,即应充分利用洞口有关工程的排水系统将废(污)水顺利排除。当排放的废(污)水可能影响水源或饮用水的水质时,监理工程师应要求承包人提出处理措施。

在工程的施工过程中,应对承包人的工程管理模式、环保管理机构、环保措施等进行强有力的监督,以确保施工作业区及其周边环境质量不致因基建原因而有所降低。

9. 洞口运营管理设施工程

隧道洞口运营管理设施工程包括:通风工程、给水工程、遮光栅工程、变电所工程及房屋工程。

(1)通风工程。隧道通风工程包括为隧道运营通风而设的通风机房、通风洞、通风值班室等与通风有关的土建工程。通风机房及机房内的附属设施(如吊运风机的天车、检修台等)应在机房施工中按设计图纸的要求一次完成,其中房屋工程除按图纸要求外,还应符合国家和部颁标准的有关规定。

通风洞洞门及有排水工程的开挖与砌筑,应尽量安排在雨季前施工。洞门基础的开挖及支护方案,应报请监理工程师审批,基础施工应做好防排水工作,基坑不得被水浸泡。洞门处的衬砌与洞身衬砌应整体施工,且应连接良好,使之成为整体。洞身的开挖、支护与衬砌与隧道洞身的要求相同,当洞身中部倾斜段的倾角大于12°时,应按斜井开挖方法进行施工。通风洞斜井施工,在倾斜段采用喷锚支付并用构件支撑加强时,其立柱向前倾斜为斜井倾角之半,但最大不得超过9°;斜井施工中应配置适合实际情况的且具有足够抽水能力的抽水设备(还应有备用的抽水机械),以便能及时地排除坑道中的积水。另外,承包人应及时将坑道中的出水地点及出水情况向监理工程师报告。当洞身中部倾斜且倾角大于30°时，衬砌墙基末端应做成台阶形，以防止井身下滑。此外，值得注意的是：通风洞斜井施工时，应有严格的规章制度，在洞口和坑道内应有明显的信号装置及可靠的安全设施，以保证施工作业中人员与机具的安全；当通风洞身中部为倾斜时，应在洞口水平段与倾斜段相接处设一道沉降缝（为防止衬砌由于下沉不均匀造成衬砌开裂或其他危害而设置的环形缝）：通风洞的防排水与隧道洞身的防排水要求相同。

（2）给水工程。给水工程的内容包括集中井、给水所、蓄水池以及连接水源和各构造物之间的管道等土建工程、管道工程。

（3）遮光栅工程。隧道洞口的遮光栅工程包括：钢筋混凝土框架、遮光墙、预制遮光板及其吊装等。遮光栅的施工应与洞口装修工程一并安排，当不能一并安排时，可于规定的位置预留装修工程安装时所需的孔洞。当遮光栅框架、立柱及基础位于路堤填方路段内时，应要求承包人施工前提前施工方案与施工方法报批；施工中，监理工程师要严格监督承包人的路基施工质量，不能因遮光栅框架立柱、下纵撑和下横撑的设备而影响路基夯实的质量。

遮光板采用钢筋混凝土（C20）构件，可就地现浇，也可预制安装。所有构件的混凝土表面应光洁、美观，不允许产生蜂窝、麻面。

（4）变电所工程。变电所房屋工程按设计图纸要求及建设部有关标准施工验收。变电设备安装前，房屋土建工作应具备下列条件：屋顶、楼板已施工完毕，且不得有渗漏；室内地面基层已施工完毕，并在墙上标出地面高程；在配电室内，需待设备及母线的构架安装以后，再进行抹光地面的工作；混凝土基础及构架应达到允许安装的强度，且设备支架的焊接质量必须符合要求；高层构架的走道板、栏杆、平台及梯子等应齐全牢固；模板、施工设施及杂物应清除干净，并留有足够的安装用地，且施工道路亦应畅通；室内装饰工作可分两步进行，当进行装饰工作时有可能损坏已安装设备，或将设备安装后不可能再进行的装饰工作应先期完成，其余部分可待设备安装完成后再进行。

设备投入运行前，房屋土建应完成下列工作：清除构架上的污垢，填补孔洞以及装饰等工作；完成二次灌浆和抹面；装设保护性网门、栏杆及梯子；装设配电室的门窗室外配电装置的场地。

（5）房屋工程。本处所指房屋工程，系为隧道运营服务的生产用房，包括通风机房、隧道管理所、隧道通信、隧道信号楼等，以及与之相适应的建筑设施。房屋的位置及室内地坪高程（±0.000m）须按设计图纸施工，如需变更，应事先报请监理工程师和业主核批后再实施。有关房屋的施工，如基础开挖、墙体砌筑、屋顶遮盖、门窗制作、安装、屋面防排水、隔热、抹灰、装饰、油漆、楼地面、排水和给水管道、连接道路、围墙等以及与之相适应的附属设施（如玻璃、灯具、电讯管线、给水、生活设施等）的材料、工艺、标准、作业要求等，应按建设部、交通部颁发的有关规范、规定、标准进行施工。

10. 隧道附属设备安装工程

隧道附属设备包括隧道外面的交叉道路、中心控制楼、中心控制楼前的场地和收费广场（含风雨棚下道路）的照明、隧道监控、通信、收费系统工程。关于隧道的监控、通信、收费系统请读者参阅本节“五、交通安全设施施工质量监理”的有关叙述，此处仅叙述照明设施的有关问题。

道路及广场可采用高杆灯照明（小型收费站广场宜采用低杆或中杆照明，停车场宜选用高杆或中杆照明）。照明灯杆应选用金属灯杆或钢筋混凝土灯杆。当采用金属灯杆时，应采用热浸镀锌或铝喷涂，以对灯杆表面进行防腐处理。隧道收费广场照明，应保证距收费亭40m

范围内使用的平均照度不小于15lx(勒克斯),40～90m范围内使用的平均照度不小于10lx。灯具应做到即能在配电板上控制,也能在现场控制,灯具防护等级宜在IP54以上,且带有散热器,并具有足够的机械强度。照明灯具的安装高度宜在10m以上,其水平倾斜角应控制在0°～15°之间;灯泡应采用高压钠灯,其寿命不得低于10 000h;灯具对称布置时,灯高不得小于路宽之半,单侧布置时不得小于路宽,布置于广场时,灯高可采用30m。采用高杆照明方式时,宜优先选用升降式高杆设施,且应符合《升降式高杆照明装置技术条件》的要求。

应注意的是:灯具和配电控制板的安装、配线、电缆敷设等,应符合《电气装置安装工程施工及验收规范》中的有关技术规定。电缆接线应准确,接头应作保护性处理,并应确保不漏电,能抗酸碱腐蚀。电缆敷设时,一般地段可采用直埋;经过硬化场坪时,可采用水泥槽防护;通过道路处可采用预埋钢管保护;通过隧道时,置于照明配线托盘上。电缆和配线进入电缆沟、配线托盘、进入建筑物、穿过楼板、墙壁引至设备,以及墙外表面行人易于接近、易受机械损伤的地方,应有穿管保护。可触及的金属灯杆和配电箱等金属照明设备均需保护接地,其接地电阻应不大于10Ω(采用接地电阻测量仪量测)。

11.隧道工程的监理程序

隧道工程的监理程序,见图4-12。

(三)中间交工验收阶段的监理

1.隧道工程完工后的监理工作程序

(1)承包人在完工后,应先按合同规定的技术标准进行质量自检,合格后,即填报《中间交工验收申请单》,提交给监理工程师。

(2)监理工程师收到该申请报告后,应及时组织监理试验室对隧道的各部高程、几何尺寸、各部砌体强度等项进行检验,并写出检验报告。

(3)成立该项工程交工验收评估小组,并写出评估报告。

(4)监理工程师填写《隧道工程中间交工证书》。

2.隧道工程总体质量检验评定标准

(1)基本要求

①洞口设置应符合设计要求。

②必须按设计设置洞内外的排水系统,不堵塞。

③隧道防排水施工质量须符合规定。

(2)实测项目(表4-31)

隧道总体实测项目表 表4-31

项次	检查项目	规定值或允许偏差	检查方法和频率	权值
1Δ	车行道(mm)	±10	尺量:每20m(曲线)或50m(直线)检查一次	2
2	净总宽(mm)	不小于设计	尺量:每20m(曲线)或50m(直线)检查一次	2
3Δ	隧道净高(mm)	不小于设计	水准仪:每20m(曲线)或50m(直线)测一个断面,每断面测拱顶和两拱腰3点	3
4	隧道偏位(mm)	20	全站仪或其他测量仪器:每20m(曲线)或50m(直线)检查1处	2

续上表

项次	检 查 项 目	规定值或允许偏差	检查方法和频率	权值
5	路线中心线与隧道中心线的衔接(mm)	20	分别将引道中心线和隧道中心线延长至两侧洞口,比较其平面位置	2
6	边坡、仰坡	不大于设计	坡度板:检查10处	1

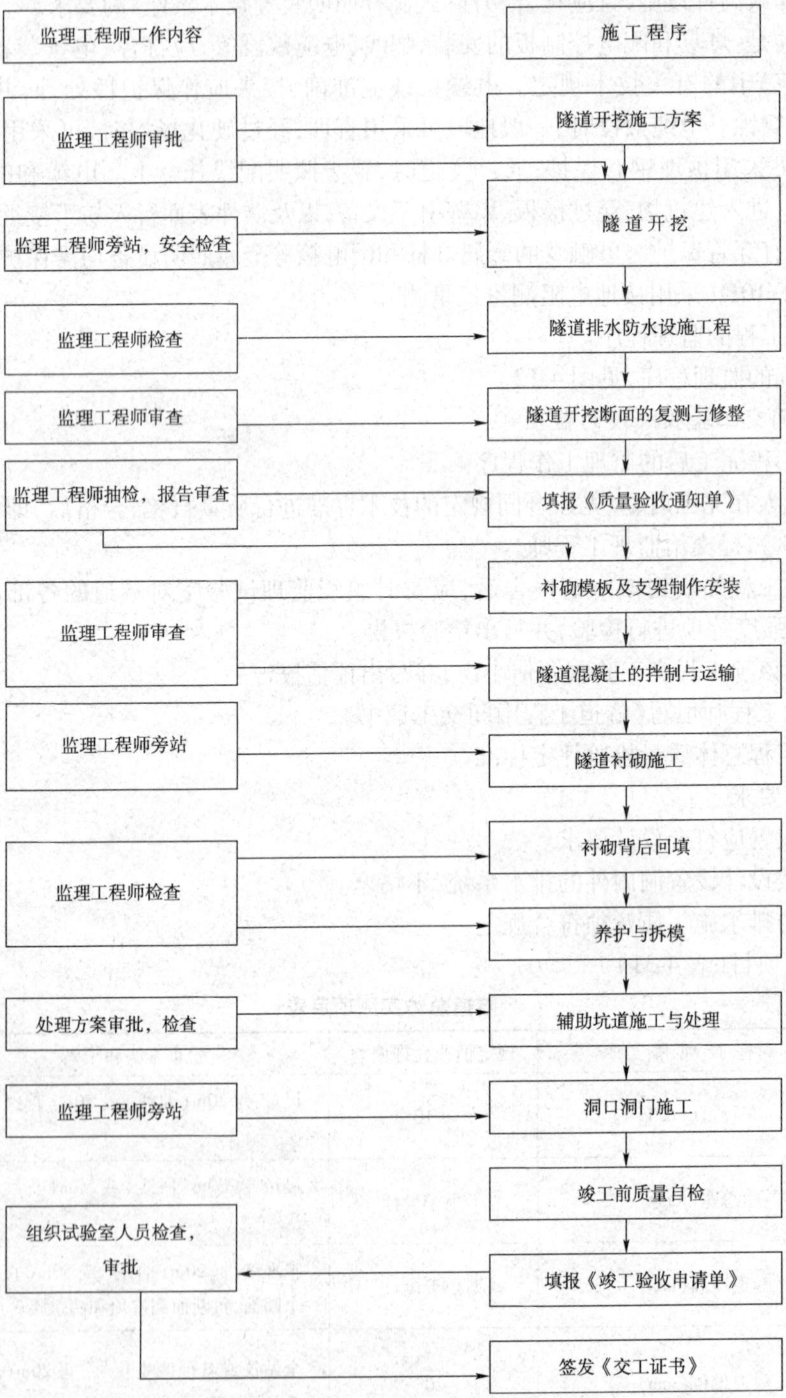

图4-12　隧道工程监理工作程序示意图

(3)外观鉴定

洞内没有渗漏水现象。不符合要求时，视其严重程度，高速公路、一级公路隧道减 5 ~ 10 分，其他公路隧道减 1 ~ 5 分。冻融地区存在渗漏水现象时扣分取高限。

3. 隧道洞身开挖质量检验评定标准

(1)基本要求

①不良地质段开挖前应做好预加固、预支护。

②当前方地质出现变化迹象或接近围岩分界线时，必须用地质雷达、超前小导坑、超前探孔等方法先探明隧道的工程地质和水文地质情况，方可进行开挖。

③应严格控制欠挖。当石质坚硬完整且岩石抗压强度大于 30MPa 并确认不影响衬砌结构稳定和强度时，允许岩石个别凸出部分（每 $1m^2$ 不大于 $0.1m^2$）凸入衬砌断面，锚喷支护时凸入不大于 30mm，衬砌时不大于 50mm，拱脚、墙脚以上 1m 内严禁欠挖。

④开挖轮廓要预留支撑沉落量几变形量，并利用量测反馈信息及时调整。

⑤隧道爆破开挖时应严格控制爆破震动。

⑥洞身开挖在清除浮石后应及时进行初喷支护。

(2)实测项目（表 4-32）

洞身开挖实测项目 表 4-32

项次	检查项目		规定值或允许偏差	检查方法和频率	权值
1Δ	拱部超挖（mm）	破碎岩、土（Ⅰ、Ⅱ类围岩）	平均 100，最大 150	水准仪或断面仪：每 20m 一个断面	3
		中硬岩、软岩（Ⅲ、Ⅳ、Ⅴ类围岩）	平均 150，最大 250		
		硬岩（Ⅵ类围岩）	平均 100，最大 200		
2	边墙宽度（mm）	每侧	+100，-0	尺量：每 20m 检查 1 处	2
		全宽	+200，-0		
3	边墙、仰拱、隧底超挖（mm）		平均 100	水准仪：每 20m 检查 3 处	1

(3)外观鉴定

洞顶无浮石。不符合要求时每处减 1 分并及时清除。

4. 隧道洞身混凝土衬砌质量检验评定标准

(1)基本要求

①所用材料的质量和规格必须满足规范和设计要求。

②防水混凝土必须满足设计和规范的要求。

③防水混凝土粗集料尺寸不应超过规定值。

④基底承载力应满足设计要求，对基底承载力有怀疑时应做承载力试验。

⑤拱墙背后的空隙必须回填密实。因严重超挖和塌方产生的空洞要制定具体处理方案经批准后实施。

(2)实测项目（表 4-33）

(3)外观鉴定

①混凝土表面密实，每延米的隧道面积中，蜂窝、麻面和气泡面积不超过 0.5%。不符合要求时，每超过 0.5% 减 0.5 ~ 1 分。蜂窝、麻面深度超过 5mm 时不论面积大小，一处减 1 分。

深度超过10mm时应处理。

混凝土衬砌实测项目　　表4-33

项次	检查项目	规定值或允许偏差	检查方法和频率	权值
1Δ	混凝土强度(MPa)	在合格标准内	按JTG F80/1—2004附录G检查	3
2Δ	衬砌厚度(mm)	不小于设计值	激光断面仪或地质雷达;每40m检查一个断面	3
3	墙面平整度(mm)	5	2m直尺:每40m每侧检查5处	1

②结构轮廓线顺直美观,混凝土颜色均匀一致。不符合要求时减1~3分。

③施工缝平顺无错台。不符合要求时每处减1~2分。

④混凝土因施工养护不当产生裂缝,每条裂缝减0.5~2分。

五、交通安全设施质量监理

(一)交通工程监理主要内容

交通工程监理主要是对交通工程设施及附属工程的监理。交通工程设施主要由道路安全设施,监控系统、通信系统、收费系统及支持上述系统的土建工程,管理中心,收费站、养护站、验票点、服务区的房建工程等组成。

交通工程监理的工作内容,大致有以下三个:

(1)道路交通标志、标线、防撞护栏、视线诱导设施、防眩设施等交通安全设施工程。

(2)监控、通信、收费系统、高杆灯、网架照明、中央空调等机电工程。

(3)服务区、监控中心、收费站、养护站等房建工程和收费广场及其上的收费岛与天棚网架等土建结构工程。

(二)交通工程的监理特点与方法

交通工程需在高速公路的主体工程大多数已完工后方才进行。所以,在预定通车期限之内,留给交通工程施工的时间是非常有限的。因此,任务繁重而零散,标准高,工期紧是交通工程监理的基本特点。

房建工程、监控、收费、通信工程、网架照明、高杆灯、中央空调等大小工程合同,专业繁多,管理层面和要求多样是交通工程监理的第二个特点。

交通工程施工监理的第三个特点是众多的专业、众多的承包人均在同一时间,同一空间,并且是在极其有限的空间里交叉作业。

交通工程施工监理的第四个特点是机电工程的介入,监控、通信、收费及照明是涉及电子技术、计算机技术、现代通信技术、自动控制技术等高新技术领域,各类设备的工作原理、应用范围差异甚大。

根据上述四个特点,监理工程师在监理过程中,除充分按照监理原则行事,对施工中每一个分项工程,每一道工序均严格认真监理;还应经常向承包人宣传《建筑法》,强调质量责任终身制的责任观,以引起所有参加施工的人员的重视,避免人为的质量事故的发生。其二,监理工程师应对所监理的内容、范围,即全部合同文件加以认真研究,分清主次。目的是应用统筹优化方法,理出施工监理时序,以便抓住重点。机电工程的设备安装,须待土建工程基本完成后方可进行。机电工程与土建工程的工作界面在哪里,机电工程何时介入为宜,机电工程外场设备的施工与安装,常与土建工程矛盾、交叉该怎样协调处理等问题,都需要监理工程师协调解决。

对监控、通信、收费等机电工程的监理,除了在安装、测试(承包人自检)过程中跟班旁站、加强巡视,加大抽检频率外,更重要的是要把好设备、材料的进场验收关。机电工程的测试分移交测试、试运行后的验收测试。移交测试的基本内容如下:故障率测试、性能测试、各类处理机的处理能力和超负荷保护测试、模拟故障、自动诊断、环境及抗干扰测试、各类人机命令、工艺检查、可靠性查证、文件、资料、备件、工具、仪表等的检查和数量清点。移交测试时,要求所有的设备均应投入使用。移交测试所必要的专用仪器应由承包人提供。移交测试时间为一个月左右,对移交测试中产生的问题,承包人应及时在一个月内解决。当主要测试指标及性能达不到技术规范规定时,业主可将整个系统退交承包人,并由承包人再做系统测试,有关事项按合同相关条文办理,直到承包人认为有条件时,并经双方协商后再进行第二次移交测试。

移交测试通过后,即可开始做开通准备工作。准备工作包括编制开通计划及维护管理方面需做好的准备工作。开通计划由业主、监理工程师、承包人协作编写。开通由业主做总指挥,承包人做技术辅助,监理工程师履行监理职责。开通过程中,若承包人提供的设备出现问题,承包人应及时给予解决。

开通后,在开通试运行期间(4 个月)用户开始使用的实际质量是检验系统功能的最直接的标志。其间产生的再启动次数、软件和硬件的故障次数、各种功能等在实际运行中的效果,以及人为模拟测试的结果,均可作为最终测试的内容。倘若试运行验收测试不合格,则须重新进行试运行验收测试。如果在试运行连续 4 个月内得到的各项参数均在合同附文双方同意的指标允许范围内,并经过检查全部合同条款的执行均让业主和监理工程师满意后,则认为验收测试合格,至此,方能进行最终验收。从最终验收之日开始,即可计算缺陷责任期。机电设备的缺陷责任期为一年,在缺陷责任期内,由于材料、设计或工艺因素造成设备故障时,承包人除应研究查明故障原因外,还应迅速修复或免费进行更换,直至业主和监理工程师满意为止。

(三)交通安全设施施工的质量监理

交通安全设施包括防撞护栏、交通标志、道路标线、视线诱导设施、防眩设施、隔离栅等。各种交通安全设施施工监理的步骤及工作要点如下:

1. 波形梁护栏施工监理要点

1)质量要求

(1)波形梁、端头、立柱、横隔梁、防阻块等护栏部件的质量要求,应符合交通行业标准有关护栏产品标准的规定。

(2)波形梁护栏部件的检验包括外观检查、尺寸检查、热浸镀锌层质量检查。冷弯型钢一般不做力学性能试验,如有要求时,可在原钢带上进行,其力学性能和工艺性能应符合相应标准的规定。

2)施工质量控制要点

(1)对到场材料进行严格检查,要注意检查热浸镀锌质量(容易出现花斑和颜色深浅不同),应按批量进行检查。

(2)对立柱的放线进行检查,以桥梁、通道、涵洞、中央分隔带开口、立交、平交等作为控制点,对桥梁、构造物处的放线特别要进行严格检查。

(3)重视混凝土基础的定位、浇注及预埋件的安装,以保证以后的施工顺利。

(4)注意在中央分隔带上设置的波形梁护栏有分设型和组合型两种,其构造特征及埋设方式亦因之不同,应按图纸及《公路交通安全设施施工技术规范》(JTG F71—2006)的规定和要求进行施工。

(5)护栏应在压实的地基上架设,或设在混凝土基座中。当需要在路堤顶面安装护栏时,应待路堤彻底压实后,方能安装,立柱应按图纸所示深度埋设。

(6)钢立柱应打入或埋入在已压实的路基上,在打入时,应先冲出或钻出导洞以防打入时损坏钢柱。填入洞内的填料应夯实,达到与周围路堤相同的密实度。当立柱埋入岩石时应预先钻孔,固定护栏立柱必须用水泥混凝土填充。

(7)在砂石回填地段打入立柱时,要注意主柱的变形、扭曲现象,保证立柱四周的土不被扰动。

(8)除非经监理工程师批准,立柱都应在路面铺筑完成后埋设,并安装护栏部件,当柱子位于将摊铺的水泥混凝土、沥青混凝土或其他预拌沥青材料面层的地方时,应先埋设好立柱,柱坑应在路面底面以下50mm处回填好,剩余的柱坑深度应使用与路面相同的材料回填。

(9)注意护栏板的调节。护栏板在安装初期,拼接螺栓和连接螺栓不宜拧得过紧,以便在安装过程中充分利用板上的长圆孔进行上下、左右调节,使其成一条光滑的规则线形。

2. 混凝土护栏施工质量监理要点

1)质量要求

(1)混凝土护栏用材料的质量,应按《公路工程水泥及水泥混凝土试验规程》(JTG E30—2005)的规定进行检验。

(2)混凝土拌制和浇注的质量,应满足《公路桥涵施工技术规范》(JTJ 041—2000)的规定。

2)施工质量控制要点

(1)对混凝土护栏的中心位置、高程、起止位置应反复检查核对。控制好混凝土护栏的长度,定好控制点,以便根据公路沿线构造物的实际情况合理布置。

(2)注意检查护栏混凝土浇注模板的制作安装,模板应有足够的强度、刚度和稳定性,能可靠地承受施工过程中可能产生的各项荷载,保证构件的形状、尺寸准确。

(3)仔细检查钢筋和预埋件的安装,检查合格后,方能浇注混凝土。

(4)混凝土浇注完后,要及时养护,养护时间根据混凝土强度增长情况而定,应经常保持潮湿状态。

(5)采用预制混凝土护栏,在安装前,应精确放样定位,按设计要求做好基层,在基层夯实、整平,并复核高程和平面位置无误后,方可开始安装护栏。

3. 隔离栅施工质量监理要点

隔离栅工程质量的好坏不仅涉及使用年限,而且影响公路两侧的景观、高速公路的安全保护以及正常运行。因此,要重点抓施工中的薄弱环节,控制好施工质量。

1)质量要求

(1)冷弯成型的槽钢立柱、斜撑和钢板网框、角钢,其标称厚度应以距端部100mm处横截面切面部分尺寸为准,其基底金属的标称厚度允许偏差±2mm。立柱、斜撑的标称长度允许偏差为±5mm/m,立柱和斜撑的槽钢宽度允许有3 mm的正公差。弯曲度不允许大于5mm/m。

(2)槽钢表面不得有气泡、裂纹、疤痕、折叠、夹杂和端面分层缺陷,允许有不大于公称厚度的10%的轻微凹坑、压痕、疤痕、擦伤。

(3)产品质量检验包括外观检查、尺寸检查、基底钢材的抗拉强度、屈服强度、延伸率和镀锌层厚度测试。

2)施工质量控制要点

(1)检查立柱、斜撑、连接件和编织网隔离栅等材料质量及热镀锌质量。按规范要求分批进行检验。

(2)为了与公路地形协调,施工前应根据现场情况设计纵断曲线,确定每个柱的设计高程。

(3)检查基础开挖,保证基础几何尺寸以及基础周围土不受扰动。

(4)立柱要保证安装牢固和垂直度的要求,基础不得有松动,立柱纵向应在一线上,不得出现参差不齐的现象。柱顶应平顺,不得出现高低不平的情况。立柱基础强度达到设计强度的70%后方可安装隔离栅网片。

(5)纺织网隔离栅最好纵向连续铺设,边铺边拉紧,并尽可能在立柱挂钩上扣牢。纺织网要求卷网自如,弯勾时保证不变形。隔离栅安装完毕后,纵向高程不应有很大的起伏变化,网面要平整,在任何方向均不得有明显的倾斜。各类隔离栅网片安装完毕后,立柱基础均应进行压实最后处理。

(6)施工完成后要检查隔离栅整体的稳定性,并且要保证在2m范围内平整。施工过程中,如果破坏完工的路基边坡或边沟,要提醒承包人及时修整。

4. 防眩设施施工质量监理要点

防眩板构件可采用钢材、塑料或其他不易变形的材料。

1)质量要求

(1)防眩板的材料、镀锌量、几何尺寸应符合设计要求,平面弯曲不得超过板长的0.3%。

(2)防眩设施整体应与路线线形一致。

(3)防眩板遮光角应符合设计要求,安装要牢固。

2)施工质量控制

(1)施工前检查清理场地,确定控制点(如桥梁、立交、中央分隔带开口及防眩设施需变化的路段),在控制点之间测距定位、放样的情况。

(2)注意按设计要求处理好路段与桥梁上的防眩设施和设置位置及高度,不得出现高低不平甚至扭曲的外形。

(3)防眩板单独埋设立柱时,应在基础达到设计强度后,方可安装上部构件。

(4)施工过程中不应损伤金属涂层。任何形式涂层的损伤,均应在24h内给予修补。

5. 标志施工质量监理要点

交通标志、标线的有效性决定于目标显示度、易读性、公认度三方面。标志、标线原则上要求夜间能具有和白天一样的可见性。高速公路标志、标线工程质量的好坏,不仅影响道路环境的美观,而且对其是否能充分发挥出使用功能起着决定性的作用。

标志从结构上可分为单柱、双柱、悬臂、门式几种形式。除门式标志外,其他均设在路侧。

1)质量要求

(1)标志支撑结构都应按设计图中所给的尺寸建造,并且在装配后要涂漆,应符合《道路交通标志和标线》(GB 5768—1999)的规定。

(2)标志支撑的形状、图案、颜色应符合《道路交通标志和标线》(GB 5768—1999)的规定。指路标志的汉字字体和阿拉伯数字应符合《道路交通标志和标线》(GB 5768—1999)的规定,不允许采用其他字体。

(3)定向反光标志膜应采用工程级和高强级定向反光膜。定向反光膜应用压合胶黏剂或不剥落的热活性胶黏剂来粘贴,表面不产生任何气泡等缺陷。

2）施工质量控制要点

（1）对运到现场的粘贴反光标志膜的标志，要对表面进行抽查，不得有龟裂裂纹、明显的划痕及明显的颜色不均匀。标志板面要保证四个单面垂直，其垂直度不应大于±2°，不允许超过规范要求的±3mm/m 的翘曲。要对板面内的符号、字体、尺寸大小进行严格检查。

（2）对于标志基础，由于有些标志立于公路回填的边坡上，因此要保证基础开挖后的基坑四周土不被扰动。在基础混凝土施工过程中要注意混凝土的振捣，以保证混凝土的质量，并且要保证预埋件不被移动。只有当基础混凝土达到设计强度后，才允许承受全部荷载。

（3）标志在安装过程中，要求承包人对已完工程进行保护，同时标志处的路缘石、路面等要用保护物进行覆盖。

（4）为减少标志板面对驾驶员的眩光，路侧设置的标志和悬空的要求，在安装过程中要检查板面与水平轴或垂直轴的旋转角度，以及板面与道路的间距尺寸，若不符合要求，应及时调整。

6. 标线施工质量监理要点

标线分为油漆标线和热塑标线两种。一般油漆标线用于车行道边缘线和收费广场标线；热塑标线用于永久性的车道分界线、横向标线、人字、斑马纹导流标线、出入口标线和车道导向箭头。

1）质量要求

（1）喷涂标线前，路面应清洁无起灰现象。

（2）所有路面标线的位置、颜色、形状，应符合图纸和《道路交通标志和标线》（GB 5768—1999）标准的规定。

（3）所有标线应具有光洁、均匀及整齐的外观。

2）施工质量控制要点

（1）标线施工前承包人应将拟用的材料样品、施工方法报监理工程师，并喷涂一段试验标线来验证涂（漆）料配方是否满足图纸要求、施工机具和工艺是否合适。

（2）标线位置以道路中心线为基准进行检查；对于人字线，要先按设计图在路面放大样图，经检查符合设计要求后，方可开始施工。

（3）喷涂油漆之前，道路表面上的污物、松散的石子和其他杂物应予以清除。喷漆时，道路表面应干净和干燥，喷漆工作应在油漆与路面可均匀黏结的情况下进行。

（4）认真检查施工机械设备，尤其是热塑线的施工，要保证设备不发生泄漏现象，玻璃珠要能均匀喷洒。

（5）对热塑线的施工，要注意材料的加热温度，并避免在已完工的路面上进行材料加热。

（6）标线在施工完后，要对其进行保护，防止污染和破坏。

7. 交通安全设施工程检验评定标准

以下介绍几种常见的波形梁钢护栏、隔离栅和防落网、防眩设施、交通标志、路面标线实测项目，见表4-34～表4-38。

波形梁钢护栏实测项目　　表4-34

项次	检查项目	规定值或允许偏差	检查方法和频率	权值
1Δ	波形梁板基底金属厚度（mm）	±0.16	板厚千分尺；抽检5%	2
2Δ	立柱壁厚（mm）	4.5±0.25	测厚仪、千分尺：抽检5%	2
3Δ	镀（涂）层厚度（μm）	符合设计	测厚仪：抽检10%	2
4	拼接螺栓（45号钢）抗拉强度（MPa）	≥600	抽样做拉力试验：每批3组	1

续上表

项次	检 查 项 目	规定值或允许偏差	检查方法和频率	权值
5	立柱埋入深度	符合设计规定	过程检查,直尺:抽检10%	1
6	立柱外边缘距路肩边线距离(mm)	±20	直尺:抽检10%	1
7	立柱中距(mm)	±50	钢卷尺:抽检10%	1
8Δ	立柱竖直度(mm/m)	±10	垂线、直尺:抽检10%	2
9Δ	横梁中心高度(mm)	±20	直尺:抽检10%	2
10Δ	护栏顺直度(mm/m)	±5	拉线、直尺:抽检10%	2

隔离栅和防落网实测项目 表4-35

项次	检 查 项 目	规定值或允许偏差	检查方法和频率	权值
1	高度(mm)	±15	钢卷尺:每100根测2根	1
2Δ	镀(涂)层厚度(μm)	符合设计	测厚仪:抽检5%	2
3Δ	网面平整度(mm/m)	±2	直尺、塞尺:抽检5%	2
4Δ	立柱埋深	符合设计	直尺:过程检查,抽检10%	2
5	立柱中距(mm)	±30	钢卷尺:每100根测2根	1
6Δ	混凝土强度(MPa)	在合格标准内	基础施工同时做试件每工作班作1组(3件),检查试件的强度,抽检10%	2
7	立柱竖直度(mm/m)	±8	直尺、垂线:每100根测2根	1

防眩设施实测项目 表4-36

项次	检 查 项 目	规定值或允许偏差	检查方法和频率	权值
1Δ	安装高度(mm)	±10	钢卷尺:抽检5%	2
2	镀(涂)层厚度	符合设计	涂层测厚仪:抽检5%	1
3	防眩板宽度(mm)	±5	直尺:抽检5%	1
4	防眩板设置间距(mm)	±10	钢卷尺:抽检10%	1
5	竖直度(mm/m)	±5	垂线、直尺:抽检10%	1
6Δ	顺直度(mm/m)	±8	拉线、直尺:抽检10%	2

交通标志实测项目 表4-37

项次	检 查 项 目	规定值或允许偏差	检查方法和频率	权值
1	标志板外形尺寸(mm)	±5。当边长尺寸大于1.2m时允许偏差边长的±5%;三角形内角应为60°±5°	钢卷尺、万能角尺、卡尺:检查100%	1
	标志底板厚度(mm)	不小于设计		
2	标志汉字、数字、拉丁字的字体及尺寸(mm)	应符合规定字体,基本字高不小于设计	字体与标准字体对照,字高用钢卷尺:检查10%	1

续上表

项次	检查项目	规定值或允许偏差	检查方法和频率	权值
3Δ	标志面反光膜等级及逆反射系数($cd \cdot lx^{-1} \cdot m^{-2}$)	反光膜等级符合设计。逆反射系数值不低于《公路交通标志板技术条件》(JT/T 279)	反光膜等级用目测初定。便携式测定仪:检查100%	2
4	标志板下缘至路面净空高度及标志板内缘距路边缘距离(mm)	+100,0	用直尺、水平尺或经纬仪:检查100%	1
5	立柱竖直度(mm/m)	±3	垂线、直尺:检查100%	1
6Δ	标志金属构件镀层厚度(μm)	标志柱、横梁≥78,紧固件≥50	测厚仪:检查100%	2
7	标志基础尺寸(mm)	-50,+100	钢尺、直尺:检查100%	1
8	基础混凝土强度	在合格标准内	基础施工同时做试件每处1组(3件):检查100%	1

路面标线实测项目

表4-38

项次	检查项目		规定值或允许偏差	检查方法和频率	权值
1	标线线段长度(mm)	6 000	±50	钢卷尺:抽检10%	1
		4 000	±40		
		3 000	±30		
		1 000~2 000	±20		
2	标线宽度(mm)	400~450	+15,0	钢尺:抽检10%	1
		150~200	+8,0		
		100	+5,0		
3Δ	标线厚度(mm)	常温型(0.12~0.2)	-0.03,+0.10	湿膜厚度计:干蜡用水平尺、塞尺或用卡尺,抽检10%	2
		加热型(0.20~0.4)	-0.05,+0.15		
		热熔型(1.0~4.5)	-0.10,+0.50		
4	标线横向偏位(mm)		±30	钢卷尺:抽检10%	1
5	标线纵向间距(mm)	9 000	±45	钢卷尺:抽检10%	1
		6 000	±30		
		4 000	±20		
		3 000	±15		
6	标线剥落面积		检查总面积的0~3%	4倍放大镜:目测检查	1
7Δ	反光标线逆反射系数($cd \cdot lx^{-1} \cdot m^{-2}$)		白色标线≥150 黄色标线≥100	反光标线逆反射系数测量仪:抽检10%	2

第七节 交工验收与缺陷责任期监理

当工程基本竣工,圆满地通过了合同规定的各项检验,且符合要求,并由监理工程师签发交工证书后，仍需在规定期限内继续完成工程剩余的工作项目，并检验该工程的使用质量，我们把这个规定的期限称为“缺陷责任期”。缺陷责任期必须从监理工程师签发工程交接证书之日算起，期限一般为一年。对于有一个以上交工日期的工程，缺陷责任期应分别从各自不同的交工日期起算。

设缺陷责任期的主要目的，是要工程在使用条件下，证明合同的各项规定已得到遵守。在此，承包人除必须完成交工证书中所列的尚未完成的工作项目外，还必须修补在使用条件下因施工质量原因而出现的任何缺陷。

在合同工程的缺陷责任期内，监理工程师的主要工作应是检查承包人剩余工程的实施；巡视检查已完工程；记录发生的工程缺陷，指示承包人进行修复，并对工程缺陷发生的原因、责任及修复费用进行调查、确认；督促承包人按合同规定完成竣工资料。除此之外，继续解决合同管理中的支付，最终结账单、工程变更、延期和索赔等方面的问题；在后期，应做好签发《工程缺陷责任终止证书》的准备工作。

一、交工验收与竣工文件的编制

在规定的竣工期前，如整个工程或工程的任一区段或一部分实质上按合同要求已经完工，并经监理试验室按合同技术规范要求进行了检验合格后，承包人可向监理工程师提交要求签发交工证书的申请，请求进行交工验收。监理工程师在接到上述申请后，应及时给以明确签复，或向承包人发出对工程进行进一步修整的命令。此时，若承包人将竣工文件已编制完成，则应向监理工程师和业主呈交“退场报告”。下面以××项目为例了解退场报告内容和格式：

退 场 报 告

××高速公路工程建设指挥部：

××高速公路工程建设指挥部第五监理组：

由我公司承建的T7合同段公路工程，于二月底进场至今，在指挥部各部门及监理组的大力支持和指导下，现已完工，并接受了交工验收，工程质量优良。

因工程已交付使用，我公司除按合同规定履行缺陷责任期的义务外，并申请就此退场。在缺陷责任期内，由项目经理××负责一切事务。

特此报告，请批示。

×××工程发展公司

根据合同条件，监理工程师一旦签发交工证书，就明确表示：

(1)该部分工程已经达到合同和规范要求的质量标准；

(2)该部分工程从交工证书签发之日起，即进入缺陷责任期；

(3)该部分工程可提交业主进行有效地使用和管理；

(4)该部分工程的维护将从由“承包人全面负责”变为由“业主全面负责”。

1. 交工证书的类型

交工证书可分为合同工程的交工证书与部分工程交工证书两类。当合同范围内的全部工程已基本完成，监理工程师收到承包人的交工申请报告，并经过对工程全面检查，认为符合合同文件要求时，向承包人签发的交工证书，即为合同工程的交工证书。当工程的任何主要部分已经完成，且能够独立交付使用；或合同中规定有不同交工工期的任何部分工程已完工；或已由业主占用或使用的任何工程。对以上部分工程，监理工程师在收到承包人的交工申请报告，并经全面检验，且符合合同文件要求时，向承包人签发的交工证书，即为部分工程交工证书。

2. 交工证书签发的必要条件

工程按合同要求确认达到了基本完工，且已经监理试验室检验合格，虽有剩余部分未完成工程，但并不影响业主对该工程的有效使用和管理；承包人已向监理工程师提交了签发交工证书的正式申请；承包人必须书面保证在缺陷责任期内完成全部剩余工程；工程竣工图纸应已基本完成。

3. 交工证书签发的监理程序

(1)成立交工检查小组；

(2)对交工申请进行审查；

(3)现场检查与评价；

(4)检查小组提交检查报告；

(5)剩余与有缺陷工程的确认与审核；

(6)签发交工证书。

4. 竣工文件编制的监理

在工程交工验收前，监理工程师应尽早制定竣工文件的编制办法和统一规定，对竣工图的质量提出统一的标准和要求，并及时掌握和处理竣工文件编制的进度情况和出现的问题。

竣工文件编制的监理工作内容如下：制定竣工文件编制的有关规定和要求；督促承包人尽早开始竣工图的绘制工作；确定竣工文件的编制的分工和职责范围；汇总、反映、研究解决编制过程中遇到的问题；审查编制成果；印刷装订；验收竣工文件资料；完成工程监理部分的竣工文件的编制。

二、质量缺陷的调查、处理与责任划分

监理工程师应根据剩余工作量、配置缺陷责任期的监理人员，包括：现场巡视、检查的监理人员，负责质量检验的试验人员，处理合同事宜（索赔、变更）、办理计量支付、督促交工资料的合同管理人员。

在缺陷责任期里，监理工程师应定期检验承包人剩余工程计划的实施情况；经常检查已完工程的质量缺陷情况；并对工程质量缺陷发生的原因及其责任者进行调查，同时对修复工作做出费用估价；督促承包人按合同规定完成交工资料的编制。

在缺陷责任期终止前，如果工程出现了任何缺陷、变形或不合格，监理工程师应及时通知承包人组织进行调查。调查应在监理工程师指导下进行，并向业主呈交一份调查报告副本。工程产生的任何缺陷、变形、不合格的原因，经调查后证明确属施工质量所致，则上述调查费用应由承包人承担；如调查证明属于其他原因所造成，则监理工程师应在和业主与承包人协商后，确定上述调查费用总额，然后增列于合同总额之中。

当工程质量缺陷因所用材料、设备或施工工艺不符合合同要求，或由承包人负责设计的部分永久性工程在设计上失误，或因承包人一方疏忽及未遵守合同中有关明确或暗示规定的任何义务所造成，则由此而产生的全部修复费用由承包人负担。而对非承包人原因造成的工程质量缺陷，由承包人进行修复时，监理工程师应对其进行费用估价，并向业主签发为承包人追加费用的证明。

承包人应在缺陷责任期内或在其终止后14d内，按照监理工程师指出的工作项目和检查的结果，对工程尚存在的质量缺陷进行修补、修复或重建，以使工程质量满足合同要求。如果承包人在合理的期限内未执行监理工程师的指令，则业主有权雇用其他承包人完成上述各项修复工作，并付给报酬。由此而发生或伴随产生的全部费用，将从承包人的保留金内，或从业主付给承包人的其他款项中扣除。

三、缺陷责任终止证书的签发

1. 缺陷责任终止证书签发的必要条件

缺陷责任终止证书签发的必要条件是：工程范围内恢复原地面和施工现场的清理工作已经完成，并获得监理工程师认可；交工证书签发后剩余的工程项目已全部完成，并达到合同规定的检验标准；新的质量缺陷和其他缺陷均已修复；工程竣工文件已全部完成。

2. 缺陷责任终止证书签发的程序和内容

缺陷责任终止证书应由监理工程师在全部工程最后一个缺陷责任终止后签发，其签发程序如下：由承包人提交签发缺陷责任终止证书的申请报告；监理工程师确认已具备签发《工程缺陷责任终止证书》的必要条件后，成立有监理工程师、业主（必要时建议业主邀请监督部门参加、承包人列席）参加的缺陷责任期工程检查小组；检查小组审查承包人终止缺陷责任的申请报告、对工程进行最终的整体检验，并侧重缺陷责任期工作内容的检查，即对工程作最终检查和评价；在最终检查和评价的基础上，检查小组写出检查报告，报送业主，同时抄送给承包人；如承包人修复质量不符合要求，应再行整修，直到合格为止；最后，由监理工程师签发《工程缺陷责任终止证书》。

3. 签发《工程缺陷责任终止证书》

监理工程师收到检查小组的报告，并确认承包人在缺陷责任期的工作已达到合同规定的标准，即可向承包人签发《工程缺陷责任终止证书》，签发日期以工程通过最终检验的日期为准。证书应包括以下主要内容：

(1)获得证书的工程范围；

(2)审查缺陷责任期工作的单位；

(3)工程交工日期及合同缺陷责任期终止日期；

(4)《工程缺陷责任终止证书》的签字人员（业主、监理工程师、承包人各方的代表）。

尽管签发了缺陷责任终止证书，但承包人和业主仍应负责履行在缺陷责任终止证书签发之前按合同规定应予履行的，而在缺陷责任终止证书签发之时尚未完成的义务。

本 章 小 结

1. 工程质量的保证体系实行“政府监督、社会监理、企业自检”。

2. 分项工程质量检验的内容包括：基本要求、实测项目和外观鉴定三部分。

3. 监理阶段划分为施工准备阶段的监理、施工阶段的监理、交工验收与缺陷责任期阶段的监理三个阶段。

4. 质量监理的依据是合同条件、合同图纸、技术规范和质量标准。

5. 质量监理的程序是开工报告、工序自检报告、工序检查认可、中间交工报告、中间交工证书、中间计量、质量监理的方法。

6. 对路基工程质量监理的基本要求是:(1)施工前期准备和施工放样检查;(2)材料试验检查;(3)工序检查;(4)验收检查。

7. 路基工程的工序分为:表土的清理与压实;填方铺筑与压实;挖方铺筑与压实;挖方路堑与边坡;路基排水设施;路基挡土墙与护坡;特殊路基处理等。

8. 路面工程施工监理包括施工机械设备的检查、工地试验室的检查、原材料的检查、堆料场地的检查、拌和设备的调试、路床的检验、铺筑试验路段、签发《路面底基层和基层开工通知单》。

9. 桥梁总体质量控制的基本要求是:(1)桥梁总体的施工质量,应满足设计图纸、施工规范、有关技术操作规程的要求,满足实测项目的要求;(2)桥下净空不得小于设计要求;(3)特大桥梁或结构复杂的桥梁,必要时进行荷载试验。

10. 桥梁施工阶段监理的主要工作内容包括:(1)校核桥涵放样;(2)施工机械设备的检查审批;(3)原材料、砂浆、混凝土配合比的试验确认;(4)审定承包人的施工方案。

11. 隧道工程施工质量监理主要项目包括:隧道主体、路线接线工程、洞内排水系统、辅助坑道、管理设施、交通工程设施、环保绿化工程等。

12. 隧道施工准备阶段监理的主要内容包括:隧道工程所需原材料的质量检验;隧道混凝土配合比的审查和确认;隧洞施工放样测量控制检查;施工设备及施工方案的审查。

13. 隧道工程总体质量检验评定标准的基本要求是:(1)洞口设置应符合设计要求;(2)必须按设计设置洞内外的排水系统,不堵塞;(3)隧道防排水施工质量须符合规定。

14. 交通安全设施质量监理主要内容包括:防撞护栏、交通标志、交通标线、视线诱导设施、防眩设施、隔离防护。

复习思考题

1. 为什么在公路施工过程中要进行质量监理?

2. 质量监理的任务、特点、内容、依据是什么?

3. 一般将质量监理过程分成哪几个阶段? 每个阶段的主要内容是什么?

4. 简述质量监理的程序和方法。

5. 什么叫缺陷责任期? 其起止日期如何确定? 为什么要规定缺陷责任期?

6. 在缺陷责任期内,监理工程师应做哪些方面的工作?

7. 一项工程合同完工后,监理工程师应如何作好《竣工证书》的签发?

8. 对工程质量的缺陷,监理工程师应如何进行处理?

9. 缺陷责任终止证书的签发,应具有哪些监理程序和内容?

10. 为了保证质量,监理工程师应坚持做到哪几个不准?

11. 针对自检体系的建立,监理工程师该做哪些工作?

12. 简述工程质量保证体系。

13. 签发工程质量通知单的条件是什么?

14. 简述路基填方压实质量监理的要点及挖方路基施工监理的程序与要点。

15. 路基材料的试验项目有哪些?

16. 简述路基排水系统、路基支挡构造物的组成及设置。

17. 为什么路基施工前要修建试验路段? 试验路段应如何修建?

18. 如何对承包人的施工机具设备进行监理检查?

19. 在基层施工中,主要应加强哪些环节的质量检验?

20. 在沥青路面施工准备阶段,监理工程师应进行哪些方面的检查?
21. 水泥混凝土路面施工准备阶段,监理检验项目的内容有哪些?
22. 沥青、水泥混凝土路面如何设置试验路段?修筑试验路段的目的是什么?
23. 在混凝土路面施工过程中,质量监理的要点及内容有哪些?
24. 混凝土路面竣工检验的主要项目有哪些?
25. 桥涵工程施工准备阶段的监理工作的主要内容有哪些?
26. 如何对承包人的施工机具设备进行监理检查?
27. 明挖基础地基的强度应如何测定?监理工程师应做哪些工作?
28. 监理工程师如何审查承包人的施工方案?
29. 在钻孔桩施工中,监理工程师应对哪些项目的内容进行质量检查?
30. 当对吊装索道的安全可靠性进行检验时,其主要步骤有哪些?
31. 预应力混凝土张拉作业前,主要应对哪些内容进行检验?
32. 对支架及模板的制作和安装质量应进行哪些方面的检验?
33. 隧道工程施工准备阶段的监理工作的主要内容有哪些?
34. 隧道工程施工放样进行哪些检查?
35. 隧道工程总体质量基本要求是什么?有哪些检测项目?
36. 监理工程师审查承包人施工方案有哪些内容?
37. 交通工程设施由哪几个部分组成?其主要作用是什么?
38. 交通工程监理的主要内容是什么?
39. 简述交通工程监理的主要特点。
40. 简述标线施工质量控制要点。
41. 如何对波形梁护栏、标志、标线和视线诱导设施施工质量进行监理?

习题

1. 某地二级汽车专用公路施工工地试验室,对某段的路基施工压实度质量进行检测,抽样检测压实度结果为92%、93%、94%、99%、94.5%、93%,若按95%保证率考虑,试对该段的压实质量进行评价。

2. 某桥梁工地生产主梁,在一段时间内生产的30MPa混凝土,为检验其抗压强度共做试块100组,经28d养护后,测得其抗压强度如表所示,试判断其质量保证能力。

序号	质量数据(MPa)										X_{max}	X_{min}
1	32.2	31.5	31.9	30.2	32.5	31.2	32.7	31.8	29.8	32.4	32.7	29.8
2	30.2	32.6	37.8	32.4	31.9	33.3	32.0	32.1	33.8	30.8	33.8	37.8
3	31.0	30.7	32.6	31.8	32.5	30.0	31.5	31.9	34.1	34.6	34.1	34.0
4	31.3	32.7	32.3	32.3	31.8	33.2	31.6	30.1	34.5	32.4	34.5	30.1
5	31.6	32.9	33.2	39.1	32.4	31.4	32.1	31.8	31.5	32.8	33.2	29.1
6	31.8	31.7	32.9	32.4	31.9	31.6	32.5	32.4	35.5	31.5	35.5	31.5
7	32.4	31.5	33.1	32.1	29.4	33.1	31.9	32.5	31.4	32.6	33.1	29.4
8	32.5	33.2	31.5	31.9	34.4	31.5	29.6	31.5	31.7	31.9	34.2	29.6
9	30.5	33.1	32.8	31.4	31.6	33.2	32.3	31.6	32.1	32.3	33.2	30.5
10	30.9	32.8	33.2	31.7	32.4	33.5	31.6	33.4	31.9	31.5	33.5	30.9

3. 四川省川西平原某桥,下部基础采用30号钻孔桩,试验数据见习题2,试评定该桥下部

钻孔桩混凝土的施工质量。

4. 进行水泥混凝土抗压强度评定，当试件组数少于10组时，则用非统计方法按下述条件评定：$R_n \geqslant 1.15R$

$R_{min} \geqslant 0.95R$

某混凝土挡土墙的试件抗压强度数据如表所示，设 $R=20$，试评定其混凝土的施工质量。若其表面有少许蜂窝麻面，试评定其质量等级。

组别	X_1(MPa)	X_2(MPa)	X_3(MPa)
1	18.9	22.10	20.6
2	19.7	21.0	21.3
3	21.3	19.8	21.5
4	22.4	20.1	19.7
5	19.2	20.5	18.9

第五章　公路工程施工安全监理

第一节　概　　述

一、公路安全施工的目的和意义

安全生产是企业永恒的主题，是保证企业稳定和发展的基础。正反两方面的经验和教训告诉我们，从某种程度上讲，企业成在安全，败在事故。企业应始终坚持“安全第一，预防为主”的方针，将安全工作当作重中之重放在各项工作的首位。安全生产不仅是国家财产和劳动者生命的基本保证，也是促进国民经济发展，实行改革开放的基本条件。建立安全审查保证体系，将安全生产贯穿于公路施工的各个阶段、各个分部工程、分项工程和工序、对工程中的人、机、环境及施工全过程进行预测、评价、监控和监督，预防事故发生，制止工程施工中的盲目性、冒险性和随意性行为，有效地控制工程施工安全，以保障公路和工程施工人员的安全，促进公路交通事业的发展。这是公路安全施工的最终目标。

随着社会的发展，对公路施工中设备和环境的人性化要求也越来越高，施工安全性也是引发企业亏损的最主要的因素。

因此，如何在工程施工中进行安全系统的规范和管理是施工企业值得探索、实践、创新和发展的核心。

二、公路安全施工控制的特点和要求

（一）公路安全施工控制的特点

1. 控制面广

由于工程规模较大，生产工艺复杂、工序多，在施工过程中流动作业多，作业位置多变，遇到的不确定因素多，安全控制工作涉及范围大，控制面广。

2. 控制的动态性

（1）由于工程项目的单件性，使得每项工程所处的条件不同，所面临的危险因素和防范措施也会有所改变。有些工作制度和安全技术措施也会有所调整，有个熟悉的过程。

（2）工程项目施工的分散性。因为现场施工是分散于施工现场的各个部位，尽管有各种规章制度和安全技术交底的环节，但是面对具体的生产环境时，仍然需要自己的判断和处理，有经验的人员还必须适应不断变化的情况。

3. 控制系统交叉性

工程项目是开放系统，受自然环境和社会环境影响很大，安全控制需要把工程系统和环境系统及社会系统相结合。

4. 控制的严谨性

安全状态具有触发性，其控制措施必须严谨，一旦失控，就会造成损失和伤害。

(二)公路安全施工控制的基本要求

1. 公路安全施工控制的程序

(1) 确定建设工程项目施工的安全目标

按"目标管理"方法进行分解,确定每个岗位的安全目标,实现全员安全控制。

(2) 编制工程项目施工安全技术措施计划

对生产过程中的安全风险进行识别和评价,对其不安全因素用技术手段加以消除和控制,并形成文件。施工安全技术措施计划是进行工程项目安全控制的指导性文件。

(3)安全技术措施计划的实施

包括建立健全安全生产责任制、设置安全生产设施、进行安全教育和培训、沟通和交流信息、通过安全控制使生产作业的安全状况处于接受状态。

(4)施工安全技术措施计划的验证

包括安全检查、纠正不符合情况,并做好检查记录工作。根据实际情况补充和修改安全技术措施。

(5)持续改进,直至完成工程项目的所有工作

在项目实施过程中,根据条件的变化,考虑是否对安全风险重新评价和是否有必要更改安全技术措施计划。

2. 公路安全施工控制的基本要求

(1)各类作业人员和管理人员必须具备相应的执业资格才能上岗。

(2)特殊工种作业人员必须持有特种操作证,并严格按规定定期进行复查。

(3)对查处的安全隐患要做到"五定",即:定整改责任人、定整改措施、定整改完成时间、定整改完成人、定整改验收人。

(4)必须把好安全生产"六关",即:措施关、交底关、教育关、防护关、检查关、改进关。

(5)施工现场安全设施齐全,并符合国家及地方有关规定。

(6)施工机械(特别是现场安设的起重设备等)必须经安全检查合格后方可使用。

(7)保证安全技术教育措施费用的落实,不得挪作他用。

三、安全事故的分类和处理

(一)安全事故的分类

1. 事故和事件

(1)事故:造成死亡、疾病、伤害、损坏或其他损失的意外情况。职业健康安全事故分两大类型,即职业伤害事故与职业病。

(2)事件:导致或可能导致事故的情况。

2. 职业伤害事故的分类

职业伤害事故是指因生产过程及工作原因或与其他相关的其他原因造成的伤亡事故。

按事故后果严重程度分6类。

(1)轻伤事故:造成职工肢体或某些器官功能性或器质性轻度损伤,表现为劳动能力轻度或暂时丧失的伤害,一般每个受伤人应休息1个工作日以上,105个工作日以下。

(2)重伤事故:一般指受伤人员肢体残缺或视觉、听觉等器官受到严重损伤,能引起人体长期存在功能障碍或劳动能力有重大损失的伤害,或者造成每个受伤人损失105个工作日以上的失能伤害。

(3)死亡事故:一次事故中死亡职工1~2人的事故。

(4)重大伤亡事故:一次事故中死亡3人以上(含3人)的事故。

(5)特大伤亡事故:一次死亡10人以上(含10人)的事故。

(6)急性中毒事故:指生产性毒物一次或短期内通过人的呼吸道、皮肤或消化道大量进入体内,使人体在短时间内发生病变,导致职工立即中断工作,并须进行急救或死亡的事故;急性中毒的特点是发病快,一般不超过一个工作日,有的毒物因毒性有一定的潜伏期。可在下班后数小时发病。

(二)安全事故的处理

1. 安全事故处理的原则(四不放过的原则)

(1)事故原因不清楚不放过;

(2)事故责任者和员工没有受到教育不放过;

(3)事故责任者没有处理不放过;

(4)没有制订防范措施不放过。

2. 安全事故处理程序

(1)报告安全事故;

(2)处理安全事故,抢救伤员、排除险情,防止事故蔓延扩大,做好标识,保护好现场等;

(3)安全事故调查;

(4)对事故责任者进行处理;

(5)编写调查报告并上报。

3. 伤亡事故处理规定

(1)事故调查组提出的事故处理意见和防范措施建议,由发生事故的企业及其主管部门负责处理。

(2)因忽视安全生产、违章指挥、违章作业、玩忽职守或者发现事故隐患、危害情况而不采取有效措施以致造成伤亡事故的,由企业主管部门或者企业按照国家有关规定,对企业负责人和直接责任人员给予行政处分;构成犯罪的,由司法机关依法追究刑事责任。

(3)在伤亡事故发生后隐瞒不报、谎报、故意延迟不报、故意破坏事故现场,或者以不正当理由,拒绝接受调查以及拒绝提供有关情况和资料的,由有关部门按照国家有关规定,对有关单位负责人和直接责任人员给予行政处分。构成犯罪的,由司法机关依法追究刑事责任。

(4)伤亡事故处理工作应当在90日内结案,特殊情况不得超180日。伤亡事故处理结案后,应当公开宣布处理结果。

第二节　公路施工安全监理内容

一、公路施工安全审查保证体系

施工安全机构由安全管理组、安全监理组和施工安全组构成。

一个优良工程不仅应具有优良的质量,而且还应该具有最低限度的事故损失,即优良的安全质量。达到此目标其关键在于:具有健全的安全管理保证体系、称职的审查人员、有效的现场考察和清晰的鉴定报告、严格的现场监督。施工安全机构的职能分工如下。

1. 安全管理组

设置在业主项目经理部(业主),由业主项目经理领导下的专职安全管理人员组成,主管项目的施工安全。

负责审查和批准由安全监理组上报的“施工安全审查清单”。

对照“施工安全审查清单”,随时检查施工安全施工管理、人员、设施和现场施工安全措施执行情况。

对安全监理组审查提出的修改建议作出裁决,将裁决意见反馈给安全监理组和承包人。在施工中如因“施工安全审查清单”中的某项内容与施工现场不符,有权命令其停工。

安全管理组具有对开工报告及进展报告的否决权。

2. 安全监理组

由项目监理设置安全监理办公室及安全驻地监理。

负责审查由施工安全组上报的“施工安全审查清单”,并上报业主安全管理组。

随时审查施工安全组的安全施工管理和现场施工措施的安全执行情况。

审查人通过对图纸资料的审查和现场考察,对照“安全审查表”逐项审查施工中存在的不安全因素,提出建议,写成审查报告。通过和施工人员交换意见、讨论修改后,将安全审查表和审查报告提交业主安全管理组。

如有安全隐患或没有按技术条款的要求去做,安全监理组有权命令其停工。

3. 施工安全组

承包人设置的由项目经理负责的施工安全组。

全面负责工地的安全施工,按技术条款的要求统一领导和管理本单位和分包单位的安全生产,对违章作业严重、发生重大事故的施工队,有权令其停工整顿或清退出场。

每一个班组都设一名专职安全员,职责明确;每一个岗位、每一道工序都要求严格按照安全操作规程作业。

在提交开工报告或分部、分项工程开工报告和进展报告的同时,向安全监理组上报审查合格的相应项目的“施工安全审查清单”,又称安全自检报告。如自检报告不合格,应修改、完善直至符合要求,方能上报。

按安全管理组的裁决意见对施工安全措施进行弥补、改正。

二、施工安全审查和检查

(一)施工安全审查的内容

内容包括:查领导、查现场、查隐患、查制度、查管理。

(二)安全检查的类型

(1)日常性检查;

(2)专业性检查;

(3)季节性检查;

(4)节假日检查;

(5)不定期检查。

(三)安全检查的内容

(1)查隐患;

(2)查整改;

(3)查事故处理。

三、审查承包人施工安全措施

1. 安全措施包括范围

承包人施工组织实施计划或专项施工方案中应包括施工安全措施计划，范围应包括改善劳动条件、防止伤亡事故等，主要应从安全技术(如防护装置、保险装置、信号装置和防爆炸装置等)、职业卫生(如防尘、防毒、防噪声、通风、照明等措施)、辅助房屋及措施、宣传教育的资料及设施(如安全生产规章制度、安全操作方法训练设施)等方面抓起。

2. 安全措施的主要内容

(1)主要内容包括：工程概况、控制目标、控制程序、组织结构、职责权限、规章制度、资源配置、安全措施、检查评价、奖罚制度等。

(2)对技术复杂、施工难度大、专业性强的工程项目，除制订项目总体安全保证计划外，还必须制订单位工程或分部分项工程的安全技术措施。

(3)对专业性强的作业，应制订单项安全技术规程，并应对管理人员和操作人员的安全作业资格和身体状况进行合格检查。

(4)制订和完善施工安全操作规程，编制各施工工种，特别是危险性较大工种的安全施工操作要求，作为规范和检查考核员工安全生产行为的依据。

(5)施工安全技术措施包括安全防护设施的设置和安全预防措施，主要有：防火、防毒、防爆、防洪、防尘、防雷击、防触电、防坍塌、防物体打击、防机械伤害、防起重设备滑落、防高空坠落、防交通事故、防寒、防暑、防疫、防环境污染等方面措施。

3. 监理规范的规定

《公路工程施工监理规范》(JTG G10—2006)的规定：工程开工前，监理工程师应审查承包人编制的施工组织设计中的安全技术措施或专项施工方案是否符合强制性标准，审查合格后方可同意工程开工。审查重点是：

(1)安全管理和安全保证体系的组织机构，包括项目经理、专职安全管理人员、特种作业人员配备的数量及安全资格培训持证上岗情况；

(2)是否制订了施工安全生产责任制、安全管理规章制度、安全操作规程；

(3)承包人的安全防护用具、机械设备、施工机具是否符合国家有关安全规定；

(4)是否制订了施工现场临时用电方案的安全技术措施和电气防火措施；

(5)施工场地布置是否符合有关安全要求；

(6)生产安全事故应急救援方案的制订情况，针对重点部位和重点环节制订的工程项目危险源监控措施和应急方案；

(7)施工人员安全教育计划、安全交底安排；

(8)安全技术措施费用的使用计划。

第三节　公路施工安全审查

公路施工安全审查由“公路施工安全审查表”和“安全技术条款”组成。公路施工安全审查表是施工安全管理机构审查施工企业施工安全的依据，也是施工企业进行自检和安全学习的依据。各级施工安全管理机构针对承包人的施工项目特点，首先，审查施工内容和安全设施，并按表5-1、表5-2和表5-3的形式填写，然后根据施工内容按“公路施工安全技术审查表”中的内容逐项进行审查，对审查结果“否”的项，承包人应严格按手册中的技术条款内容和实施程序重新准备或改进，直到审查结果达到“是”方能施工。

本节技术条款与前面安全设施审查表对照使用。下面列出部分技术条款，供大家参考。

一、施工内容和安全设施审查表

1. 施工内容清单（见表5-1）

施工内容清单　　表5-1

项目名称：________　　项目负责人：________

条款	内容	是	否
1	施工准备		
2	施工安全机构		
3	技术准备		
4	施工现场		
5	临时现场		
6	施工资源		
7	路基		
8	清理场地		
…			
…			
…			

安全机构：________　　审查日期：________

签　　字：________

2. 施工人员安全设施审查表（见表5-2）

施工人员安全设施审查表　　表5-2

项目名称：________　　项目负责人：________

序号	人员设施	目的	是	否
1	安全背心	交通		
2	安全带	高边坡		
3	安全帽	落物		
4	手套	…		
5	安全防护镜	…		
…	…			
…	…			
…	…			

安全机构：________　　审查日期：________

签　　字：________

3. 施工技术安全设施审查表(见表5-3)

施工技术安全设施审查表

表5-3

项目名称:________　　项目负责人:________

序号	技术设施	目的	是	否
1	辅助设施	工期需要		
2	道路警告标志	公路交通		
3	防护栏	石头、人等掉落		
4	起重机	…		
5	防火设施	…		
…	…	…		
…	…	…		

安全机构:________　　审查日期:________

签　　字:________

二、公路施工安全技术审查表

1. 施工准备安全审查表(见表5-4)

施工准备安全审查表

表5-4

施工安全审查清单	审查结论	备　注
一、施工安全机构		
1. 检查安全机构、人员、职责及制度是否合理并到位?		
2. 对施工人员上岗是否有特殊要求?		
3. 是否对现场作业采取了相关保护措施?		
二、技术准备		
1. 施工组织设计中是否有安全措施内容?		
2. 对某些特殊情况是否制订了安全措施?		
3. 是否考虑了环境对测量作业的安全要求?		
4. 是否注意了测量钉桩的要求?		
5. 是否有对水文测量的安全要求?		
三、施工现场		
1. 施工现场的平面布置是否合理?		
2. 现场的防护设施和安全标志是否齐全?		
3. 施工现场是否有足够的消防设施?		
4. 现场交通标志设置是否齐全?		
5. 现场道路是否符合规定?		
6. 临时码头的选址和施工是否符合要求?		
7. 是否考虑了渡船运输应注意的问题?		
8. 临时栈桥的施工是否符合要求?		
9. 现场用水的水质是否符合要求?		
10. 是否考虑了用电线路架设和变电站的安全要求?		
11. 是否考虑了电气设备的安全要求?		
12. 是否考虑了检修电气设备应遵守的安全要求?		
13. 是否考虑了施工现场的照明安全要求?		
14. 是否考虑了隧道、桥梁、预制场供电的特殊要求?		

续上表

施工安全审查清单	审查结论	备注
四、临时设施		
1. 临时设施是否建在了不恰当的位置?		
2. 临时设施的间距是否满足要求?		
3. 重要设施的位置是否符合国家规定?		
4. 重要设施是否采取可安全防护措施?		
五、施工资源		
1. 施工机械设备是否进行了按期检查?		
2. 是否有操作人员应遵守的安全规定?		
3. 是否注意了施工机械设备的停放?		
4. 是否注意了砂石料的采集问题?		
5. 是否考虑了堆放污染材料的特殊要求?		

2. 路基工程施工安全审查表(见表5-5)

路基工程施工安全审查表 表5-5

施工安全审查清单	审查结论	备　注
一、清理场地		
1. 清除的丛草、树木是否按照防火规定进行了处理?		
2. 砍伐树木是否遵守了安全规定?		
3. 拆除建(构)筑物前,是否制订了安全可靠的拆除方案?		
4. 采用控爆法拆除大型建(构)筑物时,是否有经批准的控制爆破设计文件?		
5. 清除淤泥时是否制订了相应的安全措施?		
二、土方工程		
1. 人工挖掘土方是否遵守了安全规定?		
2. 在靠近建筑物、设备基础、电杆及各种脚手架附近挖土时,是否应采取安全防护措施?		
3. 高陡边坡处施工是否遵守了安全规定?		
4. 设有支挡工程的地质不良地段,是否考虑分段修建支挡工程?		
5. 施工中如发现山体有滑动、崩坍迹象及施工安全,是否采取相应措施进行处理?		
6. 滑坡地段开挖时,是否符合安全规定?		
7. 在地质不良地段施工,是否符合安全规定?		
8. 采用人工、车辆运输时,是否符合安全规定?		
9. 电动蛙式打夯机的操作使用是否符合安全规定?		
10. 大型机械进场前,是否查清所有通过道路、桥梁需要拓宽和加固?		
11. 承包人为进场机械是否提供临时机棚或停机场地,并采取了防火措施?		
12. 在电杆附近挖土时,是否符合安全规定?		
13. 机械在危险地段作业时,是否符合安全规定?		
14. 机械在边坡、边沟作业时,是否符合安全规定?		
15. 配合机械作业的清底、平地、修坡等辅助工作是否按照安全操作规程进行?		
16. 施工中遇有土体不稳、发生坍塌、水位暴涨、山洪暴发或在爆炸警戒区内听到爆破信号时,是否考虑了相应措施?		
17. 挖掘机作业是否遵守了施工安全规定?		
18. 推土机作业是否遵守了施工安全规定?		
19. 铲运机作业是否遵守了施工安全规定?		
20. 平地机作业是否遵守了施工安全规定?		

续上表

施工安全审查清单	审查结论	备　注
21. 装载机作业是否遵守了施工安全规定?		
22. 汽车作业是否遵守了施工安全规定?		
23. 轮式拖拉机作业是否遵守了施工安全规定?		
24. 压路机作业是否遵守了施工安全规定?		
三、石方工程		
1. 石方爆破作业,爆破器材的管理、加工、运输、检验和销毁等是否遵守了爆破安全规程?		
2. 钻孔作业是否遵守了安全规定?		
3. 制作起爆药包(柱)是否遵守了安全规定?		
4. 装药工作是否遵守了安全规定?		
5. 爆破时是否遵守了安全规定?		
6. 导火索起爆时,是否符合安全规定?		
7. 电力起爆是否符合安全规定?		
8. 其他各种起爆方式和爆破方法是否符合安全规定?		
9. 大型爆破作业是否符合安全规定?		
10. "盲炮"处理是否符合安全规定?		
11. 爆破后的悬岩危石处理和人工撬动是否符合安全规定?		
四、防护工程		
1. 防护工程砌筑是否遵守了施工安全规定?		
2. 防护机械作业是否遵守了施工安全规定?		
3. 砂浆喷射作业是否遵守了施工安全规定?		
4. 挡墙挖基是否考虑了安全处置方法?		
5. 人工挖基作业时,是否符合安全规定?		

3. 路面工程施工安全审查表(见表5-6)

路面工程施工安全审查表　　表5-6

施工安全审查清单	审查结论	备　注
一、基层施工		
1. 消解石灰是否考虑了有关安全问题?		
2. 粉状材料的装卸、撒铺、翻动及运输是否考虑了安全要求?		
3. 基层施工各类机械作业是否遵守了施工安全技术规程的规定?		
4. 洒水车作业是否遵守了安全规定?		
二、沥青路面		
1. 在施工人员中是否有不宜从事沥青作业的人员?		
2. 沥青作业人员是否进行了安全防护?		
3. 沥青库是否有安全规定?		
4. 选择沥青混合料拌制场时,是否考虑了安全问题?		
5. 沥青储存中是否采取了安全方法?		
6. 热拌沥青混合料和设备运作时,操作人员是否遵守了安全条例?		
7. 液态沥青运送中是否存在安全问题?		
8. 块状沥青搬运中是否注意了安全问题?		
9. 桶装沥青在吊装中,操作人员是否注意了安全问题?		
10. 人工卸桶装沥青时是否注意了安全问题?		
11. 运输热拌沥青混合料时,对运料车是否有安全保护措施?		
12. 加热沥青有多种方法,在操作时是否注意了相应的安全规定?		

续上表

施工安全审查清单	审查结论	备　注
13. 明火熬制沥青时有无安全防护措施?		
14. 洒布车作业时是否注意了安全事项?		
15. 筑路机械工在操作沥青路面各类施工机械前是否做了安全检查?		
16. 摊铺机操作时是否注意了安全问题?		
17. 压路机碾压时是否注意了安全问题?		
三、水泥混凝土		
1. 水泥混凝土拌和及运送是否考虑了交通安全?		
2. 水泥混凝土路面施工人员及现场是否采取了安全保护措施?		
3. 水泥混凝土搅拌机运行时是否注意了安全规程?		
4. 水泥混凝土运送车运送拌和物时是否考虑了安全问题?		
5. 操作振捣器时是否注意了安全问题?		
6. 轨模式水泥混凝土摊铺机摊铺时是否遵守了安全规定?		
7. 滑模式水泥混凝土摊铺机摊铺时是否遵守了安全规定?		
8. 真空吸水作业是否遵守了安全规定?		
9. 切缝机切缝是否遵守了安全规定?		
10. 水泥混凝土路面进行薄膜养护的操作人员是否采取了安全防护措施?		
四、旧路面凿除		
1. 旧路面凿除,是否遵守了安全规定?		
2. 用镐开挖旧路面时,是否考虑了安全规定?		
3. 用大锤砸碎旧路面时,是否考虑了安全规定?		
4. 利用机械破碎旧路面时,是否考虑了安全规定?		

4. 桥涵工程施工安全审查表(见表5-7)

桥涵工程施工安全审查表　　表5-7

施工安全审查清单	审查结论	备　注
一、一般规定		
1. 复杂、高难大型桥梁是否做专项安全研究和制订相应措施?		
2. 各项工程开工前是否制订安全操作细则及做安全技术交底与培训?		
3. 开工前是否对施工场地、机具、设备及安全防护措施等进行检查?		
4. 通航桥梁和跨线桥梁施工前是否与港监、交管部门联系,并做好有关安全工作?		
5. 高空作业、吊装作业等是否判定了风力标准?		
二、基础工程		
1. 明挖基础施工是否符合安全规范?		
2. 筑岛、围堰施工是否符合安全规范?		
3. 钢板桩及钢筋混凝土板桩围堰施工是否符合安全规定?		
4. 套箱围堰施工是否符合安全规范?		
5. 沉井基础施工是否符合安全规范?		
6. 钻孔灌注桩基础施工是否符合安全规范?		
7. 沉入桩基础施工是否符合安全规范?		
8. 挖孔、沉管灌注桩基础施工是否符合规范?		
9. 拔桩施工是否符合安全规范?		
10. 管桩基础施工是否符合安全规范?		
三、墩台工程		
1. 就地浇筑墩台施工是否符合安全规范?		
2. 砌筑墩台施工是否符合安全规范?		

续上表

施工安全审查清单	审查结论	备注
3. 滑模施工是否符合安全规范?		
四、上部工程		
1. 预制构件安装是否符合安全规范?		
2. 就地浇筑上部结构是否符合施工安全规范?		
3. 悬臂浇筑法施工是否符合安全规范?		
4. 顶推及滑模支架法施工是否符合安全规范?		
5. 转体法及拖拉法施工是否符合安全规范?		
6. 预应力混凝土张拉法施工是否符合安全规范?		
7. 拱桥施工是否符合安全规范?		
8. 跨线桥及通道桥涵施工是否符合安全规范?		
9. 斜拉桥、悬索桥施工是否符合安全规范?		
10. 钢桥施工是否符合安全规范?		
五、混凝土预制场		
1. 预制场地是否通过安全检查?		
2. 主要机械是否通过安全检查?		
3. 混凝土拌和及灌注是否符合安全规范?		
4. 泵送混凝土是否符合安全操作规范?		
六、预制构件运输		
1. 轨道平车运输是否符合安全规范?		
2. 平板拖车运输是否符合安全规范?		

5. 隧道工程施工安全审查表(见表5-8)

隧道工程施工安全审查表

表5-8

施工安全审查清单	审查结论	备注
一、一般规定		
1. 施工场地布置是否考虑到山体滑坡和山洪?		
2. 爆破飞石的安全距离、爆破器材存放的距离是否符合标准?		
3. 在隧道开挖前,对洞口附近及隧道上方的防排水工作有安全措施吗?		
4. 山体山坡洞口施工与岩体山坡洞口施工是否考虑了安全?		
5. 在路线无法避开的崩塌、岩石堆积层、危岩落石地区施工中的洞口及洞身安全措施是否合理?		
6. 是否已查明在隧道中可能出现不良地质段,施工方法是否准备充分?		
二、开挖、凿孔及爆破		
(一)开挖		
1. 洞口段开挖制订安全措施是否合理?		
2. 洞口开挖的边坡、仰坡能否保持开挖后的山体稳定?		
3. 隧道开挖前,开挖中的安全措施是否合适?		
4. 是否已明确不良地质地段开挖时所应掌握的原则?		
5. 人工开挖土质隧道的安全措施是否完备?		
(二)凿孔		
1. 钻孔前是否已对工作面进行了安全检查?		
2. 手持式凿岩机钻进炮孔时是否注意了有关安全事项?		
3. 是否已掌握使用凿岩台车钻孔的安全措施?		
4. 是否已掌握电钻钻眼操作中的安全措施?		
5. 是否已掌握不能在残眼上再进行钻眼?		

续上表

施工安全审查清单	审查结论	备　注
6. 是否清除在穿越瓦斯地层的炮孔钻进时，严禁使用干式钻进？		
7. 是否考虑了选择安全凿岩机？		
(三)爆破		
1. 在漏水和涌水地段以及金属含量较高的山区，是否已充分地考虑了炸药、雷管的品种和型号？		
2. 是否已满足了装药中对炮泥封堵炮孔的要求？		
3. 是否注意到装药与钻孔的关系？		
4. 是否在装药前进行了充分的安全检查？		
5. 是否已对瓦斯地层的炸药和雷管进行了特殊要求？		
6. 放炮前对有瓦斯的工作面是否已进行了安全检查？		
7. 是否注意到采用非电起爆系统时传爆不到位问题？		
8. 采用电力起爆时，是否注意了有关安全规定？		
9. 采用火花起爆时，是否清楚应注意哪些事项？		
10. 是否对爆破振动及危害进行了监控？		
11. 对向施工的隧道在接近贯通时的爆破安全措施是否合理？		
12. 进行爆破时是否清楚撤离现场的安全距离？		
13. 是否清楚爆破后需马上进行的工作？		
三、洞内运输		
1. 炸药和雷管在运输中应采取哪些安全措施？		
2. 装、卸渣的安全措施是否合理？		
3. 洞内运输中车辆和行人的安全是否合理？		
4. 对洞内有轨运输的安全措施是否符合相应的特殊要求？		
5. 洞内无轨运输的安全措施是否齐备？		
四、支护		
1. 支护是否合理？		
2. 是否符合支架支撑的安全要求？		
3. 在构件支撑的检查中，是否注意到构件支撑的安全特性？		
4. 是否注意到洞口处及洞内交叉点处支护的特点？		
5. 喷锚支护在施工时和施工后的安全措施是否合理？		
6. 是否清楚各种支护检测值的使用价值？		
五、衬砌		
1. 是否符合衬砌施工安全程序？		
2. 脚手架工作面是否安全？		
3. 先拱后墙法浇筑衬砌的安全措施是否合理？		
4. 衬砌模板拆除时，是否已有安全措施？		
5. 采用料石或砌块衬砌时是否已经贯彻了安全措施？		
6. 使用压浆机(泵送混凝土)进行衬砌的安全措施是否合理？		
7. 是否清楚使用模板台车进行衬砌时的安全注意事项？		
六、通风、防尘和用水		
1. 施工场地的空气环境标准是否符合要求？		
2. 开始强制通风的距离是否合理？		
3. 是否已为施工人员提供了规定标准的风量？		
4. 是否已采取措施保证施工过程中的通风正常？		
5. 是否已为降低粉尘采取了措施？		
6. 对隧道施工用水的水质是否有要求？		

续上表

施工安全审查清单	审查结论	备　注
七、供电、照明、排水及防火		
1. 是否有对隧道内供电的特殊要求？		
2. 是否为隧道施工提供了安全足够的照明？		
3. 隧道内的电缆线和变压器布置是否符合安全要求？		
4. 是否有防止突然涌水的安全排水措施？		
5. 隧道内防火的安全措施是否合理？		
八、瓦斯防治		
1. 洞内施工人员是否已熟知瓦斯的各种限度标准？		
2. 是否已为穿越含瓦斯地层制订了严格的安全防治措施？		
3. 瓦斯地层的开挖方法与普通隧道开挖的方法是否有严格的区别？		
4. 是否已使所有的施工人员明确知道煤与瓦斯突出的先兆？		
5. 是否已有在含瓦斯隧道内施工的安全用电措施？		
6. 是否已按安全要求使用爆破器材和爆破方法？		
7. 是否已消除可能引发事故的各种火花？		
8. 通风工作是否符合瓦斯地层的施工要求？		
9. 是否有经常对隧道内的瓦斯进行检查的措施？		
10. 是否对重点区域进行了瓦斯检查？		

6. 交通安全设施工程安全审查表(见表5-9)

交通安全设施工程安全审查表　　表5-9

施工安全审查清单	审查结论	备　注
一、一般规定		
1. 是否有合理的施工平面安全防范措施？		
2. 是否与施工人员进行了特殊教育？		
二、标志		
1. 是否考虑了标志施工的特殊要求？		
2. 是否有严格的标志施工操作规程？		
三、标线		
1. 是否考虑了标线的特殊要求？		
2. 是否有严格的标线施工操作规程？		
四、护栏		
1. 是否考虑了护栏施工的特殊要求？		
2. 是否有严格的护栏施工操作规程？		
五、隔离栅		
1. 是否考虑了隔离栅施工的特殊要求？		
2. 是否有严格的隔离栅施工操作规程？		

7. 主要工序作业施工安全审查表(见表5-10)

主要工序作业施工安全审查表　　表5-10

施工安全审查清单	审查结论	备　注
一、模板		
1. 模板作业场地是否通过安全检查？		
2. 模板制作是否符合安全要求？		
3. 模板支立及拆除是否符合安全要求？		

续上表

施工安全审查清单	审查结论	备　注
二、木工机械		
1. 木工机械的使用是否符合要求？		
2. 带锯机的使用是否符合安全操作规范？		
3. 圆盘锯的使用是否符合安全操作规范？		
4. 平刨机的使用是否符合安全操作规范？		
5. 压刨机的使用是否符合安全操作规范？		
6. 手电钻的使用是否符合安全操作规范？		
7. 台钻的使用是否符合安全操作规范？		
三、支架		
1. 支架材质和形状是否符合要求？		
2. 地基承载力是否符合要求？		
3. 支架的基础是否稳固？		
4. 支架是否满足承载力和稳定性的要求？		
5. 支架架立过程中是否由专人指挥并合理搭建？		
四、脚手架		
1. 连接构件和连接材料是否符合要求？		
2. 安装脚手架是否符合安全要求？		
3. 拆除脚手架时是否设有警戒线标志，是否符合安全要求？		
五、钢筋		
1. 钢筋加工是否符合安全要求？		
2. 钢筋加工场地是否符合安全要求？		
六、电焊		
1. 电焊是否符合安全要求？		
2. 气焊是否符合安全要求？		
七、锅炉		
1. 安装部门、人员是否是劳动部门批准的？		
2. 锅炉安装场所是否符合有关规定？		
3. 是否建立了相应的规章制度？		
八、起重吊装		
1. 起重吊装人员是否持证上岗？		
2. 起重吊装作业是否遵守了有关规定？		
3. 起重吊装作业是否遵守了“十不吊”要求？		
九、高处作业		
1. 高处作业级别是否符合国家规定？		
2. 高处作业的安全措施是否可靠、完备？		
3. 从事高处作业的人员身体状况是否合格？		
4. 高处作业人员的安全防护装备是否合格？		
5. 高处工作相关的爬高设施是否完备？		
6. 高处作业平台或场所的安全设施是否完备？		
十、水上作业		
1. 水上作业是否遵守现行的安全规定？		
2. 水上作业船舶是否经船检部门检查合格？		
3. 水上船舶及其他设备是否齐全完好？		
4. 作业区域是否设置规定警示标志？		

8. 特殊季节与夜间施工安全审查表(见表5-11)

特殊季节与夜间施工安全审查 表5-11

施工安全审查清单	审查结论	备 注
一、雨季 1. 是否做好了防洪排涝工作? 2. 是否做好了雨季的防范措施? 二、冬季 是否做好了保温、防冻措施? 三、高温季节 是否做好防暑降温措施? 四、夜间施工 是否做好了夜间施工的安全辅助措施?		

9. 边通车、边施工地段的交通管理安全审查表(见表5-12)

边通车、边施工地段的交通管理安全审查表 表5-12

施工安全审查清单	审查结论	备 注
一、边通车、边施工地段的交通管理 1. 是否有对通行车辆严格的管理规定及管理措施? 2. 是否根据道路交通实际需要设置明显交通警告标志? 3. 是否做好了降坡改建工程的交通管理设施? 4. 是否做好了单车道通车路段的交通管理?		

三、公路施工安全技术条款

(一)施工准备

1. 施工安全机构

(1)承包人均应按照国家规定建立健全各级安全管理机构,配齐兼职或专职安全检查人员,定期组织安全活动,督促班组人员遵守安全操作规程和各种安全制度,正确使用个人防护用品,检查和维护本班组的机械设备,保持安全良好,参加事故分析和研究,落实防止事故的措施。

(2)参加施工的人员(包括学徒工、实习生、代培人员和农民工),必须接受安全技术教育,熟知和遵守本工种的各项安全技术操作规程,并应定期进行安全技术考核,合格者方准上岗操作。

对于从事电气、吊装、水下桥梁、打桩、建筑登高架设作业、高大脚手架、滑模支模、拆装塔吊、吊篮、压力容器、焊接、车辆驾驶、机动船艇驾驶、爆破、房屋拆除、瓦斯检查等特殊工作的人员,必须经过专业训练,获得合格证书后,方准持证上岗。

(3)施工人员上岗后必须按规定穿戴防护用品,不得光脚或穿拖鞋、高跟鞋、长裙进入施工现场。

施工负责人和安全检查员应随时检查劳动防护用品的穿戴情况,不按规定穿戴防护用品的人员不得上岗。

施工人员应坚守工作岗位,不准在工作时抛掷工具、物件,不准在工作时间打闹、戏耍,严禁酒后操作。

施工中所用的各种劳动保护用品、安全防护用品如安全帽、安全带、安全网等,应定期进行检查和必要的检验,保证其经常处于安全状态,不合格者严禁使用。

2. 技术准备

(1)工程开工前,承包人必须详细核对设计文件,根据施工地段的地形、地质、水文、气象等资料,在编制施工组织设计的同时,制订相应的安全技术措施。

承包人应加强与气象、水文等部门的联系,及时掌握气温、雨雪、风暴和汛情等预报,制订相应的安全防范措施。

技术负责人还应对工人讲解安全操作方法,凡未受过安全教育的职工和不了解规程的技术人员都不许参加施工工作。

(2)施工中采用新技术、新工艺、新设备、新材料时,必须制订相应的安全技术措施。

下挖工程施工前,应根据设计文件复查地下构造物(电缆、管道等)的位置及走向,并制订和采取相应的安全防范措施。

(3)密林丛草间进行测量时,应遵守护林、防火规定,严禁烟火,并需预防有害动、植物伤人。

在高压线附近施工时,必须保持足够的安全距离。遇雷雨时不得在高压线、大树下停留,不得在涵洞内避雨。

在陡坡及危险地段测量时,应系安全带、穿软底轻便鞋;在桥墩上测量时,应有上、下桥墩及防止人体坠落的安全措施。

在公路、街道、交通繁忙的道路上测量时,必须有专人警戒,防止交通事故。

冰上测量时,应向有关部门了解冰层情况,确认无危险后方可作业,遇有冰层不稳定的河段及春季冰融期间,不得在冰上进行测量作业。

(4)测量钉桩要注意周围行人的安全,不得对面使锤。钢钎和其他工具不得随意抛掷。

(5)水文测量人员应穿救生衣,在陡峭的河岸进行观测时,应有简易便道和防护措施。

在通航河流上,测量船应有信号设备。在江中抛锚时,应按港航监督部门的规定设置信号并有专人负责瞭望。

3. 施工现场

(1)施工现场应有利于安全生产,方便职工生活,符合防洪防火等安全要求,具备文明生产、文明施工的条件。

(2)施工现场内的各种运输道路、生产生活房屋、易燃易爆仓库、材料堆放场地以及动力、通信线路和其他临时工程,应按照有关安全规定绘制出合理的平面布置图。

(3)施工安全组织控制。为保证车辆顺利通过施工作业区,保障施工作业的安全,应对施工路段进行交通控制,提醒驾驶人员注意并对危险提出警告。通过施工安全组织控制,选择恰当的设施,与有关人员保持有效的全天候联络。

交通控制区分为警告区、上游过渡区、缓冲区、作业区、下游过渡区和终止区。

高速公路以及一级公路的施工作业交通控制应符合以上规定。其他公路的交通控制区长度可以根据其行驶速度情况进行相应的折减,其交通控制措施可以参照高速公路及一级公路进行。

(4)各控制区的长度及要求。

①警告区:警告区长度不得小于1 500m。警告区内每隔一定距离应设置有关标志,第一个警告标志到下一个警告标志的间距不得超过300m,最后一个标志离上游过渡区的第一个渠化装置的间距不得小于150m ,其他各标志的间距在100～300m之间。警告区内应设置限制

速度标志、前方施工标志、前方车道变窄标志、禁止通行标志等。

②过渡区:一般分为上游过渡区和下游过渡区。当车辆行驶至上游过渡区时,车速应小于40km/h,该区长度为65～100m,在上游过渡区前应设置禁止驶入标志。下游过渡区长度不应小于30m。

③缓冲区:该区长度不应小于80m,其与上游过渡区之间应设置路障。

④作业区:作业区是养护作业人员活动和工作的地方,其长度一般根据养护作业和施工的需要而定,车道与作业区之间必须设置隔离装置。作业区布置还应为工程车辆提供安全的进出口。

⑤终止区:终止区的长度不应小于30m。在终止区的末端,应设置与所设限制标志相对应的解除标志。

(5)交通标志设置的位置。

①交通控制区内设置交通标志的位置,应符合下列规定:作业区在右侧车道时,应将交通标志设在公路右侧路肩上和作业区边界的左侧;作业区在左侧车道时,应将交通标志设在中央分隔带上和作业区边界的右侧;作业区在中间车道时,应将交通标志设在同一方向公路的两侧和作业区边界的两侧。

②禁令标志:禁止通行标志应在上游过渡区的前方;禁止超车标志设在禁止超车路段的起点处;解除禁止超车标志设在禁止超车路段的终点处;限制速度标志设在限制车速路段的起点,标志牌上标明所限制的速度;解除限制速度标志设在限制车速路段的终点处。

③警告标志:前方施工标志设在警告区的起点处;前方车道变窄标志应设在车道变窄处前方至少200m处;双向通行标志应设在双向通行路段前至少400m处。

④指示标志:前方绕行标志应设在需要绕行的车辆进出处前至少200m处;直行、转弯和单向行驶标志,应设在需要直行、转弯和单向行驶路段前方200m处。

⑤渠化装置:渠化用的锥形路标应从上方过渡区开始,顺车流方向布置,间距5～20m,作业完成后,必须逆着车流方向拆除;交通安全带经常与锥形路标一起使用,主要用于分隔车辆与作业区或双向车流的地方;应根据作业时间长短,设置与交通标志相吻合的临时性路面标线。

(二)路基工程

1. 清理场地

(1)清除的丛草、树木严禁放火焚烧,以防引起火灾。

(2)砍伐树木必须遵守下列各项规定:

①伐树前,应将周围有障碍砍伐作业的灌木和藤条砍除,并选好安全躲避的退路。

②伐树范围内应布置警戒,非工作人员不得逗留、接近。

③为使树木按预定方向倾倒,要在树木下部倒树方向砍一斜口,其深度为树干直径的1/4,然后再从斜口上边缘的对面开锯,最后应留2～3cm安全距离。

④在陡坡悬崖处砍伐树木,应有防止树木伐倒后顺坡溜滑和撞落石块伤人的安全措施;在山坡上严禁在同一地段的上下同时作业。

⑤截锯木料时,三叉马和树干垫撑必须稳固。

⑥大风、大雾和雨天不得进行伐树作业。

(3)拆除建(构)筑物前,应制订安全可靠的拆除方案。

①对有倒塌危险的结构物应予临时支撑加固。

②先将与拆除物有连通的电线、水、气管道切断，并在四周危险区域内设安全护栏，非工作人员不得进入。

③拆除工序应由上而下，先里后外，严禁数层同时作业。

④拆除某部位要防止其他部位发生坍塌。

⑤拆除梁柱之前应先拆除其他承托的全部构造物，严禁采用掏空、挖切和大面积推倒的拆除方法。

(4)当采用控爆法拆除大型建(构)筑物时，必须有经批准的控制爆破设计文件。

(5)清除淤泥时，应先排除积水，并制订出相应的安全措施后方可清淤。

2. 防护工程

(1)防护工程砌筑应遵守下列各项规定。

①边坡防护作业，必须搭投牢固的脚手架。

②砌石工程必须自下而上砌筑。护墙砌筑，墙下严禁站人。搬运石块上架，跳板应坚固，应设防滑条。

③抹面、勾缝作业必须先上后下。严禁在砌筑好的坡面上行走，上下必须用爬梯。架上作业时，架下不准有人操作或停留，不得上面砌筑、下面勾缝。

(2)砂浆拌和机作业应遵守下列各项规定。

①拌和机应安装稳妥，开机前必须确认传动及各部装置牢固可靠，操作灵活。运转中不得用手或木棒伸进桶内清理筒口的灰浆。

②作业中如发生故障，应立即切断电源，并将桶内砂浆倒出。

(3)砂浆喷射作业应遵守下列各项规定。

①砂浆输送泵：

a. 输入管道各接头应连接牢固，并设有牢固的支撑，尽量减少弯道长度和弯管数量，管道上不得加压或悬挂重物。

b. 作业前应空运转，在确认旋转方向正确、电源开关、传动保护装置及料斗滤网齐全可靠后方可进行作业。

c. 运转正常后，方可向泵内注入砂浆；砂浆泵须连续运转，短时间不用砂浆时，应打开回浆阀使砂浆在泵内循环运行；如停机时间较长时，应隔 3 ~ 5min 泵送一次，使灰浆在管道和泵体内流动，以防凝结、阻塞。

d. 工作中应随时注意压力表指针是否正常，检查球阀、阀座和挤压管有无异常，如出现漏浆应停机修复后方可继续作业。

e. 因故障停机时，应打开泄浆阀使压力下降，然后再排除故障；砂浆泵压力未降到零时，不得拆卸空气室、压力安全阀和管道。

②砂浆喷射机：

a. 喷嘴前 5m 范围内不得站人；工作停歇时，喷嘴不得朝向有人的方向。

b. 喷射机应保持内部清洁，输送泵和喷射机人员应密切联系，协调配合。

c. 输料软管如发生堵塞，可用木棍轻轻敲打外壁，如无效时可在关闭砂浆后拆卸胶管，用压缩空气吹通。

d. 转换作业面时，输料软管不得随地拖拉和弯折。

(4)挡墙挖基应视土质、湿度和挖掘的深度设放安全边坡，否则应设置相适应的围壁支撑。

(5)人工挖基作业时,从基坑内抛上的土方应边挖边运。用土台分层抛掷传运出土时,台阶宽度不得小于0.7m,高度不得大于1.5m。基坑上边缘暂堆放的土方至少应距坑边0.8m以外,堆放高度不得超过1.5m。

(三)路面工程

1.基层施工

(1)消解石灰,不得在浸水的同时边投料边翻拌,人员应远避,以防烫伤。

(2)装卸、撒铺及翻动粉状材料时操作人员应站在上风侧,轻拌轻翻减少粉尘。散装粉状材料宜使用粉料运输车运输,否则车厢上应采用篷布遮盖,装卸尽量避免在大风天气下进行。

(3)碎石机作业进料要均匀,不得过大,严防金属块等混入。出料口上方应有挡板。

不得从碎石上方向碎石机口内窥视。若石料卡住碎石机进口,应用铁钩翻动,严禁用手搬动。

(4)稳定土拌和机作业应根据不同的拌和材料,选用合适的拌和齿。

拌和作业时,应先将转子提起离开地面空间,然后再慢慢下降至拌和深度。

在拌和过程中,不能急转弯或原地转向,严禁使用倒挡进行拌和作业。遇到底层有障碍物时应及时提起转子,进行检查处理。拌和机在行走和作业过程中,必须采用低速,保持匀速。液压油的温度不得超过规定。停车时应拉上制动,将转子置于地面。场拌稳定土机械作业皮带运输机应尽量降低供料高度,以减轻物料冲击。在停机前必须将料卸尽。拌和机仓壁振动器在作业中铁芯和衔铁不得碰撞,如发生碰撞应立即调整振动体的振幅和工作间隙,仓内不出料时,严禁使用振动器。

拌和结束后,在料斗、储料仓中不得有存料。搅拌壁里及叶浆的紧固状况应经常检查,如有松动立即拧紧。

(5)碎石撒布机作业应按下列安全规程进行:

作业时无关人员不得进入现场,以防碎石伤人。

自卸汽车与撒布机联合作业,应紧密配合,以防碰撞。

撒布碎石,车速要稳定,不应在撒布过程中换挡。严禁撒布机长途自行转移。

在工地作短距离转移,必须停止拨料辊及皮带运输机的传动,并注意道路状况以防碰坏机件。

石料的最大粒径不得超过说明书中的规定。

(6)洒水车作业按下列安全规程进行:

洒水车驾驶室外不得载人。

洒水车在公路上洒水时,不得妨碍交通。

在有水草和杂物的水道中抽水,吸水管端应加上过滤网罩。

洒水车在上下坡及弯道运行中,不得高速行驶,并避免紧急制动。

2.水泥混凝土路面

(1)水泥混凝土拌和及运送的交通安全。

(2)水泥混凝土路面施工现场的操作人员必须按规定佩戴防护用品,并处理好污水,做好环境保护。

(3)水泥混凝土拌和机运行时应注意:

拌和机要有专人负责操作,操作人员应熟练操纵本机的有关操作程序。

人工手推车上料时,手推车不得松手撒把,且在运输斜道上应有防滑设备。

拌和机运行时,禁止将铁锹伸入料斗内扒料,料斗提升时,严禁任何人在料斗下停留或通过。修理时必须停机切断电源,挂好禁示牌。如在料斗下修理必须用制动锁锁住。

向搅拌机内倾倒水泥,宜采用封闭式加料斗,为减少进出料口的粉尘飞扬应加设防护板。

作业结束时,应将料斗放下,拉下电闸,锁好闸箱。

(4)水泥混凝土运输车运送混凝土拌和物时应注意:

液压泵、液压马达及阀件应紧固,并与管道连接牢固,密封良好。

当传动系统出现故障时液压油输出中断而导致滚筒停转,并一时无法修复时,要利用紧急排出系统快速排出混凝土拌和物。

严禁用手触摸旋转中的拌和筒和随动轮。

用自卸车运送拌和物时,不得超载、超速行驶。车厢尚未放下,操作人员不得上车清除残料,当运距较远时,宜直接采用搅拌运输车运输。

(5)操作振捣器时应注意的安全问题有:

操作人员要佩戴安全防护品,必须穿胶靴,戴绝缘手套,湿手不许接触电器开关。

振捣器必须专门接地,电源总开关应放置在干燥处。多台振捣器同时作业时,应设集中开关箱,并由专人负责看管。

振捣器所用导线,需用胶皮线,在导线进入振捣棒处,需用防水线,以防被磨损而发生触电事故。

风动振捣器的连接软管不得有破损或漏气,使用时要逐渐开大通气阀门。

(6)轨模式摊铺机摊铺时应注意:

作业中严禁驾驶员擅自离开驾驶台,无关人员不得在驾驶台上停留或上下摊铺机。

布料机与振平机之间应保持 5 ~ 8m 的安全距离。

布料机传动钢丝的松紧要适度,不得将刮板置于运转方向垂直的位置,也不得借助整体的惯性冲击料堆。

(7)滑模式摊铺场摊铺时应注意:

调整机器高度时,工作踏板及扶梯等处不得站人,作业期间严禁碰撞引导线。

停机处应平坦、坚实,并用支垫牢固的木板垫起机体。履带垫离地面后方可进行整理,安装工作。

摊铺机应避免紧急转向,防止与预置钢筋、路缘石等碰撞。

摊铺机不得牵引其他机械,其他机械牵引摊铺机时应用钢性拖杆。

摊铺机停放在通车道路上时,周围必须设置明显的安全标志,夜间应用红灯示警,其能见度不得小于 150m。

(8)真空吸水作业时应注意:

真空吸水作业时,严禁操作人员在吸垫上行走,或将物件置于吸垫上。

开机后,真空度应逐渐增加,当达到要求真空度时,真空度要保持均匀,结束吸水作业前,真空度应逐渐减弱。

(9)切缝机切缝时应注意:

切缝前应检查电源、水源及切缝机组运转情况。切缝前应打开冷却水,冷却水中断时应停止切缝,冷却水水压不得小于 0.2MPa。

切缝时,刀片夹板的螺母应紧固,积压连接部位和安全防护罩完好正常,切缝机刀片与机身中心线成90°角,并应与切缝线成直线。

切缝时刀片应缓缓切入,随时调整刀片切割方向,停止切缝时,应先关闭刀片,待提升到混凝土板面上才可停止运转。

(10)水泥混凝土里面进行薄膜养护时,操作人员应进行一定的防护:

塑料薄膜溶液一般有毒性、易燃性,注意储存装卸时的安全,溶液显酸性,应用塑料桶运送,不宜用金属桶。

高温、干燥、刮风时,在喷洒前后应用遮阴篷加以遮盖,以免挥发过快,对环境造成危害。

塑料薄膜施工时,宜采用喷洒法,喷洒时应站在上风,穿戴安全防护用品。

3. 旧路面凿除

(1)旧路面凿除宜分小段进行,以免妨碍交通。

(2)用镐开挖旧路面时,应并排前进,左右间距应不小于2m,不得面对面使镐。

(3)大锤砸碎旧路面时,周围不得有人站立或通行。锤击钢钎,使锤人应站在扶钎人的侧面,使锤者不得戴手套,锤柄端头应有防滑措施。

(4)风动工具凿除旧路面,应遵守下列规定:

各部管道接头必须紧固,不漏气;胶皮管不得缠绕打结,并不得用折弯风管的方法作断气之用,也不得将风管置于胯下。

风管通过过道,须挖沟将风管下埋。

(四)桥涵工程

1. 一般规定

(1)高桥、大跨、深水、结构复杂的大型桥梁施工,应对施工安全做专项调查研究,制订相应的安全技术措施。

(2)单项工程(包括辅助结构、临时工程)开工前,应根据本规程制订的安全操作细则,向施工人员进行安全技术交底。

(3)桥涵施工前,应对施工现场、机具设备及安全防护设施等进行全面检查,确认符合安全要求后方可施工。

桥涵施工,应采用多层作业或桥下通车、行人等立体施工时,应布设安全网。

(4)对于通航江河上的桥涵工程,施工前应与当地海事部门联系,制订有关通航、作业安全事宜。

(5)高处露天作业、缆索吊装及大型构件起重吊装时,应根据作业高度和现场风力大小对作业的影响程度,制订适于施工的风力标准。遇有六级(含六级)以上大风时,上述施工应停止作业。

2. 基础工程

(1)明挖基础应符合以下安全要求:

寒冷地区采用冻结法开挖基坑时应根据地质、水文、气象等情况,分层冻结,逐层开挖。

小型桥涵施工,如不能保证车辆通行时,应事先修好便道或便桥(涵),并在修建桥涵的公路两端设置“禁止通行”的标志。

挖掘机等在坑顶进行挖基出土作业时,机身距坑边的安全距离视基坑深度、坡度、土质情况而定。一般应不小于1.0m,堆放材料及机具时应不小于0.8m。

开挖基坑时,如对邻近建(构)筑物或临时设施有影响时,应采取安全防护措施。

采用桅杆吊斗或皮带运输机出土时，应检查吊斗绳索、挂钩、机具等是否完好牢固。吊斗升降时，坑内作业人员应躲离吊斗升降移动范围以外，吊斗不使用时，应及时摘下，不得悬挂。

在水中挖基，应备有便于出入基坑的爬梯等安全设施。

开挖中，当坑沿顶面裂缝、坑壁松塌或遇有涌水、流沙影响基坑边坡稳定时，应立即加固防护。

基坑必须机械设备抽排水开挖时，须配备足够的抽排水设备，抽水机及管路等要安放牢靠。

基坑开挖需要爆破，应按国家现行的《爆破安全规程》（GB 6722—2003）办理。

（2）筑岛、围堰时应符合以下安全要求：

基坑支撑拆除时，应在施工负责人的指挥下进行。拆除支撑应对基坑回填相互配合进行。有引起坑壁坍塌危险时，必须采取安全措施。基坑较深时，四周应悬挂人员上下扶梯。

挖基工程所设置的各种围堰和基坑支撑，其结构必须紧固牢靠，基础施工中，挖土、吊运、浇筑混凝土等作业严禁碰撞支撑，并不得在支撑上放设重物。施工中发现围堰、支撑有松动、变形等情况，应及时加固，危及作业人员安全时应立即撤出。

围堰内作业，遇有洪水或流冰，应立即撤出工作人员。

（3）钢板桩及钢筋混凝土板桩围堰应符合下列安全要求：

打桩机和卷扬机应设专人操作。钢板桩起吊，应听从信号指挥。作业时应在钢板上拉好溜绳，防止起吊后急剧摆动，吊起的钢板未就位前桩位附近不得站人。

插打钢板桩（包括钢筋混凝土板桩，以下同）围堰前，应对打桩机进行全面检查。

钢板桩起吊前，钢板桩凹槽部位应清扫干净，锁口应先进行修整或试插；组拼的钢板桩组件，应采用坚固的夹具夹牢，不得将吊具拴在钢板桩夹具上。钢板桩吊环的焊接应由专人检查，必要时应进行试吊。

钢板桩插进锁口后，因锁口阻力不能插放到位而需桩锤压插时，应采用卷扬机钢丝绳控制桩锤下落行程，防止桩锤钢板突然下滑。

插打钢板桩，如因吊机高度不足，可向下移动吊点位置，但吊点不得低于桩顶的1/3桩长的位置。

钢板桩在锤击下沉时，初始阶段应轻打。桩帽（垫）变形时应及时更换。

（4）套箱围堰应符合的安全要求：

各种形式的钢套箱，在浮运或装配中，必须具有足够的稳定性和刚度。并要求制订吊运、组装、拆装时的安全技术措施。

深水处水中构筑物采用套箱围水修建时，套箱的结构及形式应按设计构造，并经检查验收后方可交付使用。水上运输的安全要求按本规程办理。

套箱采用船组辅助定位时，应先将定位船、导向船（或其他导向设施）就位。定位船锚的设置应根据流速、河床地质情况具体确定。定位船锚在施放时位置应准确，并要采取措施防止下锚时锚链（绳）缠绕或刮带伤人。抛锚地点应设置浮标，船只上的锚固绳拴要加固补强。

钢套箱进入现场定位后，应检查锚碇系统的稳定情况，确认无误后方可进行下步工作。船闸的通道及连接梁上，应铺设人行道板和栏杆。

当浮沉式双壁钢套箱注水下沉，或排水上浮时，必须对称均衡进行施工，并防止产生过大的倾斜。

钢套箱拆除，应按施工组织设计规定的程序进行，作业时安全防护设施应齐备。

3. 上部结构施工

（1）预制构件安装应符合的安全要求：

装配式构件（梁、板）的安装，应制订安装方案，并建立统一的指挥系统。施工难度、危险性较大的作业项目应组织培训。

吊装偏心构件时，应使用可调整偏心的吊具进行吊装。安装构件时要平起稳落。

单导梁、墩顶龙门架安装构件时，应符合下列规定：

①龙门架顶横移轨道的两端应设置制动枕木。

②导梁组装时，各节点应连接牢固，在桥跨中推进时，悬臂部分不得超过已拼好导架、全长的1/3。

③墩顶（或临时墩顶）导架通过的导轮支座必须牢固可靠；导梁接近导轮时，应采取渐进的方法进入导轮。导梁推进到位后，用千斤顶顶升，将导梁置于稳定的木垛上。

④导梁上的轨道应平行等距铺设，使用时，托架两端应保持平衡稳定，行进速度应缓慢，龙门架落位后应立即与墩顶预埋件连接，并系好风绳。

⑤墩顶龙门架使用托架托运时，托架两端应保持平衡稳定，行进速度应缓慢。龙门架落位后应立即与墩顶预埋件连接，并系好缆风绳。

⑥构件在预制场起重装车后，牵引至导梁时，行进速度不得大于5m/min，到达安装位置后，平车行走轮应用木楔楔紧。

⑦构件起吊横移就位后，应加设支撑、垫木，以保持构件稳定。

预制场采用千斤顶顶升构件装车及双导梁、桁梁安装构件时，应符合下列规定：

①千斤顶在使用前，要做承载试验。起重吨位不得小于顶升构件的1.2倍。千斤顶一次顶升高度应为活塞行程的1/3。

②顶升T梁、箱梁等大吨位构件时，必须在梁端加设支撑；构件两端不得同时顶起或下落，一端顶升时，另一端应支稳、撑牢。

③千斤顶的升降应随时加设或抽出保险垫木，构件底面与保险垫木间的距离宜控制在5cm以内。

④构件进入落梁架（或其他装载工具）横移到位时，应保持构件在落架时的平衡稳定。

⑤预制场和墩顶装载构件的滑移设备要有足够的强度和稳定性，牵引（或顶推）构件滑移时，施力要均匀。

⑥双导梁向前推进中，应保持两导梁同速进行；各岗位作业人员要精心工作，听从指挥，发现问题及时处理。

⑦双导梁进入墩顶导轮支座前、后，应采取与单导梁相同的措施。

（2）就地浇筑上部结构施工应符合的安全要求：

钢筋混凝土或预应力混凝土就地浇筑时，作业前应对机具设备及防护设施等进行检查。对施工工艺及技术复杂的工程制订的安全技术措施及安全操作细则等，应进行技术交底。

就地浇筑的桥涵上部结构，施工中应随时检查支架和模板，发现异常状况应及时采取措施。

支架或立柱的支撑地基要平整、压实，地基整个的荷载能力必须达到大于上部负荷的1.2倍以上。

使用碗扣等支架满堂支撑时，对杆要逐个检查，对于弯曲、变形、碰撞痕迹明显的一律不能使用。

对于局部地基松软,虽进行处理,但为了保证安全杆件拼好必须进行预压来判定。预压时间视地基情况,一般为不低于3~7d,预压的负荷必须在1.2倍以上。

支架拼好后如与交通有干扰,必须做好防护工作,以免碰撞变形导致整个支架倒塌。

支架拼装后如遇长期下雨,一定要做好排水工作,天晴浇筑混凝土前必须逐个全面检查,以防局部地基沉降导致倒塌。

就地浇筑的各类上部结构,有关"高处作业"、"水上作业"等要求,应按本条款中有关规定办理。

(3)拱桥施工应符合的安全要求:

拱桥应具有足够的强度、刚度和稳定性,拱桥需经验算,必要时应经试验或预压,并应满足防洪、流冰、流水、通航等安全要求。

拱架安装及拆除的方法及程序,应符合有关安全规定的要求。

拱石加工时,应注意锤头或飞石伤人,作业人员应保持一定的安全距离。

拱石或预制混凝土块,应按砌筑程序编号,依次运到工地,随用随运,不得过多地堆积在拱架或脚手架上,抬运块件不得碰撞拱圈。

砌筑拱圈,应按施工要求搭设脚手架及作业平台。拱上建筑施工必须严格按设计加载程序分段、对称进行。

拱圈砌筑,应随时用仪器观测拱架变形状况,必要时应进行调整,以控制拱圈变形过多,卸架装置应有专人负责检查。

拱架拆除工作必须按设计程序进行。拱架脱离拱圈时,应经检查确认安全后方可进行拱架拆除工作。

拱架拆除时,应听从统一指挥。严禁在拱架上、下同时进行作业,并严禁使用机械强拽拱架,使之倾倒的做法。

无支架拱桥施工时,应遵守下列规定:

①大中跨径拱桥施工,应验算拱圈的横向稳定性。分段吊装的单肋合龙后应用缆风绳稳固,第二肋安装后应用横夹木临时横向连接。

②双曲拱、箱形拱、纵横向悬砌拱桥施工时,在墩、台顶设置的扣架底部应牢靠,架顶应设缆风绳;缆风绳设置必须对称,缆风绳地锚环应埋设坚固。

③在河流中设置缆风绳时,必须采取可靠的防护措施。

(五)隧道工程

1.一般规定

(1)施工现场临时房屋布置应考虑的安全问题:

严禁将临时房屋布置在受洪水、泥石流、坍方、滑坡及雪崩等自然灾害威胁的地段。

临时房屋的周围应设有排水系统。

隧道施工中的出渣不得堵塞河道、沟谷,防止抬高水位和恶化水流条件。

避开高压电线。

远离空压机、局部扇风机、工具修理间等噪声较大的设施。

(2)爆破飞石的安全标准:

隧道洞口开挖的石方爆破按非抛掷爆破处理,按露天土岩爆破距离选取,须满足非抛掷爆破的安全距离要求。

隧道施工中使用的炸药和雷管多为临时存放,宜选在行人稀少的安全地区,雷管和炸药须分别存放。

(3)在隧道开挖前,对洞口附近及隧道上方的防排水工作采取的措施:

核对洞外排水系统和设施的布置是否与地形、地貌、水文等条件相适应。

进洞前应尽早完成洞口排水系统。

洞门的排水、截水设施应与洞门工程配合施工,并应与路堑排水系统连通。

分层回填黏土并夯实勘探用的坑洼、探坑等。

及时用浆砌片石铺砌沟底、洞顶上方的岩层裂缝,或用水泥砂浆勾缝、抹面。

妥善处理洞顶的井、泉、池沼、水田等,但不宜将水源截断、堵死。

清理洞口附近杂草和树丛,开沟疏导封闭积水洼地,不得积水。

洞顶排水沟应用路基边沟顺接组成排水系统。

拦截一切洞外路堑向洞内流入的地表水。

(4)在采用人力开挖法进行土质隧道施工中,开挖时应立即支撑,防止洞顶的土壤迅速坍入洞内,甚至涉及到地表,特别注意截排洞口上方流水。

不论土、石坡,洞口开挖的边仰坡不能过陡,高度不能过大,否则不能保持洞口山体的稳定,会引起坍方和落石。

(5)隧道路线位置应避免从不稳定的岩堆、崩坍、错落、堆积层地区通过,应将洞身置于稳定的地层中。

当路线无法避开不稳定地层时,应分析此类地区的稳定程度,要有事先加固地层的工程措施,加强施工支护系统和衬砌结构的承载能力,并修筑仰拱。

需在洞口增设明洞,并在明洞上方有足够的覆盖层作为缓冲层。

在危岩、落石地段,宜采用隧道或明洞方案通过,并用较长隧道取代短隧道群通过此类地区。

(6)修筑隧道中,常遇到一些不利于施工的特殊地质地段。如膨胀土围岩、黄土、溶洞、断层、松散地层、流沙、岩爆地层等。在开挖、支护和衬砌过程中,由于各种因素的影响都可能发生土、石坍塌,坑道受压支撑变形,衬砌结构断裂和各种特殊施工问题,严重影响施工安全、进度和质量。

对可能遇到的一种或几种不良地质地层,应事先查明地质情况,认真编制和实施施工组织设计。预先进行人员技术和安全培训,准备好相应的器材,并要在施工前进行预处理。

隧道选择施工方法(包括开挖及支护)时,应以安全为前提,综合考虑隧道工程地质及水文地质条件、断面形式、尺寸、埋置深度、施工机械装备、工期和经济的可行性等因素而定。同时应考虑围岩变化时施工方法的适应性及其变更的可能性,以免造成工程失误和增加投资。

无论是采用钻爆开挖法、机械开挖法,还是采用钻爆和机械混合开挖法,应视地质、环境、安全等条件合理选用。如用钻爆法施工时,应优先采用光面爆破和预裂爆破技术。爆破应严格按钻爆设计进行施工,如遇地质变化应及时修改完善设计。

隧道通过自稳时间短的软弱破碎岩体、浅埋软岩和严重偏压、岩溶、流泥地段,砂层、砂卵(砾)石层、断层破碎带以及大面积淋水或涌水地段时,为保证洞体稳定可采用超前锚杆、超前小钢管、管棚、地表预加固地层和围岩预注浆等辅助施工措施,对地层进行预加固、超前支护或止水。

采用新奥法施工的隧道,为保证施工安全,应进行现场监控量测,充分利用监控量测指导施工。对软岩浅埋隧道须进行地表下沉观测,这对及时预报洞体稳定状态,修正施工都十分重要。

特殊地质地段隧道，除在大面积淋水地段、流沙地段、穿过未胶结松散地层和严寒地区的冻胀地层施工时应采取相应的措施外，均可采用锚喷支护施工。爆破后开挖工作面有坍塌可能时，应在清除危石后及时喷射混凝土护面。如围岩自稳性很差，开挖难以成形，可沿设计开挖轮廓线预打设超前锚杆。锚喷支护后仍不能提供足够的支护能力时，应及早装设钢架支撑加强支护。

当采用构件支撑做临时支护时，支撑要有足够的强度和刚度，能承受开挖后的围岩压力。围岩出现底部压力，产生底膨现象或可能产生沉陷时应加设底梁。当围岩极为松软破碎时，应采用先护后挖，暴露面采用支撑封闭严密。根据现场条件，可结合管棚或超前锚杆等支护，形成联合支撑。支撑作业应迅速、及时，以充分发挥构件支撑的作用。

围岩压力过大，支撑受力下沉侵入衬砌设计断面，必须挑顶（即将隧道顶部提高）时，应先挑顶后开挖。当扩挖后发现顶部下沉，应立好拱架和模板先灌筑满足设计断面部分的拱圈，待混凝土达到所需强度并加强拱架支撑后，再行挑顶灌注其余部分。挑顶作业宜先护后挖。

对于极松散的未固结围岩和自稳性极差的围岩，当采用先护后挖法仍不能开挖成形时，宜采用压注水泥砂浆或化学浆液的方法，以固结围岩，提高其自稳性。

特殊地质地段隧道衬砌，采用模筑衬砌施工时，除遵守隧道施工技术规范的有关规定施工外，还应注意：当拱脚、墙基松软时，灌注混凝土前应采取措施加固基底。衬砌混凝土应采用高强度或早强水泥，提高混凝土等级，或采用掺速凝剂、早强剂等措施，提高衬砌的早强承载能力。仰拱施工，应在边墙完成后抓紧进行，或根据需要在初期支护完成后立即施作仰拱，使衬砌结构尽早封闭，构成环形，改善受力状态，以确保衬砌结构的长期稳定坚固。

2. 通风、防尘和用水

（1）粉尘浓度：含10%以上游离二氧化硅的粉尘，每立方米空气中不得大于2mg；含10%以下游离二氧化硅的矿物性粉尘，每立方米空气中不得大于4mg。

氧气不得低于20%（按体积计，下同）；一氧化碳浓度不得超过30mg/m^3。特殊情况下，施工人员必须进入工作面时，可为100mg / m^3，但工作时间不得超过30min。

二氧化硫浓度不得超过15mg/ m^3。

硫化氢浓度不得超过10mg / m^3。

氨的浓度不得超过30mg/ m^3。

二氧化碳按体积计不得大于0.5%。

氮氧化物浓度在5以下。

坑道内气温不宜超过28℃。

噪声不宜大于90dB。

隧道内空气成分每月至少取样分析一次。风速、含尘量每月至少检测一次。

（2）通常较大断面隧道，在开挖深度自洞口深入约30m后即需使用人工强制通风，在60m以后即应设计能量全速通风。

（3）隧道施工通风应满足洞内各项作业所需要的最大风量。

隧道施工时的通风，应设专人管理。应保证每人每分钟供给新鲜空气1.5 ~ 3 m^3。风速为0.12 ~ 0.25m/s。

（4）隧道施工必须采用机械通风。通风方式应根据隧道长度、施工方法和设备条件等确定。

风筒的风口距工作面的距离:压入式不宜大于15m,吸入式不宜大于5m。

长隧道应优先考虑混合通风方式。使用混合式通风时,两组管路接续交错距离为20~30m,吸入时风筒出风口置于主风流循环的回风流中。

当主机通风不能保证隧道施工通风要求时,应设置局部通风系统,风机间隔串联和加设另一路风筒增大风量。

如有辅助坑道,应尽量利用辅助坑道通风。

无论通风机运转与否,严禁人员在风筒的进出口附近停留,通风机停止运转时任何人员不得靠近通风软管行走和在软管旁停留,不得将任何物品放在风口或管口上。

(5)在吹入式通风的出风口,宜放置喷雾器。

在凿岩施工时宜采用湿式凿岩机钻孔。

爆破时宜用水炮泥进行水封爆破。

放炮前后应进行喷雾与洒水。

出渣前应用水淋透渣堆和喷湿岩壁。

宜采用湿喷混凝土喷射工艺。

(6)防尘用水的固体质含量不应超过50mg/L,大肠杆菌不得超过3个/L,水池应保持清洁,并有沉淀或过滤设施。

3. 瓦斯防治

(1)瓦斯泛指坑道中的有害气体,其成分以沼气为主,含量可达99.9%。

坑道穿越含瓦斯煤层,或穿越其附近的破碎、节理发育的围岩时,有可能遇到瓦斯。瓦斯含量在5%~16%时,遇火能引起瓦斯爆炸,因此在施工中必须十分重视。

洞内空气中允许的瓦斯浓度应控制在下述规定以下:洞内总回风风流中小于0.75%;从其他工作面进来的风流中小于0.5%;掘进工作面风流中在2%以下;工作面装药爆前在1%以下。

掘进工作面风流中的瓦斯浓度达到1%时,必须停止电钻打眼;达到1.5%时,必须停止工作,撤出人员,切断电源进行处理。

电动机附近20m以内风流中的瓦斯浓度达到1.5%时,必须切断电源停止运行。

掘进工作面的局部瓦斯积聚浓度达到2%时,其附近20m内必须停止工作切断电源。

(2)隧道施工时,必须配备必要的急救和抢救的设备和人员。施工人员必须具有防止瓦斯爆炸方面的安全知识。

预先对各有关工种人员进行专门训练,经考试合格确认其已掌握防止瓦斯爆炸方面的技术操作知识后,方可担任防爆工作。

组织工地救护组,进行专门抢救训练。抢救人员未经专门培训不准在瓦斯爆炸后进洞抢救。

备齐急救和抢救设备,并指定专人保管,经常保持其良好状态,不得挪作他用。

隧道穿过瓦斯地段,应预先确定瓦斯探测方法,并制订瓦斯稀释措施、防爆措施和紧急求援措施等。

隧道通过瓦斯地区宜采用全断面开挖,随掘进随衬砌,缩短煤层的瓦斯放出时间和缩小围岩暴露面。

上、下导坑法开挖时,要求工序间的距离尽量缩短,尽快衬砌封闭瓦斯地段,并保证混凝土的密实性,以防瓦斯溢出。

加强通风是防止瓦斯爆炸最有效的方法，应把空气中的瓦斯浓度吹淡到爆炸浓度以下的1/10～1/5。有瓦斯的坑道，必须采用机械通风，通风设备必须防止漏风，并准备备用的通风机。

保证工作面空气内的瓦斯浓度在允许限度内。当通风机发生故障停转时，洞内工作人员应撤离到新鲜空气地区，直至通风恢复正常，才准许进入工作面继续工作。

瓦斯防治主要是消除瓦斯超限和积存，断绝一切可能引起瓦斯爆炸的火源。隧道内严禁使用明火照明。严禁一切火种、引燃物品、手电筒等携入坑道内施工现场。

施工中必须切实执行通风、瓦斯检查、防火防爆等措施。严格遵守有关安全规程。

如开挖进入煤层，瓦斯排放量较大，使用一般的通风手段难以稀释到安全标准时，可使用超前周边全封闭预注浆。开挖后要及时喷锚支护，并保证其厚度，以免漏气和防止围岩的失稳。

坑道内设专人检查瓦斯含量，定时测量。

通风机停止时，洞内全体人员必须撤至洞外。

切实采用防止瓦斯突出的措施，如打超前钻孔降低瓦斯压力等，施工要制订周密的施工计划。

如瓦斯浓度超过上述规定，工作人员必须立即撤到符合规定的地段，并切断电源。

(3)瓦斯隧道中的机具，如电瓶车、通风机、电话机、放炮器等，必须采用防爆型。

在煤层或有瓦斯岩层中，不允许打40cm以下的浅眼，任何炮眼最大抵抗线不得小于30cm。

打眼时应采取湿式凿岩，严禁干式凿岩。

爆破电闸应安装在新鲜风流中，并与开挖面保持200m左右距离。

应采用连续装药方式，雷管安放在最外一节炸药中，不得使用裸露药包。

放炮地点附近20m以内风流中瓦斯浓度达到1%时，严禁装药放炮。

严禁用火花起爆和裸露爆破。

短隧道放炮时，所有人员必须撤出隧道洞外。长隧道单线应撤出300m以外，双车道半断面开挖撤至400m以外。双车道全断面开挖应撤至500 m以外。

(4)照明、开关、线路、灯泡等照明器材和机电设备等都必须采用防爆型，开关必须设置在进风道或洞口。

严禁在洞内电缆上临时接装电灯或其他设备。

风机用电应单独供给，当其他电源因瓦斯超限而切断时，风机电源必须能正常供电。

因瓦斯浓度超过规定而切断电源的电气设备，都必须在瓦斯浓度降到1%以下时，才可重新启动。

使用瓦斯自动检测报警断电装置的掘进工作面只准人工复电。

洞内装设及检修各种电气设备时，必须先切断电源。

电缆互接或分路时必须在洞外进行锡焊和绝缘包扎并热补。电缆在洞内接头时，应在特制的防爆接线盒内或有防爆接线盒的电气设备内进行连接。

所有安装电动机和开关地点的20m范围内，必须检查瓦斯，符合规定后才可启动机器。

(5)防止爆破火焰，只允许采用毫秒电雷管和安全炸药及密封炮眼，并采取电力起爆。其总的延期时间不得超过130ms。

严禁使用秒和半秒延期电雷管。

(6)使用矿灯人员应严禁拆开敲打和撞击矿灯。

洞内使用的金属锤头必须镶有不产生火花的合金。

装渣运输使用的金属器械和车辆不得与渣体撞击,铲装前必须将石渣洗湿,防止摩擦和碰击火花。

隧道严禁一切可以导致高温和发生火花的作业。

(7)通风工作应符合瓦斯地层的施工要求。

若由于停电或检修,使主要通风机停止运转,必须有恢复通风、排除瓦斯和送电的安全措施。恢复正常通风后,所有受到停风影响的地段必须经过检测人员检查,确认无危险后方可恢复工作。

局部通风机停止运转,在恢复通风前,亦必须检查瓦斯,符合规定方可开动局部风机,恢复正常通风。

通风用的风筒、风道、风门和风墙等设施必须按照规定制作,保持密闭,防止漏风和松动塌落,施工中应派专人维修和保养。禁止频繁开启风门,确保风流稳定;通风必须采用吹入式,通风主机应有一台备用机,并应由两路电源供电。

风机用电应单独供给,当其他电源因瓦斯超限而切断时,风机电源必须能正常供电。

(8)瓦斯检查人员工作时应有安全防护装备。

检测瓦斯的检定器应每季校对一次。

指定专人进行定时经常的瓦斯检查。瓦斯检查人员必须挑选工作认真负责、有一定业务能力、经过专业培训、考试合格者。

有瓦斯的隧道,每个洞口必须设专职瓦斯检查员。一般情况下每小时检测一次,并将结果记入记录簿。

应加强瓦斯检查制度,在钻眼、装药、放炮前及放炮后4个环节上搞好瓦斯巡回检测工作。

当发现瓦斯含量在2%时,应加强通风稀释,在瓦斯含量降到允许值后,才可进入检查。

(六)交通安全设施施工

1. 一般规定

(1)交通安全设施施工是公路施工最后的工序之一,此时路面已近完成,路面状况较好、施工车辆速度较快,各类出外通行较多,造成车流量不大但车速高的混合交通。开放性的高速公路或一般公路,此时造成事故发生率最高、危害最大,施工安全成为重中之重。为保证安全,交通安全设施企业应做到施工区域或设立明显标志,在施工区域前后50~100m放置反光桶、设立车辆慢行及车辆绕行标志,装卸材料必须堆放整齐,杜绝乱抛乱弃,尽量避免横穿施工区域。

夜间不允许在路面上放置施工设施,如条件限制必须放在路面上,必须设立明显的反光标志和施工警告灯号。

(2)对施工人员定期进行特殊安全培训,所有施工人员均参加人身意外伤害保险,各种安全防护用品配备齐全,施工人员不允许随意走出施工区域,施工人员必须穿着施工作业安全反光服装。

2. 标志

(1)标志基础放线时必须避开上方有高压线的位置,开挖基础时施工人员应保持足够的安全距离,立柱和标志安装时安装人员必须戴好安全帽,绑系安全带;运输车辆、吊装机均由专人负责,不得随意更换人员。

(2)应有标志基础施工、结构及板面安装的人员和运输车辆、吊装机等机械安全操作规程。

3. 标线

(1)液化气应由专人负责更换、保管和运输，施工时禁止吸烟，运输车辆、画线设备均由专人负责，不得随意更换人员。

(2)应有标线施工人员和冷漆画线机、热熔釜、热熔画线车及运输车辆等机械安全操作规程。

4. 护栏

(1)应保证安全施工操作面，立柱、护栏板安装在吊装机时必须注意上方的高压线和安装人员安全。

(2)应有护栏施工人员和打桩机、吊装机及运输车辆等机械安全操作规程。

5. 隔离栅

(1)应保证安全施工操作面，立柱、隔离网安装在用吊装机时必须注意上方的高压线和安装人员的安全。

(2)应有隔离栅施工人员和打桩机、吊装机及运输车辆等机械安全操作规程。

(七)主要工序作业

1. 模板

(1)模板作业场地的布置。木料、钢模、模板半成品的堆放，废料堆集和场内道路的修建，应做到统筹安排，合理布局。

作业场地应搭设简易作业棚，修有防火通道，配备必需的放火器具。四周应设置围栏，作业场内应严禁烟火。

钢模、木材应堆放平稳，原木深高不得超过3m，垛距不得小于1.5m，成材垛高一般不得超过4m，每增加0.5m应加设横木，垛距不小于1m。作业场地应避开高压线路。

下班前应将锯木、木屑、刨花等杂物清除干净，并要运出场外进行妥善处理。

(2)制作模板时应细致选料。制作钢模不得使用扭曲严重、螺栓孔过多、开裂等材料。木模不得使用腐朽、扭裂和大横节疤等木料。

制作钢木结合模板时，其钢木结合部位的强度、刚度应符合设计要求。

制作中应随时检查工具，如发现松动、脱落现象，应立即修好。

用旧木料制作模板时，应将钉子、扒钉拔掉收集好，不得随地乱扔。

(3)在基坑或围堰内支模时，应检查基坑有无塌方现象，围堰是否坚固，确认无误后，方可操作。

向基坑内吊送材料和工具时，应设溜槽或绳索系放，不得抛掷。机械吊送应有专人指挥。模板要绑结实，基坑内的操作人员要避开吊送的料具。

用人工搬运，支立较大模板时，应有专人指挥，所用的绳索要有足够的强度，绑扎牢固。支立模板时，底部固定后再进行支立，防止滑动倾覆。

支立模板要按工序操作。当一块或几块模板单独竖立和竖立较大模板时，应设立临时支撑，上下必须顶牢。操作时要搭设脚手架和工作平台。整体模板合龙后，应及时用拉杆斜撑固定牢靠，模板支撑不得钉在脚手架上。

用机械吊运模板时，应先检查机械设备和绳索的安全性和可靠性，起吊后下面不得站人或通行。模板下放，距地面1m时，作业人员可靠近操作。

高处作业应将所需工具装在工具袋内。传递工具不得抛掷或将工具放在平台和木料上，更不得插在腰带上。

在用斧锤作业时，应照顾四周和上下的安全，防止误伤他人。斧头刃口处应配刃口皮套。

拆除模板时，应制订安全措施，按顺序分段拆除，不得留有松动或悬挂的模板，严禁硬砸或用机械大面积拉倒。拆下带钉木料，应随即将钉子拔掉。

拆除模板不得双层作业。3m 以上模板在拆除时，应用绳索拉住或用起吊设备拉紧，缓慢送下。

2. 木工机械

(1)使用木工机械应遵守下列规定：

操作人员工作时，要扣紧衣扣和袖扣，理好衣角，严禁戴手套作业；留长发的必须戴工作帽，长发不得外露。

木工机械上的转动部分，要装设防护罩或防护板；工作中更换刨刀、锯片、钻头或刃具时，必须切断电源，停止转动后方可拆装。

开机前必须添加润滑油脂，先试机，待各部机件运转正常后，方可开始工作。

机械运转中，如有不正常的声音或发生故障时，应先切断电源，再进行检修。

使用铁夹钩吊运送木材时，应将铁夹钩钩牢，防止木材掉下。

(2)带锯机的修理或拆放成捆的锯条，应踏紧锯条端头，控制松放，以防锯条回卷伤人。挫锯条时，要戴防护眼镜。修磨带锯的砂轮应安装防护罩，操作时应站在砂轮侧面。

开动带锯前，必须检查锯条有无裂纹、扭曲和锯条的松紧程度。如锯条齿侧的裂纹长度超过锯条宽度的 1/6，锯条接头超过 3 个，锯条中间及后背有裂纹，锯条接头处裂纹超过 10mm 时，都不得使用，锯条的松紧程度应根据条的厚薄、宽窄进行调整，经试运转正常后，方可开始工作。

原木入锯前，应清除钉子和砂石等杂物。跑车上的原木要稳定牢固，进锯速度要均匀。锯短木要用扒针或拉杆固定后再进行加工。

不得加工超过机械规定限度的特大原木。加工较长木材时，必须配备副手协助工作。

不得用潮湿或带油的手指接触启动开关和其他电器设备。如发生电器设备故障或损坏时，不得擅自拆卸检查。

跑车开动后，跑车前后和锯条两侧不得有人走动或停留。

使用平台式带锯时，上下手操作人员要配合一致，上手不得将手送进台面，下手应等料头出锯 20cm 后，方可接料。

小平台的电器开关要随用随开，用后立即关闭。平台式带锯加工木料回料时，木料要离开锯条 2 ~ 5cm，并要注意劈裂和木节撞击锯条发生事故。

作业中如遇停电，应将电闸关闭，防止来电后机械自行转动造成事故。

连接锯条，必须结合严密，平滑均匀，厚薄一致。

(3)操作人员应戴防护眼镜，站在锯片一侧，禁止站在与锯片同一直线上。锯片上方必须安装安全挡板和滴水设施。锯片不得有连续断齿。

长度不足 50cm 的短料，不得上锯。半成品、边角料应堆放整齐。

锯片运转正常后方可进行作业。接料要待料出锯片 15cm，不得用手硬拉，木料锯到接近端头时，应由下手拉曳，上手不得用手推进。

作业过程中不得将木料抬高或左右扳动，必须紧贴靠山。送料力量要均匀，不得用力过猛，遇木节应减速。不得用木料挡锯片强制停车。调换锯片时，要等锯片自然停稳后方可进行。

(4)刨料前应将所刨材料上的钉子、灰垢和冰雪等杂物清除后，再进行操作。

应根据所刨木料材质情况，调整刨料速度。作业中严禁手指放在木节上。

刨木材的大面时，手必须按在木料的上面；刨木材的小面时，手可以放在木材料的上半部。手指必须离开刨口3cm以上，每次刨削量不得超过1.5mm。被刨材料长度超过2m时，必须两人操作。料头越过刨口20cm后，下手操作者可接料，但不得猛拉。

活动式的台面，调整切削量时，必须切断电流等停止转动后方能进行调整，防止台面与刨刀接触造成事故。

刀架夹板必须平整贴紧。合金刀片焊缝的高度不得超过刀头。固定刀片的螺钉应钳入槽内，离刀背不得少于10mm。

平面刨作业中，操作人员不得将手伸进安全挡板里侧移动挡板，不得拆除安全挡板进行刨削。

材料需要调头刨削时，必须双手持料离开刨口，并注意周围环境，防止伤人。

(5)操作人员应站在机床一侧操作，每次刨削量不得超过3mm。

所刨材料不得短于前后压滚距离；厚度小于1cm时，必须垫衬托板。

压刨机床必须使用单项开关，不得使用倒顺开关。

送料必须平直，发现材料走横或卡位，应停机拨正，操作人员接送时，手指应离开滚筒20cm以外，接料必须待料送出台面。

(6)作业前，应检查有无漏电现象，并应戴好绝缘手套，穿上胶鞋或脚踏在木板上进行操作。

钻头必须卡紧，大型电钻必须用双手扶把，钻杆要垂直；钻孔接近完成时，应轻压电钻，防止卡钻或扭断钻头。

由底部向上部钻孔时，应用手或杠杆顶托钻把，不得用肩扛托钻把；向下钻孔时，不得用脚扶钻头，脚必须离钻头20cm以外。

电钻工作中，应用钻把调整对准孔位，不得手扶钻头对孔。

操作中发现异常声音，应停止使用；工作后应切断电源，收好导线。

(7)所钻材料必须夹紧，较长材料应使用托架；材料调头时，应双手扶料并要注意周围环境。

操作中如发生凿芯被木渣挤塞，应抬起手柄用刷子等清除木渣，严禁用手清渣。

拆装钻头，应全部停钻后方能进行；钻头装夹必须牢固。

不得用手触摸转动中的钻头，不得将工具或其他物品放在工作台上。

3. 支架

(1)支架所用的桩木、万能杆件应详细检查。不得使用腐朽、劈裂、大节疤的圆木及锈蚀、扭曲严重的万能杠件和钢管等。

(2)地基承载能力应符合设计标准，否则应采取加固措施，使其达到设计要求。

(3)根据施工季节，支架工程应采取防冲刷或防冻胀等安全措施。

(4)支立排架要按设计要求施工，应有足够的承载能力和稳定性。并要与支保桩连接牢固，防止不均匀沉落、失稳和变形。

(5)支立排架时，应设专人统一指挥。支立排架以整排竖立为宜。排架竖立后，用临时支撑撑牢后再竖立第二排。两排架间的水平和剪刀撑用螺栓拧紧,形成整体。

4. 脚手架

(1)钢管脚手架连接材料应使用扣件,接头应错开,螺栓要紧固。立杆底端需要使用立杆底座。铅丝和白麻绳不得连接钢脚和手架。

(2)脚手板要铺满、绑牢,无探头板,并要牢固地固定在脚手架的支撑上。脚手架的任何部分均不得与模板相连。

脚手架上的材料和工具要对方整齐,积雪和杂物应及时清除。有坡度的脚手板,要加设防滑木条。

悬空脚手架应用栏杆或撑木固定稳妥、牢靠,防止摆动摇晃。

搭设在水中的脚手架,应经常检查受水冲刷情况,发现松动、变形或沉陷应及时加固。在脚手架上作业的人员应佩带救生设备。

搭设钢管井架相临的两立杆的接头应错开,横杆和剪刀撑要同时安装。滑轨必须保持垂直,两轨间距误差不得超过10mm。

吊篮应严格按照设计要求施工。悬挂吊篮的保险绳围绕挑梁不得少于3圈,卡子不得少于3个。一个吊篮的保险绳索不得少于2根。钢丝绳不得与构造物或其他物件相摩擦。

脚手架高度在10~15m时应设置一组(4~6根)缆风绳。每增高10m应在增设一组。缆风绳与地面夹角为45°~60°。缆风绳的地锚应设围栏,防止碰撞破坏。

(3)拆除脚手架时,周围应设置护栏或警戒标志,并应从上而下地拆除,不得上下双层作业。拆除的脚手杆、板应用人工传递或吊机吊送,严禁随意抛掷。

5. 钢筋

(1)钢筋调直及冷拉场地应设置防护挡板,作业时非作业人员不得进入现场。

钢筋切断机作业前,应先进行试运转,检查刃口是否松动,运转正常后,方能进行切断作业。切长料时应有专人把扶,切短料时要用钳子或套管夹牢。不得因钢筋直径小而集束切割。

采用人工锤击切断钢筋时,钢筋直径不宜超过20mm,使锤人员和把扶钢筋、剪切工具人员身位要错开,并防止断下的短头钢筋弹出伤人。

(2)钢筋施工场地应满足作业需要,机械设备的安装要牢固、稳定,作业前应对机械设备进行检查。

6. 焊接

(1)电焊应符合的安全要求:

电焊机应安设在干燥、通风良好的地点,周围严禁存放易燃、易爆物品。

电焊机应设置单独的开关箱,作业时应穿戴防护用品,施焊完毕,拉闸上锁。遇雨雪天,应停止露天作业。

在潮湿地点工作,电焊机应放在木板上,操作人员应站在绝缘胶板或木板上操作。

严禁在带压力的容器和管道上施焊。焊接带电设备时,必须先切断电源。

储存过易燃、易爆、有毒物品的容器或管道,焊接前必须清洗干净,将所有孔口打开,保持空气流通。

在密闭的金属容器内施焊时,必须开设进、出风口。容器内照明电压不得超过36V。焊工身体应用绝缘材料与容器壳体隔离开。施焊过程中每隔半小时至一小时外出休息10~15min,并应有安全人员在现场监护。

火线、地线不得与钢丝绳、各种管道、金属构件等接触,不得用这些物件代替接地线。

更换场地,移动电焊机时,必须切断电源,检查现场,清除焊渣。

在高空焊接时,必须系好安全带。焊接周围应有消防设备。

焊接模板中的钢筋、钢板时,施焊部位下面应垫石棉板或铁板。

(2)乙炔发生器应采用定型产品,必须备有灵敏可靠的防止回火的安全装置。

乙炔发生器与氧气瓶不得同放一处,距易燃易爆品不得少于10m。严禁用明火检验是否漏气。氧气、电石应随用随领,下班后送回专用库房。

氧气瓶、氧气表及焊割工具的表面,严禁玷污油脂。

乙炔发生器应每天换水。严禁在浮筒上放置物件,不得用手在浮筒上加压和摇动。添加电石时严禁明火照明。

乙炔发生器不得放在电线的正下方,焊接场地距离明火不得少于10m。

氧气瓶应设有防振胶圈,并旋紧安全帽,避免碰撞。不得剧烈振动和强烈阳光曝晒。

乙炔气管用后需清除管内积水。胶管回火的安全装置结冻时,应用热水溶化,不得用明火烘烤。

点火时焊枪不得对着人,正在燃烧的焊枪不得随意乱放。

电石应放在干燥的地方,移动或搬运应将桶上的小盖打开,轻移、轻放。开桶时头部要闪开,不得用金属工具敲击桶盖。

施焊时,场地应通风良好。施焊完毕,应将氧气阀门关好,拧紧安全罩。乙炔浮筒提出时,头部应避开浮筒上升方向,提出后应挂放,不得扣放在地上。

气焊作业应遵守电焊作业中的有关规定。

7.锅炉

(1)有安装锅炉能力的承包人,经当地劳动部门同意后,可以自行安装立式锅炉和快装锅炉。新安装或检修后的锅炉自检合格后,报当地劳动部门检查批准后,方可点火运行。

(2)锅炉一般应安装在单独建造的锅炉房内。锅炉房如与生产厂房相连时,应用防火墙隔开,其锅炉的容量应符合有关规定的要求。

(3)为了保证锅炉安全运行,必须建立健全严格的规章制度。

(4)投煤时应注意检查煤炭中混杂的有害物质。

(5)锅炉在运行中,如发生有严重威胁锅炉安全运行等情况时,应采取紧急停炉措施。

8.起重吊装

(1)起重人员应持证上岗。

(2)起重作业应遵守下列规定:

大型吊装工程,应在编制的施工组织设计中,指定安全技术措施,并向参加施工作业人员进行安全技术交底。

吊装作业应指派专人统一指挥,参加吊装的起重工要掌握作业的安全要求,其他人员要有明确分工。

吊装作业前必须严格检查起重设备各部件的可靠性和安全性,并进行试吊。各种起重机具不得超负荷使用。地锚要牢固,缆风绳不得绑扎在电杆或其他不稳定的物件上。作业中遇有停电或其他特殊情况,应将重物落至地面不得悬在空中。

被吊物重量超过机械性能允许范围不准吊;信号不清楚不准吊;吊物下面有人不准吊;吊物上站人不准吊;埋在地下物不准吊;斜拉斜牵不准吊;散物捆扎不牢不准吊;零杂物无容器不

准吊;吊物重量不明,吊索具不符合规定不准吊;六级以上强风不准吊。

9. 高处作业

(1)高处作业的含义和级别划分符合现行国家标准《高处作业分级》(GB 3608—83)的规定。

(2)悬空高处作业必须设有可靠的安全防护措施。悬空高处作业包括:在开放型结构上施工,如高处搭设脚手架等;在无防护的边缘上作业;在受限制的高处或不稳定的高处作业;在没有立足点或没有牢靠立足点的地方作业等。

(3)从事高处作业人员要定期或随时体检,发现有不宜登高的病症,不得从事高处作业。严禁酒后登高作业。

(4)高处作业人员不得穿拖鞋或硬底鞋。所需的材料要事先准备齐全,工具应放在工具袋内。

(5)高处作业所用的梯子不得缺挡和垫高,同一架梯子不得二人同时上下,在通道处(或平台)使用梯子应设置围栏。

(6)高处作业与地面联系,应有专人负责,或配有通信设备。

运送人员和物件的各种升降电梯、吊笼,应有可靠的安全装置,严禁乘坐运送物件的吊篮。

(八)特殊季节与夜间施工

1. 雨季

(1)在雨季及洪水期施工应根据当地气象预报及施工所在地的具体情况,做好施工期间的防洪排涝工作,保持洪水的畅通。

按洪水预报对可能淹没地带的施工人员应提前做好安全撤离的准备工作,机械设备、材料等应做好防范措施。

(2)在雨季施工时,施工现场应及时排除积水,人行道上下坡应挖步梯或铺砂。脚手架、斜道板、跳板上应采取防滑措施。加强对支架、脚手架和土方工程的检查,防止倾倒和坍塌。

长时间在雨季作业的工程,应根据条件搭设防雨棚。施工中遇有暴风雨应暂时停工。

2. 冬季

冬季施工应严格执行冬季施工的有关规定,做好保温、防冻等安全工作。

3. 高温季节

高温季节施工,应按劳动保护规定做好防暑降温工作。适当调整作息时间,尽量避开高温时间。有条件的宜搭设凉棚,供应冷饮,准备防暑药品等。

4. 夜间施工

夜间施工时,现场必须有符合操作要求的照明设备。施工驻地要设置路灯。

施工中的小型桥涵两则及穿越路基的管线等临时工程应设置围栏,并悬挂红灯示警标志。大型桥梁攀登扶梯处应设有照明灯具。

(九)边通车、边施工地段的交通管理

(1)在改建工程中,边通车、边施工地段的安全生产,应加强对通行车辆的安全管理,确保施工、交通安全。

(2)改建工程需凿除旧路路基、路面进行重建的地段,在施工路段的两端设立显示正在施工的警告标志。标志应鲜明、醒目。标志与施工路段的距离,应根据开挖宽度、路线等级、交通量等情况确定。

一侧拓宽或两侧拓宽的改建工程,原有道路的路面宜先保留,以维持交通。

在拓宽地段,如需在原有道路上运送土石方,宜采用机械车辆运输。采用手推车运输时,可划分部分路面,专供手推车行驶,应做到:

①部分路面宽度应保证机动车行车安全;

②要用红白相间的栏杆等隔离设施,与机动车行车道隔开;

③设专职人员指挥来往车辆;通车路段的路面应经常清扫干净,防止车轮碾飞土石伤人或雨后泥泞影响通车。

(3)在原有路段上进行降坡改建的工程,有条件的可修建临时便道维持交通,可在降坡地段半幅施工,另半幅作通车之用。

(4)在居民点或公共场所附近开挖沟槽时,应设护栏及搭设跳板供行人通过。夜间应设置照明灯和红灯。

在原地拆除旧桥(涵)重建新桥(涵)时,应先建好通车便桥(涵)或渡口。在旧桥的两端应设置路栏,夜间应在路栏上悬挂警示灯,并在路肩上竖立通向便桥或渡口的指示标志。

半幅通车路段,在车辆驶出(入)前方应设置指示方向和减速慢行的标志。同时在施工作业区的两端设置明显的路栏。

晚间要在路栏上加设施工标志灯。半幅施工区与行车道之间设置红白相间的隔离栅。半幅施工的路段不宜过长,一般以300~500m为宜。

在单车道维持通车路段上,当路段不长,交通量不大时,可在该路段的适当地点设置车辆会让处;当施工路段较长,交通量较大时,应实行交通管制。每班配置专职人员和通信设备,指挥交通,疏导车辆。

本章小结

1. 施工安全控制的特点是控制面广、控制的动态性、控制系统交叉性、控制的严谨性。

2. 施工安全控制的基本要求是各类作业人员和管理人员必须具备相应的执业资格才能上岗;特殊工种作业人员必须持有特种操作证,并严格按规定定期进行复查;对查处的安全隐患要做到"五定",即:定整改责任人、定整改措施、定整改完成时间、定整改完成人、定整改验收人;必须把好安全生产"六关",即:措施关、交底关、教育关、防护关、检查关、改进关;施工现场安全设施齐全,并符合国家及地方有关规定;施工机械必须经安全检查合格后方可使用;保证安全技术教育措施费用的落实,不得挪作他用。

3. 施工安全技术措施计划的主要内容包括工程概况、控制目标、控制程序、组织结构、职责权限、规章制度、资源配置、安全措施、检查评价、奖罚制度等。

4. 施工安全检查的内容包括查隐患、查整改、查事故处理。

5. 职业伤害事故按事故后果严重程度分6类:轻伤事故、重伤事故、死亡事故、重大伤亡事故、特大伤亡事故、急性中毒事故。

复习思考题

1. 为什么要对施工安全进行监理?

2. 施工安全监理的任务是什么?

3. 施工安全控制的基本要求是什么?

4. 什么是安全技术措施计划?

5. 安全措施计划的范围包括什么内容?

6. 施工安全技术措施计划的主要内容是什么?

7. 施工安全检查的目的是什么?

8. 安全检查的主要内容是有哪些?

第六章　公路工程施工环境保护监理

第一节　概　　述

一、施工环境保护监理的意义和依据

1. 施工环境保护监理的意义

自20世纪80年代起，按照国家有关环境保护的规定，在公路建设项目的可行性研究阶段，执行环境影响评价制度。通过环境影响评价，对项目存在的环境影响问题进行分析、预测，并针对不利于环境保护的影响提出防治措施，要求项目在规划设计阶段、实施阶段和建成运营阶段严格落实执行。特别是涉及亚行和世行贷款项目，对环境保护问题尤为重视，要求在环境影响评价报告的基础上，编制环境保护行动计划，以指导项目的整个实施过程。因此，在公路施工过程中实行施工环境保护监理，是对项目全过程环境保护管理不可缺少的重要环节，也完全符合国家关于环境保护必须与工程主体“同时设计、同时实施、同时交付使用”的三同时原则。

2. 施工环境保护监理的依据

(1)项目的环境影响评价报告书；

(2)项目的环境行动计划；

(3)国家有关资源环境保护法规；

(4)国家有关文物保护法规；

(5)国家有关环境质量法规；

(6)地方有关环境保护法规。

二、施工环境保护监理的任务

施工环境保护监理，是指监理单位受业主的委托，依法对承包人在施工过程中影响环境的活动进行监督管理，确保各项环保措施满足环境保护的要求。

公路施工环境保护监理是针对施工过程环境保护的全方位、全过程的监理，其主要任务，一是根据《中华人民共和国环境保护法》及相关法律法规，对工程建设过程中污染环境、破坏生态的行为进行监督管理，也称为“环保达标监理”；二是对建设项目配套的环保工程进行施工监理。

1. 环保达标监理

监理任务：对工程建设过程中污染环境、破坏生态的行为进行监督管理。

监理范围：工程及工程影响的范围。

2. 环保工程监理

监理任务：对工程建设项目配套的环保工程进行施工监理。

监理范围:水处理工程、声屏障工程、绿化工程等。

三、施工环境保护监理的工作程序

公路施工期环境保护监理工作实质上就是对施工活动过程中的环保管理工作,必须与整个施工组织管理紧密结合。要以法制观念强化工程管理人员的环保意识,使环保管理工作制度化、规范化、合理化。

施工环境保护监理一般应按照下列工作程序进行:

(1)依据监理合同、设计文件、环评报告、水土保持方案以及施工合同、施工组织设计等编制施工环境保护监理规划;

(2)按照施工环境保护监理规划、工程建设进度、各项环保对策措施编制施工环境保护监理设施细则;

(3)依据编制的施工环境保护监理规划和设施细则,开展施工期环境保护监理;

(4)工程交工后编写施工环境保护监理总结报告,整理监理档案资料,提交业主;

(5)参与工程竣工环保验收。

施工环境保护监理工作程序见图6-1。

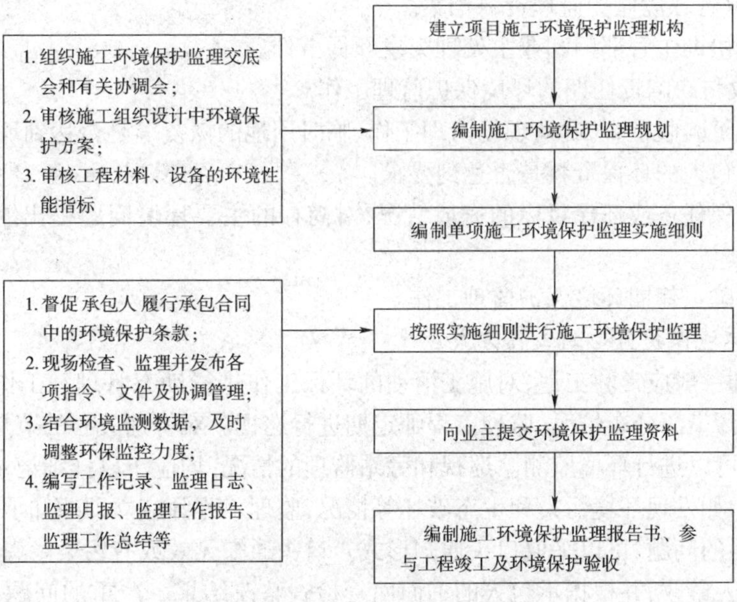

图6-1 施工环境保护监理工作程序

四、施工环境保护监理工作内容及方式

监理工程师对施工活动中的环境保护工作按照施工进程实施动态管理。环保达标监理的工作方式以日常巡视为主,辅以必要的环境监测,以便及时调整环保监控力度。环保工程监理从施工、计量到支付等都与其他工程的监理相似,工作方式与主体工程的监理方式相同。

(一)施工环境保护监理的工作内容

施工期的环境保护监理,应体现出事前控制和主动控制的要求,结合公路施工的特点,注重监理实效。施工环境保护监理一般应包括以下内容。

1. 施工准备阶段的环境保护监理工作

(1)参加设计交底,熟悉环评报告和设计文件,掌握沿线重要的环保对象,了解建设工程的具体环保目标,对敏感的环保目标作出标识。

(2)审查承包人提交的施工组织设计和开工报告,对施工方案中环保目标和环保措施提出审查意见。

(3)审查承包人的临时用地方案是否符合环保要求,临时用地的恢复计划是否可行。

(4)审查承包人的环保管理体系是否责任明确,切实有效。

(5)参加第一次工地会议,提出施工环境保护监理目标和施工环境保护监理措施和要求。

2. 施工阶段的环境保护监理工作

(1)审查承包人编制的分部(分项)工程施工方案中的环保措施是否可行。

(2)对施工现场、施工作业进行巡视或旁站监理,检查环境保护措施的落实情况。

(3)监测各项环境指标,出具监测报告或成果。

(4)向承包人发出环境保护工作指示,并检查指令的执行情况。

(5)编写环境监理月报。

(6)参加工地例会。

(7)建立、保管环境保护监理资料档案。

(8)处理或协助主管部门和业主处理突发环保事件。

3. 交工验收与缺陷责任期的环境保护监理工作

(1)参加交工验收检查,确认现场清理工作、临时用地的恢复等是否达到环保要求。

(2)检查承包人的环保资料是否达到要求。

(3)评估环保任务或环保目标的完成情况,对尚存的主要环境问题提出继续监测或处理的方案和建议。

(4)完成缺陷责任期环境保护监理工作。

(二)施工环境保护监理的工作方式

监理工程师一般应常驻工地,对施工活动的环保工作进行动态管理。工作方式以巡视为主,根据施工区污染源分布情况,监理工程师定期进行巡视。对特别关心的节点可以进行旁站监理,必要时还可以进行环境监测。巡视和旁站监理的情况,均应予以详细记录。

监理过程中如发现环境污染和生态破坏等情况,监理工程师应立即通知承包人限期整改,一般性或操作性的问题,可以采取口头通知形式。口头通知无效或有污染隐患时,应发出书面通知,要求承包人整改,并根据承包人的书面回复检查整改结果。严重的问题,还应同时向业主汇报。如整改情况不理想,可以发布停工指令。

(三)环境污染和生态破坏事故处理

当工程施工过程中出现重大污染事故时,按如下程序处理:

(1)承包人在发生事故后,除在规定时间口头报告监理工程师外,应尽快提出书面报告事故初步调查结果,报告应初步反映该工程名称、部位、污染事故原因、应急环保措施等。

(2)立即汇报业主,及时向当地汇报,同时书面通知承包人暂停该工程的施工,并根据环保主管部门有关意见,采取有效的环保措施。

(3)监理工程师和承包人对污染事故继续深入调查,并和有关方面商讨后,提出事故处理的初步方案后报业主,交环保主管部门研究处理。

(4)督促承包人做好善后工作。

第二节 施工准备阶段的环境保护监理

一、施工准备阶段的环境保护要点

(一)施工临时用地对环境的影响因素

施工临时用地规划、布置应充分考虑环境保护的要求,全面规划、合理布局、统筹安排建设用地,按照“安全、环保、合理、适用”的原则规划施工便道、便桥、码头、取土场、弃土场、生活区、水池、油库、炸药库等建设用地。避免因选址不慎,造成对环境的人为干扰。

1. 对生态敏感点的影响

选址对生态敏感点的影响包括:特别生态系统、特别环境和珍稀濒危动植物等;公园、绿地、风景名胜区等城市生态环境;水源地、水源林等城市或区域生命支持系统;基本农田、高产良田、特产地、城市菜篮子工程、果木园、种子基地等生存资源;湿地、河口、海湾、红树林、滩涂、水生特产卵地、繁殖场等;各种自然的和人文遗迹等自然与文化保护目标;具有潜在旅游价值或科学美学价值的自然景观;脆弱生态系统或各种自然灾害防治区域或目标等。

为避免因选址不慎造成的生态影响,基本上应采取避让的措施。通过实地踏勘,避开各种生态敏感点,对于公路施工区域附近可能存在的生态敏感点,应加强管理,防止产生人为干扰。

2. 对土地利用的影响

公路施工临时占地通常涉及耕地、园地、林地、牧草地或临近这些用地,另外,还有可能临近鱼塘、河流等水域或居民点。施工区域临近城镇或农村的居民点时,应尽可能租用当地的居民房作为施工生活区。若无现成的房屋可以租用,应尽可能避开农、林等生产用地。对临时借地范围要有明确的边界,具体应按照临时用地审批文件规定的内容和要求,并结合现场的实际情况划定,以便控制对临时借地外围土地的不合理占用。

若对农、林等生产用地的占用无法避免,则在施工结束后,必须恢复原有的土地利用功能。对现场初始的地形地貌、地表植被等自然特征应有客观的文字描述和完整的影像记录,以作为将来恢复的依据和参考。

对于施工营地边界上可能出现的土质开挖面,应有临时防护设施。在条件允许的地区,宜采用生态防护措施,可在开挖的同时进行复绿,选择的植物类型应当是抗逆性强,且多年生的乡土植物,若错过了当年的植物萌发和栽培季节,应在来年进行复绿。在复绿前的土壤裸露期间,宜采用工程防护措施,以防止土壤的自然侵蚀。

3. 对人类的影响

施工产生的扬尘、噪声、振动等对村镇、学校和人们的交通产生一定的影响,应予重视。

4. 对陆地生物的影响

施工的强光照射、噪声会干扰植被和动物的生活规律,严重时会导致植物的死亡以及动物生理紊乱而影响其种群繁殖。

扬尘可能使果木庄稼蒙尘、花不受粉,穗不结实,农业减产,因此,应在光照强度和照射角度上尽量考虑避免对动植物的影响。

对于植物的砍伐,应在林业部门的同意下进行,并严格按照设计要求控制砍伐数量和面积;对于临时发现的古树名木,则应立刻停止砍伐,并报告林业部门,按林业部门要求进行移栽。

5. 对水生生物的影响

生活区污水及施工废水对水生生态系统的影响包括:河道开挖引起水体浑浊,破坏两栖动物生境,破坏湿生植物群落。桩基工程产生的漏油及泥浆水影响水体水质,噪声和振动干扰水生动物,影响洄游性鱼类正常洄游。

对于不可避免的河道及河岸开挖工程,应明确并严格控制开挖界限,不得任意扩大开挖范围,将受影响的两栖动物生境控制在最小范围。

6. 对土壤影响

地表清理及土方工程将对沿线植被及动物栖息地造成永久性的破坏;此外,表层土壤的剥离容易造成土壤结构的破坏和肥力的下降。

地表清理及土方工程造成的生态破坏基本上无法避免,但影响范围是可以控制的。在施工前应明确清理及开挖对象和范围,不应仅考虑方便施工而任意破坏施工区域外围植被。对于古树名木等有保存价值的植物,应事先联系当地林业部门,采取移栽等异地保护方法加以保护。地表清理物应有专门的场地用以处理,不得随意丢弃。

对于剥离的表层土,应予以保存,既可用于其他地面土地改良,也可用于沿线受破坏土地的恢复,在表层土的再利用之前,应有专门的场地用于堆置和保存,并配置相应的防雨和排水设施。

(二)生活、办公区及试验室潜在环境影响(见表6-1、表6-2)

生活、办公区潜在环境影响 表6-1

项　目	序　号	活动内容	潜在影响
食堂	1	油锅炉	1. 漏油;2. 噪声;3. 油烟
	2	油烟机	1. 油烟;2. 噪声
	3	排污	1. 污水;2. 废物
	4	冰箱	有害气体
办公室	1	办公用品废弃	废物
	2	空调	1. 有害气体;2. 噪声;3. 热风
宿舍	1	生活垃圾	1. 废物;2. 有害气体;3. 电池
	2	生活用水	污水
	3	厕所	1. 水污染;2. 土壤污染
停车场	1	车辆	1. 有害气体;2. 污水;3. 噪声
供电设施	1	发电机	1. 噪声;2. 燃油废气

工地试验室潜在环境影响 表 6-2

项目	序号	活动内容	潜在影响
工地试验室	1	沥青加热;沥青蜡含量试验;乳化沥青蒸发残留物含量试验	1. 蒸发气体排放;2. 废沥青;3. 废液体;外加剂;4. 石油醚等化学物
	2	沥青混合料沥青抽提; 沥青闪点试验; 沥青混合料车辙试件成型	1. 三氯乙烯;2. 松节油挥发;3. 煤气;4. 蒸发气体;5. 搅拌时产生沥青气体;6. 废弃物
	3	化学危险药品	强酸强碱腐蚀
	4	材料抗压试验; 材料抗拉试验; 材料混合料击实	1. 压力机排放噪声;2. 电动油泵产生噪声;3. 击实仪产生噪声
	5	水泥混凝土试件制作; 水泥试件制作; 试件养护; 试件切割	1. 振动台产生噪声;2. 智能养护室控制仪产生噪声;3. 切割机产生噪声;4. 废弃物;5. 粉尘;6. 废水
	6	混凝土取芯	1. 取芯产生噪声;2. 废弃物
	7	集料筛分; 集料磨耗试验; 沥青混合料飞散试验	1. 摇筛机产生噪声;2. 磨耗机产生噪声;3. 废弃物;4. 集料粉尘
	8	集料磨光值试验	1. 加速磨光机产生噪声;2. 废弃物
	9	密度试验	放射源

(1)妥善处理生活垃圾。生活区若管理不善,易造成垃圾遍地,甚至会发生传染病,给人们带来危害。生活垃圾应分类堆放,在各个生活区设置垃圾箱和垃圾临时堆放点,定期将生活垃圾转运到附近的填埋场进行卫生填埋,电池必须由相关单位回收处理。

应在每个施工营地设置垃圾箱和垃圾临时堆放点,由专人负责清理并集中处理垃圾。可与当地环卫部门联系,定期将生活垃圾转运到附近的填埋场进行卫生填埋;若所在地区生态环境敏感,则应将垃圾运离敏感区域后再进行处理。

生活垃圾堆放点应选择 30m 范围内无生活用水和渔用水体的废弃沟凹或废弃干塘,堆放点应无直通沟道与邻地相通,不得向垃圾点内排放生活污水。如施工人员集中,生活垃圾需增加处理设施和加强管理,人员较多时可增设垃圾筒,防止无序倾倒。施工人员如自建宿舍,应配套建设简易厕所,简易厕所应尽量建成有冲洗水和粪便回收装置的流动厕所。

在偏远地区,可考虑就近填埋,一般情况下,应将营地内的生活垃圾集中收集后,运至附近的弃渣场填埋。为防止生活垃圾的二次污染,垃圾箱和垃圾运输车应采用封闭式,垃圾箱存放点地面应做硬化处理,存放点的设置应远离河流、鱼塘、水沟等环境敏感点。对生活垃圾应做到每日清运,垃圾箱存放点及周边应保持清洁。

(2)修建临时性污水处理设施。为汇集与处理由临时驻地的住房、办公室、其他建筑物和流动性设施排放的污水,须在合适的地点修建容量适当的临时污水处理池,建有化粪池或其他能满足要求的系统,并予以管理、维护直至合同终止。

生活服务区污水和洗车水,不得排入《地面水环境质量达标》(GB 3838—2002)中所规定的Ⅰ、Ⅱ类水域。排入其他水域时,必须符合相应的水质标准,不符合时要进行水质处理,如油污水应进行隔油处理。机械和车辆最好有附近专门清洗点或修理点进行清洗和维修。

(3)施工噪声应当符合国家规定的环境噪声施工场界排放标准(GB 12523—90)。生活区在整个施工期都存在,因此在不同阶段执行相应的标准。各施工阶段(土石方、打桩、结构三阶段)限值中,最严的限值为:昼间70dB,夜间55dB。生活区场界噪声也应以此来控制,因为生活区噪声控制措施应适用于各施工阶段,不太可能随施工阶段不同不断调整。生活区对环境影响最大的噪声源是备用的柴油发电机,应放置在室内,加强门窗隔声,并在进风口、出风口安装消声器。同时还应注意室内通风(安装轴流风机),以免烧坏电机或发生爆炸。某些承包人的生活区还可能与生产区合建,生产区的主要噪声源还有:空压机、风机、轧石机等,应相应采取隔声、消声、减振等措施。生活区应离开居民点200m以外。

(4)厨房应设置排风系统。如果厨房附近有居民,应采取如下措施:较大的通风管道安装消声器或采取管壁阻尼减振;管道穿墙(或支撑)处应采用避振喉(或避振吊钩);加装油烟净化器化油烟,并以高于周围建筑的高度排放;油烟净化器应安装在室内。

(5)放射源的服役、退役管理必须严格执行《中华人民共和国放射性污染防治法》,建立严格的审管体系,明确分工,互相配合,使放射性污染始终处于有效控制状态下。有放射源装置的场所应当设置明显的放射性污染标识和中文警示说明。使用单位应编制应急计划,设立应急机构,建立必要的反馈制度和事故(或事件)报告制度。

对废弃的放射源,应加强管理,避免停用放射源或废密封放射源由于管理不当而导致被盗或丢失。废放射源应委托国家批准的专业处置单位妥善处理。为了便于搬运、储存、运输和最终处置,对废放射源应按照《低、中水平放射性固体废物包装安全标准》(GB 16933—97)、《放射性物质安全运输规定》(GB 11806—89)、《电离辐射防护与辐射源安全标准》(GB 1887—2002)和《放射性废物近地表面处置的废物接收准则》(GB 16933—97)进行整备,满足放射性物质安全运输的规定、长期储存的要求和处置场的接收准则。原废放射源储存场所必须进行必要的处理(包括墙体、裸露泥土等),并根据需要设置永久性标志。

(三)临时施工道路的潜在环境影响

临时施工道路对周围环境的潜在影响主要是对土地利用、水土流失及扬尘等污染,例如临时施工道路的开辟和修筑以及运输车辆的行动会破坏地表植被,包括耕地、用地、林地以及牧草地等,主要防治措施有:

(1)临时施工道路的开辟和修筑以及运输车辆的行驶会破坏地表植被,包括耕地、园地、林地以及牧草地等。为此,应规划好临时施工道路的路线走向,以减少植被破坏为首要原则,尽量利用现有的道路;若无现成道路可利用,则应严格控制施工道路修筑边界,路线走向必须绕开各种生态敏感点(区)。

在草原、戈壁等生态脆弱区,对施工便道要严格规定。这些区域地势平坦,施工繁忙时车辆常常会在便道以外任意行驶,破坏当地生态,甚至可能造成不可恢复的生态破坏。此外在山区施工时,也要对便道作出严格规定。

(2)对于施工道路边界上可能出现的土质裸露边坡,应有临时防护设施;在条件允许的地区,宜采用生态防护措施,可在施工道路修建的同时进行复绿;在气候条件恶劣地区,应有防止土壤侵蚀的工程防护措施,以防止土壤的自然侵蚀。

(3)施工便道属临时性质,载重汽车来往频繁,容易损坏,应及时修补保持平整,设立施工道路养护、维修专职人员,随时保持运行状态良好,减少扬尘污染。

(4)运输车辆行驶产生的扬尘影响植物(作物)正常繁殖和发育过程,应通过路面硬化处理以及定期清扫、洒水抑制扬尘的发生,路面应始终保持湿润。对施工车辆要求限速行驶,行车速度越慢,扬尘越小。施工废气、粉尘排放,应当符合国家规定的环境空气质量标准(GB 3095—96)。

(5)施工噪声应当符合国家规定的施工场界排放标准。居民区附近禁止施工便道的夜间作业,必要时应报告当地环保部门批准,并公告居民。

(6)施工结束后,必须恢复临时占用土地原有的土地利用功能。对现场初始的地形地貌、地表植被等自然特征应有客观的文字描述和完整的影像记录,以作为将来进行恢复的依据和参考。

(四)临时材料堆放场的潜在环境影响

临时材料堆放场的环境潜在影响是对土地利用的影响,为符合材料的堆置要求,料场的选址多位于地势较平坦的地域,通常涉及耕地、园地、林地、牧草地或临近这些用地。此外,物料的散失和飘散污染也会影响环境,主要防治措施有:

(1)对临时借地范围要有明确的边界,具体应按照临时用地审批文件规定的内容和要求,并结合现场的实际情况划定,以便控制对临时借地外围土地的不合理占用。若对农、林等生产用地的占用无法避免,则在施工结束后,必须恢复原有的土地利用功能。对现场初始的地形地貌、地表植被等自然特征应有客观的文字描述和完整的影像记录,以作为将来进行恢复的依据和参考。

(2)水泥、石灰、矿粉等堆置和撒落会通过改变土壤的理化性质,破坏土壤的结构以及土壤微生物的理化环境,从而降低土壤肥力。因此水泥、石灰、矿粉要有指定的地点堆置,并且应采取密封存放的方式,控制其扬尘;存放点地面应做硬化处理,硬化处理前应剥离地表熟土,并集中保存。施工结束后,应去除硬化地面,将保存的熟土回填,并恢复初始地表植被。对于堆置点附近可能被污染的土壤应进行改良,恢复其肥力。

(3)材料仓库和临时材料堆放场所要防止物料散漏污染。仓库四周应有疏水沟系,防止雨水侵湿,水流引起物料流失。

(4)沥青、油料、化学物品等不得堆放在民用水井及河流湖泊附近,并采取措施,防止雨水冲刷进入水体。

(5)水泥和混凝土运输应采用密封罐车。采用敞篷车运输时,应将车上物料用篷布遮盖严密。

(6)多风云天气(或大风来临前)应注意对物料加以覆盖,减少扬尘。

(7)石灰石、电石、雷管、炸药不得露天堆放,炸药应有专门的仓库。

(五)拌和场和预制场

拌和场和预制场潜在环境影响见表6-3。

拌和场和预制场潜在环境影响 表6-3

序　号	活动内容	潜在影响
1	拌和场、砂石场、轧石场	1.扬尘;2.废水;3.噪声;4.固体废弃物
2	预制场	1.废水;2.噪声;3.固体废弃物

施工中主要防治措施有:

(1)稳定土拌和场、水泥混凝土拌和场、沥青混凝土拌和场等各种拌和场以及砂石场、轧石场等不得设在饮用水源地保护区内。对临时借地范围要有明确的边界,以便控制对临时借地外围土地的不合理占用。若对农、林等生产用地的占用无法避免,至少要避免对生态敏感点(区)的影响,且在施工结束后,必须恢复原有的土地利用功能。周围应有良好的排水系统,设置隔离栅、沉淀池。

(2)场地平整将对沿线植被及动物栖息地造成永久性破坏,此外,表层土壤的剥离容易造成土壤结构的破坏和肥力的下降。对于剥离和开挖的土壤,应予以保存,既可用于其他地面的土地改良,也可用于沿线受破坏土地的恢复,在土壤的再利用之前,应有专门的场地用于堆放和保存。

(3)水泥、沥青、石灰、矿粉等堆置和撒落会改变土壤的理化性质,破坏土壤的结构以及土壤微生物的理化环境,从而降低土壤肥力。水泥、沥青、石灰、矿粉要有指定地点堆置,并且应采取密封存放的方式,控制其扬尘;存放点地面应做硬化处理,硬化处理前应剥离地表熟土,并集中保存。施工结束后,应除去硬化地面,将保存的熟土回填,并恢复初始地表植被。对于堆置点附近可能被污染的土壤应进行改良,恢复其肥力。

(4)拌和场和预制场地向周围环境排放噪声应当符合施工场界排放标准。拌和楼的声源位置较高,声级又强,一般屏障等治理措施很难达标,唯一简易可行的办法就是远离,因此对拌和场的选址应严格把关。

(5)大型拌和场(预制场)应配有除尘装置;砂石料场及时洒水;砂石装卸时应尽量降低落差。施工人员应配有防尘用具,以保护工人健康。小型临时拌和场地应离敏感点大于100m,并应尽量避开下风向有人群的地段。

(6)砂石料冲洗废水其悬浮物含量大,需建沉淀池,悬浮物进行沉淀后排放。部分废水澄清后可用建筑工地洒水洗尘。

(7)混凝土搅拌车应定点清洗,设置临时沉淀池对清洗水沉淀处理后方能外排。有条件者,也可采取废水回收处理后循环使用。

(8)混凝土养护可以直接用薄膜或塑料溶剂喷刷在混凝土表面,待溶液挥发后,与混凝土表面结合成一层塑料薄膜,使混凝土与空气隔离。

(9)夜间施工,强光照射会干扰植被和动物的生活节律,严重时会导致植物的死亡以及动物生理紊乱而影响其种群繁衍。在附近有保护物的情况下,应缩短夜间施工时间,必要时,在施工区域周围设置高于光源的挡土墙。

(10)上述拌和场和砂石场、轧石场距离学校、医院、疗养院、城乡居民区和有特殊要求的地区不宜小于300m,减少它们对环境敏感点的粉尘和噪声污染。

(11)在堆土场、灰土拌和场的周围设土工布围栏,既防止泥土、灰料等进入水体、农田,雨季又可以拦截泥沙。土工布围栏的做法是,用宽65m的土工布,每3m设置直径≥5cm的立柱,土工布固定在立柱上,并将15cm压埋在地下。

(六)取、弃土场对环境的潜在影响

公路沿线取土场(采石场)的选址及开挖面的选择,直接关系到当地水土保持及公路两侧景观的完整性。公路建设所需的土石材料,应采取集中料场取料,切忌随意布置小料场,对山坡及其植被肆意破坏,既影响环境面貌,又容易产生塌方滑坡。碎石加工时应进行洒水或除尘器除尘,冲洗砂石的废水应通过沉淀池沉淀合格后排放,部分废水澄清后可用于洒水降尘。若采用商品石料,应采购合同中提出对临时料场的环保要求。取土场(采石场)的开挖面应设在背向公路侧,以避免产生色差、破坏山体轮廓线,造成视觉污染。

弃土(渣)场若选址不合理,则有可能导致河道淤塞而阻碍行洪、滑坡、地基下陷,压埋植被以及损毁耕地、园地、林地、牧草地等土地,并破坏景观。

环评报告书对弃土(渣)场若选址合理性应有明确的论述,应根据环评报告书的结论对弃土(渣)场进行认定,并根据工程设计图纸明确弃土(渣)场的范围。弃土(渣)应在指定范围内严格按照设计技术要求进行堆置。

取土区、弃土场禁止选用森林、草地和湿地。应按照设计或有关文件规定的界限和要求施工,绝不能任意选址或扩大范围。

二、施工准备阶段的环境保护监理要点

公路工程施工环境保护应贯彻"预防为主、防治结合、综合治理"的原则,树立"原始的就是最美的,不破坏就是最好的保护,力求施工中最小程度的破坏,施工后最大限度的恢复"的环保理念,在施工准备阶段,监理工程师应做好以下准备工作:

(1)熟悉工程资料,掌握工程整体情况(包括工程环境影响区域)。环境保护监理人员应掌握项目环境影响评价和水土保持方案提出的环保要求和措施,熟悉环评和水保批复的内容,对照工程设计文件、图纸以及现场环境,对施工期的环保情况形成一个整体的概念,并对敏感的保护目标作出标识。

(2)编制施工环境保护监理规划。

(3)根据施工环境保护监理规划,编制单位工程的环境保护监理实施细则。

(4)根据工程情况,配置必需的环境监测设备和仪器。

(5)建立环保工作网络,要求承包人建立环境保护管理体系。

(6)审查承包人编制的《施工组织设计》,对不符合工程环保要求的环节内容提出改正要求,对遗漏的环节和内容要求增补。

(7)审查取(弃)土场、采石场的选址,对生态敏感点和取(弃)土场、采石场进行必要的实地踏勘。

(8)审查承包人的临时用地方案,所有便道、便桥、便隧,必须经监理工程师审批同意后才能使用。

(9)参加第一次工地会议,对承包人进行环境保护监理交流。

(10)对现场试验室放射源的处置,监理工程师应全过程旁站监理,保证放射源得到妥善处置。

(11)施工场地和便道附近有敏感保护对象时,对施工车辆作出限速行驶的规定,并对执行情况进行巡查。

(12)对营地、办公区、试验区、材料堆场、拌和场、预制场以及取(弃)土场的环保措施执行情况、环保设施运行维护情况,进行巡查。

第三节　施工阶段的环境保护监理

一、路基工程

(一)路基工程环境保护基本要求

1.场地清理

（1）公路用地及借土场范围以内的所有垃圾和非适用材料均应清除与移运到适宜的地方妥善处理。

（2）清除的表层腐殖熟土应集中堆放，以备工程后期用于绿化，或用于弃土、渣场复土还耕。

2. 防水、排水

（1）临时排水设施应与永久性排水设施相结合，污水不得排入农田、耕地和污染自然水源，也不得引起淤积和冲刷。

（2）在施工过程中，不论何种原因，在没有得到有关管理部门的书面同意的情况下，各类施工活动不应干扰河流、水道或现有灌渠或排水系统的自然流动。

（3）在路基和排水工程（涵洞、倒虹吸等）施工期间，应为邻近的土地所有者提供灌溉与排水和临时管道。

3. 路基挖方

（1）路基挖方施工和开挖方法应考虑对地下历史文物、自然保护区的保护措施，同时不得对邻近的设施及其正常使用产生破坏及干扰。

（2）挖方施工中产生的弃方不得弃入或侵占可耕地、农田灌溉渠道、河道、现场通车道路等场所，必须运至指定的弃方场。

（3）弃土的堆放应整齐、美观、稳定，必要时坡脚应予加固处理，并且排水通畅。

4. 路基填方

（1）在取土和运输过程中不得损坏自然环境。

（2）借土结束或借土场废弃时，应对借土场地面进行修整和清理，在条件许可时最好在地表覆盖熟土还耕。

（3）粉煤灰路堤施工中，粉煤灰的运输和堆放应于潮湿状态，运输车辆周边密闭，顶面加盖，以防粉灰沿路散落飞扬而污染环境，防粉煤灰遭雨水冲刷流失而污染附近水源和农田等。

（二）路基工程环境保护要点

路基施工应做好临时排水，并与永久性排水系统相结合，避免积水及冲刷边坡，取土场、弃土场应做好水土保持工作，施工产生的振动、噪声、扬尘应减小到最低限度。

1. 地表清理及结构物拆除环保要点

开挖施工中表层土保护是一个重点环境保护问题，表层土流失除引起水土流失外，也可能引发一系列生态平衡失调，如植被丢失，景观破坏等。地表清理将对沿线植被及动物栖息地造成永久性破坏；易造成土壤结构的破坏和肥力的下降。地表清理及结构物拆除潜在的环境影响见表6-4。

地表清理及结构物拆除潜在环境影响 表6-4

序号	活动内容	潜在影响
1	清除草丛、树林等植被	1. 生态破坏；2. 水土流失
2	清淤	水土流失
3	结构物拆除	1. 扬尘；2. 噪声；3. 损害景观
4	场地积水处理	1. 水污染；2. 传播病媒
5	废弃物处理	1. 废弃物流失；2. 传播病媒

（1）在清除表层淤泥、杂草前，应明确清理对象和范围，不应仅考虑方便施工而任意破坏

沿线两侧的植被。对于古树名木等有保存价值的植物，应事先联系当地林业部门，采取移植等异地保护的方法加以保护。树根挖除深度以正好挖出为宜。清除物中的树木、农作物、杂草，除部分可作为肥料外，应尽快运至经审批的水土保持方案所确定的弃渣场，不得随意丢弃。对于挖出的表土，应在施工区域附近选择地形平坦的地点集中堆置，可用于将来沿线绿化和地表恢复，堆置期间应有防雨设施覆盖，以防止雨水冲刷和水土流失，并设置相应的排水系统。不用于本地恢复的，可直接覆盖至可供耕作的其他地面。

（2）路基用地范围内的旧桥梁、旧涵洞、旧路面和其他障碍物的拆除，若周围30m范围内有居民点的，在拆除时，宜整体大部件吊装移除，减少粉尘排放，并且在拆除前应对被拆除体充分洒水，保持湿润并对正常排水作出妥善安排，拆除的废弃物应及时清运，以防造成二次污染。

（3）注意特殊对象的保护。

①热带植被。植被群落类型繁多，生态系统结构复杂。即使是少量植物的清除，也会导致局部生物多样性受损。因此在热带森林，应充分考虑生物多样性的保护问题，对于施工区域内可保留的植被均应加以保护。由于热带雨量充沛，雨水对受干扰土壤的冲刷剧烈，因此，施工中应尽量减少对施工区域以外的土壤扰动。

②地被层的保护。热带或亚热带森林的多层特点，包括有凋落物所形成的地被层，不但保证了生物多样性存在的环境，而且对水土保持与土壤的发育有很大的作用，因此，在清理林下的植物或凋落物时，宜将清理物收集后重新散置于周边森林中。

③干旱河谷。四川和云南的西部，沿大江两岸的谷地，有许多地方当地称之为“干热坝子”，一般统称为“干旱河谷”。这些河谷比两侧山坡要暖和，年降雨量比山地上部少，河谷中主要的植被是灌丛或草木，或混生了稀疏的乔木，这种植被截留地表径流能力差；地表凋落物少，分解快，土壤腐质层发育差，保水性能弱；除阶地、台地外，山地一般比较陡峭，物质移动快，只需中等程度的干扰，如开垦，山坡的稳定性即遭破坏，千百年来形成的土壤表土层，即毁于一旦。

因此，在该类型区域，对表土的保护尤为重要，应将开挖的表土尽快散置于周边土层薄或林木稀疏的台地上，对于开挖边界的土壤刨面，应及时进行恢复。由于降水量不足的限制，因此，在恢复上主要是种植灌草，而不宜在原来不能生长森林的地方植树造林。

④风眼和沙尘暴。西北干旱区温暖带是我国的干旱中心，大部分地区年降水量在60mm以下，植被稀疏，地表物质疏松，沙源丰富，该地带大风日数很多，主要发生在春季。当地天然植被的人为破坏是导致生态环境恶化的主要原因，植被遭受破坏后，常形成许多“风眼”（起沙突破口）引起风沙再起，导致土地沙漠化面积扩大。

沙尘暴是西北干旱区的主要气候灾害之一，也是该地区自古就有的气候灾害之一，故在地表清理过程中，要充分重视避免引发土壤沙化，注意减少对干旱区域植被的破坏，减少沙源。

⑤青藏高原。青藏高原的森林主要集中分布在高原温带湿润地带，青藏高原的东部和南部，东起川西高原即横断山区的中北部，向西南延伸到喜马拉雅山区。森林上限变动于海拔4 100 ~4 300m之间，林线附近的森林遭到破坏后更新困难，往往被灌丛草甸所替代，在云、冷杉木分布区这一现象很普遍，森林的保护与更新任务在该地带十分艰巨。

青藏高原草地资源分布几乎覆盖整个高原的腹地及其西北部。分布面积最广的是高寒草甸，其次是高寒草原和高原荒漠类草地。青藏高原草地稀疏，覆盖度一般较低，产草量低，一旦草场遇到破坏就极难恢复。

由于恢复困难，地表受干扰后发生退化将是永久性的，因此，严格控制处理面积，将干扰限制在最小程度始终是这一区域作业的首要原则。

2. 路基开挖环保要点

路基开挖潜在环境影响见表6-5。

路基开挖潜在环境影响 表6-5

序号	活动内容	潜在影响
1	土石方开挖	1. 生态破坏;2. 水土流失;3. 噪声;4. 扬尘;5. 损害景观
2	挖掘机、装载机等作业	1. 噪声;2. 漏油;3. 扬尘;4. 有害气体
3	土石方运输	1. 沿路撒落;2. 随意丢弃
4	运输车辆	1. 噪声;2. 尾气;3. 扬尘

路基开挖对沿线植被及动物栖息地将造成永久性的破坏;此外,土壤的剥离与开挖容易造成土壤结构的破坏和肥力的下降。

(1)土石方开挖

①将开挖范围严格控制在施工范围内,不应仅考虑方便施工而任意破坏施工范围之外的植被土壤。注意对图纸未示出的地下管道、光缆、文物古迹和其他结构物的保护。

②路基开挖,应有相应的土石方调配方案,尽可能利用。开挖应自上而下进行,不得乱挖和超挖。若发现实际与设计勘探的地质资料不符时,特别是土质较设计松散时,应修改施工方案及挖方边坡,保证坡面稳定。施工过程中如修建平台后边坡仍然不能稳定或大雨后立即坍塌时,应考虑修建石砌护坡,在边坡上植草皮或做挡土墙。在雨水充沛地区,应及时设置排水沟及截水沟,避免产生边坡崩塌、滑坡。剥离表层土予以保护和利用,若不用于本地恢复的,应在施工区域附近集中堆置,并设置相应的防雨和排水设施。

③对于施工取土,需做到边开采、边平整、边绿化,同时要做到计划取土,及时还耕。对公路两侧取土,要做好规划,需有利于荒地改造。南方地区可与修建养鱼、虾池有计划地结合起来,并与路基保护一定的距离杜绝随意取土,禁止在河渠、沟堤取土。

④挖、填方工程量过大的路段应避免雨季施工,尽可能安排在11月~来年4月期间,避免雨季施工带来的严重水土流失。如不能避开雨季施工,应尽量减少施工面坡度,并做到填料的随取、随运、随铺、随压,以减少雨水冲刷侵蚀。

⑤开挖回填时应做好临时排水系统,雨季来临前将开挖回填、弃方的边坡处理完毕。

⑥在有雨水地面径流汇集处开挖路基时,以及在临时土堆周围、还有其他容易产生水土流失的地段,应设置沉淀池,作用是雨水流经时流速减慢使泥沙下沉,防止水土流失。泥土沉淀池沿路线长度视需要确定,沉淀池可用挖掘机在路基旁开挖出0.5~1m深、20~30m的凹地,并在沉淀池的出水一侧设置土工布围栏,使泥沙再次受到拦截。当路基建成、排水涵管铺设完毕后,推平沉淀池。

(2)弃方的处理

①在有弃方的路段开工前,在施工组织设计中应明确弃方数量、调运方案、弃方位置及堆方形式、坡脚加固处理、排水系统的布置等相关安排。弃土堆应堆置整齐、稳定,排水畅通,避免对周围的建筑物、排水及其他任何设施产生干扰和破坏,避免造成环境污染。

②开挖中挖出的未被利用的剩余材料、清理场地的杂物和废料,以及不适合做路堤填料的

材料,不得任意废弃,都应运送至图纸所示的地点(弃渣场)堆放。沿溪及沿山坡和图纸规定不能横向弃置废方的开挖路段,必须严格在指定的弃方场弃方。

③弃方运输过程中应有覆盖,并严格按照指定路线行驶,将因运输造成的沿线土壤和植被损失控制在最小程度。运输路线经过住宅区、学校等敏感地区时,注意调整作业时间,避免交通噪声干扰人民生活。

④改河、改渠、改道开挖出的土石方除可利用外,应按弃方妥善处理。

(3)石方爆破

①凡不能采用机械或人工直接开挖的石方,才可采用爆破法开挖,石方爆破作业应查明空中缆线、地下管线的位置,确定爆破作业的危险区域,并采取有效措施防止人、畜、建筑物和其他公共设施受到危害和损失。在危险区域的边界应设置标志,建立警戒线,显示爆破时间的警戒信号,在危险的入口或附近应设置标志,并派人看守,严禁人员在爆破时进入危险区。在风景名胜等受保护区域附近进行爆破作业时,以免破坏保护对象。如采用减弱松动爆破都无法保证安全时,可采用人工开凿、化学爆破或控制爆破。

②石方开挖,应充分重视挖方边坡稳定。在地形、地质、开挖断面适合时,应采取预裂、光面爆破技术开挖边坡,减少对山体的扰动,保持边坡稳定。石方爆破作业应以小型及松动爆破技术为主,减小爆破振动影响。路堑开挖前先挖截水沟,挖至设计高程后及时砌筑护坡、排水沟、急流槽等设施,并保证工程质量,防止坡面崩塌造成的不必要的水土流失。

③需要爆破时,如附近有村庄,应尽可能以挖掘代替爆破,以多点少药代替大剂量炸药爆破,采用延时爆破技术等手段降低噪声和振动。夜间禁止开山爆破。敏感点及文物保护单位附近禁止开山放炮,确需放炮作业的,应先检查被保护建筑是否属于危房,适当加固,并加以阻挡和防护,防止飞石,并减小振动对建筑物的影响。

④在山地或森林等野生动物分布较集中的区域,爆破前宜采用人工手段对爆破区内可能存在的野生动物进行驱赶,避免其因爆破造成意外死亡。

⑤开山施工应特别注意避免对特殊地貌景观的破坏以及避免引发泥石流等地质灾害。

(4)边坡修整

①边坡开挖后出露的块石及植物根系应尽量予以保留,以减少开挖面土壤的散落,开挖面的坡度应严格按照设计图纸设置,以免造成坍塌或加剧水土流失。

②合理安排各工序的施工时间和程序,分段施工,尽量减少工作面。在土方工程完成后,立即开始护坡、挡土墙、路基边坡草地、铺砌排水沟等工程。完成一段后再开始下一段工段。

③及时开始边坡的护坡工程和绿化植草,土木工程和生物工程相结合。这种综合治理的成功办法,可以有效地防止路堑边坡滑塌造成的水土流失,按照设计和规范要求控制好坡度。

④拟设挡土墙的路堑,为及时防护,可采取纵向分段挖掘法,以便同时分段修筑挡土墙。

⑤拟设防护工程的边坡,当防护工程不能紧跟开挖施工时,应暂时留下一定厚度的保护层或放缓坡度,待防护工程施工时再刷坡挖足。

⑥在雨水充沛地区,及时设置排水沟及截水沟,避免产生边坡崩塌、滑坡。

(5)噪声控制

该阶段施工场界噪声限值为昼间75dB,夜间55dB。

3. 路堤填筑环要点

路堤填筑潜在环境影响见表6-6。

路堤填筑潜在环境影响 表6-6

序 号	活动内容	潜在影响
1	借方作业	1. 噪声;2. 漏油;3. 扬尘;4. 有害气体
2	土石方运输	1. 沿路撒落;2. 随意丢弃
3	运输车辆	1. 噪声;2. 尾气;3. 扬尘
4	压路机、夯实机械等	1. 噪声;2. 漏油;3. 有害气体
5	履带式设备行驶	对道路场地破坏
6	施工设备、车辆等维修保养	1. 机油洒弃;2. 零配件丢弃;3. 包装物丢弃
7	土工格栅等铺设	边料丢弃

路堤填筑应采取有效的环保措施防止水土流失、边坡冲刷,确保路基稳定。施工机械引起的振动、噪声、扬尘,应符合国家规定的相关要求,在学校、疗养院、居住区等敏感点附近,夜间应停止作业,若确需连续作业,应报环保部门批准,并公告公民。

①路基施工中,应保持通行道路湿度,避免过往车辆卷起扬尘,污染周边空气环境。应严防施工机械跑、滴、漏油,以避免对土壤和水环境的污染。运料车辆应加盖篷布,按照指定路线行驶,在已建成通行的道路上行驶,应保持原有道路整洁畅通。

②填方工程量过大的路段应避开雨季施工,避免雨季施工带来的严重水土流失。在雨季来临之前安排将开挖回填土方的边坡的排水设施处理好,并防止路基施工中发生污染农田事件。如不能避开雨季施工,应尽量减少施工面坡度,并做到施工用料的随取、随运、随铺、随压,以减少雨水冲刷侵蚀。

③雨季施工时,应及时掌握气象预报资料,以便按降雨时间和特点实施雨前填铺的松土压实等防护措施,减少水土流失。路堤填土后应立即平整顶面并压密实,保证适当的排水横坡,边坡铺砌前挖设临时急流槽并用塑料布铺底,雨季时用沙袋或草席压住坡面进行暂时防护,防止护坡面的水土流失。

④山区公路路基施工要先做初步挡护再进行开挖或填土,防止土、石进入河流或谷地影响水质和泄洪。

⑤借方土料场使用前,应将表土剥离开并集中堆置,配以防雨排水设施(同挖方的表土处置)。

⑥填筑路基时,应分层碾压并检查压实度,要求填土层压实度达到要求后方能允许填筑上一层填土,只有分层控制填土的压实度,才能保证控制水土流失量。对填石路段,采用冲击式压实机械,还应防止强烈振动对周边结构物产生的危害。

⑦粉煤灰路堤施工中,粉煤灰的运输和堆放应呈潮湿状态,运输车辆周边密闭,顶面加盖,以防粉煤灰沿路散落飞扬而污染环境。同时在施工路堤两侧应有良好的排水设施和防雨水冲刷的措施,以防粉煤灰污染附近水源和农田等。半填半挖交界处,或采用加筋挡墙的地段采用土工合成材料加筋时,边角料应回收,不得随意丢弃。

⑧对成形路段适时洒水,减轻扬尘污染。临时坡面应做集中排水槽;暴露面及时压实、及时洒水,注重水土保持工作,并控制扬尘污染。

⑨运输路线经过住宅区、学校等敏感地区时,注意调整作业时间,避免交通噪声干扰人民生活。

⑩该阶段施工场景噪声限值为昼间75db,夜间55db。

4. 特殊路基处理

(1)软土、沼泽地区路基

软土、沼泽地区路基施工,应注意解决可能出现的路基盆形沉降、失稳和路桥沉降差等问题。路堤填筑前,应排除地表水、保持基底干燥。淹水部位填土应由路中心向两侧填筑,高出水面后,按要求分层填筑并压实。软土、沼泽地基应根据软土、淤泥的物理力学性质、埋层深度、路堤高度、材料条件、公路等级等因素分别采取置换土、抛石挤淤、超载预压、反压护道、渗水及灰土垫层、土工织物、塑料排水板、碎石桩、轻质路堤、深层加固等措施。

(2)滑坡地段路基

滑坡是指在一定的地形质条件下,由于各种自然的和人为的因素影响,山坡的不稳定土(岩)体在重力作用下,沿着一定软弱面或带作整体的、缓慢的、间歇性的滑动变形现象。滑坡是山区公路的主要病害之一,对山区公路建设和交通设施危害很大,勘察工作繁重,防治工作艰巨。对大型滑坡应尽量绕避,当路线绕避困难,或经济上显著不合理而又必须通过滑坡时,应根据滑坡规模的大小,进行具体方案选择,采取综合治理并力求根治。软基处理的环境影响见表6-7。

软基处理的环境影响 表6-7

序号	活动内容	潜在影响
1	砂砾垫层	1. 生态破坏;2. 水土流失
2	软土浅层处治	1. 生态破坏;2. 水土流失
3	轻质路堤及加筋路堤	边料丢失
4	反压护道	1. 生态破坏;2. 水土流失
5	预压	
5.1	超载预压和等载预压	1. 生态破坏;2. 水土流失
5.2	真空预压	1. 生态破坏;2. 噪声;3. 边料丢失
6	竖向排水体	
6.1	砂井	1. 生态破坏;2. 噪声
6.2	袋装砂井	1. 扬尘;2. 噪声
6.3	塑料排水板	1. 噪声;2. 边料丢失
7	粒料桩	1. 扬尘;2. 噪声
8	加固土桩	1. 扬尘;2. 噪声
9	强夯法	噪声
10	薄壁混凝土管桩	1. 噪声;2. 漏油

①滑坡体未处治之前,禁止在滑坡体上施加荷载(如停放机械、堆放材料、弃土等)。

②滑坡直接影响到公路路基稳定时,不论采用何种方法处理,都必须做好地表水及地下水的处理。

③对于滑坡顶面的地表水,应采取截水沟等措施处理,不让地表水流入滑动面内。必须在滑动面以外修筑1~2条环行截水沟;对于滑坡体下部的地下水源应截断或排出。

④对于挖方路基上边坡发生的滑坡,应修筑一条或数条环形水沟,但最近一条必须离滑动裂缝面最少5m以外,以截断流向滑动面的水流。滑坡上面出现裂缝须填土进行夯实,避免地

表水继续渗入，或结合地形，修建树枝形及相互平行的渗水沟与支持渗沟，将地表水及渗水迅速排走。

⑤当挖方路基上边坡发生的滑坡不大时，可采用刷方（台阶）减重、打桩或修建挡土墙等方法进行处理，以达到路基边坡稳定，同时，宜修筑排水沟、暗沟（或渗沟）排出地下水。滑坡较大时，可采用修建挡土墙、钢筋混凝土锚索等方法处理，不论采用何种方法处理，其基础都必须置于滑动面以下的硬岩层上或达到设计要求的深度。同时宜修筑渗沟、排水涵洞（管）或集水井等排除地下水或修建地下截水墙截断地下水。

⑥对于填方路堤发生的滑坡，可采用反压土方或修建挡土墙等方法处理。当滑坡较大时，或采用反压土方或修建挡土墙、钢筋混凝土锚固桩、预拉应力锚索等方法处理，修建构造物的基础必须置于滑动面以下的硬岩层上或达到设计要求深度。

⑦对于沿河路基发生的滑坡，可采用修建河流调治构造物（如堤坝、丁坝、稳定河床等）、挡土墙等方法处理，其构造物的基础必须置于河流冲刷线以下设计要求的深度或硬岩上。

⑧滑坡表面处治可采用整平夯实山坡、填筑积水坑、堵塞裂隙或进行山坡绿化方法固定表土。

（3）崩坍与岩堆地段路基

崩坍一般是指岩崩与坍塌的总称。在陡峻山岭地区修筑公路，由于地质历史与地质背景的不同，以及受当地地形、气候、岩性、地层构造的特点，地震作用等因素的影响，斜坡上常遇到不同程度的崩坍现象，崩坍对路基稳定的危害是不容忽视的。在公路勘察中应对崩坍作出预测和稳定评价，以采取有效的防治措施。

岩堆则是指陡峻山坡上，岩体崩坍物质经重力搬运，在山坡坡脚或平稳山坡上堆积的松散堆积体。在岩堆地段修筑路基，必须采取有效的防治措施以求稳定。

①路基通过岩石容易崩坍地区，不论采用何种方法处治，都必须排除崩坍地段对路基造成损坏的潜在威胁或隐患。同时，必须采取预防岩石坍落的安全措施，保障施工中的安全。

②岩堆上部挖方地段，如有塌落危险的危岩，用一般防护工程不能防止塌落时，应采用清除的办法处理（清除过程中，应做好安全防护措施，保障安全施工），或采用修筑防止落石工程如岩石加固（或锚固）工程（落石防护栅、防护栅）等进行防护。

③设置封面或护面墙以阻止岩石表面风化发展，防治零星碎落。

④清除山坡或边坡坡面崩落的岩块，并放缓边坡。

⑤在基岩破碎严重，落石经常发生的路段，采用拦石墙与落石槽等拦截构造物。

⑥对在边坡上局部悬空的岩石，可视地形和岩层情况采用钢筋混凝土立柱或水泥砂浆片石支顶。

⑦当边坡为软、硬岩层相间的地层，软岩部分风化严重形成凹壁时，可采用内部干砌片石，表面水泥砂浆砌片嵌补。

⑧对有软弱结构面而易引起崩坍的高边坡，可采用锚杆喷射混凝土护坡，防止软弱结构面的张开和扩大。

⑨当崩坍量大，发生频繁而设拦截构造物有困难时，可采用明洞、棚洞等遮挡构造物。

⑩岩堆地段的路基处理宜在旱季施工，并符合设计和施工规范要求。岩堆地段的施工，应先做好临时排水系统。对于地表水应予拦截引离，防止渗透；对于地下水应采取渗沟、盲洞及平孔等排水措施。禁止在岩堆处盲目加载，破坏岩堆的稳定性。

（4）泥石流地区路基

泥石流多发生在山区，路线通过泥石流沟时，应对地貌特征、泥石流的规模、危害程度、流体性质、物质组成、发展趋势等沿沟进行实地调查，掌握泥石流的具体情况，以确定适合的防治措施。对于穿过泥石流沟的路基应采取以下环保防治措施：

①采用桥梁、涵洞、过水路面、隧道、渡槽穿越泥石流沟。

②在桥涵进出口段设置排导沟，以减缓泥石流对路基的冲击。

③在泥石流沟内设置拦挡坝，防止泥石流沟床下切，山坡滑坍和携带的冲积物危害路基。拦挡坝可用片石、混凝土、石笼、土等材料砌筑。坝顶应采用平顶式，当两端岸坡有冲刷可能时，应采用凹形。

④对于流石较小，大石块含量少的小型泥石流沟可设置格栅坝可用钢轨、钢绳、粗钢筋或钢筋混凝土构件筑成。

⑤在泥石流范围内可采用水土保持或其他稳定山坡的措施。水土保持可与当地规划相结合，广泛植树造林、封山育林、平整山坡、修筑梯田、合理放牧，并视具体情况修建地表排水设施，使泥石流病害得到逐步治理。

（5）岩溶地区路基

石灰岩等可溶性岩层，在流水的长期溶解和剥蚀作用下，产生特殊的地貌形态和水文地质现象，统称为岩溶。岩溶对路基危害，一般为溶洞顶板坍塌引起的路基下沉和破坏；岩溶地面坍塌对路基稳定性的破坏；反复泉与间歇泉浸泡路基基底，引起路基沉陷、坍塌或冒浆；突然性的地下涌水冲毁路基等。环保防治措施包括以下几方面：

①路基基底的岩溶泉或冒水，不论用何种方法排出，均应保证路床范围的土石方不受浸润；当修建高级或次高级路面时，应保证不因温差作用而使水气上升，聚集在路面基层下。

②路基上方岩溶泉或冒水，可采用排水沟将水引离路基，不宜堵塞，对路基基底的岩溶泉或冒水，宜设涵洞（管）将水排除；流量较大的暗洞及消水洞，可用桥涵跨越通过。

③对于路堑边坡上的干溶洞，洞内可用片石堵塞，洞口用干砌片石铺砌，砂浆勾缝或浆砌片石封闭。对位于路基基底或挡土墙基底的干溶洞，当洞口不大，深度较浅时，宜予回填夯实；当洞口较宽及深度较大时，采用桥涵跨越；当干溶洞顶板太薄或岩层较破碎时，可炸除后回填，或设桥涵跨越。

④为防止溶洞的沉陷或坍塌，以及处理岩溶水引起的病害，可视溶洞的具体情况分别采用洞内加固（如桩基加固、衬砌加固）、盖板加固、封闭加固（如锚喷加固）等方法。

⑤对影响路基稳定的人工坑洞（如煤洞、古墓、枯井、掏沙坑、防空洞等），应查明后，参考岩溶处治方法进行处理。

（6）多年冻土地区路基

凡是土温等于或低于0℃，且含有冰的土（石）称为冻土，这种状态保持2年及2年以上者称为多年冻土。多年冻土按其状态分为坚硬冻土、塑性冻土、松散冻土。

路线通过多年冻土地区，路基应尽量采用路堤形式，其最小填土高度应满足防止翻浆和冻胀的要求。在采取保护多年冻土和限制多年冻土融化深度地段，还应满足防止热融沉陷及控制热融沉陷的要求。路基的排水设施应尽量远离路基坡脚，以防止水流及其渗流影响冻土上限的变化。路基填料应选用保温隔热性能较好的土，以保证路基的强度和稳定性。

①施工必须严格遵循保护冻土的原则，使路基施工后仍处于热学稳定状态。路基原则上均应采取路堤形式，尤其在厚冰发育地段，并尽可能避免零填或浅挖断面，以免造成严重热融沉陷等病害，弱融沉或不融沉的多年冻土地区，路基施工可按融化原则进行。

②排水与加固除满足水力和土力条件外，还应考虑由于施工因素如排水系统修筑等引起的热力变化，不导致多年冻层上限下降。

③排水：当路基位于永久冻土的富冰冻土、饱冰冻土或含土冰层地段时，必须保持路基及周围的冻土处于冻结状态，排水系统与路基坡脚应保持足够距离；高含冰量冻土集中路段，严禁坡脚带水、路侧积水，边坡应及时铺填草皮。

④处理：当填方基底为含冰过多的细粒土，且地下冰层不厚时，可挖除并用渗水性土回填压实，再填路基。当基底为排水困难的低洼沼泽地段时，其底部应设置毛细水隔离层，其厚度宜在路堤沉落后至少高出水面0.5m，并在其上铺设反滤层；泥沼地段路堤基底生长塔头草时，可利用其做隔温层。

⑤取土：宜设置集中取土场，富冰冻土、饱冰冻土及含土冰层路段，确需就近解决部分土源时，应在路基坡脚10m以外取土；斜坡地表路堤，取土坑应设在上坡一侧。取土坑深度均不得超过当地多年冻土上限以上土层厚度的80%，坑底应有坡度，积水应有出口，水能及时排出，同时取土坑的外露面，亦宜用草皮铺填。

⑥填料：应选用保温水性能均较好的细粒土。采用黏性土或透水性不良土填筑路堤时，要控制土的湿度，碾压时含水量不能超过最佳含水量的±2%。不得用冻土块或草皮层及沼泽地含草根的湿土填筑路基。通过热融湖（塘）路堤，水下部分必须用渗水良好的土填筑，并应高出最高水位0.5m。

⑦侧向保护：靠近基底部位有饱冰冻土层且有可能融化时，宜设保温护道和护脚。保温材料宜就地取材。用草皮时，草根应向上一层一层叠铺，最外一层应带泥，以便拍实形成保护层；沿线两侧20m内植被和原生地貌应严加保护。

⑧路基处于其他不良地质地段时，应按下列规定施工。

冰椎、冰丘地段采用冻结、拦截、截水墙、保温渗沟排水等方法处理；热隔湖（塘）地段的路堤水下部分应用渗水性土；松软基底两侧宜设反压护道；沼泽冻土地段路堤下部应设置隔离层和隔温层，并保护好两侧地表植被；水鼓丘较重路段，可在上游主流处设地下渗沟。

(7)黄土地区路基

黄土是一种以粉粒为主，多孔隙，天然含水量，呈黄红色、含钙质的黏质土。天然黄土一般具有垂直节理，黄土陡壁多呈直立的特性，因此黄土路基是挖方边坡，常设计成陡坡。黄土在天然状态下具有多孔性和湿陷性，对地基应进行灌水预先浸湿以及对基底采用重型压实、强夯、挤密灰土桩等方法进行处理。对于路基的排水与防护工程，其设计要点是：防冲、防渗和有利于水土保持是目的，早接远送是措施，处理好进出口是关键，否则会引起土体滑塌，坡面产生冲沟。

①路堤施工期间，应在两侧或一侧（超高段）设临时阻水、拦水设施，以防雨水冲毁边坡。路堤填至设计高程后，应根据设计及时修筑外侧边缘的拦水、截水沟构造物和急流槽，将水引至坡脚以外。对高度大于20m的路堤应按设计预留竣工后路堤自重压密固结产生的压缩下沉量。

②土路堤施工时，应做好填挖界面的结合（纵向），清除坡面杂草，挖好向内倾斜的台阶。如结合面陡立，无法挖成台阶时，可采用土工钉加强结合。黄土路堤的边坡应刷顺，整平拍实，并应及时予以防护，防止路表水冲刷。

③黄土地区应特别注意路基排水，对地表水应采取拦截、分散、防冲、防渗、远接远送的原则，根据设计及时做好综合排水设施，将水迅速引离路基。在填挖变界处引出边沟水时，应做

好出水口的加固。

④若基底为非湿陷性黄土,且无地下活动时,可按一般黏性土地进行基底处理,同时做好两侧的施工排水、防水设施。

⑤若地基为湿陷性黄土,应采取拦截、排除地表水的措施,防止地表水下渗,减少地基地层湿陷性下沉。其他排水构造物与地面排水沟渠必须采取防渗措施。

⑥若地基土层具有强湿陷性或较高的压缩性,且容许承载力低于路堤自重压力时,应考虑地基在路堤自重和活载作用下所产生的压缩下沉。除采取防止地表水下渗的措施外,可考虑采用重锤夯实、石灰挤压加固,换填土等措施。

⑦湿陷性黄土路基的底下排水管道与地面排水设施,应根据设计进行加固和采取防渗措施。

⑧黄土陷穴应进行处理。处理时,首先要查清陷穴的来源、水量、发展方向及对路基可能造成的危害。黄土陷穴的处理方法和使用条件如下:回填夯实用于明穴;明挖回填夯实用于埋藏较深的暗穴;灌砂用于小而直的暗穴;灌泥浆用于大而深的暗穴。

⑨处理好的陷穴,其土层表面均应用石灰与土比例为3:7的石灰土填筑夯实或铺填老黄土等不透水材料加以改善。石灰土厚度应按设计严格执行,如原设计无要求时,其厚度不宜小于30cm,并将流向陷穴的附近地面水引离,防止形成地表积水或水流集中产生冲刷。

(8)膨胀土地区路基

膨胀土系指含有较多的黏粒及亲水性较强的蒙脱石或伊利石等黏土矿物成分的土,它具有遇水膨胀,失水收缩,是一种特殊膨胀结构的黏质土。对膨胀土路基,很难保证其稳定性,一旦病害发生,治理困难,耗资巨大。因此对膨胀土地区,进行路基设计时一般与桥梁、隧道方案技术经济比较,择优选用。

①膨胀土地区的路基施工,应避开雨季作业,加强现场排水,保证地基和已填筑的路基不被水浸泡。膨胀土地区路基施工,开挖后各道工序要紧密衔接,连续施工,分段完成。路基填筑后不应间隔太久或越冬后做路面。

②路堑施工前,先开挖截水沟并铺设浆砌圬工,其出口应延伸至桥涵进出口。路堤、路堑边坡按设计修整后,应立即浆砌护墙护坡,防止雨水直接侵蚀。

③填高不足1m的路堤,必须挖去地表30~60cm的膨胀上,换填非膨胀土,并按规定压实。地表为潮湿土时,必须挖去湿软土层,换填碎、砾石土、砂砾或挖方坚硬岩石碎渣,或将土翻开掺石灰稳定并按规定压实。

④强膨胀土稳定性差,不应作为路堤填料;中等膨胀土宜经过加工、改良处理后作为填料;弱膨胀土可根据当地气候、水文情况及道路等级加以应用,对于直接使用中、弱膨胀土填筑路堤时,应及时对边坡及顶部进行防护。

⑤路堤填成后,应立即作浆砌护坡封闭边坡。当填至路床底面时,应停止填筑,改用符合规定强度的非膨胀土或改性处理的膨胀土填至路床顶面设计高程并严格压实。如当年不能铺筑路面,作为封层的填筑厚度,不宜小于30cm,并作成不小于2%的斜坡。

(9)盐渍土地区路基

路线通过盐渍土地区时,应查明沿线不同类型盐渍土的分布范围,含盐特征及地面水、地下水等情况。在盐渍土地区修筑公路宜以路堤通过,当受条件限制采用路堑时,应进行超挖并回填渗透性土。对填方路基,盐渍土路基高山地下水位的最小高度应根据盐渍土的类型、公路等级、路面要求,结合毛细水上升高度、冻胀深度及安全高度三个因素确定。盐渍上地区路基应进行合理的排水组织设计,保证排水畅通,防止因积水使土中盐渍发生不利的变化。

①盐渍土路基防治措施主要包括排除地面水、提高路基、换填渗水性土、铲除地表盐渍土、设置毛细水隔断层等防治措施。修筑的高速公路、一级公路的路肩及边坡均应采取加固措施，或加宽路基以保证路基的有效宽度。

②路线通过干涸盐湖地段，应查明岩盐的种类、工程性质、溶蚀情况及地下水位、含盐特征等，以采取相应工程措施和排水设施，保证路基的强度和稳定性，防止冻胀、翻浆及盐胀危害路基。

③盐湖地表下有饱和盐水时，应采用设有取土坑及护坡道的路基横断面。当地表有溶蚀、溶沟、溶塘时，应用填料填补，并洒饱和盐水，分层夯实。

④内陆盆地干旱地区，如当地无其他适用的填料，需用易溶盐含量超过规定值的土、砾等作填料时，应根据当地气候、水文地质等条件，通过试验决定填筑措施。

⑤施工中应及时合理地布置好排水系统，不应使路基及其附近有积水现象。

⑥施工季节，在地下水位高的黏性土地区，以夏季施工为宜；砂性土盐土地区，以春季和夏初施工为宜；强盐渍土地区，在表层含盐量较低的春季施工为宜。

(10)风沙地区路基

风沙地区是沙漠和沙地的统称，在我国分布范围较广，主要集中在内陆干旱、过干旱地区。风沙地区的主要特征为：

①气候干燥，降雨量小；

②温差大，冷热变化剧烈；

③风沙大，沙多；

④土中含易溶盐多；

⑤植被稀疏、低矮。

防治沙害的措施有以下几点：

①风沙地区路基宜在少风、风速较小或有雨季节分段集中施工，并在大风来临前配套完成。对沿线路两侧地表原有的植被和地表硬壳，施工前应准备充分的防护材料，予以保护。

②取土要根据当地风向情况选择取土坑位置。在单一风向地区，取土坑应设在路堤下风一侧，距路堤坡脚至少5m，在有反向风交替作用地区，取土坑可设在路堤两侧，施工完后其边坡修成缓坡，使其断面成为浅槽形。

③对路基的压实，应根据现场自然条件、沙的特性及水源分布等情况确定压实机械和压实办法，宜采取机械振动压实为主，结合蓄水、快成型、快防护的施工方法，当采用沙填筑路堤时，应分层压实。

④对缺水、缺土、压实有困难的风沙路基，可采用土工合成材料，如编织袋、编织布对路基进行加固。

⑤地形开阔的风沙流地段，应将路基两侧20～50m范围内可引起积沙的小沙滩、弃土堆、小土丘等阻碍物予清除。

⑥对路线主要控制桩、护桩、水准点、路基边桩等应设置明显的标志，并妥善保护，以防被沙埋没。

⑦对路肩、边坡坡面和平台进行全面防护，以防止风蚀。

⑧在风沙流比较严重的地区，为根治沙害，除对路基本身进行防护外，还应在路侧建立完善的防沙体系，包括整平带、防护带和植被保护带等。

⑨填方路基设计成流线型，有利于风沙流顺利通过路基，减轻积沙的危害。

⑩路侧防沙工程可概括为固、阻、输、导四种类型。“固”，主要指植物固沙和设置立式沙障，植物固沙是防治沙害的根本措施；“阻”，主要指拦截风沙和限制积沙移动，阻沙沙障一般可分为墙式、堤式、栅式、带式四类；“输”，主要指通过增强风力或改变地表面性质，使过境流沙顺利通过路基而不产生堆积；“导”，是指在路基迎风侧采用导沙措施，借助风力作用，改变风沙流或沙丘的移动方向。

(11)雪害地段路基

公路雪害有积雪和雪崩两种形式。积雪包括自然积雪和风吹雪；雪崩是指在重力影响下，山坡积雪的崩塌。公路防治雪害主要是防治风吹雪和雪崩，自然雪一般不采取工程措施，当路面积雪厚度较大，造成行车困难时，可采用机械除雪，或用除雪剂除雪，除雪剂主要指氯化钙、氯化钠、氯化镁等。防治雪害的措施主要有以下几点：

①路堤设计时，使路堤高度大于当地最大积雪深度。路线纵坡设计时要满足风雪流在公路上顺利通过的要求，减少或避免路面上积雪。

②采用防雪栅。

③设置密闭式或透风式下导风板。

④在山坡上修筑台阶，稳定山坡积雪，防治小型雪崩。

⑤修筑防雪走廊、隧道等遮蔽建筑物。

(三) 路基工程环境保护监理要点

(1)在路基开工前，监理工程师应审批承包人编制的施工方案，对其环保措施提出审查意见，对特殊区域的路基工程，监理工程师应及时提醒承包人注意可能出现的环保问题。

(2)监理工程师应根据工程情况，确定本阶段施工环境保护监理的巡视、旁站计划，对承包人环保措施的执行效果进行检查。

(3)挖除地表土，并将表土搬运到经监理工程师同意的储料堆。

(4)地表清理遇到古树名木或珍稀植物，采取移植等异地保护措施时，监理工程师应审查其移植方案，并对移植过程全程旁站监理。

(5)监理工程师应严格控制路基开挖，在用地范围内分段进行，同时配合挡土墙、边坡防护的修筑。

(6)弃土弃渣的堆放地点应事先经监理工程师同意，监理工程师应督促承包人在堆放地点预先采取排水和挡土措施，防止水土流失或对水源和灌溉渠道造成污染和淤塞。

(7)对施工过程中不符合环保要求的行为，监理工程师可以发出监理指令，责令改正。

(8)施工过程中监理工程师应关注扬尘、噪声、废水、石油类等环境监测指标，必要时可根据需要进行现场监测。

二、路面工程

(一)路面工程环境保护基本要求

1. 拌和场

(1)拌和场选址应遵从远离自然村落，并在其常年主导风向下风口处的原则。

(2)拌和设备应配装有集尘装置。

2. 路面摊铺

沥青路面和水泥路面摊铺施工过程中剩余废弃料必须及时收集运到废弃料场集中处理，不得随意抛弃。

（二）路面施工环境保护要点

路面拌和场地应硬化处理。沥青路面拌和设备配制除尘装置应保持良好的除尘效果，施工过程中剩余的废弃料必须及时收集到弃料场集中处理，不得随意抛弃。路面施工应与路基、桥梁施工有合理的安排，减少交叉施工引起的环境污染。

1. 路面基层环境保护要点

路面基层潜在环境影响见表6-8。

路面基层潜在环境影响 表6-8

序号	活动内容	潜在影响
1	拌和场场地平整	1. 植被破坏；2. 水土流失
2	拌和场搬运、安装	1. 扬尘；2. 噪声
3	拌和场运行	1. 噪声；2. 水泥、沥青等泄露污染土壤；3. 清洗拌锅、皮带等所产生的废水排放；4. 有害气体
4	混合料运输	沿路撒落
5	场地碎石、砂堆放	扬尘
6	石灰、矿粉	1. 石灰矿粉撒落污染空气；2. 土壤污染
7	破碎机、振动筛等	1. 噪声；2. 扬尘；3. 振动
8	各类运输车辆	1. 噪声；2. 漏油；3. 有害气体；4. 扬尘
9	路面摊铺、压实设备运行	1. 噪声；2. 有害气体；3. 漏油；4. 扬尘
10	夜间拌和场强光直照	强光

（1）混合料拌和与运输

①水泥稳定混合料或二灰稳定混合料的拌和应采用厂拌法。

②拌和场应配备临时污水汇集设施，对拌和场清洁砂石料的污水应汇集处理后回用，不得直接排出施工现场以外的地方。拌和场所产生的废水，应处治后排放，不得直接排入鱼塘、河流和农田。

③装载机和运输车辆的装卸料、运输产生的扬尘，可在现场设置喷水装置洒水，增加洒水频率来控制无组织排放的扬尘，使扬尘减至最低限度。石灰、粉煤灰应有防尘防雨设施，散装水泥出料门应有围护措施，减少扬尘。混合料应由封闭型载货汽车进行装载运输，并严格按照指定路线行驶。运输易引起扬尘时，车辆应备有盖布及类似物进行遮盖。

④运输路线经过住宅区、学校等敏感地区时，注意调整时间，避免交通噪声干扰人们生活。

（2）初期养护

基层应采用土工布或棉毡进行覆盖养护，减少水分蒸发。养护应控制水量，避免溢出。在养生结束后，覆盖物应定点堆存，运输和存放过程中，应注意对周边植被和土壤的保护，在存放点应有防雨和排水设施。

（3）噪声控制

该阶段施工场界噪声限值为昼间70dB，夜间55dB。当敏感区域噪声不能达标时，应采用控制作业时间等措施，保证居民的夜间休息不受打扰。

2. 沥青混凝土路面环境保护要点

沥青路面潜在环境影响见表6-9。

沥青路面潜在环境影响 表6-9

序 号	活动内容	潜在影响
1	沥青拌和场场地平整	1.植被破坏;2.水土流失
2	沥青拌和场搬运、安装、维修	1.扬尘;2.噪声
3	沥青拌和场运行	1.噪声;2.烘干筒热辐射;3.废尘、回收粉的排出污染环境;4.沥青挥发、泄露有害气体;5.油料燃烧排出有害气体;6.排尘不净污染环境
4	场地碎石、砂堆放	扬尘
5	石灰、矿粉	1.石灰矿粉撒落污染空气;2.土壤污染
6	沥青废料	液体废弃物
7	沥青混合料运输	沿路撒落
8	破碎机、振动筛等	1.噪声;2.扬尘
9	各类运输车辆	1.噪声;2.扬尘;3.有害气体;4.漏油
10	夜间拌和场强光直照	强光
11	路面摊铺、压实设备运行	1.噪声;2.有害气体;3.漏油;4.扬尘

(1)混合料的拌和

①沥青混凝土拌和场不得设在饮用水源地保护区内。

②要充分考虑沥青烟气的有毒有害性,结合项目环境影响报告书中关于沥青搅拌场的影响分析和选址意见,在其下风向重点考虑避开人类活动密集区、养殖场及敏感植物类群。

③沥青拌和设备、沥青、导热油、燃油储存罐及连接管道应确保密封,防止泄漏,应配置干砂和足够的灭火器,以保证产生意外时的应急处理。应配置除尘器以及沥青烟气处理装置。设备污染物排放应符合《沥青工业污染物排放标准》(GB 4916—85)中的一级标准的规定(沥青烟尘≤150ms/m^3)。沥青混凝土的采购合同中应明确对供货单位的环保要求。

④拌和楼除尘系统每天将产生大量回收粉尘,经试验室试验分析,塑性指数等指标符合沥青路面施工技术规范相关要求时,尽量回收利用,若不能使用时,应制订相应的处理措施,不得随意倾倒。

(2)混合料的运输

混合料应按指定路线运输,运输路线经过住宅区、学校等敏感地区时,注意调整作业时间,避免交通噪声干扰居民生活。

(3)沥青混合料摊铺和碾压

摊铺和碾压的机械应保证正常使用,噪声控制应执行建筑施工场界噪声限值标准。摊铺作业时会产生沥青烟等有害有毒气体,承包人必须为作业人员提供有效的劳动保护用品,以保证施工人员的健康。

(4)沥青洒布

①沥青洒布时,应确保设备完好,事先周密计划,尽可能缩短时间,减轻对周围人群及施工人员的健康影响。

②位于沥青洒布处置区周边的土壤表面应铺设临时覆盖物加以保护,对于沥青可能溅到的植物,应有临时覆盖物加以包裹或遮挡。洒落的沥青应进行收集并运送至弃渣场。

③摊铺施工剩余废弃料必须收集,运到废弃料场集中处理,不得随意抛弃。

(5)废弃料

拌和楼调试、使用过程中的废弃料或因不同原因造成的废弃混合料，应及时收集并运送至弃渣场，避免随意弃置污染土壤或破坏植被。

(6)噪声控制

该阶段施工场界噪声限值为昼间70dB，夜间55dB。

(三)路面施工环境保护监理要点

(1)在路面工程开工前，监理工程师应审批施工方案的环保措施，尤其是对沥青拌和场选址方案的审批。要求沥青拌和场布置在远离人群活动的地点，并配置除尘设备。

(2)监理工程师根据工程情况，确定本阶段施工环境保护监理的巡视、旁站计划，对承包人环保措施的执行效果进行复核。

(3)监理工程师应规定沥青拌和料废料的处置方法，并随时对执行情况进行巡检。

(4)监理工程师应特别注意沥青烟气的污染防治，在靠近水源的地区施工时，还应注意水源保护问题。施工中应有重点地对沥青洒布过程进行旁站检查，防止沥青污染。

(5)对施工过程中不符合环保要求的行为，监理工程师可以发出监理指令，责令改正。

三、桥涵工程

(一)桥涵工程环境保护基本要求

(1)桥基础施工钻孔桩必须设置泥浆沉淀池，不得将钻孔泥浆直接排入河水或河道中。

(2)桥基施工现场材料应堆放整齐有序，废弃的包装等材料应坚持每日清理收集。

(3)施工现场应设置简易临时厕所，以防粪便侵入河体污染河水。

(4)桥梁预制厂必须设置排水系统，防止产生的废水随意溢流，有条件者，也可采取废水回收处理后循环使用。

(二)桥涵工程环境保护要点

桥梁施工应充分了解设计提供的工程地质资料，根据当地的气候及周边环境在施工组织设计中，制订相关的环境保护措施。桥涵工程潜在环境影响见表6-10。

桥涵工程潜在环境影响　　表6-10

序　号	活动内容	潜在影响
1	基坑开挖	1.生态破坏;2.污水排放、淤泥堆积、围堰作业等污染环境
2	钻孔机和打桩机作业	1.噪声;2.漏油;3.钻孔作业时排放污水;4.桩基对河床的破坏;5.泥浆外泄对土壤和河道水质的污染
3	打桩机械维修保养和进出场运输	打桩机械维修保养时机油、废油泄漏和粉尘洒落
4	水泥混凝土拌和与浇筑	1.水泥浆搅拌和输送噪声;2.水泥倾倒、拆袋有扬尘污染;3.振捣机振捣噪声;4.商品混凝土运输、泵送噪声;5.振捣机维修滴油、配件丢弃;6.浇筑时混凝土落于河道污染河水
5	钢筋作业	1.装卸搬运噪声、扬尘;2.锈蚀产生锈水;3.钢筋焊接产生废气和废渣;4.焊接产生电火花、电弧光;5.钢筋切断机、弯曲机使用产生机械噪声;6.零星废钢筋等的废弃
6	钢模板	1.搬运、搭拆噪声;2.打磨噪声;3.脱模剂(油)污染;4.腐蚀产生锈水

续上表

序　号	活动内容	潜在影响
7	钻孔平台搭设	使用后的处置
8	机械设备作业与维修	1. 漏油污染；2. 废配件丢弃
9	各类运输车辆	1. 噪声；2. 扬尘；3. 有害气体；4. 漏油
10	钢管支架作业	1. 装卸噪声、扬尘、防锈漆振落；2. 搬运噪声；3. 支模架搭拆噪声、扬尘；4. 钢模钢管扣件遇水腐蚀产生锈水；5. 零星扣件散落
11	工程船舶作业	1. 船舶生活废物；2. 抛、起锚的噪声；3. 主辅机运行时噪声、有害气体；4. 油料泄漏污染水源

1. 明挖基础

明挖基础施工过程中，应核对地质水文资料，若得知基础地基下有涌泉、流沙、溶洞等地质情况时，承包人应考虑有关防治措施。

（1）围堰

围堰施工应考虑流速增大对河床集中冲刷、通航及导流的影响。

①明确围堰用的土袋、板桩或套箱的数量，对围堰材料进行编号，保证施工前后数量一致，避免遗留在水体中，阻碍行洪或航运。

②施工现场材料应堆放整齐有序。废弃的包装材料应每日清理收集。

③施工结束后，废弃的材料应及时运送至弃渣场。

（2）基坑开挖

①采用先进的施工工艺，如沉井法施工，减少作业面和影响面。

②保护地表水体，开挖的工程弃方不能随意丢在弃河流中或岸边，应暂时堆放在距离水体较远的地带，防止冲刷或塌落进入水体。

③基坑开挖出的土壤、泥炭、岩石等，应集中后运送至弃渣场，其中对于湿度较大的泥炭或底泥，应先运至低洼地进行自然吹干，待吹干后再行运输；对于有机质含量较高的底泥和泥炭等，经自然吹干后也可运至需要的单位进行土壤育肥。

④旱桥桥墩基础开挖的土石方集中堆放，周边用临时设施拦阻，桥墩基础浇筑完成后回填，剩余部分可用于附近低洼地的整平，多余材料一律运至弃土(渣)场。

⑤旱桥施工中只允许砍伐墩、台等永久施工部分的植被，桥跨范围的植被不得砍伐、清除，尽可能保留桥跨部分的原生植被，减少桥梁墩、台施工对地表原生植被的破坏。

2. 钻孔灌注桩基础

（1）泥浆制作准备

①在现场选择或开挖一低洼地作泥浆沉淀池，用于储存将来使用后废弃的泥浆。泥浆池应选在不宜外溢的地段。

②当现场没有可以利用的低洼地时，应自行挖掘或砌筑泥浆池。

③泥浆池周围应设置良好的排水系统，以免雨水过大而造成泥浆外溢破坏当地环境。

（2）钻孔施工

①钻孔桩必须设置泥浆沉淀池，不得将泥浆直接排入河水或河道中，经沉淀后的清水排放，减小悬浮固体的排放量。大型桥梁通常利用钢护筒作泥浆储备周转，并采用泥浆过滤设备，清除残渣。

②废弃的钻孔泥浆以及其他废弃物，应运至事先准备的沉淀池临时储存，待吹干后，运往弃渣场，不得弃于河道或河滩地，以防抬高河床，淤塞河道。

③在水上钻孔时，一般应采取平台施工。采取围堰或筑岛施工时，应及时对围堰和筑岛进行清理，以免破坏水生环境，影响行洪。

④应对施工机械及船只进行严格检查，防止油料泄漏，严禁将废油、施工垃圾等随意抛入水体。

⑤挖孔桩施工时，应选择合适的孔壁支护类型，挖孔时，应注意施工安全，挖孔工人必须有安全装备，提取土渣的机具要经常检查，井口围护应离地面20~30cm，防止土、石、杂物落入孔内伤人。

(3)混凝土浇注施工

灌注混凝土时，溢出的泥浆应引流至事先准备的适当地点处理，待吹干后，运往弃渣场，以防止污染环境或堵塞河道和交通。

3. 沉入桩

沉入桩一般用于特大桥梁的水中部分，沉桩施工对环境的影响主要是船只和打桩机械的油料泄漏、废渣处理以及噪声影响。应严格进行机械保养，严禁将废油、施工垃圾等随意抛入水体。

4. 沉井基础

沉井施工前，应对沉井要通过的地面及沉井底面的地质资料进行分析，对河流的洪汛、凌汛、河床冲刷、通航、漂流物等进行调查。制订施工方案，对于不被水淹没的岸滩或位于浅水区的岸滩，可就地整平夯实，作沉井或水中填土筑岛制作沉井，筑岛材料应用透水性好、易于压实的砂土或碎石，并在临水面形成一定的坡度，使岛体坡面、坡脚不被冲刷。浮式沉井应随时观测由于沉井下沉的阻水和压缩流水断面引起流速增大而造成的河床局部冲刷。沉井正常下沉出土，应由船运送到指定堆放地点，不得卸至井外占用河道。采用吸泥吹砂等方法下沉时，吸出的泥浆应进行过滤、沉淀，不得直接排入河流中。施工结束后沉井井体应予拆除。

沉井封底混凝土施工的环境保护可参照钻孔灌注桩。

5. 桥梁下部构造

(1)混凝土浇筑时应做好防护措施，防止混凝土落入周边水体。

(2)护岸开挖时，应按照设计图纸严格控制开挖界限，不得任意扩大开挖范围，将两栖动物生境的受影响范围控制在最小程度。

(3)桥梁墩台修筑完毕，及时清除围堰等临时工程的堆积物，并将施工中产生的废浆、弃土和废弃物及时运至弃土场，恢复河道畅通。

6. 混凝土搅拌、运输和养护

(1)混凝土的搅拌、运输、振捣、摊铺等作业中防粉尘、防噪声(振动)措施有以下几点：

①采用商品混凝土，密罐车运输；

②场界设置临时隔声维护；

③作业时间避开下风向100m内人群密集的地段等。

(2)混凝土搅拌车应定点清洗，设置临时沉淀池，清洗水经沉淀处理后方能外排。有条件者，也可采取废水回收处理后循环使用。

(3)混凝土搅拌站不得设在饮用水源地保护区内，搅拌站的排水、混凝土养护水等含有害物质的废水不得排入地表水Ⅰ~Ⅲ类水源地保护区。

7. 生态保护

(1)注意对湿地和滩涂的保护，避免在湿地和滩涂设置临时料场、便道和厕所。限制施工设备和人员不必要地进入湿地，禁止猎取野生保护动物。

(2)在渔区或鱼类洄游河道施工，应尽可能避开鱼类繁殖期。无法避免时，应留一洄游通道。

(3)涵洞出路基后与附近河道、沟渠顺连，防止冲刷下游农田、道路等，并及时沟通河道和沟渠，确保汛期及时排洪排涝。

8. 环境和噪声影响

(1)施工污水不得排入《地面水环境质量标准》(GB 3838—2002)中所规定的Ⅰ、Ⅱ类水域。排入其他水域时，必须符合相应的水质标准，不符合时要进行水质处理。

(2)对桥梁施工机械、船只进行严格检查，防止油料泄漏，严禁将废油、施工垃圾等随意抛入水体内。

(3)桥梁打桩噪声的场界限值为昼间85dB，夜间禁止打桩。其他阶段噪声限值仍为昼间70dB，夜间55dB。

(三)桥涵工程环境保护监理要点

(1)在桥涵工程开工前，监理工程师应审批施工方案的环保措施。要求承包人对基础开挖、围堰、钻孔桩施工过程，采取周密的水环境保护措施。

(2)监理工程师根据工程情况，确定本阶段施工环境保护监理的巡视、旁站计划，对承包人环保措施的执行效果进行检查。

(3)基坑开挖的弃土堆放地点应事先经监理工程师同意，监理工程师应督促承包人在堆放地点预先采取排水和挡土措施。

(4)监理工程师应经常巡视检查钻孔桩泥浆水的处理效果，对发生泄漏或任意排放的，应当场责令承包人改正，并旁站监督整改过程。

(5)需要围堰施工的，因事先取得当地水利部门的许可，手续完备并经监理工程师审查后才能施工。在进行水产养殖的河道进行围坝时，监理工程师应要求施工单位根据上下游的污染情况，提出合理的围堰方案，以免影响养殖，造成纠纷。

(6)对施工过程中不符合环保要求的行为，监理工程师可以发出监理指令，责令改正。

(7)监理工程师在本阶段应注意水环境质量的色度、石油类等监测指标，避免施工对水体造成影响，必要时可进行现场监测。

四、隧道工程

(一)隧道工程环境保护基本要求

(1)隧道凿岩施工必须采用湿法钻孔，必须保证能够有效地通风除尘，并置换新鲜空气进入作业面。

(2)作业面应有瓦斯监测报警装置，以防瓦斯浓度超过警戒浓度，威胁施工人员生命及造成安全生产事故。

(3)隧道弃渣应充分予以利用。多余的弃渣应堆放在指定的弃渣场，并堆放整齐、稳固，修建必要的排水设施，禁止在洞口随意堆弃。

(4)隧道施工废水应经过处理后，再进行排放，不得对附近居民生活用水造成污染。

(二)隧道工程环境保护要点

修建隧道比路基大开挖对生态环境的影响要小，但易引起水资源的严重漏失，会对隧道顶部的水利设施产生极大的影响，会使隧道范围内的田地干枯、植被枯黄，甚至引起较大的地表塌陷。隧道施工中产生的污水、粉尘、噪声、振动及弃渣对环境影响较大，应作为重点防治对象，落实相应措施。隧道工程潜在的环境影响见表6-11。

隧道工程潜在的环境影响 表6-11

序号	活动内容	潜在影响
1	隧道开挖	1. 噪声；2. 扬尘；3. 生态破坏；4. 废弃物处置；5. 有害气体；6. 弃渣
2	废渣料装卸、运输	同路基工程
3	隧道支护、衬砌	1. 噪声；2. 有害气体
4	防水排水	同排水工程
5	隧道路面	同路面工程

1. 洞口工程

(1)严格控制隧道口开挖和隧道施工的影响范围，不应仅考虑方便施工而任意破坏施工场地以外的植被。

(2)洞门开挖前应先在开挖面上修建截水沟，以防止水土流失，并尽可能避开雨季施工。洞口尽量减小开挖面积，洞顶采取护挡结构以保护自然坡面。

(3)为保证边坡、仰坡稳定，防止塌方，应避免大挖大刷。要求承包人在指定的范围和时间内，应按照图纸的要求，用获准的方法保护边坡、仰坡开挖面。

(4)洞门开挖前的地表清理工作同"路基开挖"。

(5)隧道施工时应注意保护隧道口的自然植被，施工后清理废弃物，尽量减少人为活动的痕迹，尽早恢复自然景观。洞口结构形式及附属设施应与当地景致相协调。

2. 洞身工程

(1)选择低噪声设备机械进场施工，空压机、发电机等的基础要埋入半地下，并铺砂石垫层以减轻噪声和振动。

(2)设置隔声屏或利用绿化带减少噪声传播。合理安排机械作业时间，减少同时作业的机械台数，对产生噪声大的作业，不安排在夜间或节假日。

(3)隧道施工时可能造成地下水变化导致顶部生态变化和破坏当地村民水源。隧道位置若处于潜水层时，应重视地下水渗漏问题，一旦发现处于潜水层，应立即采取措施进行止水。对高切坡处出现的地下涌水也应采取止水措施。

(4)洞门开挖前的地表清理工作同"路基开挖"。

(5)凿岩施工应采用湿法钻孔。严禁干孔施钻，改进爆破方法，采取松动爆破，无声振动等技术，减少施工粉尘。采用光面爆破技术，通过实验，选择炸药品种，调整用药量，减少一次齐发的药量，以期达到减小爆破振动，减小对周围岩体的振动。隧道内通风量必须保证能够有效地通风除尘并置换新鲜空气进入作业面。

(6)煤系地层中存在瓦斯溢出，易导致人员窒息或燃烧爆炸，作业面应有瓦斯监测报警装置，以防瓦斯浓度超过警戒浓度，危及施工人员生命及造成安全事故。

(7)渣石应充分纵向调运利用，不能随便堆放，严禁向河谷倾倒弃渣，以免阻塞河谷，造成水土流失或占用当地农田。废渣应设合理的弃渣场，根据山谷的特点，按照设计要求堆放整齐，分层碾压，并确保能防止两岸及下游出现各种水害，修建必要的排水管、盲沟、截水沟等设施，加固弃渣堆坡脚，以确保弃渣的稳定，防止发生人为的灾害，有条件时，可在弃渣上覆盖30cm以上厚度的耕植土，改土造地或种植绿化。

(8)酸性岩区和沉积岩体含有较高产效量的放射性元素氡、钍、镭,对环境产生不利影响,应经严格测定后,依据含量或浓度确定处置措施。

(9)在防渗漏和加固地层所采用的化学浆料,尽量选用毒性小、污染少的注浆材料,尽量减少配制浆液过程的洒漏和注浆过程漏浆,对进入排水系统中的有害物质作净化处理,避免浆液流入地面水系和人畜饮用水水源。

(10)浅埋隧道施工时,为防止开挖施工引起地表水漏失和地层下陷,可结合地下水位涨落及水力坡度的变化情况,对地面下沉与掘进及衬砌衔接关系的观测,可采取超前支护方法,实施预注浆措施,对洞身周围岩体进行加固,有条件时应选择盾构法或浆结法施工。

(11)当隧道穿过与地表水连通的破碎带时,为防止突发性的泥石涌入和漏失地表水,可根据探水孔流出的水量、水压变化,采取洞内超前帷幕注浆措施,以加固破碎带和封堵水路。

(12)如预计隧道会与地下水径流相遇,应尽早采取拦堵截保护措施,以减少水源高度损失。如一旦出现水源经隧道漏失情况,可利用地形地质等有利条件设置蓄水池将未经污染的水流经过沟、槽或专设管路提升,引入蓄水池供给用户。

(13)对于地层发育良好、层序完整、界线清楚、化石丰富,地层对古生物研究有研究价值的地段,应采取有效措施进行保护,并报告业主和文物保护单位。

(14)对优质石渣可加以利用,如防护用的片石、路基填料、路面粗集料和混凝土集料可分类堆放,以便充分利用,有条件时也可以利用荒沟,在其中筑坝填入废渣,变荒沟成良田,增加耕地。路边临时堆放的零星废渣,在公路封闭前应全部清理完毕,以免公路全封闭后难以清理。隧道装饰材料的余料应专门回收,不得随意丢弃。

(15)隧道建设中所需的石料,在选料时应远离隧道,采取集中料场取料,切忌随意布置小料场。对山坡及其植被肆意破坏,既影响环境面貌,也容易产生塌方滑坡。若采用商品石料,应在采购合同中提出对临时料场的环保要求。

(16)弃渣场应根据设计或水保文件明确选址范围。

3. 废水处理

(1)对隧道涌水量大的地段,设截水管,由衬砌背后引出,并导入蓄水池,避免与洞内施工污水汇合外排,可减少污水处理量,并可充分利用水资源充实施工用水。

(2)利用洞外自然沟壑地形,设置渗水处理设施,对地形条件十分困难的地区,采用平流斜板一级处理池。

(3)混凝土搅拌站不得设在应用水源地保护区内。搅拌站的排水、混凝土养生水等含有害物质的废水不得排入地表水Ⅰ~Ⅲ类水源地保护区。

(4)施工废水经过沉淀等处理后方可排放,废水不得排入《地表水环境质量标准》(GB 3838—2002)中所规定的Ⅰ、Ⅱ类水域。排入其他水域时,必须符合相应的水质标准;不符合时要进行水质处理,并注意排放过程不应对田地、坡脚造成水毁。

4. 通风与防尘

(1)隧道施工坑道内氧气含量、有害气体浓度应符合国家卫生标准。坑道内气温不宜高于28℃。噪声不宜大于90dB。

(2)承包人应将施工期间通风设计方案提交监理工程师批准,并须为每座隧道的掘进提供已批准的通风设施。风速和风量要求:全断面开挖(包括竖井)时应不小于0.15m/s,坑道内应不小于0.25m/s,但均不得大于6m/s。供风量应保证每人供应新鲜空气不小于3m^3/min。

(3)压入式进风管口或吸出式出风管口应设在洞外适当位置,并作成烟囱式,防止污染空气再回流入洞内。压入式通风管的出风口距工作面不宜大于15m,吸出式通风管吸风口不宜大于5m。采用混合式通风时,当一组风机向前移动,另一组风机的管路即相应接长,始终保持两组管道相邻段交错不小于20~30m。局部通风时,吸出式风管的出风口应引入主风流循环的回风流中。

(4)通风机应装有保险装置,当发生故障时能够自动停机。通风设备应有适当的备用数量,一般为计算能力的50%。通风系统应定期测试通风的风量、风速、风压,检查通风设备的供风能力和动力消耗。

(5)如通风设备出现事故或洞内通风受阻,所有人员应撤离现场,在通风系统未恢复正常工作和经全面的检查确认洞内已无有害气体以前,任何人均不得进入洞内。如风机假日停止运转,在假日过后进入隧道工作以前,风机应至少提前2h启动,并要进行上述同样检查工作。

(6)掘进工作中施工环境保护监理工程师或技术员应连续监测瓦斯,在其他时间内也需经常监测。以确保洞内工作安全,同时记录测试数据,随时提交监理工程师核查。在每班工作期间,应用手持式风速仪或能上能下托管风速量测计,对风道内的风量至少测一次,如有通风不足,应予记录并立即报告监理工程师。承包人应提供瓦斯浓度、缺氧及游离二氧化硅等检测试验所需的设备,还应为检测试验人员提供批准使用的防毒面罩。

(7)隧道施工必须采用机械通风。在进口和出口处设置消声器,施工场所的噪声不得超过90dB。无论采用何种通风方式,通风管宜采用钢制可拆装的刚性管,也可用不可燃性材料制作的管,刚性管道节长不超过6m。

(8)施工期间洞内任何部位和工作面处,空气中的有毒气体和可燃气体的浓度,都不得超过国家卫生标准,并且任何汽油动力设备都不允许放在隧道内或在隧道内使用,任何情况下都不允许汽油运到洞内。

(9)在隧道掘进或出渣期间,用沉积板或粉尘粒计数器在隧道开挖面附近测定粉尘含量,以制订相应的降低粉尘含量的措施。

控制粉尘产生,钻眼作业必须采用湿式凿岩,仅可在水源缺乏、容易冻结或岩石性质不适于湿式凿岩的地段采用带有捕尘设备的干式凿岩,但所采用的防尘措施不能达到规定的粉尘浓度标准时,严禁采用干式凿岩。

凿岩机在钻眼时,必须先送水后送风;放炮后必须进行喷雾、洒水;出渣前应用水淋湿全部石渣和附近岩壁;新鲜风流连续经过几个工作面时,在两个工作面间和混合式通风系统中两组风管交错的距离间,根据防尘效果,应适当增设喷雾器,以净化风流中的粉尘;施工人员应佩戴防尘面罩。

通过调整隧道供风的风速以排除粉尘,最佳的排尘风速宜通过现场试验认定。

(三)隧道工程环境保护监理要点

(1)在隧道工程开工前,监理工程师应审批施工方案的环保措施,特别注意对当地生态环境的保护,落实好珍稀物种的保护、弃渣和废水处理以及施工现场劳动防护等措施。

(2)对洞口临时堆放弃渣或就近设置轧石场的方案,应要求承包人同时提出环保措施和环境恢复方案。

(3)对爆破方案的审查,监理工程师应明确提出防治噪声和扬尘的要求。在距离居住区较近的地区施工,还应要求承包人注意防止振动造成影响。

(4)监理工程师根据工程情况,确定本阶段施工环境保护监理的巡视、旁站计划,对承包人环保措施的执行效果进行复核。

(5)施工区域如果发现国家保护的珍稀物种,监理工程师应全过程参与物种的保护,做好过程的监理。

(6)对施工过程中不符合环保要求的行为,监理工程师可以发出监理指令,责令改正。

(7)监理工程师在本阶段应关注扬尘、噪声环境监测指标,必要时可进行施工现场监测。

五、其他工程

1. 排水工程环境保护要点

排水工程包括地表排水和地下排水,是水土保持的必要措施。

地表排水设施包括边沟、排水沟、跌水与急流槽、蒸发池、油水分离池、排水渠等,应结合地形和天然水系进行布设,并做好进出口的位置选择和处理,防止出现堵塞、溢流、渗漏、淤积、冲刷和冻结等现象。

地下排水设施包括暗沟(管)、渗沟、渗水隧洞、渗井、仰斜式排水孔、检查井等类型,应根据工程地质和水文地质条件确定,并与地表排水设施相协调。排水工程潜在环境影响见表6-12。

排水工程潜在环境影响　　表6-12

序　号	活动内容	潜在影响
1	挖掘机、装载机	1. 噪声;2. 漏油;3. 扬尘;4. 有害气体
2	土石方运输	1. 沿路撒落;2. 随意丢弃
3	运输车辆	1. 噪声;2. 尾气;3. 扬尘
4	夯实机械	1. 噪声;2. 漏油;3. 有害气体
5	砂浆拌和机搅拌	1. 噪声;2. 砂浆外漏
6	砂浆喷射机	1. 噪声;2. 砂浆外漏
7	清洗砂浆设备污水	水污染

(1)及时沟通排水系统,为邻近的土地所有者提供灌溉与排水用的临时管道。临时排水设施与永久排水设施相结合,应有合适的泄水断面和纵坡,临时用作排水渠道时,应适当加大泄水断面,并采取加固措施,使水流畅通,不产生冲刷和淤塞。污水不得排入农田和污染自然水源,不得引起淤积和冲刷。

(2)截水沟设置在无弃土堆的情况下,截水沟的边缘离开挖方路基坡顶的距离视土质而定,以不影响边坡稳定为原则,如系一般土质至少应离开5m,对黄土地区不应小于10m,并进行防水渗加固,截水沟挖出的土,应运到指定地点。

(3)施工过程中应采取措施,控制扬尘、噪声、振动、废水、固体废弃物等污染,防止或者减轻施工对水源、植被、景观等自然环境的破坏,改善、恢复施工场地周围的环境。不论何种原因,在没有得到有关管理部门同意的情况下,各类施工活动不应干扰河流、渠道或排水系统的自然流动。

(4)在路基和排水工程(涵洞、倒虹吸等)施工期间,应为邻近的土地所有者提供灌溉与排水用的临时管道。

(5)将弃土、弃渣于指定地点堆放,并采取防护措施,避免其被冲刷流入水体。

(6)该阶段施工场界噪声限值为昼间70dB,夜间55dB。

2. 挡土墙、防护及其他砌筑工程环境保护要点挡土墙施工应综合考虑工程地质、水文地质、冲刷深度、荷载作用情况、环境条件和施工条件,结合路基施工进度,同步实施。应采用合理施工方法,尽量减少对环境和相邻路基段的不利影响。防护工程潜在环境影响见表6-13。

防护工程潜在环境影响　表6-13

序　号	活动内容	潜在影响
1	地基承载力和基础埋置深度	1. 冲刷;2. 墙体稳定
2	挖掘机、装载机等	1. 噪声;2. 漏油;3. 扬尘;4. 有害气体
3	土方运输	1. 沿路撒落;2. 随意丢弃
4	运输车辆	1. 噪声;2. 尾气;3. 扬尘
5	夯实机械	1. 噪声;2. 漏油;3. 有害气体
6	砂浆拌和机搅拌	1. 噪声;2. 砂浆外漏
7	砂浆喷射机	1. 噪声;2. 砂浆外漏
8	清洗砂浆设备污水	水污染

(1)地基承载力小于设计要求时,应及时与设计单位联系,确定开挖底线。

(2)基础埋置深度应根据设计要求和现场情况确定基底高程。

(3)当冻结深度小于或等于1m时,基底最小埋置深度不小于0.25m,并应符合基础最小埋置深度不小于1m的要求。

(4)当冻结深度超过1m时,基底最小埋置深度不小于1.25m,还应将基底至冻结线以下0.25m深度范围的地基土换填为砂砾石等材料。

(5)受水流冲刷时,应按路基设计洪水频率计算冲刷深度,基底位置于局部冲刷线以下不小于1m。

(6)路堑地段的挡土墙基础顶面应低于路堑边沟底面不小于0.5m。

(7)在风化层不厚的硬质岩石地基上,基底一般应置于岩石表面风化层以下;在软质岩石地基上,基底最小埋置深度不小于1m。

(8)施工过程中,应当采取措施,控制扬尘、噪声、振动、废水、固体废弃物等污染,防止或者减轻施工对水源、植被、景观等自然环境的破坏,改善、恢复施工场地周围的环境。

(9)根据水土保持方案,检查水土保持措施落实情况。

(10)将弃土、弃渣于指定地点堆放,并采取防护措施,避免其流入水体。

(11)该阶段施工场界噪声限值为昼间70dB,夜间55dB。

3. 交通安全设施施工环境保护要点

安全设施工程潜在环境影响见表6-14。

安全设施工程潜在环境影响　表6-14

序　号	活动内容	潜在影响
1	拌和场	1. 扬尘;2. 废水;3. 噪声
2	预制场	1. 废水;2. 噪声
3	基础工程	1. 噪声;2. 扬尘;3. 废弃物处置;4. 有害气体
4	焊接	1. 有害气体;2. 废弃物处置;3. 光辐射
5	油漆和表面处理	1. 有害气体;2. 废弃物处置

(1)拌和场、预制场、基础工程的防治措施同前文。

(2)外购材料应提供生产商环保达标要求的证明材料。

(3)防撞护栏柱打设应防止油污染,合理安排时间,减少噪声对周围居民的影响。

(4)焊接的废弃物如电焊渣、废弃的焊材,应收集处理。

(5)油漆应妥善存放和使用,避免滴漏影响水体和土壤。油漆包装物应统一收集处理,不应随意抛弃。

4. 取、弃土场环境保护要点

公路工程尤其是山岭重丘区的公路工程,弃土(渣)量较大,据有关资料,在黄河流域废弃的土方量有10% ~30%成为水土流失量,南方降水及暴雨较多的地区,弃土的冲刷程度也比较严重,因此要特别重视取、弃土场的环境保护。

(1)取、弃土(渣)场的选址参见前面所述。

(2)在路侧选用田地取土时,取土厚度应在当地地下水位线以上至少0.3m,防止地下水出露影响植被类型。

(3)禁止废渣、土石等向洞口、水体、山涧随意堆弃和无序倾倒。弃渣不得弃入或侵占耕地、渠道、河道、道路等场所。必须运至指定的弃渣场。

(4)为了防止固体废弃物堆积体被冲蚀或发生滑塌、崩塌,应贯彻“先挡后弃”的原则,设置拦渣坝。拦渣工程选址、修建,应少占耕地,尽可能选择荒沟、荒滩、荒坡等地方。拦渣坝坝型主要根据拦渣的规模和当地的建筑材料来选择。一般有土坝、干砌石坝、浆砌石坝等形式。选择坝型时,应进行多方案比较,做到安全经济,均质土坝构造简单,便于施工,尤其是在高速公路项目区,多具有大型推筑、碾压设备,最适于修建土坝。

(5)弃渣应在指定范围内严格按照设计技术要求进行堆置。堆放应整齐、稳定,不遗留陡坡、滑坡、塌方等隐患,并且排水通畅。河道不得弃渣。桥头弃土不得挤压桥墩、阻塞桥孔。

(6)对于取、弃土(渣)场的边坡,都应在工程防护的基础上,尽可能创造条件恢复植被,特别是草灌植物的应用,尽力把工程措施和植物措施很好地结合起来。这不仅能控制水土流失,维护坡面稳定,而且对生态环境改善具有重要意义。

(7)在施工结束后,应对取、弃土场进行修整、清理和生态恢复,包括复耕或绿化等,并必须有相应的水土保持措施。可按要求在地表覆盖熟土还耕或绿化,或与当地土地管理部门商议后,对取土坑进行改造,放缓边坡,使边坡稳定,或开发成水源、鱼塘。

5. 其他工程的环境保护监理要点

(1)在各单位工程开工前,监理工程师应审批施工方案的环保措施,确定环保措施满足工程要求。

(2)监理工程师根据工程情况,确定本阶段施工环境保护监理的巡视、旁站计划,对承包人环保措施的执行效果进行复核。

(3)监理工程师应对取、弃土场的环保措施执行情况进行巡检,特别注意取、弃土场的排水、挡土措施。在对取、弃土场生态恢复(植树绿化)阶段,监理工程师应根据工程实际情况,有重点地旁站监理。

(4)在特殊生态保护地区,监理工程师应禁止承包人将施工废弃料弃置在野地,并随时巡视检查执行效果。

(5)对施工过程中不符合环保要求的行为,监理工程师可以发出监理指令,责令改正。

(6)监理工程师可以根据需要进行现场环境监测,复核环保措施的成效。

第四节　环保工程监理

一、环保工程监理概述

公路建设项目涉及到的环保工程，主要包括隔声屏障、绿化工程、护坡、拦渣工程等。作为公路工程的附属工程，环保工程施工监理的内容与主体工程施工监理一致，在此不作赘述，以下主要介绍这些工程的技术要点。

二、声屏障工程监理要点

声屏障工程按其成材料不同划分为金属或合成材料声屏障、砌块体声屏障、绿化林带工程等几种形式，下面主要介绍金属或合成材料声屏障、砌块体声屏障的施工监理要点，绿化林带工程的施工监理要点参照绿化工程。

1. 声屏障工程质量要求

(1)降噪效果符合设计要求；其与路肩边线位置偏移、高程、竖直度允许偏差应符合有关质量标准；厚度不小于设计。

(2)砌块体声屏障墙体外观平整美观，无表面破损；砌筑灰缝应用砌筑砂浆充实。

(3)金属或合成材料声屏障屏体颜色均匀一致，无裂纹；基础外观平整美观，不得造成路面污染及构筑物破损；屏体与立柱及屏体间的缝隙必须密实。

2. 声屏障工程施工质量控制要点

(1)施工前应充分考虑在标志牌、电话亭、桥梁伸缩缝等处的声屏障安装方式。

(2)基础放线应符合设计图纸要求，位置必须准确，标记明显。

(3)由于部分声屏障基础立于路基的边坡上，因此要保证基础开挖后的基坑四周土不被扰动。

(4)基础钢筋规格、质量应符合设计要求，钢筋笼绑扎应符合施工规范要求，如有预埋的，应检查预埋件的间距、摆放的角度是否准确。

(5)砌块的安装：

根据基底高程不同，砌体块应从底部砌起，并应由高处向低处搭砌。设计无要求时，搭接长度不应小于基础扩大部分的高度。

砌体的转角处与交接处应同时砌筑。不能同时砌筑时，应留茬、接茬。

墙上预留临时施工洞口的净宽度不应大于允许宽度。临时施工洞口应做好补砌。

施工过程中的墙体超过 2m 高时，应采用临时支撑等有效措施，防止大风侵袭。

砌筑墙身，应挂线砌筑，以保证墙身平整和顺直。

(6)金属或合成材料的安装：

金属立柱、连接件和声屏障屏体在运输时，应采取可靠措施防止构件变形或防腐处理层损坏。严禁安装变形的构件。

屏障体材料表面的平整度、有无划痕，是检查的重点。监理工程师要求供货厂家提供屏障体的国家有关部门的吸、隔声检测报告或产品合格证。划痕面积超过板材面积的千分之一时，不能采用。

屏障体安装时，板材之间、立柱框架与板材之间以及屏障与基础之间的缝隙必须填灌密实，才能保证隔声效果。

三、绿化工程监理要求

（一）绿化工程质量要求

（1）中央分隔带的苗木修剪后的高度应为1.4～1.6m，栽植的株、行距合理，应满足防眩功能的要求，不得影响交通安全。

（2）苗木、草坪无明显病害。

（二）绿化工程施工质量控制要点

1.施工前准备

（1）施工前，设计单位应向承包人设计交底，承包人应按设计图进行现场核对。如有不符之处，应及时提交设计单位作变更设计。

（2）工程开工前，承包人应根据工程实际情况编写施工组织设计，并报监理工程师审查同意。

2.施工期监理

（1）整地

整地，即土壤改良和土壤管理，是保证树木成活和茁壮生长的有力措施。

①清理障碍物。在施工场地上，凡对施工有障碍的一切障碍物如建筑垃圾、石块等要清除干净。

②整理现场。根据设计图纸的要求（特别是互通区、服务区），将绿化地段与其他用地界限区划开来，整理出预定的地形，或平地或起伏坡地，使其与周围排水趋向一致。上边坡生态防护应清理边坡表面的危石、松石。

③设置水源。大量进行绿化，设置必要、足够的水源是必须的。

种植或养护植物用水应无油、酸、碱、盐或其他对植物生长有害的物质，并应符合《农田灌溉水质办法》（GB 5084—1992）的要求。

④客土栽培：

a.路肩、边坡及服务区、互通区为道路材料填筑，多为石渣等建筑材料，绿化前应进行土壤改良，全部或部分换入肥沃的土壤，使种植深度符合种植要求，确保绿化植物能茁壮成长。

b.部分树种需要有一定酸度的土壤，如杜鹃、山茶等，应将局部地区的土壤全换成酸性土，或加大种植坑放入山泥、泥炭土、腐叶土等，并混拌有机肥料，以符合酸性树种生长要求。

c.种植或播种前应对该地区的土壤理化性质进行化验分析，采取相应的消毒、施肥和客土等措施。

d.种植地的土壤含有建筑废土及其他有害成分，以及强酸性土、强碱土、盐土、盐碱土、重黏土、砂土等，均应根据设计规定，采用客土或采取改良土壤的技术措施。

（2）定点、放线

①种植穴、槽定点放线应符合设计图纸要求，位置必须准确，标记明显。

②种植穴定点时应标明中心点位置，种植槽应标明边线。

③定点标志应标明树种名称（或代号）、规格。

④对于设计图上无固定点的绿化种植，如灌木丛、树群可结合地形确定栽植范围，其中每株树木的位置和排列可根据设计要求在所定范围内用目测法进行确定，定点时应注意植株的生态要求并注意自然美观。定好点后，多采用白灰打点或打桩，标明树种、栽植数量，坑径。

(3)种植穴、槽的开挖

挖种植穴、槽的大小,应根据苗木根系、土球直径和土壤情况而定。穴、槽必须垂直下挖、上口下底相等。

挖穴、槽后,应施入腐熟的有机肥作为基肥。

(4)种植材料和播种材料的选择

种植材料应根系发达,生长茁壮,无病虫害,规格及形态符合设计要求。

铺砌草坪用的草块及草卷应规格一致,边缘平直,杂草不得超过5%。草块土层厚度宜为3~5cm,草卷土层厚度宜为1~3cm。

草坪、地被植物的种子应注明名品种、品系、产地、生产单位、采收年份、纯净度及发芽率,不得有病虫害。自外地引进种子应有检疫合格证。发芽率达90%以上方可使用。

(5)苗木种植前的修剪

种植前应进行苗木根系修剪,宜将霹雳根、病虫根、过长根剪除,并对树冠进行修剪,保持地上地下平衡,减少水分的散发,保证树木成活。

(6)树木的种植

应根据树木的习性和当地的气候条件,选择最适宜的种植时期进行种植。

树木植入种植穴前,应先检查种植穴大小及深度,不符合要求时,应修整种植穴。同时,应再次检查根系是否完好。种植应按设计图纸要求核对苗木品种、规格及种植位置。

行道树或行列种植树木应在一条线上,相邻植株规格应合理搭配,高度、干径、树形近似,种植的树木应保持直立,不得倾斜,应注意观赏面的合理朝向。

种植带土球树木时,不易腐烂的包装物必须拆除。

种植时,根系必须舒展,填土应分层踏实,种植深度应与原种植线一致。

新植树木定植后24h内必须浇上第一遍水,定植后第一次灌水称为头水。水要浇透,使泥土充分吸收水分,灌头水主要目的是通过灌水将土壤缝隙填实,保证树根与土壤紧密结合,以利根系发育,以后应根据当地情况及时补水,水灌完后应作一次检查,由于踩踏不实树身会倒歪,要注意扶正。树木栽植后浇水量见表6-15。

树木栽植后浇水量 表6-15

乔木及常绿树胸径(cm)	灌木高度(m)	绿篱高度(m)	树堰直径(cm)	浇水量(kg)
	1.2~1.5	1~1.2	60	60
	1.5~1.8	1.2~1.5	70	75
3~5	1.8~2	1.5~2	80	100
5~7	2~2.5		90	200
7~10			110	250

(7)草坪、花卉的种植

草坪种植应根据不同地区、不同地形选择播种、分株、茎枝繁殖、植生带、铺砌草块和草卷等方法。种植的适宜季节和草种类型选择应符合下列规定:

①冷季型草播种宜在秋季进行,也可在春、夏季进行。

②茎枝栽植暖季型草播种宜在南方地区夏季和多雨季进行。

③植生带、铺砌草块或草卷,温暖地区四季均可进行;北方地区宜在春、夏、秋季进行。

草坪播种应选择优良种子,不得含有杂质,播种前应做发芽实验和催芽处理,确定合理的播种量。

各种花卉种植时在晴朗天气、春秋季节、最高气温25℃以下时可全天种植；当气温高于25℃时，应避开中午高温时间。

草块搬运至铺设场地后，应立即进行栽种。铺设草块前，应先清除场地上的石块、垃圾等杂物，增施基肥，力求表土层疏松、平整。更重要的是排水坡度的整理，面积大的场地，为了达到2‰~3‰的斜坡排水，最好使用水平尺测定。草块铺前，对场地再次拉平并增加1~2次压平，以免铺后出现泥土下沉带来的不平整或者积水等不良现象。铺栽草块时，块与块之间，应保留0.5~1cm的间隙，以防在搬运途中干缩的草块，遇水浸泡后膨胀，形成边缘重叠。块与块间的缝隙应填入细土，然后滚压，并进行浇水，要求灌透。一般浇水后2~3d再次滚压，则能促进块与块之间的平整。一般说来，新设的块状草坪，压滚一二次是压不平的，以后每隔一周浇水滚压一次，直到草坪完全平整为止。在滚压过程中，如发现草块部分下沉不平、应把底凹下沉部分的草坪掀起来，用土填平重新铺平。方块草坪铺设，不论是冷地型、暖地型草种，都忌在冬季进行。因为禾草在冬季大都停止生长或者休眠，铺后容易遭干冻。对入春后新萌发的嫩芽，移栽后，亦影响其正常生长。最适宜的草块铺移时间是春末夏初，或者秋季进行，如果因客户需要在夏季进行，则必须增加灌溉次数。

新铺草块必须加强护理，防止人、畜及车辆入内，靠近道路、路口的应设置临时性指示牌，减少和防止人为破坏所造成的损失。新铺草坪返青后，可增施一次尿素氮肥，每公顷施用量120~150kg。当年的冬季可适当增施堆肥土或土屑土等疏松肥料，则能迅速促进新铺草坪的平整度。

(8)上边坡生态防护的种植

上边坡坡度大于40°时，应铺设金属网。坡度小于45°时，原则上不需铺网，但当坡面非常光滑或坡面为积雪坡面、冻土坡面、黏性土坡面时，应铺设金属网或打止滑杆。

金属网铺设应自上而下，首先固定好坡顶金属网片上端部后，才能向下铺设。

金属网与坡面间隙应保持均匀，间隙应符合设计要求。

锚固件不应打在岩石的裂缝处，锚固件与岩石孔间隙应填灌密实。

绿化基材混合物层必须紧贴下覆岩面无分离和脱开现象。

基材应有良好的附着力和黏结力，经得起自然降雨和人工喷灌的冲刷而不会出现侵蚀和流失。

四、护坡工程设施监理要点

护坡工程是为了稳定公路开挖坡面或堆置固体废弃物形成的不稳定高陡边坡或滑坡危险地段而采取的水土保持措施。常用的护坡工程有削坡开级措施、植物护坡措施、工程护坡措施、综合护坡措施。

(一)基本原则

(1)护坡工程应根据非稳定边坡的高度、坡度、岩层结构、岩土力学性质、坡脚环境等，分别采取不同的措施。

(2)不同的护坡工程防护功能不同，造价相差很大，必须进行充分的调查研究和分析论证，做到既符合实际，又经济合理。

(3)稳定性分析是护坡工程设计的最关键的问题，大型护坡工程应进行必要勘探和试验，并采用多种分析方法比较论证，务求稳定，技术合理。

(4)护坡工程应在满足防护要求的前提下，充分考虑植被恢复和重建，特别是草灌植物的应用,尽力把工程措施和植物措施很好地结合起来。

(二)护坡工程基本类型及要求

1. 削坡开级

削坡是削掉非稳定边坡的部分岩土体,以减缓坡度,削减助滑力,从而保持坡体稳定的一种护坡措施;开级则是通过开挖边坡,修筑阶梯或平台,达到相对截短坡长、改变坡型、坡度、坡比,降低荷载重心,维持边坡稳定目的的又一护坡措施。二者可单独使用,亦可合并使用,主要用于防止中小规模的土质滑坡和石质崩塌。

2. 植物护坡

见前面绿化工程上边坡生态防护相关内容。

3. 工程护坡

对堆置固体废弃物或山体不稳定的地段,或坡脚易遭受水流冲刷的地方,应采取工程护坡,其具有保护边坡,防止风化、碎石崩落、崩塌、浅层小滑坡等功能。工程护坡省工、施工速度快,但投资高。

工程护坡措施有勾缝、抹面、捶面、喷浆、锚固、喷锚、干砌石、浆砌石、抛石、混凝土砌块、植物种植等多种形式。

4. 综合护坡措施

综合护坡措施是在布置有拦挡工程的坡面或工程措施间隙上种植植物,其不仅具有加强坡面工程的强度,提高边坡稳定的作用,而且具有绿化美化的功能。综合护坡措施是植物和工程有效结合的护坡措施,适宜于条件较为复杂的不稳定坡段。

综合护坡措施应在稳定性分析的基础上,比选工程与植物结合和布局的方案,确定使用工程植物料的形式、质量,并选择适宜的植物种类,在特殊地段布局上还应符合美学要求。

(三)护坡工程监理要点

关于护坡工程的基础开挖、基础浇筑、抹面、捶面、喷浆、锚固、喷锚、干砌石、浆砌石、抛石、混凝土砌块、植物种植等的监理可参考相关工程监理办法进行。

五、拦渣工程设施监理要点

拦渣工程是为专门存放公路施工造成的大量弃土、弃石、弃渣和其他废弃固体而修建的水土保持工程。主要包括拦渣坝、拦渣墙、拦渣堤。

(一)基本原则

(1)拦渣工程应根据弃土、弃石、弃渣及其堆放位置,堆放区域的地形地貌特征、河(沟)道水文地质条件,公路项目的安全要求等确定其形式。

(2)拦渣工程在总体布局上必须考虑河(沟)道行洪和下游建筑、工厂、城镇、居民点等重要设施的安全,应根据国家标准,结合当地的具体情况确定适当的防洪标准。

(3)拦渣工程选址、修建,应少占耕地,尽可能选择荒沟、荒滩、荒坡等地方。

(二)拦渣工程基本类型及要求

1. 拦渣坝

(1)坝址选择

拦渣坝坝址应符合下列条件:坝址应位于弃渣源附近,其上游流域面积不宜过大;坝址地形要口小肚大,沟道平缓,工程量小,库容大;坝址要选择岔沟,沟道平直和跌水的上方,坝端不能有集流洼地或冲沟;坝址附近有良好的筑坝材料,便于采运和施工;地质构造稳定,岩土质坚硬;两岸岸坡不能有疏松的塌积和陷穴、泉眼等隐患。

(2)拦渣坝上游洪水的处理

①拦渣坝坝址上游汇流较小时,采取导洪堤或排洪渠,将区间小洪水排导至拦渣坝的溢洪道或泄水洞,安全泄走。

②拦渣坝坝址上游有较大洪水,并对拦渣坝构成威胁时,应在拦渣坝上游修建拦洪坝。在此情况下,拦渣坝的溢洪、泄水总量应与上游拦洪坝的排洪,泄水建筑物泄洪总量统一考虑。

③拦渣坝坝址上游有较大洪水,坝址上游又无条件修建拦洪坝时,可修建防洪拦渣坝。同时兼具拦渣和防洪两种功能,但必须经过技术经济论证,确定合理性,才能修建。

(3)坝型选择

拦渣坝坝型主要根据拦渣的规模和当地的建筑材料来选择。一般有土坝、干砌石坝、浆砌石坝等形式。选择坝型时,应进行多方案比较,做到安全经济。

① 土坝。工程上最常用是均质土坝,即整个坝体都用同一种透水性较小的土料筑成,一般采用壤土、砂壤土。均质土坝构造简单,便于施工,尤其是在高速公路项目区,多具有大型推筑、碾压设备,最适于修建土坝。

② 浆砌石坝:

a. 浆砌石坝使用于石料丰富的地方,可以就地取材,抗冲能力大,坝顶可以溢流,不必在两岸另建溢洪道,易于施工。此外,由于砌石的整体作用,上、下游坝坡不会产生滑动,因而坡度比土坝陡。但浆砌石坝需一定数量的水泥,施工比较复杂,需要一定的砌石技术,对地基的需求比土坝高,一般要求建在较好的岩基上。

b. 浆砌石重力坝常由溢流段和非溢流段两部分组成。通常在沟槽部分布置溢流段,两侧接以非溢流坝段,两段相接处用导水墙隔开。

c. 浆砌石重力坝是在外力作用下,依靠自身的重力维持抗滑稳定的。坝顶宽度能满足交通要求即可。

d. 浆砌石坝坝体内要设排水管,以排泄坝前积水或废渣中的渗水,分别在水平面上和垂直方向上,每隔一定距离设一道排水管。排水管材料一般采用铁管或钢筋混凝土管,也可采用PVC 管,直径可根据排水流量确定。排水管下游倾斜,保持一定的比降。

e. 在坝的两端,为防止沟壁的崩塌,必须加设边墙。

③干砌石坝:

a. 干砌石坝宜在沟道较窄、石料丰富的地方修建,也是一种常用的坝型。

b. 干砌石坝断面为梯形,上、下游坡比按公路设计规范确定。

c. 干砌石坝的坝体系用块石交错堆砌而成,坝面用大平板或条石砌筑。因此,在坝体施工时,要求块石上下左右之间相互"咬紧",不容许有松动、滑脱的现象出现。

d. 土石混合坝。

当坝址附近土料丰富而又有一定石料时,可选用土石混合坝。

坝的断面尺寸,一般当坝高为 5 ~ 10m 时,坝顶宽为 2 ~ 3m,上、下游坡比按公路设计规范确定。

土石混合坝的坝身用土和石渣填筑,而坝顶和下游坝面则用浆砌石砌筑,由于土坝渗水后,易发生沉陷,因此,坝的上游坡必须设置黏土隔水斜墙,这时上游坝坡应适当放缓,下游坡脚设置排水管,并设置相应的反滤层。

2. 挡渣墙

挡渣墙是为了防止固体废弃物堆积被冲蚀或易发生滑塌、崩塌,或稳定人工开挖形成的高陡边坡,或避免滑坡体前缘再次滑坡而修建的水土保持工程。

(1)挡渣墙选线选址

为充分发挥挡渣墙拦挡废渣的作用,保证挡渣墙在使用期间的稳定与安全,应合理选线,尽量减小挡渣墙的设计高度与断面尺寸。

①挡渣墙应建在紧靠弃渣或相对高度较高的坡面上,这样可有效降低挡渣墙高度。

②挡渣墙沿线土层的含水量和密度应保持一致,避免不均匀沉降对地基稳定性的影响。为安全起见,在具体施工时,应沿挡渣墙长度方向预留伸缩缝和沉降缝。

③挡渣墙的布设尽可能避免横断沟谷和水流,如无法避免时,应修建排水筑物。

④墙线宜顺直,转折处应用平缓曲线相连接。

(2)挡渣墙上部洪水处理

①挡渣墙上部有汇流小洪水时,采取导洪堤或排洪渠,将水流引走,使之安全排泄。

②挡渣墙上部有较大洪水时,应在其上部修建引洪拦洪坝。

(3)挡渣墙形式

挡渣墙按结构形式的不同,可分为重力式、悬臂式和扶臂式三种。墙型要根据拦渣的规模和当地的建筑材料来选择。选择墙型时,应按照安全、经济的原则,进行多方案比较,选择最佳的墙型。

①重力式挡渣墙。重力式挡渣墙是依靠墙身自重来维持稳定的,墙体用浆砌块石或混凝土作成,适用于墙高小于5m,地基土质较好的情况,是最常见的形式。

②悬臂式挡渣墙。悬臂式挡渣墙由钢筋混凝土建造,适用于高大于5m,地基土质较差,当地缺少石料,同时在堆渣体下方有重要工程时采用。臂式挡渣墙由立壁和底板组成,具有三个悬臂即立臂、趾板和踵板。这种结构形式的特点是:墙身断面小,结构稳定性不依据本身的重力,而主要依靠踵板上的填土重力来保证,自重轻,省材料,适用于墙高较大的情况。

③扶臂式挡渣墙。扶臂式挡渣墙,其主体是悬臂式挡渣墙,沿墙长度方向每隔0.8~1.0m做一个与墙高等高的扶壁,以保持挡渣墙的整体性,加强拦渣能力。墙体由钢筋混凝土建造,适用于防护要求高,墙高大于10m的情况。扶壁式挡渣墙具有与悬臂式挡渣墙有很多共同的特点。

3.拦渣堤

拦渣堤是指修建于沟岸或河岸的,用以拦挡公路施工中排放的固体废弃物的建筑物。由于拦渣堤一般同时兼有拦渣与防洪两种功能,堤内拦渣,堤外防洪,故拦渣堤设计的关键是选线、基础和防洪标准,对于下游有重要设施的拦渣堤,应充分论证分析,提高防洪标准和稳定系数。

(1)拦渣堤类型

根据拦渣堤修筑的位置不同,主要有以下两种:

①沟岸拦渣堤。弃土、弃石、弃渣堆放于沟道岸边的,其建筑物防洪要求相对较低。

②河岸拦渣堤。弃土、弃石、弃渣堆放于河滩及河岸的,其建筑物防洪要求相对较高。

(2)拦渣堤设计要求

①根据项目在公路施工中弃土、弃石、弃渣的具体情况,确定在规定时期内拦渣堤应承担的堆渣总量。

②堤顶高程按设计洪水位、风浪爬高、安全超高确定。

（三）拦渣工程监理要点

关于拦渣工程的基础开挖、基础浇筑、干砌石砌筑、混凝土浇筑等的监理可参考相关工程监理办法进行。

六、环境保护监理实测项目

1. 砌块体声屏障

(1) 基本要求

①工程所用的块材、水泥、钢筋、外加剂等材料应经检验合格后方可使用。

②砌筑基础前，应校核基坑放线尺寸，符合设计要求，并填写记录。

③砌筑顺序应符合下列规定：

a. 基底高程不同时，应从低处砌起，并应由高处向低处搭砌。设计无要求时，搭接长度不应小于基础扩大部分的高度。

b. 砌体的转角处与交接处应同时砌筑。不能同时砌筑时，应留茬、接茬。

④墙上预留临时施工洞口的净宽度不应大于 1m，临时施工洞口应做好补砌。

⑤施工过程中的墙体超过 2m 高时，应采用临时支撑等有效措施，防止大风侵袭。

⑥在潮湿或有化学侵蚀介质的环境条件下，砌体中的钢筋防腐应符合设计要求。

⑦排水设计符合设计要求。

(2) 实测项目

砌块体声屏障实测项目见表 6-16。

砌块体声屏障实测项目 表 6-16

项次	检查项目	规定值或允许偏差	检查方法和频率	权值
1△	降噪效果	符合设计要求	按环保复查方法	3
2	与路肩边线位置偏移(mm)	±20	尺量：检查 30%	2
3	墙体高程(mm)	±20	水准仪：检查 30%	2
4	墙体竖直度(mm/m)	3	经纬仪、尺量：检查 30%	1
5	墙体厚度(mm)	不小于设计	尺量：抽查 15%	1
6	顺直度(mm/10m)	10	10m 拉线：每 100m 测 2 处，总数不少于 5 处	1
7	水平灰缝平直度(mm)	7	10m 拉线和尺量：每 100m 测 2 处，总数不少于 5 处	1
8	表面平整度(mm)	8	2m 靠尺和楔型塞尺：每 100m 测 10 尺	1

2. 金属结构声屏障

(1) 基本要求

①基础的埋置深度、材料质量应符合设计要求。

②金属立柱的规格、材质不应低于设计要求。

③所使用的焊接和紧固件必须符合设计要求和现行标准的规定。焊接不得有裂纹、未熔

合、夹渣和未填满弧坑等缺陷。

④金属立柱、连接件和声屏障屏体在运输时,应采取可靠措施防止构件变形或防腐处理层损坏。严禁安装变形的构件。

⑤固定螺栓紧固,位置正确,数量符合设计要求,封头平整无蜂窝、麻面。

⑥屏体与基础的连接缝密实,符合设计要求。

(2)实测项目

金属结构声屏障实测项目见表6-17。

金属结构声屏障实测项目　　表6-17

项次	检查项目	规定值或允许偏差	检查方法和频率	权值
1	降噪效果	符合设计要求	按环保复查方法	2
2	与路肩边线位置偏移	±20	尺量:检查30%	1
3	顶面高层(mm)	±20	水准仪:检查30%	1
4	金属立柱中距(mm)	10	尺量:检查30%	1
5	金属立柱竖直度(mm/m)	3	垂线、尺量:检查30%	1
6	渡(涂)层厚度(um)	不小于规定值	测厚仪:检查20%	1
7	屏体厚度(mm)	±2	游标卡尺:检查15%	1
8	屏体宽度,高度(mm)	±10	尺量:检查15%	1

3. 中央分隔带绿化

(1)基本要求

①中央分隔带的苗木修剪后的高度应为1.4~1.6m,栽植的株、行距合理,应满足防眩功能的要求,不得影响交通安全。

②中央分隔带应进行绿化,回填土的厚度应大于60cm。

(2)实测项目

中央分隔带绿化实测项目见表6-18。

中央分隔带绿化实测项目　　表6-18

项次	检查项目	规定值或允许偏差	检查方法和频率	权值
1	苗木规格与数量	符合设计	尺量:每1km测50m	2
2	种植穴规格	符合CJJ/T82的规定	钢尺量:每1km测50m	1
3	土层厚度	符合CJJ/T82的规定	钢尺量:每1km测50m	1
4	苗木间距(%)	±5	皮尺量:每1km测50m	1
5	苗木成活率(%)	≥95	目测:每1km测200m	3
6	草坪覆盖率(%)	符合设计	目测:每1km测200m	2

4. 路侧绿化

(1) 基本要求

① 路侧绿化的种植材料应符合设计要求,不能及时种植的苗木应进行假植。

② 边坡绿化施工应按照设计所规定的施工方法与工艺进行,严格施工过程质量控制。

③ 边坡绿化不得破坏公路路基。

(2) 实测项目

路侧绿化实测项目见表 6-19。

路侧绿化实测项目　　表 6-19

项次	检查项目	规定值或允许偏差	检查方法和频率	权值
1	苗木规格与数量	符合设计	尺量:每 1km 测 50m	1
2	种植穴规格	符合 CJJ/T82 的规定	钢尺量:每 1km 测 50m	1
3	土层厚度	符合 CJJ/T82 的规定	钢尺量:每 1km 测 50m	1
4	苗木间距(%)	≥85	目测:每 1km 测 200m	2
5	苗木成活率(%)	≥95	目测:每 1km 测 200m	3
6	其他地被植物发芽率(%)	≥85	目测:每 1km 测 200m	2

第五节　交工验收与缺陷责任期环境保护监理

公路施工环境保护监理在交工验收与缺陷责任期有两方面的工作内容,即环保达标监理和环保工程监理两个方面。对于环保工程监理,其工作内容和方式与施工监理是相同的,以下主要介绍环境保护监理工程师在这一时期环保达标监理的工作内容。

一、交工环境保护初步验收

由于环境保护有其特殊性,不同于工程质量完全是刚性的要求,环保还有一些软环境的要求,为了保证竣工环保验收能够顺利进行,在工程交工时,应组织环境保护的验收,指出环保遗留问题并制订改进措施和计划,以免施工单位撤出后无法落实。

初步验收可以由业主组织,监理单位、承包人和设计单位参加。必要时,邀请环保和水利主管部门参加。

1. 环境保护初步验收的程序与内容

(1)工程完工,环保资料编制完成后,承包人向监理工程师提交初验申请。

(2)监理工程师审查初验申请。

(3)监理工程师会同业主,组织承包人、设计单位对工程现场和相关资料进行检查。

①对工程区环境质量状况进行预检,主要通过感观和利用环境监测单位监测的资料与数据进行检查,必要时进行实地监测。

②现场监督检查承包人对遗留环境问题进行处理。主要检查内容有:取(弃)土场整治、临时设施拆除,如临时用房、沉淀池、化粪池等的拆除,道路(便道、便桥)及预制(拌和)场地平整、生活及建筑垃圾的处置、边坡整治、绿化等生态恢复和补偿情况。

(4)业主组织召开环保初验会议,监理工程师主持,对承包人执行环境保护合同条款与落实各项环境保护措施的情况与效果进行综合评估,审查环保遗留问题整改措施和计划,讨论决定是否通过初验。会后,由监理工程师向业主提出工程环境保护初验报告。

2. 承包人应具备的环境保护资料

承包人在交工前应整理好关于施工期环境保护的有关资料,一般应包括以下内容:

(1)工程资料。包括:施工内容、施工工艺、大型船舶机械设备、施工平面图、施工周期、施工人数及污染物排放等基本工程概况。

(2)环保制度与措施。包括:生活区、施工现场及船舶机械设备环保管理措施与制度。

(3)环保自查记录、整改措施与环境保护月报。

(4)与监理单位往来文件。包括环境保护监理备忘录、环境保护监理检验报告表、环保事故报告表、环境保护监理业务联系单及回复单等。

(5)环境恢复措施,主要包括:

①临时设施处置计划。主要内容有建筑物、构筑物(包括沉淀池、化粪池等)的处置计划。

②生态恢复及生态补偿措施等。主要包括取(弃)土场整治、道路(便道、便桥)及预制(拌和)场地、生活及建筑垃圾的处置,边坡整治、绿化等生态恢复和补偿措施。

二、缺陷责任期的环境保护监理

缺陷责任期的环境保护监理工作内容主要包括:

(1)监理工程师定期检查承包人对环保遗留问题整改计划和实施,并根据工程具体情况,建议承包人对整改计划进行调整。

(2)监理工程师检查已实施的环保达标和环保工程,对交工验收后发生的环保问题或工程质量缺陷及时进行调查和记录,并指示承包人进行环境恢复或工程修复。

(3)监理工程师督促承包人按合同及有关规定完成环保施工资料。

三、协助业主组织竣工环保验收

在工程竣工环保验收阶段,环境保护监理单位应负责做好以下工作:

(1)整理施工环境保护监理竣工资料,主要内容有:

①施工环境保护监理计划;

②施工环境保护监理实施细则;

③与业主、承包人、设计单位来往环保监理文件;

④监理通知单及回复单;

⑤因环保问题签发的停(复)工通知单;

⑥与环境保护有关的会议记录和纪要;

⑦施工环境保护监理月报;

(2)编制工程环境保护监理总结报告。

(3)提出工程通车前所需的环保部门的各种批件,并予以协助办理。

(4)收集保存竣工验收时环保主管部门所需的资料。

(5)完成竣工验收小组交办的工作。

四、施工环境保护监理用表

施工环境保护监理用表包括:

环境保护监理通知单,见表6-20。

工程环保事故报告单,见表6-21。

工程环保事故处理方案审批表,见表6-22。

环境保护监理检验申请批复表,见表6-23。

工程停工通知单,见表6-24。

取(弃)土场整治恢复报告单,见表6-25。

临时用地环境影响报告单,见表6-26。

环境保护监理通知单 表6-20

合 同 号:________________ 编 号:________________

承 包 人:________________ 监理单位:________________

事 由	
致____(承包人)____: 驻地监理工程师:______日期______	
签收意见: 签名:______日期:______	

本表监理单位专用,一式二份,承包人签收后归档保存。

工程环保事故报告单 表6-21

合 同 号:________________ 编 号:________________

承 包 人:________________ 监 理 单 位:________________

致____(监理驻地办)____: ______年______月______日______时在__________部位(详见设计图纸________),发生环保事故,报告如下: 1. 问题(事故)经过及原因的初步分析: 2. 造成损失及人员伤亡: 3. 补救措施及初步处理意见: 待进一步调查后,再另作详细报告,并提出处理方案上报审查。 承包人:________ 项目经理:______日期:______
监理单位意见: 现场监理工程师:______日期:______ 驻地监理工程师:______日期:______
业主意见: 负责人:______日期:______
抄报:

本表由承包人填报,一式四份,建设、监理、施工、设计单位各一份,重大事故报环保局。

工程环保事故处理方案审批表 表 6-22

合 同 号:________________ 承 包 人:________________

编 号:________________ 监 理 单 位:________________

致____(监理驻地办)____: ____年____月____日____时在________部位(详见设计图纸________),发生的污染事故,已于:____月____日提出《工程环保事故报告单》。现提出处理方案,请予审查。 附件: 1. 工程环保事故详细报告 2. 工程环保事故处理方案 承包人:________ 项目经理:____日期:______
监理单位意见: 现场监理工程师:____日期:____ 驻地监理工程师:____日期:____
业主意见: 负责人:____日期:____
抄报:

本表由承包人填报,一式四份,建设、监理、施工、设计单位各一份,重大事故报环保局。

环境保护监理检验申请批复单 表 6-23

合 同 号:________________ 承 包 人:________________

编 号:________________ 监 理 单 位:________________

致____(监理驻地办)____: 我方已按合同要求完成了__________工程,经自检环保合格,请予以检查和验收。 附件: 项目经理:______日期:______
监理单位审查意见: 驻地监理工程师:______日期:______

本表由承包人填报,一式四份,建设、监理、施工、设计单位各一份。

工程停工通知单 表6-24

合　同　号:＿＿＿＿＿＿＿＿　　承　包　人:＿＿＿＿＿＿＿＿

编　　号:＿＿＿＿＿＿＿＿　　监 理 单 位:＿＿＿＿＿＿＿＿

致＿＿（承包人）＿＿： 你部承担施工的＿＿＿＿＿＿工程，＿＿＿＿＿＿部位，由于＿＿＿＿＿＿原因，现通知你部对＿＿＿＿＿＿暂时停止施工。 驻地监理工程师：＿＿＿＿日期：＿＿＿＿
承包人签收意见： 承包人：＿＿＿＿ 项目经理：＿＿＿＿日期：＿＿＿＿
抄报（抄送）： 驻地监理工程师：＿＿＿＿日期：＿＿＿＿

本表由监理单位填写，一式三份，业主、承包人和监理单位、单位各一份。

取（弃）土场整治恢复报告单 表6-25

合　同　号:＿＿＿＿＿＿＿＿　　承　包　人:＿＿＿＿＿＿＿＿

编　　号:＿＿＿＿＿＿＿＿　　监 理 单 位:＿＿＿＿＿＿＿＿

致＿＿（监理驻地办）＿＿： 我方已按合同要求完成＿＿＿＿＿＿取（弃）土场整治恢复。 请予检验。 附件： 承包人：＿＿＿＿ 项目经理：＿＿＿＿日期：＿＿＿＿
监理工程师检验意见： 监理工程师：＿＿＿＿日期：＿＿＿＿

本表由承包人专用，一式二份，监理单位签收后归档保存。

临时用地环境影响报告单

表 6-26

合　同　号:________________　　　　承　包　人:________________

编　　　号:________________　　　　监 理 单 位:________________

致______（监理驻地办）______:

我部今上报关于______________临时用地对环境影响的报告,请予审核。

承包人:__________

项目经理:__________日期:__________

临时用地位置	用途	面积	使用期限	周边自然环境		周边敏感点		恢复目标和计划进度
				类别	最小距离	类别	最小距离	

附录:

1. 使用前的原地形、地貌、植被状况的影像及文字资料。
2. 对周边环境的影响和采取的环保措施。
3. 临时用地使用手续复印件。

监理工程师审核意见:

驻地监理工程师:________日期:________

本表由承包人专用,一式二份,监理单位签收后归档保存。

本章小结

1. 施工环境保护监理的依据：

(1)项目的环境影响评价报告书；

(2)项目的环境行动计划；

(3)国家有关资源环境保护法规；

(4)国家有关文物保护法规；

(5)国家有关环境质量法规；

(6)地方有关环境保护法规。

2. 路基挖方的环境保护基本要求：

(1)路基挖方施工和开挖方法应考虑对地下历史文物、自然保护区的保护措施，同时不得对邻近的设施及其正常使用产生破坏及干扰。

(2)挖方施工中产生的弃方不得弃入或侵占可耕地、农田灌溉渠道、河道、现场通车道路等场所，必须运至指定的弃方场。

(3)弃土的堆放应整齐、美观、稳定，必要时坡脚应予加固处理，并且排水通畅。

3. 路面工程拌和场环境保护基本要求：

(1)拌和场选址应遵从远离自然村落，并在其常年主导风向下风口处的原则。

(2)拌和设备应配装有集尘装置。

4. 桥梁工程的环境保护基本要求：

(1)桥基础施工钻孔桩必须设置泥浆沉淀池，不得将钻孔泥浆直接排入河水或河道中。

(2)桥基施工现场材料应堆放整齐有序，废弃的包装等材料应坚持每日清理收集。

(3)施工现场应设置简易临时厕所，以防粪便侵入河体污染河水。

(4)桥梁预制厂必须设置排水系统，防止产生的废水随意溢流。有条件者，也可采取废水回收处理后循环使用。

5. 隧道工程环境保护基本要求：

(1)隧道凿岩施工必须采用湿法钻孔，通风必须保证能够有效地通风除尘，并置换新鲜空气进入作业面。

(2)作业面应有瓦斯监测报警装置，以防瓦斯浓度超过警戒浓度，威胁施工人员生命及造成安全生产事故。

(3)隧道弃渣应充分予以利用。多余的渣应弃放在指定的弃渣场，并堆放整齐、稳固，修建必要的排水设施，禁止在洞口随意堆弃。

(4)隧道施工废水应经过处理后，再进行排放，不得对附近居民生活用水造成污染。

复习思考题

1. 公路工程施工环境保护监理主要有哪些环节？

2. 施工环境保护监理最主要的依据有哪些？

3. 施工准备阶段的环境保护监理应做好哪些工作？

4. 施工生活区对生态环境会有哪些影响？如何避免？

5. 施工道路对生态环境会有哪些影响？如何避免？

6. 临时材料堆放场对生态环境会有哪些影响？如何避免？
7. 拌和场和预制场对生态环境有哪些影响？如何避免？
8. 简述公路施工环境保护的基本要求。
9. 表土清理时需注意哪些问题？
10. 简述隧道洞渣的处理与利用。
11. 简述路基开挖施工中应注意的环保问题。
12. 简述取弃土场的施工环境保护监理要点。
13. 公路建设的环保工程具体包括哪些内容？
14. 环保工程监理与环境保护监理有什么不同？
15. 绿化工程监理的重点是什么？
16. 弃渣场有哪些主要的工程内容？
17. 交工及缺陷责任期环境保护监理的主要任务是什么？
18. 施工环境保护监理竣工资料有哪些？

第七章　公路工程施工费用监理

第一节　概　　述

一、工程费用

(一)工程费用的特点

工程费用是指通过施工生产活动而形成的建筑安装工程所具备的价值或工程价值的货币表现。它是工程项目造价的主要组成部分和直接基础，又分为预算工程费用和实际工程费用两类。工程费用具有如下特点：

(1)预先定价；

(2)以工程成本为基础；

(3)主要由承包人使用；

(4)必须由监理工程师签认；

(5)由业主支付等。

(二)工程费用的组成

工程费用由直接成本、间接成本和利润3部分组成。

(1)直接成本：指完成该建设项目的施工任务而直接用于工程上的费用。包括消耗在施工中的全部材料费、机械使用费、人工费和其他有关费用四个部分。

(2)间接成本：指为完成工程施工任务而间接发生的费用及间接为工程服务而发生的费用。由施工管理费(包括现场管理费及总部或上级管理费)和其他间接成本组成。其中，其他间接成本包括各种分摊费用，如投标费、合同公证费、各种保险和保函手续费、临时设施费、各种税金、办公费和试验费等。

(3)利润：工程费用中利润的多少，主要取决于承包人施工管理水平的高低及合同价格的合理程度。一般情况下，编制标底时按平均利润率来确定预算工程费用中的利润，而承包人在投标报价时，则是按自己的投标策略来确定利润额，并将其注入单价中。因此，工程价值的大小已由合同预先定价，承包人实际获得利润的多少，必须取决于他对工程实际成本的控制能力。

(三)影响工程费用的因素

公路工程是一种线长面广，受各种自然因素和社会因素影响较多的工程项目。其施工活动必然会受到各种因素的干扰，进而使工程费用受到影响。影响工程费用的因素很多，归纳起来有如下几种：

(1)设计因素；

(2)施工因素；

(3)合同因素；

(4)社会因素；

(5)自然因素；

(6)监理因素；

(7)业主管理因素。

以上诸因素都是影响工程费用的关键性因素和决定性因素。

二、工程费用监理的任务及意义

工程费用监理的实质是使建设项目的实际总投资不超过该项目的计划投资额(合同价)，并应确保资金使用合理，使资金和资源得到最有效的利用，以期获得最佳投资效益。工程费用监理具有十分重要的意义，包括以下几个方面：

(1)可以促进业主筹集资金，偿还贷款；还可促使承包人实行内部管理体制改革，降低成本，提高劳动生产率，达到加快施工速度、提高工程质量，优质高效完成工程项目的目的；

(2)给承包人引进了竞争机制，也为业主改善了投资环境，实现了投资监督，使资金变为有偿使用；

(3)工程费用监理是集技术、经济与管理于一体的综合性工作；

(4)可造就一批既懂技术，又懂经济和管理知识的专门人才。

三、监理工程师在费用监理中的责任

监理工程师在管理与控制项目投资方面主要有以下的业务内容：

(1)在施工招标阶段，准备与发送招标文件，协助编制标底及评审投标书，提出决标意见，并协助业主与承包人签订承包合同。

(2)在施工阶段，编制资金的使用计划，督促检查承包人严格执行工程承包合同，调解业主与承包人之间的争议，检查工程进度和施工质量，验收竣工工程，签署工程付款凭证，审查工程结算。

(3)在工程竣工阶段，协助业主正确编制竣工决算，分析考核项目的投资效果，进行项目后评价，督促承包人对项目进行保修与回访。

综上所述，工程费用监理是工程监理的一项主要任务，它贯穿于工程建设的整个过程中的各个环节，起到了对项目投资进行系统管理与控制的作用。监理工程师应负的责任是十分重大的。

四、工程费用监理的原则与方法

(一)工程费用监理与其他监理的关系

工程监理由工程费用监理、工程质量监理、工程进度监理、施工安全监理、环境保护监理和工程合同管理部分组成。其中，前三者直接源于工程的投资、质量、工期三大目标，合同管理则是实施上述三大监理的共同基础。它们之间的关系，是既互相联系，又互相独立，但其目标却是一致的，即共同实现对工程项目的监理。此外，由于工程建设的三大目标在施工过程中，不能同时达到最优，即不可能同时做到投资省、工期短、质量高。为此，在进行监理时，应根据业主要求及工程的实际客观条件进行综合研究，采用积极主动监理措施，尽可能减少以至避免目标值与实际值的偏差；而不是采取被动监理的方法，当实际值与目标值出现偏差时，再去分析产生偏差的原因，并确定下一步的对策。

（二）工程费用监理的原则

(1)政策性原则。工程费用监理是一项政策性、法律性、经济性和技术性很强的工作，必须严格遵守国家法律和有关制度，正确处理国家全局和工程局部利益的关系。

(2)合同原则。工程承包合同一方面综合体现了国家的经济政策、基本建设管理制度及法规，另方面也全面概括了工程设计的意图及其要求，同时还综合考虑了工程施工中的各种因素。因此，合同是关于工程施工的综合性文件。监理工程师应以合同为依据，按其基本精神和要求进行费用监理，保证每一笔工程费用的支付都符合合同的原则和要求。

(3)公正原则。监理工程师在工程费用监理中，应实事求是、客观公正、认真负责地做好每一项工作。尤其是当施工中发生工程变更、工程费用索赔和各种特殊风险时，更应独立而公正地作出判断及对其进行合理估价，使承包人和业主的货币收支行为趋于准确和合理。

(4)责、权、利相结合的原则。工程费用监理的目标不是使工程实际支付的费用少于合同价，而是让实际支付的工程费用更趋合理，且符合合同的要求。这就需要费用监理的责、权、利高度结合，即让监理工程师职责明确，权力适当，利益合理。这样，才能充分调动他们的积极性，搞好工程费用监理。

（三）工程费用监理的程序与方法

1. 费用监理的目的和主要作用。

费用监理的目的和主要作用是发现和减少偏差。费用监理的偏差有两个方面：

(1)工程施工的实际耗费同合同价的偏差；

(2)工程费用的计量与估价是否符合合同的要求和精神，即工程费用是否准确与合理。

监理工程师应时刻注意工程的进展情况，及时收集各种信息，了解工程费用的实际值与合同价的差异，判断并分析偏差的原因是什么，偏差值是否在允许范围之内，以及采取什么样的措施来处理偏差等。

调节是监理的实际行为。调节包括指导、限制和监督三方面的内容。即指示和引导承包人如何达到目标；对不符合合同要求的工程不予计量支付；对不正当的行为和支出进行纠正，对发出的监理指令进行督促和检查等。

2. 工程费用监理的程序。

费用监理的核心是工程的计量和支付，亦是确定工程质量和进度的重要手段。首先，应落实费用监理的机构，除配置费用监理工程师外，还应落实计量、支付人员及明确由谁对最终结果负责，即由谁在计量证书和支付证书上签字；此外，还须制订计量支付的规章制度及管理程序与计量、支付的审核环节，以保证计量支付的质量。

应注意，费用监理的前提和条件是明确目标，而目标必须在数量、时间、责任上有明确的规定。一般情况下，质量监理、进度监理和合同管理三者既是进行费用监理的基础，又须依靠费用监理来开展其有效的工作。因此，负责费用监理的人员必须合理分工，并明确各自的任务和责任范围。

3. 工程费用监理的方法

从时间角度出发，工程费用监理的方法有三种：

(1)事前主动监理；

(2)施工过程中跟踪监理；

(3)事后反馈监理。

第二节　工程量清单

一、工程量清单

工程量清单又叫工程数量清单，是招标单位按一定的原则将招标的工程进行分解，以明确工程的内容和范围，并将上述内容数量化，且以表格形式表述的文件。工程量清单是招标文件的重要组成部分；当由投标人填上单价后，即成为标价的工程量清单（报价单）；中标的报价单即是工程费用支付时作价的直接基础。

实质上，工程量清单是一个工程项目表，常以每一个体工程为对象，按分部分项列出其工程数量，反映出该工程项目的主要内容和预算数量。招标单位按一定的原则将招标的工程进行工作分解，以明确工程的内容和范围，并将上述内容数量化，即成工程量清单。

二、工程量清单的内容与作用

（一）工程量清单的内容

工程量清单的内容包括：前言、工程细目、计日工明细表、工程量清单汇总表四个部分。

1. 前言

在合同文件中，又叫清单序言。前言主要说明工程细目的包容程度及费用依据，阐明编制工程量清单时已经采用的计算方法，以及这种计算方法是否将继续用于实际工程的计量。同时，前言还应说明单价所包含的内容和范围，并要求工程量清单必须和其他文件共同阅读和理解；在前言中，亦须强调指出工程量清单中各细目工程数量的性质和估算量，达到提醒投标人投标报价及将来施工计量支付时计量人员注意的目的。

由于工程量清单各章是按技术规范相应章次编号的，有标价的单价与价格，均已包括了所有施工的工、料、机费，以及安装费、质检费、缺陷修复费、保险费、管理费、税费和利润，同时包括合同明示和暗示的所有一切风险、责任和义务。因此，一般在前言中均规定：无论数量是否标出，在工程量清单中的每一细目均需填上单价，否则，没填单价的细目将被视为已分摊到其他细目的单价之中，那些符合合同规定的工作若没有列细目，亦视其费用已经分摊到有关细目的单价之中。

2. 工程细目

又叫做分项清单表，是招标工程中各个工程细目的工程数量单位及单价数额的排列。各工程细目应分章编列，以便将不同性质、不同位置、不同的施工阶段或其他性质不同的工程加以区别。工程细目可根据工程的具体情况分为不同的章、节、目，现以表 7-1 为例，对章、节、目的整体联系和具体内容加以说明。

路基土石方

合同段　　货币单位：人民币元　　表 7-1

编号	项目名称	单位	数量	单价	总额
202 - 1	清理与掘除				
202 - 1.1	清理草皮及表土	m^2			
202 - 1.2	掘除树根	棵			

续上表

编号	项目名称	单位	数量	单价	总额
202 - 1.3	砍伐树木	棵			
202 - 2	撤除旧路				
202 - 2.1	碎(砾)石土路面				
202 - 2.2	沥青混凝土路面	m^2			
202 - 2.3	沥青表处路面	m^2			
202 - 2.4	…				
202 - 3	拆除结构物				
202 - 3.1	钢筋混凝土结构				
202 - 3.2	混凝土结构				
202 - 3.3	砖、石及其他砌体结构				
202 - 4	…				
203 - 1	挖方				
203 - 1.1	挖土				
203 - 1.2	挖石				
203 - 1.3	弃方超运				
203 - 2	填方				
203 - 2.1	利用土填方				
203 - 2.2	利用石填方				
203 - 2.3	借土填方				
203 - 2.4	填方超运				

3. 计日工明细表

一般包括：总则、计日工劳务、计日工材料、计日工施工机械、计日工汇总表五个方面的内容，并且由相应的计日工劳务单价表、计日工材料单价表、计日工施工机械单价表和计日工汇总表等四个表组成。其各表格式请参见《公路工程国内招标文件范本》(2003 年版)。

4. 工程量清单汇总表

本表是对分项清单的汇总，包含着由各个工程量清单以章结转过来的内容，同时还列有考虑计日工、工程意外和价格意外等的暂定金额，详见表 7-2。

工程量清单汇总表 表 7-2

序号	章　名	金额(人民币元)
1	第 100 章 总则	
2	第 200 章 路基	
3	第 300 章 路面	
4	第 400 章 桥梁、涵洞	
5	第 500 章 隧道	
6	第 600 章 安全设施及预埋管线	
7	第 700 章 绿化及环境保护	
8	第 800 章 房建工程	

续上表

序号	章　名	金额(人民币元)
9	第100章至第800章清单合计	
10	已包含在清单合计中的专项暂定金额小计	
11	清单合计减去专项暂定金额(即9－10)＝11	
12	计月工合计	
13	不可预见费(暂定金额＝11×%)	总额
14	投标价(9＋12＋13)＝14	

注:一切暂定金额都应由监理工程师按照《公路工程国内招标文件范本》(2003年版)通用条款第58条规定决定使用或使用其一部分。

(二)工程量清单的作用

工程量清单的作用有两个:

(1)为编制标底服务;

(2)为所有投标人提供一个报价计算的共同基础。

不过,工程量清单中的工程量只是根据图纸及其说明按一定计算规则计算出来的工程量,不是实际的工程量。在计算时,其计算规则要与技术规范规定的技术规则完全一致,以使清单所列工程量与实际工程量间的差距尽可能小。

(三)工程量清单单价说明

工程量清单中各工程细目的单价,是投标人根据自身特点,按照合同规定计算各项费用并进行分摊后填入报价单的。所以,监理工程师应要求承包人按照合同规定的内容与时间,报送单价的来源及其构成,以使对其单价进行评价和分析,有利于处理工程变更及费用索赔,对工程计量阶段的划分也有参考价值。

三、工程量清单的变动

公路工程在施工过程中,由于意外情况、优化设计等原因进行工程变更,变更的结果,必然要涉及到工程量清单的变动。当监理工程师按照合同的规定办理工程变更时,应对工程量清单按下列方式进行相应的修改和补充:

(1)当仅变更工程数量,则清单细目的内容及其单价不变;

(2)工程性质变更引起单价变化,原清单细目的内容及数量不变;

(3)清单细目内容、单价、数量全部变更,其中包括项目整个被取消;

(4)新增工程,即清单细目、单价、数量全部是新增列的。

四、工程量清单的使用

工程量清单在使用前,应先弄清楚所列的工程量清单栏目的形式,然后再根据需要加以使用。工程量清单主要有以下五类栏目形式,下面分别说明其使用方法。

1.有具体工程单位的清单栏目

此类清单栏目主要是用于工程的计量与支付。由于工程量清单栏目都有具体的工程单位(如以"t"等物理单位来表示构件的质量;以"道"表示涵洞与通道,以"座"表示加油站等),其单价和数量又基本稳定,则监理工程师必须按工程量清单标明的单价和实际计量的工程数量办理。但是,当实际施工完成的工程量与工程量清单给定的数量有出入,即工程数量有自然增减,若其自然增减的幅度在合同规定的范围内时,则应按工程量清单标明的单价和实际计量的工程数量办理;当实际施工完成的工程数量自然增长的幅度已超出合同规定的幅度,或因工程发生变更,鉴于这两种情况都使工程量清单的数量和金额发生变化,因此,在处理时应按合同的有关具体规定办理。

2. 以细目为单位的清单栏目

监理工程师应根据实际情况,确定细目计量划分比例。

3. 暂估数量的清单栏目

本栏目的工程数量是暂估的,即是估计的、不准确的,其数量主要是为投标工作而设。因此,监理工程师必须严格控制工程数量,即在执行过程中要特别注重计量方法,并结合工程情况及时地予以计量,以控制和掌握工程数量。

4. 暂定金额的清单栏目

本栏目以项为计量单位,且其工程数量和单价均是待定的。监理工程师应根据实际情况,部分动用、全部动用或根本不动用该项费用,且通常不允许超出使用暂定金额。如果工程量清单所列的暂定金额明显有误时,可通过颁布工程变更令来加以解决。

5. 以时间为单位的清单栏目

监理工程师必须根据工程实施的具体情况严格掌握本清单栏目的使用。例如计日工,亦属此例,但其数量却属估计。因此,在使用时需要监理工程师根据实际情况确定如何使用及使用多少,并应持慎重态度。

第三节　工程费用监理的职责和权限

计量与支付的条件:

《公路工程施工监理规范》(JTG G10—2006)明确规定:监理工程师必须以质量合格、手续齐全且符合安全和环保要求作为计量与支付的先决条件。未经总监理工程师签字不得支付。

一、工程计量中的职责与权限

监理工程师对工程费用的监理,是通过工程计量和支付工程费用两个环节来实施的。工程计量的范围不仅包括对工程量清单中已列的工程细目的实际工程量进行测定,也包括对施工过程中所有与费用支付有关的工作内容的准确记录,如,恶劣天气、停工对承包人的实际影响等。为了准确测定施工工程实际工程量的大小,则监理工程师必须拥有相应的计量权力。《在公路工程国内招标文件范本》(2003 年版)通用条款中,对监理工程师在工程计量中拥有的职责与权限作了十分具体的规定。

1. 计量的职责

公路工程的承包合同一般采用的是单价合同,而工程量清单(报价单)中的工程数量,又仅是一种按设计图纸估算的工程量。每一工程细目竣工后的实际工程量需由监理工程师按技术规范中有关的计量规定在现场进行计量,并对计量结果加以确认。所以,计量就是按合同有关规定准确测定已完工工程的实际工程量,且是监理工程师的一项基本职责。

2. 计量的权力

在一般的承包合同中,都明确规定计量工作由监理工程师负责,且无论采用何种方式计量，而最终确认工程量多少的权力均归监理工程师。同时，监理工程师有权审查和核实承包人的计量记录，删除那些不合理的部分。即删除的那些工程质量虽然合格，但没有按工程量清单、技术规范及《公路工程国内招标文件范本》（2003 年版）通用条款中关于计量规则和计量方法所进行的计量；或大多数工程合格，但其中含有不合格的部分等。

3. 权力的限制

工程计量直接关系到付款，涉及业主和承包人双方的直接经济利益。监理工程师对计量又具有最终确认权，其权力是很大的。虽然在合同文件中没有对监理工程师的计量权力加以具体限制，但合同对监理工程师的工作原则都进行了限定，即他不得损害业主的利益，必须公正独立地进行工作，认真地尽职和行使职权。这些原则无形间对监理工程师的计量权力起到了约束和限制的作用；同时，政府机关亦可按有关法律对监理工程师的工作进行监督，从而由另一个方面对其权力加以制约；此外，《公路工程国内招标文件范本》（2003 年版）通用条款在赋予监理工程师计量权力的同时，亦对这种权力的应用给予了相应的约束。

二、工程费用支付中的职责与权限

工程费用支付是工程费用监理的最后一个环节，同时亦是监理工程师进行合同管理的最后一个环节，是最终落实业主和承包人经济利益的关键工作，也是确认实际工程费用的过程和工作。在施工合同条件中，监理工程师对工程费用支付的职责条款同时也是其权限条款。

1. 工程费用支付的职责

监理工程师在工程费用支付方面的职责有两个：

（1）定期审核承包人的所有付款要求，并为业主提供付款凭证，保证业主对承包人的支付公平合理。

（2）按时代承包人向业主提供付款证明，使承包人能及时获得各种应收的款项。

进行审核和开具付款证书是监理工程师在费用支付中的主要职责，但这种审核必须按合同文件规定的原则和要求来进行，即为业主的每一笔资金支出把好关，也使承包人应得到的经济利益得到维护。

2. 工程费用支付中的权限

监理工程师在工程费用支付中的权限，内容很广，《公路工程国内招标文件范本》（2003 年版）通用条款的全部条款几乎都和工程费用的支付有关，而每一支付条款都给予了监理工程师相应的权限，现归纳如下：

（1）审查、签发期中支付证书及合同终止后任何款项的支付证书。

（2）对不符合技术规范和合同文件要求的工程细目和施工活动，有权暂拒支付，直至上述工程细目和施工活动达到要求。

（3）合同价格调整的权力。在合同执行期间，由于后续法律、法令、法规等使用而使工程费用发生增减，或者由于资源价格的涨落而引起工程费用的变化，监理工程师均须与业主和承包人协商，以确定新的合同价格；此外，当实际支付的总价与合同总价相差悬殊时，亦应对合同价格进行调整。

（4）其他有关支付方面的权力。如确定变更的单价、确认索赔金额、下令使用计日工、动用暂定金额，关于紧急补救及保留金支付等方面的权力。

第四节　工 程 计 量

一、工程计量的必要性

在公路工程施工中，合同工程量清单中所开列的工程数量是按图纸计算的预计数量，《公路工程国内招标文件范本》(2003 年版)通用条款亦明确规定了该工程量仅是估算的数量，不能作为承包人应予完成的工程的实际和确切的数量，只是为投标人提供了一个计算标价的共同基础。

对承包人的工程价款的支付，是按其实际完成的工程数量进行计算的；单价合同工程的付款，是将监理工程师认可的实际和准确的工程量与承包人在报价单中该项工程的填报单价相乘；另外，由于对不合格的工程和工作，监理工程师可不予计量(这就迫使承包人必须按照合同规定行事)。因此，承包人所得工程价款均以计量的工程量为基础，而计量的准确与否则是保证业主与承包人双方实现公平交易的关键。另一方面，因单价已在合同中签订，是固定不变的。于是，影响付款金额的唯一参数便是通过计量的工程量。

此外，对于工程变更、计日工等，更应进行工程计量，以便取得完整的计量资料，作为工程费用支付时的依据。

通过按时计量，监理工程师还可随时掌握承包人工作的进展情况和工程进度，以便调整施工组织计划。

二、有关工程计量的规定

1. 工程计量的范围

工程计量的范围包括：工程量清单及修订的工程量清单的内容；合同文件规定的各项费用支付(如费用索赔、各种预付款及其扣回、保留金、违约罚金、材料设备的价格调整等)。

2. 工程计量的主要依据

工程计量的主要依据是：工程量清单及其说明、合同图纸、工程变更令及修订的工程量清单、合同条件、技术规范、有关计量的补充协议、“索赔时间/金额审批表”。

3. 工程计量的程序和主要文件

工程计量由承包人提出并附有必要的中间交验申请、试验报表等资料报监理工程师。监理工程师则应先审查承包人提出的计量申请，再按照《公路工程国内招标文件范本》(2003 年版)通用条款的规定，在合理的时间内事先通知承包人。该承包人应立即参加或派出合格人员前往协助监理工程师进行计量工作。同时，还应提供必要的人员、设备和交通工具。如果监理工程师在审查承包人为计量准备的有关资料的过程中发现问题或资料不全时，应将这些资料退还给承包人，且暂不进行计量，或计量后暂不予以支付。

对计量结果必须清楚真实地填写入“中间计量表”，并经双方签字认可。倘若承包人对监理工程师计量核实后的确定不予同意，则应在上述审查后 7d 之内将其认为不正确的有关方面向监理工程师提出申辩。则监理工程师应进一步检查计量记录并复议，然后将复议的结果通知承包人。

工程计量的主要文件如下：中间计量表、工程分项开工申请批复单、检验申请批复单及有关的自检资料、工程质量检验表及有关的质量评定意见、工程变更令、中间交工证书。

4. 有关工程计量的规定

按照合同规定,监理工程师应对承包人提出的已完工程量通过计量来核实和确定其价值。承包人接到监理工程师进行计量的通知后,如果不参加或未派人参加计量工作,则由监理工程师所作的或由他批准的计量应认为是对工程的正确计量,且可以作为支付的依据。而且,承包人不能对此种计量提出异议。

对永久性工程,可以采用记录和图纸的方法进行计量。当承包人被通知要求参加此项计量时,承包人应在工作过程中准备好该工程的记录和图纸,并提交给监理工程师。双方应在监理工程师所发通知中约定的时间内一起审查和确认有关的记录和图纸。当双方均同意时,应在上述文件上签字确认。如果承包人不参加或不派人参加上述记录和图纸的审查与确认,则应认为这些记录和图纸是准确无误的。除非承包人在上述计量后7d之内向监理工程师提出申辩,说明他认为上述记录和图纸中并不正确的各个方面,且要求监理工程师予以决断。监理工程师在收到承包人的申辩后,应进一步检查记录和图纸,或者维持原议,或者进行修改,并将复议后的结果通知承包人。

三、工程计量的原则和方式

监理工程师对工程计量或对承包人申报的已完成工程数量的确认,应符合以下原则:

(1)不符合合同文件要求的工程,不计量。

(2)按监理工程师同意的计量方法计量。

(3)按合同文件所规定的方法、范围、内容、单位计量。

工程计量只计量工程量清单中的全部项目;已由监理工程师发出变更指令的工程变更项目;合同文件中规定由监理工程师现场确认,且已获得监理工程师批准的项目;确属完工或正在施工中的已达到合同规定和技术标准,即已计量并签发了中间交工证书的工程项目;申报资料和验收手续齐全的项目;对于隐蔽工程,必须在其覆盖之前进行计量。

工程计量有监理工程师独立计量;承包人单独计量;监理工程师与承包人联合计量三种类型。工程计量方式有以下三种:

(1)实地测量与实地勘察,如土石方工程,场地清理工程等;

(2)室内按图纸计算,如钢筋混凝土结构物及多数永久工程;

(3)根据现场记录计量,如计日工、打桩工程、《公路工程国内招标文件范本》(2003年版)中第100章的大部分内容等。

一般情况下,当工程达到规定的计量单位时,监理工程师应审查承包人为计量所准备的资料,看其是否具备计量的基本条件,如果不具备就不进行。但在某种情况下,如可能会发生费用索赔,则可先计量,但不支付,作为资料保存。

当工程发生变更时,原工程量清单内的某些工程项目、工程数量、计量单位均会有所改变,对这些变更工程的计量,应参照监理工程师颁发的工程变更令及其修订的工程量清单进行。

在特殊情况下,监理工程师和承包人均可根据工程实际提出增加计量次数,但应提前向承包人发出通知,并写明监理工程师准备在何时对何工程进行何种计量;承包人则应提前填写计量申请单,写明要求增加计量次数的原因、计量的工程部位和计量的时间,以便监理工程师审查。

一般情况下,工程量的计量由承包人负责,且由双方共同进行,监理工程师必须对计量结果做出准确的记录,并将记录的副本抄送给承包人,以及负责计量结果的审核。计量结果须经承包人和监理工程师双方签字同意。如出现争议,首先应协商解决,如协商解决不了,仍由监理工程师最后确定。

四、计量规则和计量方法

监理规范规定,应按监理工程师同意的方法进行计量,这是因为在实际情况下,有些工程或合同文件中没有规定具体的计量方法。这时,监理工程师应对计量方法予以补充或由承包人建议,并经监理工程师确认后再实施。

一般情况下,计量方法和计量规则均明确地规定于工程量清单前言和技术规范的有关内容中,在进行计量时必须遵守其要求。如某工程规定:

(1)路基填筑,按规定其面积以原始地面线和最终横断面构成的面积的平均值来计算,并可采用平均断面积法;对超路堤设计断面以外的及清除表土后原地面以下的填筑部分,则均不予以计量。

(2)软土地基路段的沉降,按路堤填筑计量。路堤在原地面以下的平均沉降值,按中心线位处沉降值的85%,即下式计算:

$$V = 0.85 \times H \times B \times L \tag{7-1}$$

式中:V——软土地基沉降的路堤体积,m^3;

L——沉降板观测所代表的路堤长度,m;

B——横断面图上原地面线上路堤坡间的距离,m;

H——道路中心线位置处沉降板所测得的沉降值,m。

(3)圆管涵和倒虹吸涵洞,箱涵和通道、盖板涵和通道。以桥梁结构形式出现,且跨径$L \leqslant 8$m的钢筋混凝土式通道及涵管,均以涵身中心线或通道轴线方向以延米为单位计量。

(4)砌体及防护工程,按图纸或监理工程师指示,以实际完成数量计算。

(5)钢筋、混凝土工程,以图纸或工程师指示,按实际完成的混凝土体积和钢筋数量计量。

(6)砂井、塑料排水以实际打设的根数和长度按延米计量。

(7)土工布以实际铺设的水平面积计量(其中回折和搭接部分的面积不予计量)。

另外,在不同的合同中,计量方法和计量规则会有一些差别,即是对同一工程内容亦如此。因此,计量时必须按照采用合同的计量细则的规定进行,且不得按习惯的方法计量,更不能按别的计量规则。例如,同是压实土方工程,京津塘高速公路计量细则规定:填方料的体积以测量的地面高程为标准的设计断面的净体积计处;《公路工程国内招标文件范本》(2003年版)的计量细则规定:应以承包人施工测量并经监理工程师审核批准的横断面地面线为基础,按图纸中的典型横断面所绘制的由监理工程师审核批准的横断面施工图为依据进行计算;成渝公路计量细则规定:以图纸所示或监理工程师指示为依据,按实际完成并经验收的数量计量,且经摊铺压实后,以m^3为单位进行计算。

五、计量审核的方法和程序

1. 审核计量方法

监理工程师应熟悉有关规范规定和工程量清单前言中的有关内容和要求,并应熟练掌握计量方法,以满足审核合同和计量的需要。

2. 审核计量项目

在我国,目前执行的合同是单价合同,合同的单价一般固定不变,且是包括了很多内容的综合单价。一般情况下，对清单中没有列入的计量项目均包含在相应的项目内容之中了。因此，为防止同一项目引用2个或2个以上的支付号，避免计量支付项目的重叠，监理工程师必须认真审查计量项目，尤其是对单项工程的工程量批复，其支付号更应引用准确。例如，桥台基础开挖后，砂砾垫层的回填与铺筑，因其单价已包括在结构挖方中，故不应再单独计量。

3. 审核计量数据

监理工程师应对照设计图纸或实地进行丈量，对计量的数据进行审核。特别是对桩号、高程、宽度及结构物的几何尺寸等原始数据，更应认真细致地进行审核，做到每一数据均准确无误。

4. 审查支付编号

因每一支付编号都与特定的项目内容和单价相对应，所以，应着重对项目内容相近或容易套错支付编号的项目进行审查，以避免差错。

5. 全面审核

驻地监理工程师应对各专业工程师审核过的计量资料，再进行一次全面的检查和审核。其内容包括：质量检测、试验结果、中间交工证书和各类计量资料及其结果，但重点应审查计量的项目是否符合计量条件。待驻地监理工程师审核无误并签认，且将签认过的工程计量证书退还承包人后，承包人即可依据已签认的工程计量证书进行月工程进度款的申报和编制，从而进入支付报表的编制阶段。

六、计量工作注意事项

在合同实施中，监理工程师必须对所有已完成的工程细目进行计量和记录，以便检查承包人以后的月度结账单；对涉及付款的工程细目在施工中发生的一切问题应进行详尽记录，如打桩、采芯时的钻探记录可作为付款的依据，又如底土的变化会影响到竣工工程数量与合同中工程量清单开列的数量间的差异等，及时而详细地记录这些问题，将有助于支付和解决纠纷；有关计日工、劳力、材料、机械等实际情况的记录，因均涉及《公路工程国内招标文件范本》(2003年版)通用条款的计算调价和确定索赔，故亦应妥善保存；另外，还应特点注意那些在下一个计量日期已无法再进行计量的隐蔽工程，更需对承包人的施工记录和报表等进行详细审查，并及时进行计量，以避免事后引起不必要的其他纠纷。

第五节　工程费用支付

一、支付的必要性

公路工程施工合同是经济合同的一种，是为经济目的而签订的。因此，工程承包是一种商业行为，在承包活动中的业主与承包人双方，均是独立的经济实体，有着各自的经济利益。由于业主和承包人的目标与经济利益不同，在整个施工活动中又处于不同的经济地位，而合同的全面履行，承包人必然要对工程的费用支付提出要求，要让他们按照合同履行各自的义务，则必须以费用支付为经济杠杆来加以协调。另方面，工程施工是一种特殊的生产活动，具有复杂、风险性大、费用巨大、周期长及生产必须连续等特点。一般情况下，承包人不愿，也不可能单方面承担施工中的各种风险，更无法垫付全部工程费用，假如业主不及时支付工程费用，承包人肯定会出现资金周转困难，从而造成施工受阻，并最终影响业主的利益。

基于上述，通过工程的合理支付，使他们在共同参与的工程活动中公平地实现各自的经济利益，即资金随工程的进展情况逐步由业主向承包人转移，而工程活动中的物质（材料）则经承包人按图纸加工形成业主所需的特定商品——结构物。

二、支付的种类

工程费用支付可分为以下三种：

(1)前期支付。前期支付包括：动员预付款、履约保函及保险。

(2)中期支付。中期支付包括：工程款、暂定金、计日工、材料设备预付款、工程变更、保留金、索赔、价格调整、迟付款利息、对指定分包人支付、合同中止后支付、工程交工支付。

(3)最终支付。

三、支付的原则

支付是工程费用监理的关键，亦是监理工程师的核心权力。因此，监理工程师在费用支付中，一定要站在公平的立场，客观和准确地评价承包人的施工活动，认真负责和正确地确定工程费用并及时加以签认，让承包人能及时获得补偿。为了达到公平合理的支付目标，则应遵守下述原则：

(1)支付必须以工程计量为基础。

(2)支付必须以技术规范和工程报价单为依据。

(3)支付必须以合同条款和日常记录资料为依据。

(4)支付必须严格按照规定的程序。

(5)支付金额必须大于阶段证书的最低限。

(6)支付必须及时。

四、支付的程序

(一)前期支付的程序

1. 动员预付款

当监理工程师确认承包人已经完成合同协议书的签署，并已收到承包人向业主提交的履约保函及动员预付款保函之后，应按照合同规定，签发动员预付款金额的支付证明，业主则应按监理工程师签发的支付证书向承包人付款。付款的最后期限应按《公路工程国内招标文件范本》(2003 年版)专用条款的规定。

2. 履约保函

当监理工程师收到并确认承包人的履约保函后，应按照合同规定签发相当履约保函的一定百分比金额的支付证明。当工程全部竣工，并由监理工程师签发了《工程缺陷责任终止证书》后，即应签发解除承包人履约担保责任的证明。

3. 保险

监理工程师必须按照合同规定的保险范围，审验由承包人提交的各项保险证明。并按合同规定，签发相当于保险额一定百分比金额的支付证明。监理工程师应及时从支付证明中，扣除业主代承包人在办理保险时所支付的费用。

(二)中期支付的程序

中期支付内容繁多，是最为复杂和最为重要的支付。承包人应首先提交有关的各项结账单和月报表，其中应说明已实际完成的工程价值及他这个月应收取的工程费用金额，监理工程师对承包人提交的月报表应进行全面的审核和计算，即在收到承包人交工财务报告后，对其报告的下列内容进行审查：按照合同规定日期完成的全部工程的最终价值，业主还应支付的任何追加款项，按照合同应付给承包人的估算总额，当确认无误后，即向业主签发《中间支付证书》；业主在收到监理工程师签发的支付证书后，即将费用支付给承包人。

（三）最终支付的程序

1. 准备工作

在进行最终支付前，监理工程师必须做好以下准确工作：必须处理有关工程和合同方面的一切遗留事项，即确认承包人所遗留的工程及缺陷工程已完成并达到了规范标准，且签发了该工程的支付证明；确认承包人已获得监理工程师签发的全部工程的《工程缺陷责任期终止证书》解除承包人履约担保责任的证明，及退回或解除承包人剩余保留金或银行保函的证明；确认已对符合合同文件规定的工程变更、时间与费用索赔、价格调整等事项进行了清理与审定，并且签发了与之有关的支付证明。

在准备工程中，监理工程师还必须澄清整个工程各个阶段的计量与支付，并完成下列工作：对所有支付的细目进行检查，特别应注意防止漏项和重复；对所有已计量的工程数量与费用计算进行复核；对所有存在争议的细目与计算进行核实，并与业主和承包人协商，确定最终的处理办法。

2. 最终支付

根据《公路工程国内招标文件范本》(2003 年版)通用条款 60.11 款规定，在监理工程师签发缺陷责任终止证书后的 28d 之内，承包人应以监理工程师批准的格式向监理工程师提交一份最后结账单草案，并附上详细的证实文件，供监理工程师考虑。如果监理工程师不同意或不核证最后结账单草案中的任一部分，则承包人应按监理工程师的合理要求，提交进一步的佐证资料，并对最后结账单草案作出他们之间协商同意的修改，然后由承包人编制最终结算清单，并提交监理工程师审批。

最终结算清单包括：最终结算清单的说明、最终结算清单和最终结算清单的附件三部分。其中，最终结算清单的说明应包括最终支付的依据及计算方法，经监理工程师确认按合同最终应付给承包人的总金额，以及考虑业主以前所付的款额及业主、承包人各自责任对支付额的影响后，业主还应付给承包人或承包人还须付给业主的余额；而最终结算清单则由一系列清单及表格组成；最终结算清单的附件由一系列图纸、计算资料、文件、发票等组成。

承包人在向监理工程师提交最终结算清单时，还应向业主提交一份书面清账书(并抄送监理工程师)，确认最后结算清单中代表了根据合同规定应付给承包人的全部款项的最后结算。

监理工程师在收到最后结算清单和清账书 14d 之内，应签发一份最后支付证书报业主审批(并抄送承包人)。业主在收到监理工程师签发的最后支付证书 28d 之内，应将其核批并通知经办银行将工程款支付给承包人。

五、支付的分工与管理

一个大中型公路工程项目，其支付工作是十分复杂和繁重的，没有严格的分工和管理程序，势必造成混乱，进而导致监理工程师无法正常工作。因此，监理工程师应对其足够重视。

（一）分工

在驻地监理机构中，一般都配置有计量与费用支付工程师。费用支付工程师不仅应认真尽职地搞好支付,还应将不同细目的支付控制目标明确,并在工程费用预算和本段工程费用分析的基础上,找出费用支付的重点,将责任落实到人,配合驻地的其他监理人员,切实贯彻以支付为核心,控制全面的指导思想,把本合同段的支付款额较好地控制在合同价格的范围内。

(二)管理

支付是一项综合性工作,涉及的内容多,处理又极复杂,加上承包人在申请支付时要填报大量的报表和资料,监理工程师为避免支付纠纷也记录了大量的原始记录和资料,因此,支付中的计算工作和资料管理工作亦是很繁重和琐碎的。

为了提高支付的准确性和工作效率,对于整个项目来说,除推行表格和报表的标准化管理,建立支付档案,采用计算机处理信息外,同样必须建立支付的管理制度和各级支付人员的岗位责任,将支付职责具体落实到人,并对支付工作定期进行检查和考核,及时对违反支付管理制度的人员给予处理。

为了对工程费用的动态进行全面分析,以便及时发现问题,并在分析研究的基础上制订对策,保证支付工作的顺利进行。为此,《公路工程施工监理规范》(JTG G10—2006)规定:监理工程师应建立计量与支付台账,根据承包人申请和有关规定及时登账记录,实行动态管理。当有较大差异时应报业主。

第六节 清单支付

项目的种类与划定,由合同条件、技术规范和工程量清单所决定。如合同条件中没有调价的条款,将不会出现价格调整这一支付项目;同样,若技术规范和工程量清单中规定承包人的驻地设施不单独计量支付,则因其费用已摊入其他项目,亦不会出现承包人驻地设施建设这一支付项目。所以,从清单的角度来讲,监理工程师所支付的费用有两类,即清单支付、合同支付。

一、清单支付项目

清单支付是工程费用支付中最主要和最基本的内容,一般包括以物理单位计量的工程、以自然单位计量的项目、暂定金和计日工四类。凡能够在工程费用预算时可比较准确地计算其工程内容的,都将以物理单位和自然单位来计量;不太明确却可能发生的工程内容则使用计日工和暂定金来估算。当项目以物理单位计,在支付时,以其计量的数量与单价相乘即可;而以自然单位计量的项目,在支付时,则必须另行规定支付比例和具体的支付办法。

(一)以物理单位计量的支付项目

以物理单位计量的支付项目覆盖了清单的绝大部分,所占费用也约占整个工程费用的85%左右。其支付条件是完成了技术规范和图纸所规定的工作内容,且质量合格、计量准确、工程达到监理工程师满意。支付的具体做法是将承包人每月完成的工程项目的净估数量与其相应的单价相乘,并通过中期支付证书支付工程进度款,及由最终支付证书支付最终结算款来实施。

(二)以自然单位计量的支付项目

以自然单位计量支付的项目有以下两种情况:

(1)按项计量支付的项目,如一项复杂工程(人行通道、房屋或某一项试验等)或一种结构物亦属此类；

(2)以自然单位计量，如挖树根（以棵计）、桥梁的橡胶支座（以块计）、照明灯柱（以根数计）等。其中，第一种计价支付比较麻烦，第二种则比较简单，只需用计量数量与其相应的单价相乘即可。

按项目支付的项目主要集中在《公路工程国内招标文件范本》（2003 年版）中技术规范的第 100 章和第 700 章之中，分述如下：

(1)100 章的支付，其清单内容如下：

①保险费；

②临时设施及管理；

③承包人驻地建设；

④监理设施。

本章的支付，应以合同规定的工程量清单内容为准，并按其技术规范规定的支付办法实施。如成渝公路对监理设施项目的支付，规定如下：为监理工程师提供的设备和设施，所报总价或单价的 75%，在各该项设备初次在现场提供、架设、安装，并经监理工程师批准后支付；所报总额或单价的 15%，在其后的进度支付证书中以相等的分期付款予以支付；剩余的所报总额或单价的 10%，则在一切善后工作，如清除并移走或合理地移交给业主时再予以支付。同时还规定；承包人的所有工作，应以监理工程师表示满意为条件。

(2)结构物项目的按项支付。桥梁、涵洞、通道、房屋等结构物，均为按项支付的项目。这类项目的支付，应在该项工程开始前或开工初期就拟定支付比例，支付比例可按各部位的工程价值及其在该项工程中所占的百分比来确定。一般情况下，按结构的形式和其施工顺序将结构物分解成不同的工程部位，然后再估算各部位的价值并计算该部位价值在结构物总价中所占的比例（按百分比）较为方便。由此可见，支付比例的确定是关键，支付比例一旦确定下来，即可按形象进度进行支付了。以下为某涵洞工程的支付实例。

例：某合同规定混凝土管涵为按项支付，在报价单中，该项总额为 10 万元。试确定其支付比例，并计算基础坑开挖和基础建筑完成后，业主应向承包人支付多少费用？

解：根据施工顺序，可将混凝土管涵施工分为 5 个阶段，即 5 个部分。各部分的支付比例估算如下：①开挖基坑和浇筑基础，占 20%；②铺设混凝土管，占 40%；③回填与压实，占 10%；④洞口、护坡与挡墙，占 25%；⑤现有排水系统连接，占 5%，共计 100%。

故当基坑开挖和基础浇筑完成后，应支付：

$$100\,000 \times 20\% = 20\,000(\text{元})$$

（三）计日工

(1)计日工使用的规定。根据《公路工程国内招标文件范本》（2003 年版）通用条款的规定：计日工是用于完成在招、投标时不能预料的一些工作；在合同实施过程中增加的工程或工程项目的工程数量，性质不明的工程或完成工程项目必需的附属工程；以及监理工程师认为必要或可取，可以指令按计日工完成的任何特殊的较小而需变更的工程，均可使用计日工。

计日工的使用必须得到监理工程师的批准。承包人用于计日工的劳力不允许加；用于计日工的材料一般应由承包人提供，且未经监理工程师同意时不得任意改变，用于计日工的施工机械应由承包人提出，若因故障或闲置时，则不支付费用；除非监理工程师事先同意，承包人无权将计日工任意分包。

(2)计日工的支付。对所有按计日工方式施工的工程，在其持续进行的过程中，承包人应每天将从事该项工作的所有工人的姓名、工种及工时的清单一式两份，以及表明该项工程所用的材料和承包人装备（计日工明细表中已包括了以附加百分比表示的承包人装备除外）的名称和数量的报表一式两份，经监理工程师审批后，其副本就应退还给承包人作为支付的依据。在每月结束时，承包人应向监理工程师送一份所有劳务、材料和承包人装备的附有价格的账单经审批后，亦作为支付的依据。

计日工的劳务费，可按承包人投标时在合同计日工程项目中所开列的单价计算，当遇到价格调整时，应按《公路工程国内招标文件范本》（2003 年版）专用条款 70 条规定执行；材料费用应按其运至工地时的材料费票面净值加合同工程量清单规定的一个百分数，而从仓库或材料地到施工现场的二次搬运费，则应按所用劳务或施工机械的有关条目支付；施工机械费用按合同工程量清单中开列的基本租价支付，其机上人员的费用则在计日工劳务费中另行支付；用于计日工分包人费用的支付，应有分包人的发票证明，并按其票面净值加上合同工程量清单里计日工项目中规定的一个百分数。

应当说明，虽然计日工是用于施工中发生的，且是清单以外的工作，但只有在很特殊的情况下，即不能采用工程变更的方法解决时，方能使用计日工。由于计日工所产生的工程费用不可能提前估算，其中劳力、机械设备单价较高，材料费用实报实销，必然会使工程费用大大增加，而且对计日工的管理也比较困难，因此，应尽量少用或不用计日工，而采取工程变更的形式来加以解决。

（四）暂定金额

"暂定金额"是指包括在合同之内，并在工程量清单中以此名称标明的、为了实施本工程的任何部分或为了供应货物、材料、设备或提供服务，或供不可预见费用的一项金额。

在招、投标期间，没有足够资料可以准确估价的项目，则可采取暂定金额的形式将其列入工程量清单。

暂定金额的使用，必须获得监理工程师的事先许可，并按监理工程师的指示，由承包人或指定的分包人来完成暂定金额的工作。监理工程师可根据实际需要动用暂定金，并在审批了承包人提交的相应工程的施工组织计划及其所需要的人工费、材料费、机械费、设备费及计算说明；与业主和承包人就暂定金的支付进行协商；审核有关动用暂定金的凭证之后，签发暂定金的支付证明。

暂定金额一般按照实际发生的费用，加上合同中规定的费率进行支付。因此，承包人应按监理工程师的要求，提交有关暂定金额开支的全部报价单、发票凭证、账目和收据，经审核后，按事先规定确认支付项目；若暂定金额项目由指定的分包人来完成，其支付则按《公路工程国内招标文件范本》（2003 年版）通用条款 59.4 款所规定的办法和要求进行；暂定金额项目还可按计日工的计价方式支付。

鉴于暂定金额只是财务上的一种备用金，仅用于在招、投标没有足够资料准确估价的项目或应急项目，且应由监理工程师报业主批准后指令全部或部分地使用，或者根本不予动用。为此，承包人在提交的开工报告中，不仅要有详细的施工计划、工料机配备，还应有一份满足合同有关要求的（指费率与单价）施工预算，才可动用该款项，这是暂定金额支付的必要手续和条件。

二、合同支付项目

除上述清单支付的项目外，工程施工中还有一些支付项目，虽未列入清单，但均符合合同的要求，即工程量清单以外的附加支付项目，或合同支付项目。其内容包括：动员预付款、材料预付款、工程变更、价格调整、索赔、延迟付款利息。拖期违约罚金、保留金和提前竣工奖金等，其支付内容详见本章第七节。

第七节　合同支付及合同支付管理

合同支付是监理工作中的重点和难点，亦是做好费用监理的关键。本节除介绍动员预付款、材料设备预付款、保留金等的支付外，将重点阐述合同支付中技术性和技术性较强的工程变更、工程索赔及价格调整三种支付项目的费用的计算与支付，并在此基础上通过对产生合同支付的原因，即工程意外的分析，以加强对合同支付项目的掌握和理解。

一、动员预付款

承包人为减轻自己资金周转的压力，有权得到业主提供的一笔相当于合同价值0%～20%无息的动员预付款，用以支付施工初期阶段的各项费用。

动员预付款应在合同实施中，根据合同专用条款的规定，从月进度支付证书中由监理工程师按一定时间或一定金额予以扣回，且扣回货币的种类和比例与付款时一致。

（一）动员预付款按时间扣回

一般情况下，动员预付款均按时间，即规定在一定的时间内予以扣回。扣回时间开始于工程中期支付证书中工程量清单累计金额超过合同价值的20%的当月，止于合同规定竣工日期前3个月的当月，且从中期支付证书中逐月等值扣回，详见下式：

$$G = F/[E-(D-1)-3] \tag{7-2}$$

式中：G——月扣除动员预付款数额，元；

F——已付动员预付款，元；

D——中期支付证书中工程量清单累计支付达到合同金额20%的时间，月；

E——合同工期，月。

（二）动员预付款按金额扣回

当按式(7-2)扣回动员预付款，若工程进度迟缓或因其他原因使工程款支付不多时，会出现扣回额大于或接近工程支付额，而使中期支付证书出现负值或接近零的情况。很显然，这是不太合理的。采用在一定的工程支付金额范围内扣回动员预付款，即每次的扣回款，依每次工程支付额的多少来确定，工程完成额多就多扣，反之亦然。因此，每次的工程支付额不会出现负值或零的情况，比按月等值扣回的方法显然要合理得多。

采用本法的扣回时间开始于工程中期支付证书中工程量清单累计支付金额超过合同值20%的当月，止于支付金额达到合同价值80%的当月。在此期间，按中期支付证书当期完成的工程款占合同值60%的比例，予以扣回，如下式：

$$G = M \times B/[\text{合同价} \times 60\%] \tag{7-3}$$

式中：G——中期支付证书扣回预付款额，元；

M——中期支付证书当期完成的工程量清单金额，元；

B——已付动员预付款占合同价的比例，%。

二、材料设备预付款

承包人根据60.7款规定,应从业主处获得一笔无息贷款,用于支付购进工地的各种成为永久工程组成部分的材料和设施。付款金额与货币种类及比例应是《合同公路工程国内招标文件范本》(2003年版)专用条款规定的购货发票面值的某一百分比,一般按所购材料单据开列费用的75%计,且应在承包人将所购材料运抵工地及其储存方法得到监理工程师批准之后付款。其付款条件是:承包人必须先填写进场材料申报表,并且监理工程师签发材料预付款计量证;材料设备已运抵工地现场或监理工程师认可的承包人的生产场地;材料设备的质量和存放方式均满足合同要求,且具有材料价格(进口材料有到岸价;外购材料有出厂价;毛条石、碎石、砾石、砂等地方材料的料场价)及材料费用凭证;承包人应向监理工程师提交材料设备的订货单或收据。其付款方式是监理工程师按预付款的比例和种类,将确定的金额计入下一次的工程进度支付证书中进行支付。

监理工程师在签发材料设备预付款时应注意:累计支付的材料设备预付款的金额不应超过合同剩余的工作量;累计支付材料设备预付款的材料设备数量,不应超过工程所需的实际总数量;预付款材料设备的品种应与工程的计划进度相符合;所签发的材料设备预付款的支付证明,不是对该材料设备质量的批准。

当材料、设备已用于或安装在永久工程之中时,监理工程师必须通过《中期支付证书》将材料设备预付款逐次扣回。其扣回方法如下:

$$Q = A - B \tag{7-4}$$

或

$$Q = A' \times 75\% - B' \times 75\% \tag{7-5}$$

式中:Q——本月支付的材料设备预付款,元;

A——本月末材料设备预付款,元;

B——上期末材料设备预付款,元;

A'——本期末累计进场材料设备价值,元;

B'——本期末累计消耗材料的价值,元。

此处应强调的是:已支付材料设备预付款的材料设备,其所有权归业主;工程竣工时所剩余的材料设备的所有权,则应属承包人。待工程结束前,业主已支付的材料设备预付款应全部扣回,所余材料应让其迅速撤离工地。

三、保 留 金

保留金也叫抵押保留金,是业主为了让承包人履行合同而将承包人应得款项的一种扣留。保留金的扣留应按合同有关规定办理,且从《中期支付证书》中,每次按已完成工程价值的10%扣除,扣除总额以全部合同价值的5%为限。如承包人在第一个《中期支付证书》前,提交了一份由业主认可银行出具的银行保函,则监理工程师可不再替业主从《中期支付证书》中扣留保留金。

保留金应在承包人按期完成全部工程项目并通过验收后,分两次退还给承包人。其中一半在交工证书签发后退还,另一半则须待缺陷责任终止证书签发后再退还。如在签发缺陷责任终止证书时,承包人仍有未完工程,则业主有权将余下的保留金扣留,直到遗留工程完成。

四、拖期违约损失偿金

根据《公路工程国内招标文件范本》(2003 年版)通用条款 47 条规定,若承包人在规定工期内未完成;或按《公路工程国内招标文件范本》(2003 年版)通用条款 44 条规定的在允许延期工期内仍未完成工程,则承包人应向业主支付合同规定的拖期违约损失偿金。一般规定;每逾期 1d 天,赔合同价的 0.01% ~0.05%,赔偿总额不得超过合同总价的 10%;赔偿日期应自合同规定竣工之日算起,直至交接证书上写明的实质的竣工日期止,若不足 1d,应按比例计。

拖期违约损失偿金从承包人的履约保证金中或从最终支付证书中扣除,也可从业主到期应付给承包人的任何款项中扣除。此项扣除,不应解除承包人对完成该项目工程的义务或合同规定的承包人的其他义务和责任。

五、提前竣工奖金

提前竣工将使业主受益。如果承包人比《公路工程国内招标文件范本》(2003 年版)通用条款 43 条规定的工期提前竣工,则业主应向承包人颁发奖金。该奖金应按《公路工程国内招标文件范本》(2003 年版)通用条款 48 条规定出的交接证书中写明的本工程(或合同段)实质上竣工的日期,与《公路工程国内招标文件范本》(2003 年版)通用条款 43 条规定的竣工日期之间的天数计算并支付。

六、迟付款利息

根据《公路工程国内招标文件范本》(2003 年版)通用条款 60.15 款规定,业主在收到监理工程师签发的中期支付证书 14d 之内应核批并通知经办银行将已完成的工程款支付给承包人;或按 60.13 款,在收到最终支付证书后 28d 之内,应核批并通知经办银行向承包人付款;否则,业主应向承包人支付利息。利息通常按复利计算,世行推荐的日利率为0.033% ~0.04%,计算公式如下:

$$A = B(1 + r)^{n-1} \tag{7-6}$$

式中:A——迟付款利息的金额,元;

B——中期支付证书金额,元;

r——合同规定的迟付款系数(利率);

n——迟付款的天数,d。

当监理工程师确认业主在收到监理工程师签发的支付证书后,没有在合同规定的时间内向承包人付款,则应签发迟付款利息的支付证明。

七、工程变更费用的计算与支付

变更是相对承包人在投标时所依据的合同文件而言所作的变动,即工程在实施期间,监理工程师根据合同规定,对部分或全部工程的形式上、质量上、数量上所作的改变。

按《公路工程国内招标文件范本》(2003 年版)通用条款所作的变更包括两个方面:

①工程变更;

②合同变更。

一般情况下,任何工程上的变更(数量、质量、结构外形等)及合同变更,几乎都与费用有关,均将涉及业主和承包人的经济利益。除了由承包人的原因而自行造成的变更外,所有的变更都需业主为工程变更而向承包人支付费用。所以，对工程变更必须全面考虑，认真对待。

（一）单价的确定

在工程变更的支付中，最困难和最关键的就是对变更单价的确定。变更单价的确定应根据《公路工程国内招标文件范本》（2003 年版）通用条款 52 条的规定及下列步骤进行：

①收集文件资料；

②查阅资料；

③协商；

④裁决和确定。

凡涉及该变更的文件资料均在收集之列，然后根据变更项目的特点，查阅报价单，采用类似项目的单价和费率来确定单价；当原报价单没有相应单价或虽然有但却明显不合理时，应以国家有关权威部门公布的价格表为参考依据，提出一个单价；当国家有关部门的价格表中也没有相应单价，或虽然有但却明显不合理时，则以发货票为依据，提供单价当采用发货票依然不合理时，监理工程师便可提出一个他认为合适的单价。

监理工程师可以上述四种单价，按顺序与业主和承包人充分协商，若协商不成功，则应按《公路工程国内招标文件范本》（2003 年版）通用条款 52.2 款确定出他认为合适的单价。

当监理工程师发布工程变更令后 14d 内，或变更工程开工之前，已经收到承包人要求额外支付或变更单价（或价格）的通知，或监理工程师已将自己拟采用的单价（或价格）的意图通知承包人，即单价（或价格）未取得一致意见前，为了中期进度付款的方便，监理工程师可暂定一个单价（或价格），以便使账目暂时能够列入根据《公路工程国内招标文件范本》（2003 年版）通用条款 60 条规定的支付证书。

当合同中任何一个支付项（工程细目）涉及金额（含变更后的金额）未超过合同价格的 2%，而且在该支付项上，实施的工程实际数量不超过或少于该工程量清单中所列数量的 25% 时，则该支付项的单价或总额价均不应考虑其变动。

（二）核算工程数量

工程变更后，必然引起工程数量的变化，监理工程师应重新加以核算。如原清单中列有此项目，则可将变更前后的工程数量加以对比，并注明变更后使工程数量增加或是减少的数量；如原清单中未列此项目，则变更属于新项目，其准确的工程数量，可根据设计单位的图纸和文件、监理工程师的现场记录及承包人提供的工程数量等方面获取的资料进行比较分析后，再加以确定。

（三）计算支付费用

对于大的变更项目，在其立项时，应用经济分析方法和可行性研究作全面分析评估，其关键是对所需费用进行全面分析，并在此基础上确定变更方案的可行性。而对一般的变更，则在确定了单价和核算了工程数量之后，即对所需总费用作出估算。因其计算方法与工程量清单项目的支付计算一样，不再赘述。

（四）支付

当工程发生变更时，必有其特殊的原因。因此，监理工程师在签发变更工程的支付证明时，必须以工程变更令及其修改的工程量清单为依据，并在收到《中间计量单》且审查无误后，按工程变更令所确定的支付原则，参考其修订的工程量清单，办理支付手续。

工程变更的费用支付可通过《中期支付证书》进行。

对一些不可预见和意外的紧急事件，或变更范围不大，且事先无法估价的较小变更项目，当监理工程师认为必要或可取时，根据通用条件的规定，可对该变更工程采用计日工的方法进行。而其付款方式亦与其他情况下采用计日工时的支付方法相同。

(五)变更总额的分析与限制

当一项变更和整个合同完成后，应对其变更的总额加以分析和限制。从本质上来看，变更是工程实施中各种风险的综合表现。为了公平和充分体现风险分担的原则，合同条件对这种实施过程中的变化，从数量上给予了限制。这种限制包括以下两个方面。

(1)对整个工程。当整个工程执行《公路工程国内招标文件范本》(2003 年版)通用条款 52 条规定的变更后，其变更费用超过或低于有效合同价(不包括暂定金额、计日工和《公路工程国内招标文件范本》通用条款 70 条规定的价格调整)的 15% 时，其超出部分的费用应予以调整。即在监理工程师与业主和承包人充分协商后，按协商结果，在合同价格中加上或扣减一笔金额；若协议不成，可由监理工程师在考虑了承包人用于本合同的现场管理费和上级管理费后，确定一笔调整金额。不过，此种调整仅限于超过或低于"有效合同价"15% 的那一部分。

(2)单项工程。当单项工程变更的金额超出合同价格 2%，以及变更的实际工程数量超过原工程量清单所列工程数量的 15% 时，其超出部分，应予以调整。

此外的 15% 是一个经验数值，当变化小于 15% 时，由于承包人在投标时考虑了各种风险，且留有一定余地，故其有能力承担。但一突破此界限，承包人将无法承受，风险亦应由业主和承包人双方共同分担。所以要对"有效合同价"进行调整。基于同样的理由，对单项工程变更总额的分析和限制，亦应如此处理。监理工程师在使用变更时，一定要把握此界限，将变更规模控制在此范围内。

(六)注意事项

由于工程变更是对投资在施工阶段运行中所进行的一种调节措施，即当投资在施工阶段的实际情况与原定的投资目标偏差较大时，方可采用变更来加以调节。因此，监理工程师一定要充分发挥自己的业务能力和技术水平，谨慎地对待变更，既不可因滥用变更而导致项目目标失控，使合同执行困难；也不致因变更而使合同作废或失效，而让承包人的责任得以解除。

八、索赔费用的支付

索赔是一种经济行为，也是一项管理业务。费用索赔，即是根据合同的有关规定，业主或承包人通过监理工程师向对方索取合同价格以外的费用。

由于公路工程的承包活动是一种特殊的期货交易行为，其交易的成立与成品实行交接在时间上是分开的，且其价格则是通过招、投标预先确定的。因此，索赔通常是以承包人通过正当手续，要求业主偿付施工中所造成的额外费用的一种形式。

施工索赔的内容包括以下两个方面，一方面是对额外所消耗资源的赔偿，即费用索赔；另方面是对时间的索赔，体现为工程项目的竣工日期延后，即延期。本节仅对索赔费用的确认和支付方式进行讨论。关于其他问题，请读者参见本书第八章。

(一)索赔费用包括的项目和内容

(1)人工费。由于增加了合同以外的工程内容，或因业主原因造成工程拖延，致使承包人多使用了人工或者延长了工作时间，则承包人有权向业主要求补偿人工费的损失。其计算方法如下：工资单价(按合同规定或日工资，分别按合同工、普工、技术工计)×人工数(分别按合同工、普工、技术工计)×应赔偿(或延长)天数。经汇总，即为索赔的人工费。

(2)材料费。由于业主修改了工程内容,或重新施工制作,致使工程材料用量增加,则承包人有权向业主提出索赔。其计算方法如下:(实际使用的材料数量 - 原来材料数量) × 所使用材料的单价。

(3)机械费。机械费索赔主要是计算机械工作时间的增加量或停置的时间(台班);新增各种机械的数量和工作时间(台班);由于业主原因造成各种机械停置的数量和工作时间(台班)。将以上机械的各种工作时间的增加量(或停置时间)求出后,乘以合同规定的单价(或台班价),然后再按各类机械费用累计、汇总后,即为机械费用的索赔数额。

(4)管理费。承包人的管理费通常由现场管理费和上级部门(公司)的管理费组成。其计算方法如下:

①现场管理费 = 现场管理费率 × 直接费。其中:现场管理费率 = 现场间接费 ÷ 工程直接费。

②上级(公司)管理费 = 上级(公司)管理费率 ×(直接费索赔额 + 现场管理费的索赔额)。其中:上级(公司)管理费率,一般承包单位均有所规定,亦可由承包人根据某一段时间内的工程进展情况加以确定。

最终的索赔数额则以上述四种费用为基础,按合同文件规定的原则和方法进行计算并汇总即可。

(二)索赔费用金额的计算与确定

当索赔成立时,其关键的工作就是确定索赔费用的金额。虽然承包人在索赔报告中已有费用金额的计算,但监理工程师仍应对其严格审查,然后再确定索赔费用额。

(1)索赔细目与相应工程量的审定。首先应仔细阅读监理记录,如工地日记、监理工程师日记、计量与支付方面的记录及有关报表、停工导致索赔的有关记录;其次是仔细分析承包人的有关记录(每日的现场记录、索赔事件发生时的同期记录);再次是派人员将重点内容去现场查实;然后,根据上述监理工程师和承包人两方面及现场查实情况,按合同文件的有关规定进行综合分析,确定出索赔的细目和其相应的工程量(工程量的计算须按技术规范和工程量清单前言的要求进行)。

此处应注意的是,监理工程师应对承包人所提项目中的各种细目逐个进行分析和审查,确认其中哪些与索赔有关,哪些无关。对有关的细目,则应进一步分析其内容和数量是否正确与准确。

(2)单价与费率分析。承包人提出索赔时,一般会附上工程项目方面的资料与工资和成本方面的资料。监理工程师应详细审查这些资料,从中找出与索赔有关的情况及依据。一般说来,大多数的索赔项目均不包括利润,有的甚至还不包括管理费,而承包人的报价单中,其价格已经包含了管理费和利润;另一方面,由于在施工过程中,合同中的一些基本条件可能已进行了重大修改,早已不同于报价时的情况。因此,索赔项目不能照搬报价单中的单价和费率来进行索赔金额的计算,而应从报价单的单价中将费率分解出来,重新加以确定,再进行索赔费用的计算。

(3)计算审查。监理工程师对承包人的索赔费用计算,应进行详细的审查。首先,应对承包人的计算原则、计算方法进行分析和审查,主要是看其是否符合合同的规定和要求;其次,是检查承包人的计算有无算术错误。审查的重点应是看其计算的原则和方法是否符合合同的有关规定和要求。

(三)索赔费用的支付

当索赔费用经计算确认后,就可作为承包人的应收款项,作为中期支付证书中(或最终支付证书中)的一个支付项目支付给承包人。如果一项索赔并没有全部结案,只要监理工程师已认可了其中的一部分,则该部分的款项亦应该以一项持续索赔的临时付款的方式支付给承包人。不过,监理工程师必须依据《索赔时间/金额审批表》,首先签发索赔支付证明,并按《公路工程国内招标文件范本》(2003 年版)通用条款 60 条规定,将其列入中期支付证书或最终支付证书内予以支付,且必须按合同有关规定及《索赔时间/金额审批表》所确定的执行索赔金额的支付。

九、价格调整费用的计算与支付

(一)价格调整的必要性

在工程的施工过程中要消耗大量的资源,各种资源的价格又直接关系到工程费用的多寡,因此,价格的变化必然对工程费用的增减产生直接的影响;倘若是国际工程,汇率的变化亦直接影响到工程的费用;此外,立法(后继法规)的变化,也是引起工程费用增减的主要因素之一。上述诸因素,工程参与各方虽只能被动地承认和接受,但在施工过程中,可采取调整价格的方法,即对原来的合同价予以增减,来减少它们对工程费用的影响。

实际上,当在合同中列明价格调整的有关条款后,即将物价、汇率和立法等意外风险让业主和承包人双方共同承担,从而使投标人在报价时能更合理地计算投标价,保证业主能获得一个较真实可靠的标价,也维护了承包人的经济利益(一旦涨价便可进行价格调整)。

(二)价格调整的有关规定

根据《公路工程国内招标文件范本》(2003 年版)通用条款 70.1 款的规定,除非范本专用条款另有规定,凡是合同预期工期在 24 个月以上者,在合同执行期间,由于劳务、材料或影响工程施工成本的任何其他事项的价格涨落而引起费用增减时,应根据价格调整公式给予调价,将其浮动的价格从合同价值中增加或减去。

(三)价格调整费用计算的原则

价格调整费用计算,按以下两个时期分别进行。

(1)投标报价阶段。如果在送交投标书截止期前 28d 之后,国家或省(自治区、直辖市)颁布的法律、法令、规章,或条件出现修改或变更,因采用上述法律、法令、规章,或条例等,致使承包人在履行合同中的费用产生变化,即应对其价格进行调整。价格调整的计算,应按投标截止日期前 28d 当日政府规定的价格与现行价格的差值加到或从合同价值中减去,或按投标截止日期前 28d 当日政府公布的物价指数与现行物价指数计算出的金额加到或从合同价格中减去。

(2)施工阶段。可按投标人填入合同工程量清单中的单价并得到投标时认可的单价与现行价格的差值分别加到工程量清单中,然后计算出调价金额,并加到或从合同价值中减去。

(四)价格调整费用的计算方法

价格调整的方法有两种:一种是公式法,另一种是票证法。如果合同没有规定具体的调整方法,监理工程师应与业主、承包人协商后,决定进行价格调整的具体方法。

一般情况下,对在一年或更短时间内即可竣工的简单合同,无需进行价格调整;对工期较长的合同,则应随劳务、设备、原材料、燃料和运输价格等影响工程成本的因素而进行调整,并尽可能使用公式法根据不同地区,不同材料的基价和现价指数来加以调整。外币部分价格调整的计算,应按《公路工程国内招标文件范本》(2003 年版)专用条款的有关规定执行。

(五)价格调整费用的支付

监理工程师根据合同规定的价格调整方式,计算出价格调整金额,并归纳于《价格调整汇总表》后,即可通过《中期支付证书》,办理因价格调整而引起的费用支付。

十、合同支付项目的管理

合同支付的主要根源在于工程意外。在工程实施中所遇到的各种意外,可归纳为工程意外和外部意外两大类。属于工程意外的是:设计意外(设计变更);合同意外(合同因承包人被驱逐或承包人自动撤离而中止);工程管理意外(由于监理工程师工作失误等);施工实施条件意外(如工程地质变化、发生施工事故等)。外部意外则包括:价格、汇率变化、法规变更、特殊风险等。

上述两种意外,既相互联系,又相互渗透,从本质上讲,外部意外是一种根本性的意外,是超出工程本身范围以外的意外,无法由工程的参与者进行控制,而内部意外亦往往由于外部意外的发生而发生,故其处理也较为困难。

工程在施工过程中什么时候出现什么样的意外,所出现的意外将造成多大损失等,均难以预见,因而无法在工程量清单中明确,而只能由合同条件作原则规定。对意外费用的监理也只能依靠监理工程师在实际工作中对所出现的各种意外,进行当机立断的处理,去控制和减少各种意外所造成的损失。一般地,对意外费用的支付常采取各方共同负担,公平支付的原则。并且,意外费用的支付属于损害赔偿性质,除工程变更项目之外,一般不包括利润,而只付成本。

(一)工程停工的付款

公路工程在施工过程中,由于工程意外,常会导致停工。不管是什么原因导致停工,都将影响整个工程的竣工和交付使用,使业主的利益遭受损害;同样,停工将导致承包人的人员窝工、设备闲置及管理费用增加。因此,停工对双方都有害,应尽量避免。作为施工活动主导者的监理工程师,应尽力改善自己的工作,避免出现停工。但因工程意外,又常会发生停工。因此,一旦发生停工,监理工程师应加倍注视工程情况,除设法尽快复工外,还应认真过细地取得各类损失的依据,并准确计算双方的费用损失。

若工程停工是由于承包人自己的工作失误或所承担的风险而导致,则其所有费用由承包人自己负担。如停工影响到工程竣工,应按《公路工程国内招标文件范本》(2003 年版)通用条款 47 条向业主支付拖期违法偿金;当停工影响到其他承包人工作,因而引起他们向业主索赔时,则业主将根据合同条件将这种支付转由造成停工的承包人来支付,且采取从向该承包人付款中扣减的方法来实现;如承包人造成的停工严重影响工期时,还可能被业主驱逐。

若工程停工由于业主原因所致,则应根据合同中相应的规定和条款,对承包人予以补偿。补偿金额则依现场情况及随后采取措施的内容及设备的闲置情况而确定,且一般只付成本。

(二)合同中止后的付款

当工程意外严重时,将导致合同中止。合同一旦中止,应进行全面清理,以便确定费用如何支付。合同中止有以下三种情况:业主违约、承包人违约和特殊风险,分述如下。

(1)业主违约。当监理工程师确认业主不能继续履行合同,或因业主干涉、阻挠、拒绝监理工程师签发的支付证书,导致承包人提出中止合同,其性质与《公路工程国内招标文件范本》(2003 年版)通用条款第 65 条所指的因特殊风险而使合同中止相同。因此,业主应承担的支付义务与《公路工程国内招标文件范本》(2003 年版)通用条款第 65 条的规定相同。另外,还应向承包人支付由于业主违约,使合同中止而引起的,或与此有关的,或因合同中止后而造成的承包人的任何损失的费用,而且,在支付款额中还包括对承包人利润损失的补偿。

(2)承包人违约。根据《公路工程国内招标文件范本》(2003 年版)通用条款第 63.1 款规定,当监理工程师确认承包人违约后,应尽快确定并证明在合同中止时,承包人根据实际完成的工程已经合理地得到或理应得到的价款、已用及未用的材料、临时工程和承包人装备的价值。同时,监理工程师还应对由于承包人违约而使业主产生和随之引起的所有费用的增加,按照合同文件的规定进行估价。然后,在与业主和承包人协商后,签发扣除承包人上述费用的证明。

(3)特殊风险。根据《公路工程国内招标文件范本》(2003 年版)通用条款第 20.4 款规定,特殊风险应由业主承担。当工程在实施中遇到战争、叛乱、骚乱等特殊风险时,监理工程师应首先帮助业主澄清合同中止之日前,承包人已按合同完成的工程的全部费用,以及业主已支付给承包人的款额与细目;承包人依据合同为该工程合理采购的材料、设备与货物的费用;承包人雇佣的所有从事工程的施工人员在合同中止时的合理的遣返费;承包人机械设备的撤离费;承包人为完成整个工程而合理发生的费用,而该费用又未包括在其他各项支付之内;承包人应偿还业主的有关设备、材料和工程的预付款余额,以及合同中止之日,按合同规定,业主应向承包人收回的任何其他款项。然后,在同业主、承包人协商后,签发合同中止证书。

第八节　支付证书及有关表格

一、支付证书

支付证书是业主向承包人付款的唯一凭证。在工程的施工过程中,每月一次开具的,称为"中期支付证书";在工程结束后开具的,称为"最终支付证书"。

(一)中期支付证书

中期支付证书是一种对规定时间内承包人所做工作的价值估算,且由监理工程师向业主开具的付款凭证。中期支付证书由支付月报表和工程进度图表组成。

1. 月报表

月报表又叫月结账单。为便于统一管理,月结账单的格式由监理工程师设计或指定。每月末,承包人应向监理工程师提交由其项目经理签署的,按监理工程师批准格式填写的月结账单一式 6 份。该月结账单包括以下项目:工程进度表;截止本月末前已完成的永久工程价值(合同价款);截止上月底前已完成,并已支付了的永久工程的合同价款;本月份完成的永久工程的合同价款;工程量清单中已列明的本月完成的临时工程的价款;本月完成的以计日工方式支付的工程价款;本月应支付的暂定金额;本月应支付的已进场的材料设备预付款;承包人有权得到的按合同规定业主应支付的,如工程变更、停工补偿、迟付款利息等其他款项;因费用和法律的变更而产生的款项,即按《公路工程国内招标文件范本》(2003 年版)通用条款第 70 条进行的价格调整;本月应扣还的动员预付款、材料设备预付款、保留金;本月应扣除的拖期违约损失偿金。

2. 监理工程师审核并开具证书

监理工程师在收到承包人的月账表后 14d 内,应对其项目、款项等参照自己相应的记录,并结合各方面的情况和要求进行全面审核,然后签发《中期支付证书》。签发时应写明他认为到期应该结算的价款及需要扣留和扣回的价款，并报业主审批。

如果经扣款后，该月应付给承包人的款额少于投标书附件内列明的中期支付证书的最低金额，则该月可不核证支付，而将支付金额按月结转，直至累计应支付的款额达到投标书附件中列明的中期支付证书的最低金额时为止。

（二）最终支付证书

监理工程师在收到承包人提交的最后结账单和清账书 14d 之内，应签发最终支付证书并报业主审批，同时抄送承包人。其内容包括：监理工程师认为根据合同规定最终应付的金额；以及在确认以前的收付款后，双方应找清的差额。

二、支付表格

《公路工程施工监理规范》（JTG G10—2006）未对原支付表格做修改，仍然可参照使用“95版规范”的支付表格，包括：工程进度表、中期支付证书、清单支付报表、计日工支付报表、工程变更一览表、价格调整汇总表、价格调整表、单价变更一览表、永久性材料价差金额一览表、永久性工程材料到达现场计量表、扣回材料设备预付款一览表、扣回动员预付款一览表、中间计量表、中间计量支付汇总表。

索赔申请单：索赔时间/金额审批表。

上述报表应由监理工程师指定，并由承包人仔细填写申报。监理工程师在收到这些报表后，应在《公路工程国内招标文件范本》（2003 年版）合同通用条款规定的时限内，通过认真仔细地审核，然后签发计量支付证书。

三、工程支付报表及其附件的填报

（一）工程报表主要名词及指标

1. 主要名词

合同开工日期（年、月、日）；合同完成日期；合同规定的竣工日期（年、月、日）。

合同总价：即在中标通知书中写的，承包人按合同规定实施和完成本合同工程及缺陷的修复应得到的支付价款总额。

保留金：在期中支付证书中应支付给承包人的工程价款中分期予以扣留的金额，其扣留和退还的规定按具体合同办理。

暂定金额：为了实施本工程的任何部分，或供应材料、货物、设备，或提供服务，或供支付不可预见的费用，并已在工程量清单中标明的一项金额。

开工预付款：指业主按投标书或附件中规定的金额而预付给承包人的一项款项，其预付办法在合同中均明确加以规定。

扣回预付款：指按合同规定，由承包人向业主归还的开工预付款，其扣回的办法于合同中予以明确规定。

支付款：经结算的实际支付的工程款项。

2. 指标

本期完成：本期完成反映的是截止填报报告期内的已完成工程的数量。

到上期末完成：抄自上期报表中的“到本期末完成”栏。

到本期末完成：填报的工程数量系工程项目自开工以来截止报告期时所累计完成的，即到上期末完成的加本期完成的工程量之和。

工程变更(±):本月(期)因工程变更增加(+)或减少(-)的工程费用。

工程变更增减金额:抄自“到本期末”的变更(±)。

违约罚金:按合同文件有关规定确定其违约金额后,按实际发生金额填写。

(二)合同工程进度表

1. 编表目的

本表主要是为反映工程项目的计划进度与实际完成的情况,每月由承包人填报,并经各级监理工程师和业主签字认可后方才生效。

2. 填表说明

单项合同金额:按与业主签约时业主认可的并标价的工程量清单的相应项目填写。

单项占合同总金额(%):单项工程费用与“工程量清单总计金额”之比。

单项实际完成的百分比(%):单项工程累计完成金额与单项工程计划金额之比。

实际完成占合同金额:单项工程累计完成金额与工程量清单总计金额之比,按月计划与实际完成,本栏以单项工程计划和实际完成的工作量横道形象图和工程项目计划与实际完成工作量进度坐标曲线形象图加以表示。

单项工程形象进度图由承包人按施工组织设计先给出单项工程计划进度形象图,形象图下行数字表示单项工程按月计划完成百分数,并逐月填报,形象图上行数字表示实际完成百分数。

项目工程形象进度图由承包人按施工组织设计以时间为横坐标,以工程数量为纵坐标,绘出工程形象进度图。在图中,先绘出的计划进度曲线以虚线表示,后绘出的实际进度曲线以实线表示。

实际与计划栏的填报:实际分上下两行填写,上行填写本月实际完成百分数,下行填写累计实际完成百分数;计划分上下两行填写,上行填写本月计划完成百分数,下行填写累计计划处完成百分数。

报告日期:报表统计截止日期按年、月、日填写,并统一规定每月截止日期为25日。

清单号、名称及编号系按工程量清单填写。

(三)财务支付月报表

1. 编表目的

本表为合同工程项目财务支付的凭证,是承包人向业主提供的工程进展情况和工程价款结算的汇总表,经各级监理工程师和业主审核后可作为临时支付证书。

2. 填表说明

(1)合同价及变更增减金额:合同价及变更增减金额分别抄自工程量清单及本期末变更增减(+、-)栏。

(2)名称栏下各行的填报:变更(+、-),抄自相应的计算表。

合计,为以上各项分章工程、暂定金额、索赔等之和以及合同变更增减金额等,合同价与变更增减小计栏之和。

保留金=本期合计×合同规定的10%。

扣回预付款,抄自相应的计算表。

支付=合计-保留金-扣回预付款-违约罚金。

截止日期:报表统计截止日期(年、月、日)。

（四）清单支付月报

1. 编表目的

本表为财务支付月报的附表。清单支付月报是按工程量清单中各工程项目的实际竣工数量和合同有关规定进行计量并计算工程价款，是填写财务支付月报的依据之一。

2. 填表说明

(1)编号及内容：按工程量清单各章工程项目的编号填写。

(2)合同数量及单价金额：按工程量清单各章的分项目填写。

(3)本期完成数量金额：抄自工程月报附件的“本期分章计量支付数量汇总表”。

（五）设计变更一览表

1. 编表目的

设计变更一览表所反映的是工程设计变更使工程量增减而发生的费用，填表时按清单分章分别对照工程量清单编号、项目进行填写，无清单编号应列入新增编号栏。设计变更一览表由承包人编制，经监理工程师签认后上报。本表是填写财务支付月报的依据之一。

2. 填表说明

(1)工程项目及批准变更数量：工程量增减按承包人提供的、且经监理工程师签认后的变更令及变更设计报告和有关凭证分别填入有关栏。

(2)批准单价：批准单价有两种，一是采用合同对应单价，二是按合同的有关规定重新分析并经监理工程师签字认可的单价，该单价经业主批准后执行。

(3)工程量增减(+、-)金额=批准单价×工程量增减(+、-)。

(4)本期限完成工程量增减(+、-)及工程金额增减(+、-)：抄自附件中的本期分章计量支付数量的汇总表。

(5)批准文号：批准的该项设计变更令的编号。

(6)因本表是变更统计表，因此，在填表时，无论本期是否发生变更，以前所有已变更的项目在每期报表上均要加以反映。

（六）单价变更一览表

1. 编表说明

由于本表反映的是因单价变更且经调整后的单价，应分章分别对照工程量清单的编号、项目进行填写，并经监理工程师签认后上报。本表是填写财务支付月报的依据之一。

2. 填表说明

(1)调整前单价：签订合同时的该项目的单价。

(2)调整后单价：按合同有关规定重新分析并经监理工程师签认的单价。该单价经业主批准后执行。

(3)批准文号：批准调整项目单价变更的变更令的编号。

（七）永久性工程材料到达现场的统计表

1. 编表目的

本表所反映的是承包人采购的材料到达施工现场的具体情况，以便考核是否因合格材料未组织供应到现场而造成停工待料，影响工程进度。本表由承包人编制并经监理工程师核实签认后上报。

2. 填表说明

材料名称按核实分类的填写。

（八）扣回预付款一览表

1. 编表说明

本表反映的是承包人按合同规定完成银行保函等证明文件之后，业主向其拨付的开工预付款被按合同规定加以扣回的情况。本表也是由承包人编制，经监理工程师签认后上报。本表也是填写财务支付月报的依据之一。

2. 填表说明

扣回预付款的计算方法应按合同有关规定，其金额按合同规定计算后如实填入表中，并将此金额转入“中期支付证书”的有关栏中。

（九）人工及主要设备报表

1. 编表目的

本表反映的是实到施工现场的人员及机具设备与计划的动态情况，以便考核该承包人是否因人员不足，或机具不足，或因机具设备使用不当而造成的工期延误，即对其进行掌握的报表。

2. 填表说明

人工及主要设备报表由承包人填写，经监理工程师核实签认后上报。该表在填报时应按表内规定填写。

（十）监理月报表（一）

1. 编表目的

本表反映的是各单项工程每月（季）所完成的工程数量及对已完成工程质量所作出的评价。本表由合同段驻地监理填写。

2. 填表说明

（1）对本月工程完成情况的评价，即对承包人所使用的材料、预制的构件和已施工完成的工程是否按“合同”、“规范”和图纸施工，以及达到其所要求的程序进行评价。

（2）存在问题及建议：监理工程师应对有关进度、质量、管理等方面所存在的问题进行填写，并针对存在的问题提出处理意见。

（十一）监理月报表（二）

1. 编表目的

本表由承包人和监理工程师共同填写，所反映的是工程在施工中，根据监理日志和承包人每月按合同条款的要求所提供的工程进展情况、测量和观察记录等成果的报告。

2. 填表说明

（1）自然灾害受灾情况描述：对受灾部位、程度、数量等进行描述。

（2）灾害对工程计划进度的影响：本栏主要以数字加以说明。

（3）处理结果：按处理方案如实填写。

（十二）本次支付说明

如果本次支付情况复杂，为了方便各部门的审核而需进行说明的，应填写此表。

（十三）本期分章计量支付数量汇总表

1. 编表目的

编制本表是为清单支付报表、计日工支付报表的本期完成的数量和金额提供依据。本表反映的是本期本章完成的各细目数量和按合同单价应支付的金额（包括设计变更的增减数量和金额）在本章中之和。

2. 填表说明

本期本章完成的各细目工程数量(包括变更设计)来源于工程中间计量表,其单价来源于合同清单。个别设计变更新增细目号,因工程量清单中无对应单价时,可按合同规定另作单价分析,并经批准后再执行,且其凭证号为中间计量表的编号。

(十四)工程报验数量表

1. 编表目的

本表反映该合同的所有工程细目(包括变更设计增减的工程)的报验情况,报验数量则来源于截止本期末完成的工程中间计量表。

2. 填表说明

(1)序号:该合同所有工程每章每节的支付号。

(2)名称:支付号对应的支付项目。在支付项目栏下以桩号顺序填写桩号,并将该项目所有工程的位置加以填写。

(十五)工程中间计量表及质量证明附件

1. 编表目的

本表是反映本期支付数量(包括设计变更增减)的原始计算表,从此表可得到各章细目的工程数量。本表由承包人计算、填写,经现场监理、驻地监理工程师、计量监理工程师审核签认后上报。

2. 填表说明

(1)计算的工程量必须经质量检验合格,且各项试验检测资料齐全有效;同时符合安全和环保监理的各项规定。

(2)所计数量必须经过测量、丈量、检评,各种质量证明的附件必须完整(包括材质证明、物理力学试验报告、厂方证明文件、检测报告、化学分析)并经监理工程师、中心试验室认为合格工程的工程量,方可进行计算并纳入计量支付之中。

(3)工程数量的计算必须清晰,且应附草图,计算由承包人进行,应反复审核,必须做到准确无误。

(4)属设计变更部分的工程量应在支付项目编号后且加以注明“变更”字样,其有关要求同前(1)、(2)、(3)条所叙。

(十六)说明

(1)填表的项目名称、数字和内容,必须用计算机打印,禁止采用手写(防止涂改)。

(2)承包人编制的每期工程支付月报9份,另加附件5份,其中附件(一)、附件(二)承包人和监理组各留一份(监理组留原件),其余的月报和附件均按程序报送。所有报送资料均需加盖公章。

(3)承包人发出的文件应主送项目监理部,需抄送业主的应由监理部转交。主送件需加盖:“正本”字样,且正本及副本均须经正本收件人签署姓名和日期。

(4)由于各公路工程建设项目的要求不一致,故应仔细研究各工程项目的“施工监理工作规程”,并按其要求去办理。

四、工程监理实例

现以××高速公路××合同段工程项目的“工程变更令”与“工程终期报表”为例,对工程变更和工程费用支付的具体内容和操作方法予以说明,详见 表7~3~表7~12。

××高速公路××合同段工程项目

工程终期报表(××)合同段

业主:××高速公路工程建设指挥部

承包单位:××工程发展公司

现场监理单位××高速公路第五监理组

项目监理单位:××高速公路工程监理部

编制时间:2002年10月18日

××高速公路收费站广场水泥混凝土路面建设项目

承包单位:××工程发展公司　　　　合同号:××

监理单位:××高速公路第五监理组　　编号:××-01

2000年9月终期支付审签表　　　　表7-3

2000年10月18日

<table>
<tr><td>承包人计量金额</td><td>元</td></tr>
<tr><td>××高速公路工程监理组审核金额:</td><td>元</td></tr>
<tr><td>××高速公路工程监理审核金额:</td><td>元</td></tr>
<tr><td>××高速公路工程处审核金额:</td><td>元</td></tr>
<tr><td>××高速公路建设指挥部审核金额:</td><td>元</td></tr>
<tr><td colspan="2">驻地监理工程师:</td></tr>
<tr><td colspan="2">××高速公路工程监理部:

负责人:　　　　审核负责人:　　　　审核人:
年　月　日　　　　年　月　日　　　　年　月　日</td></tr>
<tr><td colspan="2">××高速公路工程处:

负责人:　　　　审核负责人:　　　　审核人:
年　月　日　　　　年　月　日　　　　年　月　日</td></tr>
<tr><td colspan="2">××高速公路建设指挥部:

总工程师:　　　　负责人:
年　月　日　　　　年　月　日</td></tr>
</table>

××高速公路××合同段财务支付月报(编号:终期支付)

表 7-4

承包单位:××工程公司 截止日期:　年　月　日　监理单位:×××监理组　　报告日期:　年　月　日 单位:人民币

项目编号	项目内容	合同金额	变更金额	合同与变更金额小计	到本期末完成金额			到上期末完成金额			本期完成金额		
					合同	变更	小计	合同	变更	小计	合同	变更	小计
A	*B*												
第 100 章	监理工程师提供的设施用品费用												
第 200 章	路基土石方工程												
第 300 章	路面工程	10 603 206		10 603 206	9 889 857		9 889 857	8 324 211		8 324 211			1 565 646
第 600 章	防护工程												
第 900 章	临时工程及其他费	394 211		394 211	291 682		291 682	291 682		291 682			
第 100 章 第 900 章小计		10 997 417		10 997 417	10 181 539		10 181 539	861 593		861 593	1 565 646		1 565 646
暂定金额、预备费 10%		1 099 742		1 099 742									
暂定金额、预备费 10%		0		0									
暂定金额、预备费 10%		0		0									
暂定金额、预备费 10%		0		0									
合计		12 097 159		12 097 159	10 181 539			8 615 893			1 565 646		
开工预付款					4 839 008			4 839 008					
扣回预付款					−4 839 008			−4 839 008					
保留金(1 565 646×3%)					−305 445			−258 476			−46 969		
支付					9 876 094			8 357 417			1 518 677		

承包人:　　驻地监理:　　指挥部监理部:　　指挥部工程处:　　现场指挥长:　　财务部:

表 7-5

××高速公路第××合同段清单支付报表(编号:终期支付)

承包单位:××工程发展公司　清单号:第 200 章　截止日期:2000 年 9 月 25 日　报告日期 2000 年 10 月 18 日　监理单位:××五监　第 1 页共 3 页

编号	工程项目	单位	合同数量			到本期末完成		到上期末完成		本期完成	
			工程数量	单位	合同金额	工程数量	金额	工程数量	金额	工程数量	金额
201-1	清理与掘除	m^2	7 420	0.901	6 685						6 686
201-1-3	回填土方(沟外低洼地)	m^2	786	3.78	2071						2 971
201-2	拆除旧路面	m^2	7 109.5	29.5	209 731						209 731
201-3	二次转运弃土	m^3	3 700	18.96	70 152						70 152
201-4	平面场地	m^2	3 000	1.06	3 180						3 180
202-2	路基挖方运土	m^3	15 349.5	7	107 447						107 447
202-3	人工挖除中央带土方外运 6km	m^3	654.8	23.55	15 421						15 421
202-4	人工拆除路缘石	m^3	35.1	110.3	3 872						3 872
202-5	拆除中央绿化带路灯	处	7	233.4	1 634						1 634
203-3	人工找平老路基及碾压连砂石	m^3	2 839.8	4.18	11 870						11 870
203-2	路基借方填方(连砂石)	m^3	11 776.3	35	412 171						412 171
205-1	软基处理水泥砂砾	m^3	2 861	19	54 359						54 359
本章小计					899 492		0	0			899 492
年前合计					899 492						

承包人:　驻地监理:　指挥部监理部:　指挥部工程处:　现场指挥长:

××高速公路第××合同段清单支付报表(编号:终期支付)

续上表

承包单位:××工程公司 清单号: 第 300 章 截止日期:2000 年 9 月 25 日 报告日期 2000 年 10 月 18 日 监理单位:××监理组 第 2 页共 3 页

项目编号	项目内容	单位	合同数量			到本期末完成		到上期末完成		本期完成	
			数量	单价	金额(元)	数量	金额(元)	数量	金额(元)	数量	金额(元)
301	基层				10 603 206						
301 - 1	水泥稳定沙砾基层厚 20cm	m^2									
301 - 2	水泥稳定沙砾基层厚 24cm	m^2									
301 - 3	水泥稳定沙砾基层厚 28cm	m^2									
301 - 4	水泥稳定沙砾基层厚 32cm	m^2									
301 - 5	二灰稳定沙砾基层厚 20cm	m^2									
301 - 6	二灰稳定沙砾基层厚 25cm	m^2	9 618	29.85	287 097	83	2 478				2 478
301 - 7	二灰稳定沙砾基层厚 30cm	m^2	275 390	37.46	10 316 109	300 000	9 887 379	222 216	8 324 211		1 563 168
本页小计							9 889 857		8 324 211		1 565 646
本章小计					10 603 206		9 889 857		832 421		1 565 646
年前合计							9 889 857		8 324 211		1565646

承包人: 驻地监理: 指挥部监理部: 指挥部工程处: 现场指挥长:

××高速公路第××合同段清单支付报表(编号:终期支付)

续上表

承包单位:××工程公司　清单号:第300章　截止日期:2000年9月25日　报告日期2000年10月18日　监理单位:××监理组　第2页共3页

901	临时用地				42 825		42 825		42 825		
901-1	临时用地	亩	25	1 713	42 825	25	42 825	25	42 825		
902	便道便桥										
902-1	便道	km	0.6	59 136	52 095	0.6	35 482	0.6	35 482		
902-2	便桥	m/座									
903	临时电力电信线路				52 095		52 095		52 095		
903-1	临时电力线路	km	1	52 095	52 095	1	52 095	1	52 095		
903-2	临时电信线路										
904	其他费用				263 809		161 280		161 280		
904-1	施工技术装备费	元			61 280		61 280		61 280		
904-2	计划利润	元			102 529						
904-3	供电贴费	元			100 000		100 000		100 000		
本页小计							291 682		291 682		
本章小计					394 211		291 682		291 682		
年前合计							10 181 539		8 615 893		1 565 646

承包人:　　驻地监理:　　指挥部监理部:　　指挥部工程处:　　现场指挥长:

××高速公路第××合同段工程形象进度表

承包单位:××工程公司　　　　报告日期　　年　月　日　　　　监理单位:××监理组　　　　表7-6

清单号	工程项目名称及编号	合同金额(元)	单项占合同金额(%)	单项完成(%)	完成占合同金额(%)	6	7	8	9	10	11	12	累计完成
300章路面工程	301 基层	10 603 206	96.42	100	96.42		17.36	49.76	26.74	2.56			
						18.84	39.96	37.62					
900章临时工程及其他费用	901 临时占地	42 825	0.39	100	0.39		0.39						
						0.39							
	902 便道便桥	35 482	0.32	100	0.32		0.32						
						0.32							
	903 临时电力电信线路	52 095	0.47	100	0.47		0.47						“实线”—实际完成；“虚线”—计划完成
						0.47							
	904 其他费用	236 809	2.4	61.14	1.47		1.47						
						1.47		0.93					
总计		10 997 417	100		99.07	6	7	8	9	10	11	12	
报告日期	实际			月计			20.01	49.76	26.74	2.56			
				累计			20.01	69.77	96.51	99.07			
	计划			月计		21.49	39.96	38.55					
				累计		21.49	61.45	100					

承包人：　　　　驻地监理：　　　　指挥部监理部：　　　　指挥部工程处：　　　　现场指挥长：

××高速公路建设项目

承包单位:×× 公司　　　　　　　　　　　　　　　合同号:××

监理单位 ××监理组　　　　　　　　　　　　　　　编　号:终期支付

分章计量支付数量汇总表　　　　　　　　　　　表 7-7

年　月　号　　　　　　　　　　第 1 页共 1 页

支付章编号	第 300 章			
章号及名称	分章支付汇总表编号	原合同支付(元)	变更支付(元)	合计
A	B	C	D	E = C + D
第 300 章路面工程	04 - 1	1 565 646		1 565 646
本页小计		1 565 646		1 565 646
年前合计		1 565 646		1 565 646

承包人:　　　　　　监理组计量工程师:　　　　　　驻地监理:

××高速公路建设项目

承包单位:××工程公司　　　　　　　　　　　　　合同号:××

监理单位:XX 监理组　　　　　　　　　　　　　　编　号:2000 - 01 - 1

分章计量支付数量汇总表　　　　　　　　　　　表 7-8

200　年　月　号　　　　　　　　第 1 页共 1 页

支付章编号　第 300 章		支付章名称		路面工程	
细目及名称	计量表编号	单 位	数 量	单 价(元)	金 额(元)
301 基层					1 565 646
301 - 6 二灰稳定砂砾基层厚 25cm	4	m^2	83	29.85	2 478
301 - 7 二灰稳定砂砾基层厚 30cm	1 - 3	m^2	41 729	37.46	1 563 168
					1 565 646
年前合计					1 565 646

承包人:　　　　　　监理组计量工程师:　　　　　　驻地监理:

工程变更令

表 7-9

承包单位：××工程发展公司　　合同号：××－01

监理单位：××高速公路第五监理组　　申请编号：××－01　　监表 7

1. 工程变更项目名称：

2. 变更理由及详细说明：在施工工程中，由于设计的变更，工程数量发生增减，详见变更申请汇总表

3. 此项变更对合同价的影响(元)：　（增加“＋”、减少“－”）

此项变更前变更金额累计		此项变更金额		此项变更后变更金额累计
0	+	1 008 761	=	1 008 761

4. 此项变更对合同工期有无影响：有( )；无( )

5. 上述工程变更项目请按审定后的变更设计图施工，图纸名称及图号填写如下：

图纸名称：

6. 此项变更应按审定后的工程变更内容明细表中所列的项目、工程量、单价等进行实施并计量支付。

此项变更的附件包括以下内容：

A. 工程内容明细汇总表：监表 7 附件 A　　B. 工程变更内容明细表：监表 7 附件 A－2

C. 工程变更审核表：监表 7 附件 C－1　　D. 工程变更申请表：监表 7 附件

E. 工程变更申请内容明细汇总表监表 7 附件 D　　F. 工程变更申请内容明细表：监表 7 附件 D－1

G. 变更设计图：　　H. 其他附件资料：

承包人：

签名：　　日期：2000 年 9 月 20 日

高级驻地监理工程师：

签名：　　日期：

监理部：

签名：　　日期：

工程处：

签名：　　日期：

现场负责人：

签名：　　日期：

执行指挥长：

签名：　　日期：

工程变更申请表

表 7-10

承包单位：××工程发展公司　　　　合同号：××高速××合同段

监理单位：××高速公路第五监理组　　　　申请编号：01

<table>
<tr><td colspan="5">申请变更项目名称：</td></tr>
<tr><td colspan="5">1. 申请变更理由：
在施工过程中，由于设计的变更，工程数量发生增减，详见变更申请汇总表

2. 变更内容：
变更内容及实施方案附工程变更申请明细汇总表</td></tr>
<tr><td>估计此项变更增加或减少金额</td><td colspan="2">原设计图编号</td><td colspan="2">变更设计图编号</td></tr>
<tr><td>增加 1 029 830 元</td><td colspan="2"></td><td colspan="2"></td></tr>
<tr><td rowspan="3">变更申请人所在单位：</td><td rowspan="3" colspan="2">变更申请人</td><td>姓名</td><td></td></tr>
<tr><td>职务</td><td></td></tr>
<tr><td>职称</td><td></td></tr>
<tr><td colspan="5">附件：
1. 变更内容明细表
2. 变更设计图
3. 原设计图
4. 其他附件资料</td></tr>
<tr><td colspan="5">备注：
1. 原设计图及变更设计图申请的必要组成部分
2. 变更申请人必须分细目按桩号和清单编号填写变更内容细表</td></tr>
</table>

工程变更申请理由汇总表

表 7-11

序号	申请变更项目名称	变更理由	变更内容及方案描述	费用增减
一	砌筑交通墙及安装制作小型安全标牌、拆除并修复林校花圃围墙	在施工 XX 收费广场时因承包人多，交替作业，为了交通安全，指挥部决定砌筑交通安全墙、设置交通安全标志。林校花圃围墙部分地段在收费广场地范围内故需要拆迁修复	砌筑交通安全墙 6 处，设置交通安全标志牌 4 块；拆除林校花圃围墙 45.88m。修复 47.45m，因工期急，用红砖砌筑，依照原来样式修建，在红砖墙内填土	
二	切割旧混凝土路面并打掉	为满足旧混凝土路面结合部的顺直度，为满足规范要求，故需将旧混凝土边切除	切割旧混凝土路面边缘 1300m，打掉清除	
三	新修旧混凝土路面边缘并打掉	原来的灌溉沟因修 XX 收费管理中心时，被征用故新修	由广场右侧边沟，沿收费管理中心在左侧修建连接原水沟	
四	清理成灌高速公路利用老羊西线路段边沟	接指挥部、监理部通知在通车之前将羊西线利用混凝土路面两侧边沟进行清理	将 5 000m 的两侧边沟、铲出淤泥其他杂物外运。因边沟通水，为水中作业	

工程变更内容明细表

合同号：××高速××合同段　　　　变更申请编号:01　　　　表 7-12

原合同						变更增减						变更后合同		
						已批准的变更			本次变更					
清单编号	项目名称	单位	工程量	单价(元)	金额(元)	工程量	单价	金额	工程量	单价(元)	金额(元)	工程量	单价(元)	金额(元)
201 - 1	清理与掘除	m^2	7 420	0.901	6 685				0	0.901	0	7 420	0.901	6 685
201 - 1 - 3	回填土方(沟外低洼地)	m^3			0				786	3.78	2971	786	3.78	2 971
201 - 2	拆除旧路面	m^2	3 135	29.5	92 483				3 974.	29.5	117 248	71 095	29.5	209 731
	二次转运弃土	m^3			0				3 700	18.96	70 152	3 700	18.96	70 152
	平整地场	m^2			0				3 000	1.06	3 180	3 000	1.06	3 180
201 - 3	路基挖方运土	m^3	13 545	7.00	94 815				1 804.5	7.00	12 632	153 495	7.00	107 447
201 - 4	人工挖除中央带土方外运 6km	m^3			0				654.8	23.55	15 241	654.8	23.55	15 421
202 - 2	人工拆除路缘石	m^3			0				345.1	110.3	3 872	35.1	110.3	3 872
202 - 3	拆除中央绿化路灯	处			0				7	2 233.4	1 634	7	2 233.4	1 634
202 - 4	人工找平老路基及碾压连砂石	m^3			0				2 839.8	4.18	11 870	2 839.8	4.18	11 870
202 - 5	路基借方填方(连吵石)	m^3	10 640	35.00	372 400				1 136.3	35.00	39 771	117 763	35.00	412 171
203 - 3	软基处理水泥砂砾	m^3	2 500	19.00	47 500				361	19.00	6 859	2 861	19.00	54 359
本页小计					613 883						285 610			899 493
首页至本页合计					613 883						285 610			899 493

说明:1. 本表中的原合同数量是指相应的原合同工程量清单的数量,已批准的变更工程数量是指本次变更前所有已批准成立的变更令中相应清单号工程量的汇总数量;2. 本表中本次变更工程量是指已批准的监表 7 附表 B - 1“工程变更方案申请内容明细表”中所列数量的汇总数量;3. 监表应附图纸、工程量计算说明书及单价分析表;4. 监表 7 附件 D“工程变更方案申请表”中计算估计变更增减金额以本明细汇总表为依据

变更申请人：　　　监理组计量工程师：　　　驻地高监：　　　监理部：　　　工程处：

本 章 小 结

1. 工程费用监理的4个原则是:政策性原则;合同原则;公正原则;责、权、利相结合的原则。

2. 工程量清单的内容包括:前言、工程细目、计日工明细表、工程量清单汇总表4个部分。

3. 工程费用监理的职责和权限包括工程计量中的职责与权限和支付中的职责与权限。

4. 工程计量的原则是:

(1)不符合合同文件要求的工程,不计量。

(2)按监理工程师同意的计量方法计量。

(3)按合同文件所规定的方法、范围、内容、单位计量。

5. 监理工程师所支付的费用有两类,即清单支付、合同支付。

6. 清单支付项目包括以物理单位计量的支付项目、以自然单位计量的支付项目、暂定金额和计日工4类。

7. 合同支付项目内容包括;动员预付款、材料设备预付款、工程变更、价格调整、索赔、延迟付款利息。拖期违约罚金、保留金和提前竣工奖金等。

8. 支付证书包括中期支付证书和最终支付证书。

复习思考题

1. 工程费用有哪些特点?其费用由哪几部分组成?

2. 影响工程费用的因素有哪些?

3. 工程费用监理与其他监理之间有什么样的关系?

4. 工程费用监理有哪些原则?

5. 简述工程费用监理的程序和方法。

6. 监理工程师在工程计量中的职责是什么?权限是什么?

7. 简述工程计量工作的必要性。

8. 监理工程师在工程费用支付中的职责是什么?权限是什么?

9. 什么叫工程量清单?编制它的目的是什么?工程量清单有什么作用?

10. 为什么要进行工程费用的支付?

11. 工程费用支付的原则和依据是什么?

12. 简述工程费用支付的种类及程序?

13. 清单支付有哪些内容?简述清单的作用。

14. 合同支付项目包括哪些内容?应如何进行支付?

15. 为什么FIDIC合同条件规定当工程变更费用价值超过合同总价15%,单项工程超过合同价2%及实际变更数量大于或等于工程量清单量25%时,才考虑价格调整?

16. 中间支付审定和签发分别应注意什么问题?

17. 为什么说计量和支付是监理工程师的主要控制手段?

习题

1. 某合同规定混凝土管涵按项支付,报价单中该项总额为300 000元,施工时按顺序分为:开挖基槽和浇筑基础20%;铺设混凝土管40%;洞口护坡与挡土墙20%;现有排水系统连接5个阶段,各阶段费用比例按估算,当铺设混凝土管后,承包人应获多少费用?

2. 某人行通道的工程量清单如见表7-13。

某人行通道工程量清单(金额单价:元)

表7-13

项目编号	项目内容	单位	单价	数量	金额(元)
904	人行通道	项	44 500	1	44 500

从开工至人行通道底板完成,付款30%;主体完成,支付50%;回填压实及按顺序完工,支付其余款项。由于多种原因,业主未按时付款,均迟付25d,若日利率按0.025%计算,到付款时,业主应支付给承包人人民币多少元?

3. 接上题,因承包人的原因;工程18d完成,若拖期违约损失赔偿额度采用0.015%,则承包人应支付拖期违约损失偿金多少元?

4. 某中桥中墩为圆端型重力式桥墩,圆端半径 $R=55\text{cm}$,墩帽尺寸如下:厚 $a=30\text{cm}$;顺桥向墩帽宽 $b=1.2\text{m}$;横桥向长 $B=810\text{cm}$,墩身高16.5m,侧坡坡率1:20;基础为双层块石基础,每层厚0.75m,基础襟边,横桥向20cm,顺桥向30cm,设该中墩用钢材体积为 0.08m^3,每 m^3 混凝土应付款600元,每 m^3 砌石应付款95元,试按FIDIC条件对该中墩进行计量支付。

5. 某公路工程G合同段有一地道通道桥下穿铁路,并采用顶进法施工,由于原设计考虑不周,不能满足施工及铁路运输需要,现对原设计加以变更,因该工程已列入工程量清单(见表7-14),投标人报价为979 128元,新设计仅对原设计作局部变动,情况如表7-14所示,变更估价采用加权系数法,试计算变更后的价格。

某顶推桥梁工程变更情况表 7-14

项目 \ 内容	原设计				新设计
	数量	单价(元)	金额(元)	权重数量	
混凝土(m^3)	1 383	220	204 260	32%	1 632
钢筋(t)	124.3	2 304	286 230	29.23%	202.3
钢板(t)	6.132	2 304	14128	1.44%	4.49
开挖土方(m^3)	6 459	6.17	39 852	4.07%	7 520
填方(m^3)	2 880	3.32	9 561	1.00%	2 880
顶力(10kN)	3 600		325 097	33.2%	6 300
合计(元)			979 128	100%	

注:顶力包括临时工程、施工方法、铁路需要、设计单位要求,不可遇见因素等。

6. 某公路工程总投资约8.67亿元,合同规定动员预付款为15%,合同总工期为24个月,若承包人施工5个月后即可偿还业主动员预付款。那么,业主应如何向承包人支付并扣回此项动员预付款?

第八章　公路工程施工合同管理

第一节　合同管理法律基础

一、合同管理的概述

（一）合同管理的任务

1. 发展和完善建设市场

在社分主义市场经济条件下，由于主要是依靠合同来规范当事人的交易行为，合同的内容将成为开展建设活动的主要依据。依法加强建设工程合同管理，可以保障建设市场的资金、材料、技术、信息、劳动力的管理，发展和完善建设市场。

2. 推进建设领域的改革

我国在建设领域推行项目法人负责制、招标投标制、工程监理制和合同管理制。在这些改革制度中，核心内容是合同管理制度。因为项目法人制是要建立能够独立承担民事责任的主体制度，而市场经济中的民事责任主要是基于合同义务的合同责任。招标投标制实际上是要确立一种公平、公正、公开的合同订立制度。工程监理法律关系也是依靠合同来规范业主、承包人、监理单位相互之间的关系，因此，建设领域的各项改革实际上是互相促进的，建设工程合同管理的健全完善无疑有助于推进建设领域的其他各项改革。

3. 提高工程建设的管理水平

工程建设管理水平的提高，体现在工程质量、进度和投资的三大控制目标上。这三大控制目标的水平主要是体现在合同中。在合同中规定三大控制目标后，要求合同当事人在工程管理中细化这些内容，在工程建设过程中严格执行这些规定。同时，如果能够严格按照合同的要求进行管理，工程的质量能够有效地得到保障，进度和投资的控制目标也能够实现。因此，建设工程合同管理能够有效地提高工程建设的管理水平。

4. 避免和克服建设领域的经济违法和犯罪

建设领域是我国经济犯罪的高发领域。出现这样的情况主要是由于工程建设中的公开、公正、公平做得不够好。而加强建设工程合同管理能够有效地做到公开、公正、公平。特别是健全重要的建设工程合同的订立方式——招标投标，能够将建设市场的交易行为置于公开的环境之中，约束权力滥用行为，有效地避免和克服建设领域的受贿行贿行为。加强建设工程合同履行的管理也有助于政府行政管理部门对合同的监督，避免和克服建设领域的经济违法和犯罪。

（二）合同管理的方法

1. 严格执行建设工程合同管理法律法规

目前，建设工程合同管理法律已基本健全。但是，在实践中，这些法律的执行还存在着很大的问题，其中既有勘察、设计、承包人转包、违法分包、不认真执行工程建设强制性标准、偷工减料、忽视工程质量的问题，也有监理不到位的问题，还有业主不认真履行合同、特别是拖欠工程款的问题。市场经济条件下，要求我们在管理建设工程合同时要严格依法进行管理。

2. 普及相关法律知识，培训合同管理人才。

在市场经济条件下，工程施工建设领域的从业人员应当增强合同观念和合同意识，这就要求我们普及相关法律知识，培训合同管理人才。

3. 设立合同管理机构，配备合同管理人员

加强施工合同管理，应当设立合同管理机构，配备合同管理人员。一方面，施工合同管理工作，应当作为建设行政管理部门的管理内容之一；另一方面，工程合同当事人内部也要建立合同管理机构，不但应当建立合同管理机构，还应当配备合同管理人员，建立合同台账、统计、检查和报告制度，提高工程合同管理的水平。

4. 建立合同管理目标制度

合同管理目标，是指合同管理活动应当达到的预期结果和最终目的。工程合同管理需要设立管理目标，而且可以分解为管理的各个阶段的目标。

5. 推行合同示范文本制度

推行合同示范文本制度，一方面有助于当事人了解、掌握有关法律、法规，使具体实施项目的工程合同符合法律法规的要求，避免缺款少项，防止出现显失公平的条款，也有助于当事人熟悉合同的运行；另一方面，有利于行政管理机关对合同的监督，有助于仲裁机构或者人民法院及时裁判纠纷，维护当事人的利益。

二、合同法律关系

（一）合同法律关系的构成

1. 合同法律关系的概念

法律关系是一定的社会关系在相应的法律规范的调整下形成的权利义务关系。法律关系的实质是法律关系主体之间存在的特定权利义务关系。合同法律关系是一种重要的法律关系。

合同法律关系是指由合同法律规范所调整的、在民事流转过程中所产生的权利义务关系。合同法律关系包括合同法律关系主体、合同法律关系客体、合同法律关系内容三个要素。这三要素构成了合同法律关系，缺少其中任何一个要素都不能构成合同法律关系，改变其中的任何一个要素就改变了原来设定的法律关系。

2. 合同法律关系主体

合同法律关系主体，是参加合同法律关系、享有相应权利、承担相应义务的当事人，可以是自然人、法人、其他组织。

(1) 自然人

自然人，是指基于出生而成为民事法律关系主体的有生命的人。作为合同法律关系主体的自然人必须具备相应的民事权利能力和民事行为能力。

(2) 法人

法人是具有民事权利能力和民事行为能力，依法独立享有民事权利和承担民事义务的组织。法人是与自然人相对应的概念，是法律赋予社会组织具有人格的一项制度。

法人应当具备以下条件：

①依法成立。法人不能自然产生，它的产生必须经过法定的程序。

②有必要的财产或者经费。

③有自己的名称、组织机构和场所。

④能够独立承担民事责任。

法人的法定代表人是自然人,他依照法律或者法人组织章程的规定,代表法人行使职权。

法人可以分为企业法人和非企业法人两大类,非企业法人包括行政法人、事业法人、社团法人;企业法人依法经工商行政管理机关核准登记后取得法人资格。

(3)其他组织

法人以外的其他组织也可以成为合同法律关系主体,主要包括:法人的分支机构,不具备法人资格的联营体、合伙企业、个人独资企业等,这些组织应当是合法成立、有一定的组织机构和财产,但又不具备法人资格的组织。

3. 合同法律关系的客体

合同法律关系客体,是指参加合同法律关系的主体享有的权利和承担的义务所共同指向的对象,主要包括物、行为、智力成果。

(1)物

法律意义上的物是指可为人们控制,并具有经济价值的生产资料和消费资料,可以分为动产和不动产、流通物与限制流通物、特定物与种类物等。如材料、设备、物资等都可能成为合同法律关系的客体。货币作为一般等价物也是法律意义上的物,可以作为合同法律关系的客体,如借款合同等。

(2)行为

法律意义上的行为是指人的有意识的活动。在合同法律关系中,行为多表现为完成一定的工作,如勘察设计、施工等,这些行为都可以成为合同法律关系的客体。

(3)智力成果

智力成果是通过人的智力活动所创造出的精神成果,包括知识产权、技术秘密及在特定情况下的公知技术。如设计文件等,都有可能成为合同法律关系的客体。

4. 合同法律关系的内容

合同法律关系的内容是指合同约定和法律规定的权利和义务。合同法律关系的内容是合同的具体要求。

(1)权利

权利是指合同法律关系主体在法定范围内,按照合同的约定有权按照自己的意志作出某种行为。权利主体也可要求义务主体作出一定的行为或不作出一定的行为,以实现自己的有关权利。

(2)义务

义务是指合同法律关系主体必须按法律规定或约定承担应负的责任。

(二)合同法律关系的产生、变更与消灭

1. 法律事实的概念

合同法律关系并不是由合同法律规范本身产生的,合同法律关系只有在具有一定的条件下才能产生、变更和消灭。能够引起合同法律关系产生、变更和消灭的客观现象和事实,就是法律事实。法律事实包括行为和事件。

2. 行为

行为是指法律关系主体有意识的、能够引起法律关系发生变更和消灭的活动,包括作为和不作为两种表现形式。

行为还可分为合法行为和违法行为。

3. 事件

事件是指不以合同法律关系主体的主观意志为转移而发生的，能够引起合同法律关系产生、变更、消灭的客观现象。这些客观事件的出现与否，是当事人无法预见和控制的。

事件可分为自然事件和社会事件两种。自然事件是指由于自然现象所引起的客观事实，如地震、台风等。社会事件是指由于社会上发生了不以个人意志为转移的、难以预料的重大事变所形成的客观事实，如战争、罢工、禁运等。无论自然事件还是社会事件，它们的发生都能引起一定的法律后果，即导致合同法律关系的产生或者迫使已经存在的合同法律关系发生变化。

（三）代理关系

1. 代理的概念和特征

代理是代理人在代理权限内，以被代理人的名义实施的、其民事责任由被代理人承担的法律行为。代理具有以下特征：

（1）代理人必须在代理权限范围内实施代理行为。代理人超越代理权限的行为不属于代理行为，被代理人对此不承担责任。

（2）代理人以被代理人的名义实施代理行为。代理人只有以被代理人的名义实施代理行为，才能为被代理人取得权利和设定义务。

（3）代理人在被代理人的授权范围内独立地表现自己的意志。

（4）被代理人对代理行为承担民事责任。

2. 代理的种类

以代理权产生的依据不同，可将代理分为委托代理、法定代理和指定代理。

（1）委托代理

委托代理是基于被代理人对代理人的委托授权行为而产生的代理。

在工程施工中涉及的代理主要是委托代理，如项目经理作为施工企业的代理人、总监理工程师作为监理单位的代理人等，当然，授权行为是由单位的法定代表人代表单位完成的。项目经理、总监理工程师作为施工企业、监理单位的代理人，应当在授权范围内行使代理权，超出授权范围的行为则应当由行为人自己承担。如果授权范围不明确，则应当由被代理人（单位）向第三人承担民事责任，代理人负连带责任，但是代理人的连带责任是在被代理人无法承担责任的基础上承担的。如果考虑工程施工的实际情况，被代理人承担民事责任的能力远远高于代理人，在这种情况下实际往往由被代理人承担民事责任。

（2）法定代理

法定代理是指根据法律的直接规定而产生的代理。法定代理主要是为维护无行为能力或限制行为能力人的利益而设立的代理方式。

（3）指定代理

指定代理是根据人民法院和有关单位的指定而产生的代理。指定代理只在没有委托代理人和法定代理人的情况下适用。

3. 无权代理

无权代理是指行为人没有代理权而以他人名义进行民事、经济活动。无权代理包括以下几种情况：

（1）没有代理权限的代理行为；

(2)超越代理权限的代理行为；

(3)代理权终止的代理行为。

4. 代理关系的终止

(1)委托代理关系的终止

委托代理关系可因下列原因终止：

①代理期间届满或者代理事项完成；

②被代理人取消委托或代理人辞去委托；

③代理人死亡或代理人丧失民事行为能力；

④作为被代理人或者代理人的法人终止。

(2)指定代理或法定代理关系的终止

指定代理或法定代理可因下列原因终止：

①被代理人取得或者恢复民事行为能力；

②被代理人或代理人死亡；

③指定代理的人民法院或指定单位撤销指定；

④监护关系消灭。

三、合同担保

《担保法》规定的担保方式为保证、抵押、质押、留置和定金。

(一)保证

1. 保证的概念和方式

保证是指保证人和债权人约定，当债务人不履行债务时，保证人按照约定履行债务或者承担责任的行为。保证法律关系至少有三方参加，即保证人、被保证人(债务人)和债权人。

保证的方式有两种，即一般保证和连带责任保证。在具体合同中，担保方式由当事人约定，如果当事人没有约定或者约定不明确的，则按照连带责任保证承担保证责任。这是对债权人权利的有效保护。

一般保证是指当事人在保证合同中约定，债务人不能履行债务时，由保证人承担责任的保证。

连带责任保证是指当事人在保证合同中约定保证人与债务人对债务承担连带责任的保证。

2. 保证人的资格

具有代为清偿债务能力的法人、其他组织或者公民，可以作为保证人。但是，以下组织不能作为保证人：

(1)企业法人的分支机构、职能部门。企业法人的分支机构有法人书面授权的，可以在授权范围内提供保证。

(2)国家机关。经国务院批准为使用外国政府或者国际经济组织贷款进行转贷的除外。

(3)学校、幼儿园、医院等以公益为目的的事业单位、社会团体。

3. 保证合同的内容

(1)被保证的主债权种类、数额；

(2)债务人履行债务的期限；

(3)保证的方式；

(4)保证担保的范围；

(5)保证的期间；

(6)双方认为需要约定的其他事项。

4. 保证责任

保证合同生效后,保证人就应当在合同规定的保证范围和保证期间承担保证责任。

保证担保的范围包括主债权及利息、违约金、损害赔偿金及实现债权的费用。保证合同另有约定的,按照约定。

(二)抵押

1. 抵押的概念

抵押是指债务人或者第三人向债权人以不转移占有的方式提供一定的财产作为抵押物,用以担保债务履行的担保方式。债务人不履行债务时,债权人有权依照法律规定以抵押物折价或者从变卖抵押物的价款中优先受偿。

2. 抵押物

债务人或者第三人提供担保的财产为抵押物。下列财产可以作为抵押物:

(1)抵押人所有的房屋和其他地上定着物;

(2)抵押人所有的机器、交通运输工具和其他财产;

(3)抵押人依法有权处分的国有土地使用权、房屋和其他地上定着物;

(4)抵押人依法有权处分的国有机器、交通运输工具和其他财产;

(5)抵押人依法承包并经发包人同意抵押的荒山、荒沟、荒丘、荒滩等荒地的土地使用权;

(6)依法可以抵押的其他财产。

下列财产不得抵押:

(1)土地所有权;

(2)耕地、宅基地、自留地、自留山等集体所有的土地使用权;

(3)学校、幼儿园、医院等以公益为目的的事业单位、社会团体的教育设施、医疗卫生设施和其他社会公益设施;

(4)所有权、使用权不明或者有争议的财产;

(5)依法被查封、扣押、监管的财产;

(6)依法不得抵押的其他财产。

3. 抵押的效力

抵押担保范围包括主债权及利息、违约金损害赔偿金和实现抵押权的费用。当事人也可以约定抵押担保的范围。

4. 抵押权的实现

债务履行期届满抵押权人未受清偿的,可以与抵押人协议以抵押物折价或者以拍卖、变卖该抵押物所得的价款受偿;协议不成的,抵押权人可以向人民法院提起诉讼。

同一财产向两个以上债权人抵押的,拍卖、变卖抵押物所得的价款按照以下规定清偿:

(1)抵押合同已登记生效的,按抵押物登记的先后顺序清偿;顺序相同的,按照债权比例清偿;

(2)抵押合同自签订之日起生效的,如果抵押物未登记的,按照合同生效的先后顺序清偿,顺序相同的,按照债权比例清偿;抵押物已登记的先于未登记的受偿。

（三）质押

1. 质押的概念

质押是指债务人或者第三人将其他动产或权利移交债权人占有，用以担保债权履行的担保。质押后，当债务人不能履行债务时，债权人依法有权就该动产或权利优先得到清偿。

2. 质押的分类

质押可分为动产质押和权利质押。

动产质押是指债务人或者第三人将其动产移交债权人占有，将该动产作为债权的担保。能够用作质押的动产没有限制。

权利质押一般是将权利凭证交付质押人的担保。可以质押的权利包括：

（1）汇票、支票、本票、债券、存款单、仓单、提单；

（2）依法可以转让的股份、股票；

（3）依法可以转让的商标专用权，专利权、著作权中的财产权；

（4）依法可以质押的其他权利。

（四）留置

留置是指债权人按照合同约定占有对方（债务人）的财产，当债务人不能按照合同约定期限履行债务时，债权人有权依照法律规定留置该财产并享有处置该财产得到优先受偿的权利。

（五）定金

定金是指当事人双方为了担保债务的履行，约定由当事人一方先行支付给对方一定数额的货币作为担保。定金的数额由当事人约定，但不得超过主合同标的额的20%。定金合同要采用书面形式，并在合同中约定交付定金的期限，定金合同从实际交付定金之日生效。债务人履行债务后，定金应抵作价款或者收回。给付定金的一方不履行约定的债务的，无权要求返还定金；收受定金的一方不履行约定的债务的，应当双倍返还定金。

四、工程保险

（一）保险概述

1. 保险的概念

保险是指投保人根据合同约定，向保险人支付保险费，保险人对于合同约定的可能发生的事故因其发生所造成的财产损失承担赔偿保险金责任，或者当被保险人死亡、伤残、疾病或者达到合同约定的年龄、期限时，承担给付保险金责任的商业保险行为。

2. 保险合同的概念

保险合同是指投保人与保险人约定保险权利义务关系的协议。投保人是指与保险人订立保险合同，并按照保险合同负有支付保险费义务的人；保险人是指与投保人订立保险合同，并承担赔偿或者给付保险金责任的保险公司。

3. 保险合同的分类

（1）财产保险合同

财产保险合同是以财产及其有关利益为保险标的的保险合同。

工程施工一切险即为财产保险合同。

（2）人身保险合同

人身保险合同是以人的寿命和身体为保险标的的保险合同。投保人应向保险人如实申报被保险人的年龄、身体状况。

(二)工程施工涉及的主要险种

工程涉及的险种主要包括:建设工程一切险(及第三者责任险)、机动车辆险、人身意外伤害险、货物运输险等。但狭义的工程险则是针对工程的保险,只有建设工程一切险(及第三者责任险),其他险种则并非专门针对工程的保险。由于工程安全事关国计民生,许多国家对工程险有强制性投保的规定。

建设工程一切险(及第三者责任险)内容如下。

1. 概述

建设工程一切险是承保各类民用、工业和公用事业建设工程项目,包括道路、桥梁、水坝、港口等,在建造过程中因自然灾害或意外事故而引起的一切损失的险种。

建设工程一切险往往还加保第三者责任险。第三者责任险是指凡在工程期间的保险有效期内因在工地上发生意外事故造成在工地及邻近地区的第三者人身伤亡或财产损失,依法应由被保险人承担的经济赔偿责任。

2. 投保人与被保险人

在国外,建设工程一切险的投保人一般是承包人。如FIDIC《施工合同条件》要求,承包人以承包人和业主的共同名义对工程及其材料、配套设备装置投保保险。我国的《建设工程施工合同(示范文本)》规定,工程开工前,发包人应当为建设工程办理保险,支付保险费用。因此,采用《建设工程施工合同(示范文本)》应当由发包人投保建设工程一切险。

建设工程一切险的被保险人则范围较宽,所有在工程进行期间,对该项工程承担一定风险的有关各方(即具有可保利益的各方),均可作为被保险人。被保险人具体包括:

(1)业主或工程所有人;

(2)承包人或者分包人;

(3)技术顾问,包括业主聘用的建设师、工程师及其他专业顾问。

3. 责任范围

保险人对下列原因造成的损失和费用负责赔偿:

(1)自然事件,指地震、海啸、雷电、飓风、台风、龙卷风、风暴、暴雨、洪水、水灾、冻灾、冰雹、地崩、山崩、雪崩、火山爆发、地面下陷下沉及其他人力不可抗拒的破坏力强大的自然现象;

(2)意外事故,指不可预料的以及被保险人无法控制并造成物质损失或人身伤亡的突发性事件,包括火灾和爆炸。

4. 除外责任

保险人对下列各项原因造成的损失不负责赔偿:

(1)设计错误引起的损失和费用;

(2)自然磨损、内在或潜在缺陷、物质本身变化、自燃、自热、氧化、锈蚀、渗漏、鼠咬、虫蛀、大气(气候或气温)变化、正常水位变化或其他渐变原因造成的保险财产自身的损失和费用;

(3)因原材料缺陷或工艺不善引起的保险财产本身的损失以及为换置、修理或矫正这些缺点错误所支付的费用;

(4)非外力引起的机械或电气装置的本身损失,或施工用机具、设备、机械装置失灵造成的本身损失;

(5)维修保养或正常检修的费用;

(6)档案、文件、账簿、票据、现金、各种有价证券、图表资料及包装物料的损失;

(7)盘点时发现的短缺;

(8)领有公共运输行驶执照的,或已由其他保险予以保障的车辆、船舶和飞机的损失;

(9)除非另有约定,在保险工程开始以前已经存在或形成的位于工地范围内或其周围的属于被保险人的财产的损失;

(10)除非另有约定,在本保险单保险期限终止以前,保险财产中已由工程所有人签发完工验收证书或验收合格或实际占有或使用或接受的部分。

5. 第三者责任险

建设工程一切险如果加保第三者责任险,则保险人对下列原因造成的损失和费用,负责赔偿:

(1)在保险期限内,因发生与所保工程直接相关的意外事故引起工地内及邻近区域的第三者人身伤亡、疾病或财产损失;

(2)被保险人因上述原因而支付的诉讼费用以及事先经保险人书面同意而支付的其他费用。

6. 赔偿金额

保险人对每次事故引起的赔偿金额以法院或政府有关部门根据现行法律裁定的应由被保险人偿付的金额为准,但在任何情况下,均不得超过保险单明细表中对应列明的每次事故赔偿限额。在保险期限内,保险人经济赔偿的最高赔偿责任不得超过本保险单明细表中列明的累计赔偿限额。

7. 保险期限

建设工程一切险的保险责任自保险工程在工地动工或用于保险工程的材料、设备运抵工地之时起始,至工程所有人对部分或全部工程签发完工验收证书或验收合格,或工程所有人实际占用或使用或接受该部分或全部工程之时终止,以先发生者为准。但在任何情况下,保险人承担损害赔偿义务的期限不超过保险单明细表中列明的施工期保险终止日。

(三)保险合同管理

1. 投保决策

保险决策主要表现在两个方面:是否投保和选择保险人。

针对工程施工的风险,可以自留也可以转移。在进行这一决策时,需要考虑期望损失与风险概率、机会成本、费用等因素。例如:期望损失与风险发生的概率高,则尽量避免风险自留。如果机会成本高,则可以考虑风险自留。

2. 保险合同当事人的管理义务

保险合同订立后,当事人双方必须严格地、全面地按保险合同订明的条款履行各自的义务。在订立保险合同前,当事人双方均应履行告知义务。在保险事故发生后,投保人有责任采取一切措施,避免扩大损失,并将保险事故发生的情况及时通知保险人。

3. 保险索赔

对于投保人而言,保险的根本目的是发生灾难事件时能够得到补偿,而这一目的必须通过索赔实现。

首先,工程投保人在进行保险索赔时,必须提供必要的、有效的证明作为索赔的依据。

其次,投保人应当及时提出保险索赔。

第三,要计算损失大小。如果保险单上载明的保险财产全部损失,则应当按照全损进行保险索赔。如果财产虽然没有全部毁损或者灭失,但其损坏程度已经达到无法修理,或者虽然能够修理但修理费将超过赔偿金额,都应当按照全损进行索赔。如果保险单上载明的保险财产没有全部损失，则应当按照部分损失进行保险索赔。如果一个建设项目同时由多家保险公司承保，则只能按照约定的比例分别向不同的保险公司提出索赔要求。

第二节　合同法律基本制度

一、合同法概述

(一)合同的概念

合同是平等主体的自然人、法人、其他组织之间设立、变更、终止民事权利义务关系的协议。

在市场经济中，财产的流转主要依靠合同。特别是工程项目，标的大、履行时间长、协调关系多，合同尤为重要。因此，建设市场中的各方主体，包括业主、勘察设计单位、承包人、咨询单位、监理单位、材料设备供应单位等都要依靠合同确立相互之间的关系。如业主要与勘察设计单位订立勘察设计合同、业主要与承包人订立施工合同、业主要与监理单位订立监理合同等。在市场经济条件下，这些单位相互之间都没有隶属关系，相互之间的关系主要依靠合同来规范和约束。

(二)《合同法》基本原则

1. 平等原则

合同当事人的法律地位平等，即享有民事权利和承担民事义务的资格是平等的，一方不得将自己的意志强加给另一方。

2. 自愿原则

合同当事人依法享有自愿订立合同的权利，不受任何单位和个人的非法干预。

3. 公平原则

合同当事人应当遵循公平原则确定各方的权利和义务。如果工程施工合同显失公平，则属于可变更或者可撤销的合同。

4. 诚实信用原则

工程施工合同当事人行使权利、履行义务应当遵循诚实信用原则。

5. 遵守法律法规和公序良俗原则

工程施工合同的订立和履行，应当遵守法律法规和公序良俗原则。工程施工合同的当事人应当遵守《民法通则》、《建筑法》、《合同法》、《招标投标法》等法律法规。

公序良俗从词意上理解就是公共秩序和善良风俗。善良风俗应当是以道德为核心的，是某一特定社会应有的道德准则。公序良俗原则要求当事人订立、履行合同时，不但应当遵守法律、行政法规，而且应当尊重社会公德，不得扰乱社会经济秩序，损害社会公共利益。这一原则在司法实践中体现为：如果出现了现行法律未能规定的情况或者按现行法律处理会损害社会公共利益，法官可据此进行价值补充。

(三)《合同法》的内容

《合同法》是调整平等主体的自然人、法人、其他组织之间在设立、变更、终止合同时所发生的社会关系的法律规范总称。

《合同法》由总则、分则和附则三部分组成。总则包括以下 8 章：一般规定、合同的订立、合同的效力、合同的履行、合同的变更和转让、合同的权利义务终止、违约责任、其他规定。分则按照合同标的特点分为15种。

（四）合同的分类

《合同法》分则部分将合同分为15类：买卖合同；供用电、水、气、热力合同；赠与合同；借款合同；租赁合同；融资租赁合同；承揽合同；建设工程合同；运输合同；技术合同；保管合同；仓储合同；委托合同；行纪合同；居间合同。这可以认为是《合同法》对合同的基本分类。《合同法》对每一类合同都作了较为详细的规定。

二、合同的订立

（一）合同的形式和内容

1. 合同形式的概念和分类

合同的形式是当事人意思表示一致的外在表现形式。一般认为，合同的形式可分为书面形式、口头形式和其他形式。口头形式是以口头语言形式表现合同内容的合同；书面形式是指合同书、信件和数据电文（包括电报、电传、传真、电子数据交换和电子邮件）等可以有形地表现所载内容的形式；其他形式则包括公证、审批、登记等形式。

2. 合同形式欠缺的法律后果

《合同法》规定的合同形式的不要式原则的一个重要体现还在于：即使法律、行政法规规定或当事人约定采用书面形式订立合同，当事人未采用书面形式，但一方已经履行了主要义务，对方接受的，该合同成立。

3. 合同的内容

合同的内容由当事人约定，这是合同自由的重要体现。《合同法》规定了合同一般应当包括的条款，但具备这些条款不是合同成立的必备条件。工程施工合同也应当包括这些内容，但由于工程施工合同往往比较复杂，合同中的内容往往并不全部在狭义的合同文本中，如有些内容反映在工程量表中，有些内容反映在当事人约定采用的质量标准中。

（1）当事人的名称或者姓名和住所

合同主体包括自然人、法人、其他组织。作为一种国家干预较多的合同，国家对建设工程合同的当事人有一些特殊的要求，如要求施工企业作为承包人时必须具有相应的资质等级。

（2）标的

标的是合同当事人双方权利和义务共同指向的对象。标的的表现形式为物、劳务、行为、智力成果、工程项目等。没有标的的合同是空的，当事人的权利义务无所依托；标的不明确的合同无法履行，合同也不能成立。所以，标的是合同的首要条款，签订合同时，标的必须明确、具体，必须符合国家法律和行政法规的规定。

（3）数量

数量是衡量合同标的多少的尺度，以数字和计量单位表示。没有数量或数量的规定不明确，当事人双方权利义务的多少，合同是否完全履行都无法确定。数量必须严格按照国家规定的法定计量单位填写，以免当事人产生不同的理解。施工合同中的数量主要体现的是工程量的大小。

（4）质量

质量是标的的内在品质和外观形态的综合指标。签订合同时，必须明确质量标准。合同对质量标准的约定应当准确而具体，对于技术上较为复杂的和容易引起歧义的词语、标准，应当加以说明和解释。对于强制性的标准，当事人必须执行，合同约定的质量不得低于该强制性标准。对于推荐性的标准,国家鼓励采用。当事人没有约定质量标准,如果有国家标准,则依国家标准执行;如果没有国家标准,则依行业标准执行;没有行业标准,则依地方标准执行;没有地方标准,则依企业标准执行。由于工程施工中的质量标准大多是强制性的质量标准,当事人的约定不能低于这些强制性的标准。

(5)价款或者报酬

价款或者报酬是当事人一方向交付标的的另一方支付的货币。标的物的价款由当事人双方协商,但必须符合国家的物价政策。劳务酬金也是如此。合同条款中应写明有关银行结算和支付方法的条款。价款或者报酬在勘察、设计合同中表现为勘察、设计费,在监理合同中则体现为监理费,在施工合同中则体现为工程款。

(6)履行的期限、地点和方式

履行的期限是当事人各方依照合同规定全面完成各自义务的时间。履行的地点是指当事人交付标的和支付价款或酬金的地点,包括标的的交付、提取地点;服务、劳务或工程项目建设的地点;价款或劳务的结算地点。施工合同的履行地点是工程所在地。履行的方式是指当事人完成合同规定义务的具体方法,包括标的的交付方式和价款或酬金的结算方式。履行的期限、地点和方式是确定合同当事人是否适当履行合同的依据。

(7)违约责任

违约责任是任何一方当事人不履行或者不适当履行合同规定的义务而应当承担的法律责任。当事人可以在合同中约定,一方当事人违反合同时,向另一方当事人支付一定数额的违约金;或者约定违约损害赔偿的计算方法。

(8)解决争议的方法

在合同履行过程中不可避免地会产生争议,为使争议发生后能够有一个双方都能接受的解决办法,应当在合同条款中对此作出规定。如果当事人希望通过仲裁作为解决争议的最终方式,则必须在合同中约定仲裁条款,因为仲裁是以自愿为原则的。

(二)要约与承诺

当事人订立合同,采用要约、承诺方式。合同的成立需要经过要约和承诺两个阶段。

1. 要约

(1)要约的概念和条件

要约是希望和他人订立合同的意思表示。提出要约的一方为要约人,接受要约的一方为被要约人。要约应当具有以下条件:

①内容具体确定;

②表明经受要约人承诺,要约人即受该意思表示约束。

(2)要约邀请

要约邀请是希望他人向自己发出要约的意思表示。要约邀请并不是合同成立过程中的必经过程,它是当事人订立合同的预备行为,在法律上无须承担责任。

(3)要约的撤回和撤销

要约撤回,是指要约在发生法律效力之前,欲使其不发生法律效力而取消要约的意思表示。要约人可以撤回要约,撤回要约的通知应当在要约到达受要约人之前或同时到达受要约人。

要约撤销,是要约在发生法律效力之后,要约人欲使其丧失法律效力而取消该项要约的意思表示。要约可以撤销,撤销要约的通知应当在受要约人发出承诺通知之前到达受要约人。但有下列情形之一的,要约不得撤销:第一,要约人确定承诺期限或者以其他形式明示要约不可撤销;第二,受要约人有理由认为要约是不可撤销,并已经为履行合同做了准备工作。

2. 承诺

(1)承诺的概念和条件

承诺是受要约人作出的同意要约的意思表示。

承诺具有以下条件:

①承诺必须由受要约人作出。

②承诺只能向要约人作出。

③承诺的内容应当与要约的内容一致。

④承诺必须在承诺期限内发出。超过期限,除要约人及时通知受要约人该承诺有效外,为新要约。在工程施工合同的订立过程中,招标人发出中标通知书的行为是承诺。因此,作为中标通知书必须由招标人向投标人发出,并且其内容应当与招标文件、投标文件的内容一致。

(2)承诺的期限

承诺必须以明示的方式,在要约规定的期限内作出。要约没有规定承诺期限的,视要约的方式而定:

①要约以对话方式作出的,应当即时作出承诺,但当事人另有约定的除外;

②要约以非对话方式作出的,承诺应当在合理期限内到达。

"合理期限"要根据要约发出的客观情况和交易习惯确定,应当注意双方的利益平衡。

(3)迟到的承诺

超过承诺期限到达要约人的承诺,按照迟到的原因不同,《合同法》对承诺的有效性作出了不同的区分。

①受要约人超过承诺期限发出的承诺。除非要约人及时通知受要约人该承诺有效,否则该超期的承诺视为新要约,对要约人不具备法律效力。

②非受要约人责任原因延误到达的承诺。受要约人在承诺期限内发出承诺,按照通常情况能够及时到达要约人,但因其他原因承诺到达要约人时超过了承诺期限。对于这种情况,除非要约人及时通知受要约人因承诺超过期限不接受该承诺,否则承诺有效。

(4)承诺的撤回

承诺的撤回是承诺人阻止或者消灭承诺发生法律效力的意思表示。承诺可以撤回。撤回承诺的通知应当在承诺通知到达要约人之前或者与承诺通知同时到达要约人。

3. 要约和承诺的生效

《合同法》规定,要约到达受要约人时生效。采用数据电文形式订立合同,收件人指定特定系统接收数据电文的,该数据电文进入该特定系统的时间,视为到达时间;未指定特定系统的,该数据电文进入收件人任何系统的首次时间,视为到达时间。承诺应当以通知的方式作出,根据交易习惯或者要约表明可以通过行为作出承诺的除外。承诺的通知送达给要约人时生效。

4. 合同的成立

(1)不要式合同的成立

合同成立是指合同当事人对合同的标的、数量等内容协商一致。如果法律法规、当事 人对合同的形式、程序没有特殊的要求,则承诺生效时合同成立。

(2)要式合同的成立

当事人采用合同书形式订立合同的,自双方当事人签字或者盖章时合同成立。

(三)缔约过失责任

1. 缔约过失责任的概念

缔约过失责任,是指在合同缔结过程中,当事人一方或双方因自己的过失而致合同不成立、无效或被撤销,应对信赖其合同为有效成立的相对人赔偿基于此项信赖而发生的损害。缔约过失责任既不同于违约责任,也有别于侵权责任,是一种独立的责任。

2. 缔约过失责任的构成

缔约过失责任是针对合同尚未成立应当承担的责任,其成立必须具备一定的要件,否则将极大地损害当事人协商订立合同的积极性。

(1)缔约一方受有损失

损害事实是构成民事赔偿责任的首要条件,如果没有损害事实的存在,也就不存在损害赔偿责任。缔约过失责任的损失是一种信赖利益的损失,即缔约人信赖合同有效成立,但因法定事由发生,致使合同不成立、无效或被撤销等而造成的损失。

(2)缔约当事人有过错

承担缔约过失责任一方应当有过错,包括故意行为和过失行为导致的后果责任。

(3)合同尚未成立

这是缔约过失责任有别于违约责任的最重要原因。合同一旦成立,当事人应当承担的是违约责任或者合同无效的法律责任。

(4)缔约当事人的过错行为与该损失之间有因果关系

缔约当事人的过错行为与该损失之间有因果关系,即该损失是由违反先合同义务引起的。

3. 承担缔约过失责任的情形

(1)假借订立合同,恶意进行磋商

恶意磋商,是指一方没有订立合同的诚意,假借订立合同与对方磋商而导致另一方遭受损失的行为。

(2)故意隐瞒与订立合同有关的重要事实或提供虚假情况

故意隐瞒重要事实或者提供虚假情况,是指对涉及合同成立与否的事实予以隐瞒或者提供与事实不符的情况而引诱对方订立合同的行为。如代理人隐瞒无权代理这一事实而与相对人进行磋商;施工企业不具有相应的资质等级而谎称具有;故意隐瞒标的物的瑕疵等。

(3)有其他违背诚实信用原则的行为

其他违背诚实信用原则的行为主要指当事人一方对附随义务的违反,即违反了通知、保护、说明等义务。

(4)违反缔约中的保密义务

当事人在订立合同过程中知悉的商业秘密,无论合同是否成立,均不得泄露或者不正当使用。泄露或者不正当使用该商业秘密给对方造成损失的,应当承担损害赔偿责任。例如,发包人在工程施工招标中或者合同谈判中知悉对方的商业秘密,如果泄露或者不正当使用,给承包人造成损失的,应当承担损害赔偿责任。

三、合同的效力

(一)合同的生效

1. 合同生效应当具备的条件

合同生效是指合同对双方当事人的法律约束力的开始。合同成立后,必须具备相应的法

律条件才能生效,否则合同是无效的。合同生效应当具备下列条件:

(1)当事人具有相应的民事权利能力和民事行为能力。

(2)意思表示真实。

合同是当事人意思表示一致的结果,因此,当事人的意思表示必须真实。如工程施工合同的订立,一方采用欺诈、胁迫的手段订立的合同,就是意思表示不真实的合同,这样的合同就欠缺生效的条件。

(3)不违反法律或者社会公共利益。

2. 合同的生效时间

(1)合同生效时间的一般规定

一般说来,依法成立的合同,自成立时生效。

(2)附条件和附期限合同的生效时间

当事人可以对合同生效约定附条件或者约定附期限。

3. 合同效力与仲裁条款

合同成立后,合同中的仲裁条款是独立存在的,合同的无效、变更、解除、终止,不影响仲裁协议的效力。如果当事人在施工合同中约定通过仲裁解决争议,不能认为合同无效将导致仲裁条款无效。

4. 效力待定的合同

有些合同的效力较为复杂,不能直接判断是否生效,而与合同的一些后续行为有关,这类合同即为效力待定的合同。

(1)限制民事行为能力人订立的合同

无民事行为能力人不能订立合同,限制行为能力人一般情况下也不能独立订立合同。限制民事行为能力人订立的合同,经法定代理人追认以后,合同有效。限制民事行为能力人的监护人是其法定代理人。

(2)无代理权人订立的合同

行为人没有代理权、超越代理权或者代理权终止后以被代理人的名义订立的合同,未经被代理人追认,对被代理人不发生效力,由行为人承担责任。

(3)法定代表人、负责人越权订立的合同

法人或其他组织的法定代表人、负责人超越权限订立的合同,除相对人知道或应当知道其超越权限以外,该代表行为有效。

(4)无处分权人处分他人财产订立的合同

无处分权人处分他人财产订立的合同,一般情况下是无效的。但是,在下列两种情况下合同有效:

①无处分权人处分他人财产,经权利人追认,订立的合同有效;

②无处分权人通过订立合同取得处分权的合同有效。如在房地产开发项目的施工中,施工企业对房地产是没有处分权的,如果施工企业将施工的商品房卖给他人,则该买卖合同无效。

(二)无效合同

1. 无效合同的概念

无效合同是指当事人违反了法律规定的条件而订立的,国家不承认其效力,不给予法律保护的合同。无效合同从订立之时起就没有法律效力,不论合同履行到什么阶段,合同被确认无效后，这种无效的确认要溯及到合同订立时。

2. 合同无效的情形

(1) 无效合同

①一方以欺诈、胁迫的手段订立，损害国家利益的合同。

"欺诈"是指一方当事人故意告知对方虚假情况，或者故意隐瞒真实情况，诱使对方当事人作出错误意思表示的行为。如施工企业伪造资质等级证书与业主签订的施工合同。"胁迫"是以给自然人及其亲友的生命健康、荣誉、名誉、财产等造成损害或者以给法人的荣誉、名誉、财产等造成损害为要挟，迫使对方作出违背真实意思表示的行为。如材料供应商以败坏施工企业名誉为要挟，迫使施工企业与其订立材料买卖合同。以欺诈、胁迫的手段订立合同，如果损害国家利益，则合同无效。

②恶意串通，损害国家、集体或第三人利益的合同。

这种情况在工程施工领域中较为常见的是投标人串通投标或者招标人与投标人串通，损害国家、集体或第三人利益，投标人、招标人通过这样的方式订立的合同是无效的。

③以合法形式掩盖非法目的的合同。

④损害社会公共利益的合同。

⑤违反法律、行政法规的强制性规定的合同。

(2) 无效合同的免责条款

合同免责条款，是指当事人约定免除或者限制其未来责任的合同条款。当然，并不是所有的免责条款都无效，合同中的下列免责条款无效：

①造成对方人身伤害的；

②因故意或者重大过失造成对方财产损失的。

上述两种免责条款具有一定的社会危害性，双方即使没有合同关系也可追究对方的侵权责任。因此这两种免责条款无效。

3. 无效合同的确认

无效合同的确认权归人民法院或者仲裁机构，合同当事人或其他任何机构均无权认定合同无效。

4. 无效合同的法律后果

合同被确认无效后，合同规定的权利义务即为无效。履行中的合同应当终止履行，尚未履行的不得继续履行。对因履行无效合同而产生的财产后果应当依法进行处理。

(1) 返还财产

由于无效合同自始没有法律约束力，因此，返回财产是处理无效合同的主要方式。合同被确认无效后，当事人依据该合同所取得的财产，应当返还给对方；不能返还的，应当作价补偿。工程施工合同如果无效都无法返还财产，因为无论是勘察设计成果还是工程施工，承包人的付出都是无法返还的，因此，一般应当采用作价补偿的方法处理。

(2) 赔偿损失

合同被确认无效后，有过错的一方应赔偿对方因此而受到的损失。如果双方都有过错，应当根据过错的大小各自承担相应的责任。

(3) 追缴财产，收归国有

双方恶意串通，损害国家或者第三人利益的，国家采取强制性措施将双方取得的财产收归国库或者返还第三人。无效合同不影响善意第三人取得合法权益。

（三）可变更或可撤销的合同

1. 可变更或可撤销合同的概念和种类

可变更或可撤销的合同，是指欠缺生效条件，但一方当事人可依照自己的意思使合同的内容变更或者使合同的效力归于消灭的合同。如果合同当事人对合同的可变更或可撤销发生争议，只有人民法院或者仲裁机构有权变更或者撤销合同。可变更或可撤销的合同不同于无效合同，当事人提出请求是合同被变更、撤销的前提，人民法院或者仲裁机构不得主动变更或者撤销合同。当事人如果只要求变更，人民法院或者仲裁机构不得撤销其合同。

有下列情形之一的，当事人一方有权请求人民法院或者仲裁机构变更或者撤销其合同：

(1)因重大误解而订立的合同。重大误解是指由于合同当事人一方本身的原因，对合同主要内容发生误解，产生错误认识。

(2)在订立合同时显失公平的合同。一方当事人利用优势或者利用对方没有经验，致使双方的权利与义务明显违反公平原则的，可以认定为显失公平。

(3)以欺诈、胁迫等手段或者乘人之危，使对方在违背真实意思的情况下订立的合同。

2. 合同撤销权的消灭

由于可撤销的合同只是涉及当事人意思表示不真实的问题，因此法律对撤销权的行使有一定的限制。有下列情形之一的，撤销权消灭：

(1)具有撤销权的当事人自知道或者应当知道撤销事由之日起1年内没有行使撤销权；

(2)具有撤销权的当事人知道撤销事由后明确表示或者以自己的行为放弃撤销权。

3. 合同被撤销后的法律后果

合同被撤销后的法律后果与合同无效的法律后果相同，也是返还财产，赔偿损失，追缴财产、收归国有三种。

四、合同的履行、变更和转让

（一）合同的履行

1. 合同履行的概念

合同履行，是指合同各方当事人按照合同的规定，全面履行各自的义务，实现各自的权利，使各方的目的得以实现的行为。

2. 合同履行的原则

(1)全面履行的原则

当事人应当按照约定全面履行自己的义务。即按合同约定的标的、价款、数量、质量、地点、期限、方式等全面履行各自的义务。工程施工合同订立后，双方应当严格履行各自的义务，不按期支付预付款、工程款，不按照约定时间开工、竣工，都是违约行为。

合同生效后，当事人就质量、价款或者报酬、履行地点等内容没有约定或者约定不明的，可以协议补充。不能达成补充协议的，按照合同有关条款或者交易习惯确定。按照合同有关条款或者交易习惯确定，一般只能适用于部分常见条款欠缺或者不明确的情况，因为只有这些内容才能形成一定的交易习惯。如果按照上述办法仍不能确定合同如何履行的，适用下列规定进行履行：

①质量要求不明的，按国家标准、行业标准履行，没有国家、行业标准的，按通常标准或者符合合同目的的特定标准履行。作为工程施工合同中的质量标准，大多是强制性的国家标准，因此，当事人的约定不能低于国家标准。

②价款或报酬不明的,按订立合同时履行地的市场价格履行;依法应当执行政府定价或政府指导价的,按规定履行。在工程施工合同中,合同履行地是不变的,肯定是工程所在地。因此,约定不明确时,应当执行工程所在地的市场价格。

③履行地点不明确的,给付货币的,在接收货币一方所在地履行;交付不动产的,在不动产所在地履行;其他标的在履行义务一方所在地履行。

④履行期限不明确的,债务人可以随时履行,债权人也可以随时要求履行,但应当给对方必要的准备时间。

⑤履行方式不明确的,按照有利于实现合同目的的方式履行。

⑥履行费用的负担不明确的,由履行义务一方承担。

合同在履行中既可能是按照市场行情约定价格,也可能执行政府定价或政府指导价。

如果是按照市场行情约定价格履行,则市场行情的波动不应影响合同价,合同仍执行原价格。

如果执行政府定价或政府指导价的,在合同约定的交付期限内政府价格调整时,按照交付时的价格计价。逾期交付标的物的,遇价格上涨时按照原价格执行;遇价格下降时,按新价格执行。逾期提取标的物或者逾期付款的,遇价格上涨时,按新价格执行;价格下降时,按原价格执行。

(2)诚实信用原则

当事人应当遵循诚实信用原则,根据合同性质、目的和交易习惯履行通知、协助和保密的义务。

3. 合同履行中的抗辩权

抗辩权是指在双务合同的履行中,双方都应当履行自己的债务,一方不履行或者有可能不履行时,另一方可以据此拒绝对方的履行要求。

(1)同时履行抗辩权

当事人互负债务,没有先后履行顺序的,应当同时履行。同时履行抗辩权包括:一方在对方履行之前有权拒绝其履行要求;一方在对方履行债务不符合约定时,有权拒绝其相应的履行要求。如施工合同中期付款时,对承包人施工质量不合格部分,发包人有权拒付该部分的工程款;如果发包人拖欠工程款,则承包人可以放慢施工进度,甚至停止施工。产生的后果,由违约方承担。

(2)后履行抗辩权

后履行抗辩权也包括两种情况:当事人互负债务,有先后履行顺序的,应当先履行的一方未履行时,后履行的一方有权拒绝其对本方的履行要求;应当先履行的一方履行债务不符合规定的,后履行的一方也有权拒绝其相应的履行要求。如材料供应合同按照约定应由供贷方先行交付订购的材料后,采购方再行付款结算,若合同履行过程中供货方交付的材料质量不符合约定的标准,采购方有权拒付货款。

(3)先履行抗辩权

先履行抗辩权,又称不安抗辩权,是指合同中约定了履行的顺序,合同成立后发生了应当后履行合同一方财务状况恶化的情况,应当先履行合同一方在对方未履行或者提供担保前有权拒绝先为履行。

4. 合同不当履行的处理

(1)因债权人致使债务人履行困难的处理

合同生效后,当事人不得因姓名、名称的变更或法定代表人、负责人、承办人的变动而不履行合同义务。债权人分立、合并或者变更住所应当通知债务人。

中止履行是指债务人暂时停止合同的履行或者延期履行合同。

(2)提前或者部分履行的处理

提前履行是指债务人在合同规定的履行期限到来之前就开始履行自己的义务。部分履行是指债务人没有按照合同约定履行全部义务而只履行了自己的一部分义务。

(3)合同不当履行中的保全措施

保全措施是指为防止因债务人的财产不当减少而给债权人带来危害时,允许债权人为 确保其债权的实现而采取的法律措施。这些措施包括代位权和撤销权两种。

①代位权。代位权是指因债务人怠于行使其到期债权,对债权人造成损害,债权人可以向人民法院请求以自己的名义代位行使债务人的债权。

②撤销权。撤销权是指因债务人放弃其到期债权或者无偿转让财产,对债权人造成损害的,债权人可以请求人民法院撤销债务人的行为。

(二)合同的变更

合同变更是指当事人对已经发生法律效力,但尚未履行或者尚未完全履行的合同,进行修改或补充所达成的协议。

(三)合同履行中的债权转让和债务转移

合同内可以约定,履行过程中由债务人向第三人履行债务或由第三人向债权人履行债务,但合同当事人之间的债权和债务关系并不因此而改变。

1.债务人向第三人履行债务

合同内可以约定由债务人向第三人履行部分义务。如某材料采购合同定购了5批设备,合同约定供货方向定购方交付3批,向另一不是合同当事人单位交付2批。这种情况的法律关系的特点表现为:

(1)债权的转让在合同内有约定,但不改变当事人之间的权利义务关系;

(2)在合同履行期限内,第三人可以向债务人请求履行,债务人不得拒绝;

(3)对第三人履行债务原则上不能增加履行的难度和履行费用,否则增加费用部分应由合同当事人的债权人给予补偿;

(4)债务人未向第三人履行债务或履行债务不符合约定,应向合同当事人的债权人承担违约责任,即仍由合同当事人依据合同追究对方的违约责任,第三人没有此项权利,他只能将违约的事实和证据提交给合同的债权人。

2.由第三人向债权人履行债务

合同内可以约定由第三人向债权人履行部分义务,如施工合同的分包。这种情况的法律关系特点表现为:

(1)部分义务由第三人履行属于合同内的约定,但当事人之间的权利义务关系并不因此而改变;

(2)在合同履行期限内,债权人可以要求第三人履行债务,但不能强迫第三人履行债务;

(3)第三人不履行债务或履行债务不符合约定,仍由合同当事人的债务方承担违约责任,即债权人不能直接追究第三人的违约责任。

(四)合同的转让

合同转让是指合同一方将合同的权利、义务全部或部分转让给第三人的法律行为。

合同的转让包括债权转让和债务承担两种情况,当事人也可将权利义务一并转让。

1. 债权转让

债权转让是指合同债权人通过协议将其债权全部或者部分转让给第三人的行为。债权人可以将合同的权利全部或者部分转让给第三人。但下列情形债权不可以转让：

(1)根据合同性质不得转让；

(2)根据当事人约定不得转让；

(3)依照法律规定不得转让。

债权人转让权利的，应当通知债务人。

2. 债务承担

债务承担是指债务人将合同的义务全部或者部分转移给第三人的情况。债务人将合同的义务全部或部分转移给第三人的必须经债权人的同意，否则，这种转移不发生法律效力。

3. 权利和义务同时转让

当事人一方经对方同意，可以将自己在合同中的权利和义务一并转让给第三人。

当事人订立合同后合并的，由合并后的法人或者其他组织行使合同权利，履行合同义务。当事人订立合同后分立的，除债权人和债务人另有约定外，由分立的法人或其他组织对合同的权利和义务享有连带债权，承担连带债务。

五、合同的终止

(一)合同终止概述

合同权利义务的终止也称合同终止，指当事人之间根据合同确定的权利义务在客观上不复存在，据此合同不再对双方具有约束力。合同终止是随着一定法律事实发生而发生的，与合同中止不同之处在于，合同中止只是在法定的特殊情况下，当事人暂时停止履行合同，当这种特殊情况消失以后，当事人仍然承担继续履行的义务；而合同终止是合同关系的消灭，不可能恢复。按照《合同法》的规定，有下列情形之一的，合同的权利义务终止：

(1)债务已经按照约定履行；

(2)合同解除；

(3)债务相互抵消；

(4)债务人依法将标的物提存；

(5)债权人免除债务；

(6)债权债务同归于一人；

(7)法律规定或者当事人约定终止的其他情形。

(二)债务已按照约定履行

债务已按照约定履行即是债的清偿，是按照合同约定实现债权目的的行为。

清偿是合同的权利义务终止的最主要和最常见的原因。工程施工合同也不例外，双方当事人按照合同的约定，各自完成了自己的义务、实现了自己的权利，就是清偿。

(三)合同解除

1. 合同解除的概念

合同解除，是指对已经发生法律效力、但尚未履行或者尚未完全履行的合同，因当事人一方的意思表示或者双方的协议而使债权债务关系提前归于消灭的行为。合同解除可分为约定解除和法定解除两类。

合同一经成立即具有法律约束力，任何一方都不得擅自解除合同。但是，当事人在订立合同后,由于主观和客观情况的变化,有时会发生原合同的全部履行或部分履行成为不必要或不可能的情况,需要解除合同,以减少不必要的经济损失或收到更好的经济效益,以有利于稳定和维护正常的社会主义市场经济秩序。因此,在符合法定条件下,允许当事人依照法定程序解除合同。

合同解除后,尚未履行的,终止履行。

2. 约定解除

约定解除是当事人通过行使约定的解除权或者双方协商决定而进行的合同解除。当事人协商一致可以解除合同,即合同的协商解除。当事人也可以约定一方解除合同的条件,解除合同条件成立时,解除权人可以解除合同,即合同约定解除权的解除。

3. 法定解除

法定解除是解除条件直接由法律规定的合同解除。当法律规定的解除条件具备时,当事人可以解除合同。

有下列情形之一的,当事人可以解除合同:

(1)因不可抗力致使不能实现合同目的的;

(2)在履行期限届满之前,当事人一方明确表示或者以自己的行为表明不履行主要债务;

(3)当事人一方延迟履行主要债务,经催告后在合理的期限内仍未履行;

(4)当事人一方延迟履行债务或者有其他违法行为,致使不能实现合同目的的;

(5)法律规定的其他情形。

4. 合同解除的法律后果

当事人一方依照法定解除的规定主张解除合同的,应当通知对方。合同自通知到达对方时解除。

六、违约责任

(一)违约责任的概念

违约责任,是指当事人任何一方不履行合同义务或者履行合同义务不符合约定而应当承担的法律责任。违约行为的表现形式包括不履行和不适当履行。不履行是指当事人不能履行或者拒绝履行合同义务。不能履行合同的当事人一般也应承担违约责任。不适当履行则包括不履行以外的其他所有违约情况。当事人一方不履行合同义务,或履行合同义务不符合约定的,应当承担继续履行、采取补救措施或者赔偿损失等违约责任。当事人双方都违反合同的,应各自承担相应的责任。

(二)承担违约责任的条件和原则

1. 承担违约责任的条件

当事人承担违约责任的条件,是指当事人承担违约责任应当具备的要件。按照《合同法》规定,承担违约责任的条件采用严格责任原则,只要当事人有违约行为,即当事人不履行合同或者履行合同不符合约定的条件,就应当承担违约责任。

严格责任原则还包括,当事人一方因第三人的原因造成违约时,应当向对方承担违约责任。第三方造成的违约行为虽然不是当事人的过错,但客观上导致了违约行为,只要不是不可抗力原因造成的,应属于当事人可能预见的情况。为了严格合同责任,故就签订的合同而言归于当事人应承担的违约责任范围。承担违约责任后,与第三人之间的纠纷再按照法律或当事人与第三人之间的约定解决。如施工过程中,承包人因业主委托设计单位提供的图纸错误而导致损失后,业主应首先给承包人以相应损失的补偿,然后再依据设计合同追究设计承包人的违约责任。

2. 承担违约责任的原则

《合同法》规定的承担违约责任是以补偿性为原则的。补偿性是指违约责任旨在弥补或者补偿因违约行为造成的损失。对于财产损失的赔偿范围,《合同法》规定,赔偿损失额应当相当于因违约行为所造成的损失,包括合同履行后可获得的利益。

但是,违约责任在有些情况下也具有惩罚性。如:合同约定了违约金,违约行为没有造成损失或者损失小于约定的违约金;约定了定金,违约行为没有造成损失或者损失小于约定的定金等。

(三)承担违约责任的方式

1. 继续履行

继续履行是指违反合同的当事人不论是否承担了赔偿金或者承担了其他形式的违约责任,都必须根据对方的要求,在自己能够履行的条件下,对合同未履行的部分继续履行。

2. 采取补救措施

在当事人违反合同的事实发生后,为防止损失发生或者扩大,而由违反合同一方依照法律规定或者约定采取的修理、补救措施或者报酬等措施,以给权利人弥补或者挽回损失的责任形式。工程施工合同中,采取补救措施是承包人承担违约责任常用的方法。

3. 赔偿损失

当事人一方不履行合同义务或者履行合同义务不符合约定,给对方造成损失的,应当赔偿对方的损失。

4. 支付违约金

当事人可以约定一方违约时应当根据违约情况向对方支付一定数额的违约金,也可以约定因违约产生的损失额的赔偿办法。

5. 定金罚则

当事人可以约定一方向对方给付定金作为债权的担保。债务人履行债务后定金应当抵作价款或收回。给付定金的一方不履行约定债务的,无权要求返还定金;收受定金的一方不履行约定债务的,应当双倍返还定金。

当事人既约定违约金,又约定定金的,一方违约时,对方可以选择适用违约金或定金条款。但是,这两种违约责任不能合并使用。

(四)因不可抗力无法履约的责任承担

因不可抗力不能履行合同的,根据不可抗力的影响,部分或全部免除责任。当事人延迟履行后发生的不可抗力,不能免除责任。当事人因不可抗力不能履行合同的,应当及时通知对方,以减轻给对方造成的损失,并应当在合理的期限内提供证明。

七、合同争议的解决

(一)解决合同争议的方法

合同争议也称合同纠纷,是指合同当事人对合同规定的权利和义务产生了不同的理解。合同争议的解决方式有和解、调解、仲裁、诉讼四种。

1. 和解

和解是指合同纠纷当事人在自愿友好的基础上,互相沟通、互相谅解,从而解决纠纷的一种方式。

合同发生纠纷时，当事人应首先考虑通过和解解决纠纷。

2. 调解

调解，是指合同当事人对合同所约定的权利、义务发生争议，不能达成和解协议时，在经济合同管理机关或有关机关、团体等的主持下，通过对当事人进行说服教育，促使双方互相作出适当的让步，平息争端，自愿达成协议，以求解决经济合同纠纷的方法。

3. 仲裁

仲裁亦称“公断”，是当事人双方在争议发生前或争议发生后达成协议，自愿将争议交给第三者作出裁决，并负有自动履行义务的一种解决争议的方式。这种争议解决方式必须是自愿的，因此必须有仲裁协议。如果当事人之间有仲裁协议，争议发生后又无法通过和解和调解解决，则应及时将争议提交仲裁机构仲裁。

4. 诉讼

诉讼，是指合同当事人依法请求人民法院行使审判权，审理双方之间发生的合同争议，作出有国家强制保证实现其合法权益、从而解决纠纷的审判活动。合同双方当事人如果未约定仲裁协议，则只能以诉讼作为解决争议的最终方式。

（二）仲裁

1. 仲裁的原则

（1）自愿原则

解决合同争议是否选择仲裁方式以及选择仲裁机构本身并无强制力。当事人采用仲裁方式解决纠纷，应当贯彻双方自愿原则，达成仲裁协议。如有一方不同意进行仲裁的，仲裁机构即无权受理合同纠纷。

（2）公平合理原则

仲裁的公平合理，是仲裁制度的生命力所在。这一原则要求仲裁机构要充分收集证据，听取纠纷双方的意见。仲裁应当根据事实，同时，仲裁应当符合法律规定。

（3）仲裁依法独立进行原则

仲裁机构是独立的组织，相互间也无隶属关系。

（4）一裁终局原则

裁决作出后，当事人就同一纠纷再申请仲裁或者向人民法院起诉的，仲裁委员会或者人民法院不予受理。

2. 仲裁委员会

仲裁委员会可以在直辖市和省、自治区人民政府所在地的市设立，也可以根据需要在其他设区的市设立，不按行政区划层层设立。

仲裁委员会由主任 1 人、副主任 2 至 4 人和委员 7 至 11 人组成。仲裁委员会应当从公道正派的人员中聘任仲裁员。仲裁委员会的总人数应为奇数。

仲裁委员会独立于行政机关，与行政机关没有隶属关系。

3. 仲裁协议

（1）仲裁协议的内容

仲裁协议是纠纷当事人愿意将纠纷提交仲裁机构仲裁的协议，它应包括以下内容：

①请求仲裁的意思表示；

②仲裁事项；

③选定的仲裁委员会。

(2)仲裁协议的作用

①合同当事人均受仲裁协议的约束;

②是仲裁机构对纠纷进行仲裁的先决条件;

③排除了法院对纠纷的管辖权;

④仲裁机构应按仲裁协议进行仲裁。

4. 仲裁庭的组成

仲裁庭的组成有两种方式。

(1)当事人约定由3名仲裁员组成仲裁庭

当事人如果约定由3名仲裁员组成仲裁庭,应当各自选定或者各自委托仲裁委员会主任指定1名仲裁员,第3名仲裁员由当事人共同选定或者共同委托仲裁委员会主任指定。第3名仲裁员是首席仲裁员。

(2)当事人约定由1名仲裁员组成仲裁庭

仲裁庭也可以由1名仲裁员组成。当事人如果约定由1名仲裁员组成仲裁庭的,应当由当事人共同选定或者共同委托仲裁委员会主任指定仲裁员。

5. 开庭和裁决

(1)开庭

仲裁应当开庭进行。当事人协议不开庭的,仲裁庭可以根据仲裁申请书、答辩书以及其他材料作出裁决,仲裁不公开进行。当事人协议公开的,可以公开进行。

申请人经书面通知,无正当理由不到庭或者未经仲裁庭许可中途退庭的,可以视为撤回仲裁申请。被申请人经书面通知,无正当理由不到庭或者未经仲裁庭许可中途退庭的,可以缺席裁决。

(2)证据

当事人应当对自己的主张提供证据。仲裁庭对专门性问题认为需要鉴定的,可以交由当事人约定的鉴定部门鉴定,也可以由仲裁庭指定的鉴定部门鉴定。

工程施工合同纠纷往往涉及工程质量、工程造价等专门性的问题,一般需要进行鉴定。

(3)辩论

当事人在仲裁过程中有权进行辩论,辩论终结时,首席仲裁员或者独任仲裁员应当征询当事人的最后意见。

(4)裁决

裁决应当按照多数仲裁员的意见作出,少数仲裁员的不同意见可以记入笔录。仲裁庭不能形成多数意见时,裁决应当按照首席仲裁员的意见作出。

裁决书自作出之日起发生法律效力。

6. 申请撤销裁决

当事人提出证据证明裁决有下列情形之一的,可以向仲裁委员会所在地的中级人民法院申请撤销裁决:

(1)没有仲裁协议的;

(2)裁决的事项不属于仲裁协议的范围或者仲裁委员会无权仲裁的;

(3)仲裁庭的组成或者仲裁的程序违反法定程序的;

(4)裁决所根据的证据是伪造的;

(5)对方当事人隐瞒了足以影响公正裁决的证据的;

(6)仲裁员在仲裁该案时有索贿受贿,徇私舞弊,枉法裁决行为的。

7. 执行

仲裁裁决的执行。仲裁委员会的裁决作出后,当事人应当履行。由于仲裁委员会本身并无强制执行的权力,因此,当一方当事人不履行仲裁裁决时,另一方当事人可以依照《民事诉讼法》的有关规定向人民法院申请执行,接受申请的人民法院应当执行。

(三)诉讼

如果当事人没有在合同中约定通过仲裁解决争议,则只能通过诉讼作为解决争议的最终方式。人民法院审理民事案件,依照法律规定实行合议、回避、公开审判和两审终审制度。

1. 工程施工合同纠纷的管辖

工程施工合同纠纷的管辖,既涉及级别管辖,也涉及地域管辖。

(1)级别管辖

级别管辖是指不同级别人民法院受理第一审工程施工合同纠纷的权限分工。一般情况下基层人民法院管辖第一审民事案件。中级人民法院管辖以下案件:重大涉外案件、在本辖区有重大影响的案件、最高人民法院确定由中级人民法院管辖的案件。在工程施工合同纠纷中,判断是否在本辖区有重大影响的依据主要是合同争议的标的额。由于工程施工合同纠纷争议的标的额往往较大,因此,往往由中级人民法院受理一审诉讼,有时甚至由高级人民法院受理一审诉讼。

(2)地域管辖

地域管辖是指同级人民法院在受理第一审工程施工合同纠纷的权限分工。对于一般的合同争议,由被告住所地或合同履行地人民法院管辖。

2. 诉讼中的证据

证据有下列几种:

(1)书证;

(2)物证;

(3)视听资料;

(4)证人证言;

(5)当事人的陈述;

(6)鉴定结论;

(7)勘验笔录。

当事人对自己提出的主张,有责任提供证据。当事人及其诉讼代理人因客观原因不能自行收集的证据,或者人民法院认为审理案件需要的证据,人民法院应当调查收集。人民法院应当按照法定程序,全面地、客观地审查核实证据。

证据应当在法庭上出示,并由当事人互相质证。对涉及国家秘密、商业秘密和个人隐私的证据应当保密,需要在法庭出示的,不得在公开开庭时出示。经过法定程序公证证明的法律行为、法律事实和文书,人民法院应当作为认定事实的根据。但有相反证据足以推翻公证证明的除外。书证应当提交原件,物证应当提交原物。提交原件或者原物确有困难的,可以提交复制品、照片、副本、节录本。提交外文书证,必须附有中文译本。

人民法院对视听资料,应当辨别真伪,并结合本案的其他证据,审查确定能否作为认定事实的根据。

人民法院对专门性问题认为需要鉴定的,应当交由法定鉴定部门鉴定;没有法定鉴定部门的,由人民法院指定的鉴定部门鉴定。

第三节　公路工程项目分包和工程变更

一、工程分包

依照合同条件,承包人可以将所承担工程的一部分分包给分包人承担;业主也可以把一些专业性较强的工程或单项工程直接授予指定的分包人去实施完成。下面将工程分包的种类、性质以及监理工程师对分包的审批管理的基础知识加以简介。

(一)工程分包的种类和内容

实际工程中有一般分包和指定分包两种形式,而以一般分包较为普遍。

1. 一般分包和一般分包人

一般分包是指在合同履行中,承包人出于某种原因,将其所承担工程的某些特定部分,经监理工程师同意后、业主批准转包给另外的承包人施工。

若承包人未经业主批准而自行将某一单项工程分包出去,则分包所作的工程一律不予计量。承包人事先未报经监理工程师审查并取得业主批准,也不得将合同的任何部分分包出去,即使取得了上述批准,也不应解除合同规定的承包人应承担的任何责任或义务,并应对分包人及其职工的行为、违约和疏忽负完全责任。另外,虽然承包人可以将所承担的部分工程分包给予具有相应资质条件的分包单位,但施工总承包人所承包的建设工程的主体结构的施工,必须由总承包人自行完成。

通常将从承包人那里分包一部分工程,并与承包人签订工程分包合同的人或实体,称为一般分包人。一般分包具有如下特点:

(1)分包合同是由承包人制订的,承包人有权选择分包人,分包合同须由承包人与分包人签订;

(2)分包合同必须事先征得监理工程师和业主的同意和书面批准;

(3)承包人不能将全部工程或主体工程分包出去;

(4)承包人对分包出去的那部分工程仍然负有完全责任;

(5)分包工程价款由承包人与分包人估算。

2. 指定分包合同与指定分包人

指定分包合同是指业主或监理工程师指定、选定或批准的分包工程、供货、供料、供工程设备或劳务人员,并经承包人同意后,与承包人签订的分包合同。

指定分包人则是指已经或将由业主或工程师指定、选定或批准的,进行与合同中所列暂定金额有关的任何工程的施工,或任何货物、材料、工程设备或服务的提供的所有专业人员、商人、零售商或其他人员,以及根据合同规定,要求承包人进行分包的一切有关人员,在从事这些工作的实施或货物、材料、工程设备或服务的提供过程中,均应视为承包人雇用的分包人,上述分包人在此合同中则称为“指定的分包人”。

指定分包合同具有如下特点:

(1)如果指定的分包人未能履行职责,不但会给承包人,而且也会给业主带来严重后果。所以,在分包工程招标之前,受到邀请的诸投标人应得到业主和承包人的共同批准。

(2)由于指定分包合同最终要成为分包合同的一部分，所以在颁发指定分包招标文件之前，应充分征求承包人的意见，并向所有投标者提供指定分包合同的全部详情。

(3)指定分包合同所用的暂定金额应包括在总包合同的工程量清单内。

(4)指定的分包人应向承包人承担如承包人向业主承担的同样的义务和责任，以及在凡是由此引起的或是与此相关连的一切索赔、诉讼、损害赔偿费等方面保护和保障承包人；指定的分包人还应保护并保障承包人免于承担由分包人任何疏忽造成的损失。

3. 签订分包合同的主要内容

工程分包合同应包括下列主要内容：

(1)工程范围和内容。分包合同要十分明确地划分出工程地点、名称、起止桩号、工作的详细内容、工程量清单。

(2)工程变更。在工程变更方面有以下两点与分包人有关：

①由业主或监理工程师提出的变更。承包人可以将下述的工程变更指令转达给分包人，这样，分包人可以根据合同条款得到相应的变更工程款。

②由承包人提出的工程变更经监理工程师批准后下达的工程变更指令。这种情况一般对承包人是有利的，由此变更引起的额外费用应由承包人(或分包人)来承担。

(3)支付条件。分包合同的支付条件应与总包合同基本一致。

(4)保留金和缺陷责任期。按合同的比例每月扣除分包人已完工程部分的保留金，在其退还时与缺陷责任期的起止日期上承包人与分包人之间容易引起争议，应要求承包人按不同的分包情况区别对待，协商解决此问题。

(5)拖期违约损失偿金。有些大型施工项目中合同期包含几个分包工程，各分包工程的进展又相互制约，这就要求总承包人要全面精心组织管理和合理协调各种矛盾，及时调整各工程进度，保证按计划在合同工期内完成全部工程。如若拖期，则应向业主支付合同规定的拖期违约损失偿金。另一方面，由于承包人为维护自身利益和对分包工程进度的控制，在分包合同中亦规定分包的拖期违约损失偿金的支付方法。

(6)双方的责任、义务和权利。承包人与分包人应该是利益共享，风险同当。因此，在分包合同中承包人应将总包合同中相应的权利和义务一起转给分包人。但要注意的是，承包人并不因此而减少他在总包合同的任何责任和义务。

(7)其他方面。分包合同中的其他问题，诸如合同变更、终止、解除、仲裁等条款，亦可以参照总包合同订立。

(二)转让与分包的区别

转让与分包是不同的两个概念，合同转让虽强调无业主同意，承包人不得将合同及其利益随意转让给他人，但又考虑到承包人在资金和保险方面的合理要求，对转让作了例外的规定。此处应强调的是，合同一经转让，承包人则与该合同无直接关系，自然也无须承担合同中规定的责任和义务，此点是与分包合同有本质区别的。

(三)对工程分包的审批和管理

从监理工程师的角度来看，审批分包人是实施工程分包前必不可少的关键环节。承包人有权选择分包人，但应慎重考虑，并应主动向监理工程师申报。且必须在工程开工之前选择好分包人，切忌“中途换马”。在工程进展过程中亦要加强对分包人进行协调、监督和管理。

1. 监理工程师对分包人的资格审批程序

(1)一般工程分包合同的审批。监理工程师审查分包人资格前，承包人应把有关分包工程及分包人的情况按下列程序申报给监理工程师审批。

①首先由承包人选择分包人,制订工程分包合同文件,报监理工程师及业主审批;

②承包人将选定的分包人的机械设备、技术力量、财务状况以及以往的工程业绩等资料提供给监理工程师;

③监理工程师对分包人的上述情况应进行仔细审查,如有必要还应到分包人的其他建设工地进行现场考查,然后给承包人以明确的书面答复;

④经批准后,承包人与分包人正式签订工程分包合同,并将分包合同的副本送监理工程师一份备案,分包人方可进入工地施工。

一般工程分包申报程序如图 8-1 所示。

(2)指定分包合同的审批。由于指定分包是由业主或监理工程师指定的,所以指定分包合同文本亦由业主或监理工程师加以拟定,并负责指定分包工程的招投标事宜。在业主同承包人签订承包合同后,指定分包人亦应与承包人签订分包合同。

指定分包合同的审批程序见图 8-2。

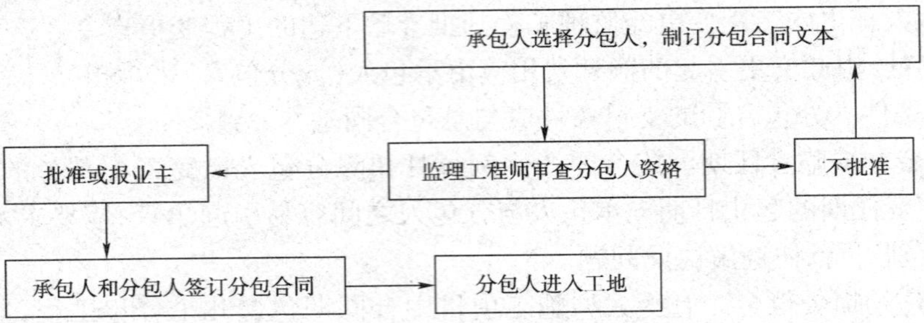

图 8-1 一般工程分包申报程序图

(3)分包人的资格审查。对分包人的资格审查,可以从以下两方面考虑,即初期审查和中期审查。初期审查对每一个分包人都要进行,中期审查则只是对那些工期较长的分包工程的分包人进行审查。

①初期审查,应先进行资格审查,然后对现场再进行考查,详见《公路工程施工监理规范》有关叙述。

②中期审查,主要审查分包人的财务状况,主要负责人和管理人员、技术人员在工地的具体情况,合同的履行情况等。

(4)分包审批内容。对承包人分包工程的申请报告,监理工程师应从以下几个主要方面进行审批:分包人的资格情况及证明(包括企业概况、财务资本情况、参加分包工程人员的资历、施工机械设备状况等);分包工程项目及内容;分包工程数量及金额;分包工程项目所使用的技术规范与验收标准;分包工程的工期;承包人与分包人的共同责任;分包协议。

当监理工程师完成上述审查之后,即可签发《分包申请报告单》。

此处应强调的是:工程的分包必须经监理工程师批准,未经监理工程师的批准,承包人不得将工程的任何部分分包出去,且监理工程师应严禁承包人把工程的大部分分包出去或进行层层分包。此外,监理工程师对分包的批准,并不解除承包人根据合同规定所应承担的任何责任和义务。

2. 加强对工程分包的管理

在分包工程实施中,必须加强对工程分包的管理,以下几点是尤其应该注意的。

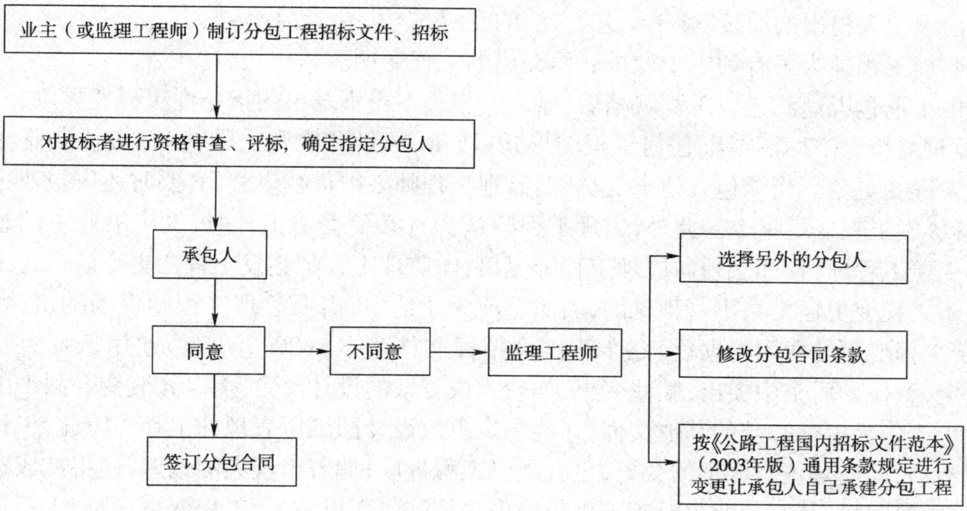

图 8-2 指定分包合同的审批程序图

(1)严格履行开工申请手续,分包工程的开工,必须有监理工程师的书面批准。

(2)监理工程师应通过《中期支付证书》,由承包人对分包工程进行支付。

(3)核实分包人的人员、机具、设备等是否与申报情况相符,其技术力量、工程质量能否达到合同规定的要求,施工技术方案是否合理。

鉴于我国目前工程招投标机制尚不完善,工程建设市场的秩序管理还欠规范,对工程分包管理的认识也还不够,因此有些地方的建设工程项目出现层层分包,或只分包收取管理费而不强加管理的混乱现象,从而造成工程质量低劣,使业主乃至国家遭受巨大的损失。所以,加强对分包的审批、监督与管理是保证实现三大目标的一个重要环节。

二、工程变更

由于工程项目因设计深度不够,或不可预见的自然因素与环境情况变化等,都会引起对工程变更的要求,如何处理工程变更问题是合同管理中一个很重要的方面。下面就有关工程变更的范畴与规定,工程变更的估价和工程变更的审批程序等作一概略的叙述。

(一)工程变更的范畴和规定

依据《公路工程施工监理规范》(JTG G10—2006)(以下简称《监理规范》)规定,业主、承包人或监理工程师均可提出工程变更,但只有监理工程师才有权指示工程变更,并发布工程变更指令。应注意的是,工程变更只能在原合同规定的范围内进行。

1. 工程变更的概念和性质

(1)工程变更的概念。工程变更的含义是广泛的,它包括整个工程项目或其中任何部分的形式、质量或数量作出的任何变更(增添、省略、改变等)。

(2)工程变更的性质。尽管工程变更通常是不可预见的,但以下几方面在合同中应予以明确。

①不可预见的自然因素和环境因素引起的工程变更,如地质条件与原钻孔位置有很大出入,持力层周围出现溶洞、裂隙、特大山洪暴发、地震,其他政治的、社会的特殊风险等。

②工程外部环境的变化,如水、电供应,能源、材料短缺等。

③由业主或其他第三方提出的工程变更。

④由承包人提出的设计、施工工艺、方法的变更。

⑤监理工程师为了有利于工程进展而提出的工程变更。

⑥由于承包人违约造成工程缺陷后,监理工程师不得不发出的指令性工程变更等。

《监理规范》第7条强调,任何工程的形式、质量、数量和内容上的变动,必须由监理工程师签发工程变更令。当承包人请求变更时,监理工程师必须进行审查,必要时还应报业主同意后,方可签发工程变更指令。此外,监理工程师认为有必要变更工程时,也应经业主同意。业主需要变更工程项目,亦必须向监理工程师提出,由监理工程师签发工程变更令。

鉴于工程变更通常是不可预见的,因而事前无法约定,需要监理工程师现场酌定;另一方面,由于工程变更的费用根据《公路工程国内招标文件范本》(2003年版)通用条款由监理工程师确定,致使矛盾集中突出;某些变更,如较大或复杂的设计变更,需事先改变合同中工程方面以及更改作为投标基础的其他文件,才能决定更改设计图纸所表现的工程。因此,工程变更若处理不当,即使是正当合理的变更,也会阻碍工程进度;倘若出现大的偏差,还将造成资金浪费,埋下索赔隐患,甚至使业主对其工程投资失去控制。所以,对于工程变更,监理工程师一定要充分发挥自己的技术水平和业务能力,慎重而仔细地对待之。

2. 工程变更的范畴和规定

在工程实施过程中,如果监理工程师认为有必要对工程或其中任何部分的形式、质量和数量作出任何变更,他有权指示承包人进行,而承包人也应进行下述任何工作。

(1)增加或减少合同中所包括的任何工作的数量;

(2)取消合同中任何工作细目,若被取消的工作是由业主或其他承包人实施者除外;

(3)改变合同中任何工作的性质、质量及种类;

(4)改变工程任何部分的高程、基线、位置和尺寸;

(5)实施工程竣工所必需的任何种类的附加工作;

(6)改变工程任何部分的任何规定的施工顺序或时间安排,这里强调的是施工顺序或时间安排一定要在合同里有所规定。

(二)工程变更后的价格问题处理

《监理规范》中规定监理工程师签发工程变更令后引起的费用增减,应与业主和承包人进行协商后,再确定变更费用。但如果是由于承包人的违约使监理工程师有必要发出变更指示,则由此造成的附加费用应由承包人承担。

1. 工程变更后的估价

参照合同规定,监理工程师宜按下列顺序选择确定变更工程单价的方法。

(1)变更项目属于原工程量清单中所列的项目,按工程量清单中的单价或价格而定。

(2)如果合同中未包括适用该变更工作的单价或价格时,则应在合理的范围内使用合同中的单价和价格作为估价的基础。若做不到这一点,在监理工程师、业主和承包人协商下可确定一个较为合适的单价和价格。

(3)若协商达不成协议,监理工程师应确定他认为合适的单价或价格,并相应通知承包人,同时将一副本呈交给业主。

(4)如果这样做让业主和承包人仍不能接受,监理工程师可再进一步确定单价和价格,直到达成一致协议为止。

2. 变更后合理价格的确定

合理价格是指符合实际情况,且又为承包人和业主所能接受的价格,确定的方法如下:

(1)按合同规定的单价计算方法计算；

(2)按国家、部省(市)级机构颁布的概预算定额及参考书计算；

(3)参考承包人预算及实际支出证明协商单价；

(4)有时存在某种特殊情况，如原来工程量清单中的某项单价明显偏高或偏低，此时，就需要监理工程师与业主和承包人协商出一个较为合理的价格，或由监理工程师制订一个合理的价格。

当工程变更费用超过或低于“有效合同价”的15%时，对合同价格应予以调整，详细内容请参阅第7章。

(三)工程变更的提出和审批程序

1.提出工程变更的当事人有以下几种情况

(1)承包人提出工程变更。当工程变更是承包人提出时，应交由监理工程师审批，审查其理由是否充分，对工程是否有利。通常遇到的情况有两种，一种是不可预见的地质条件及其他环境因素所引起的工程变更；另一种是承包人为了节约工程成本或加快施工进度，而提出变更。

(2)工程相邻地段的第三方提出变更。当工程变更是由工程以外相邻的第三方提出时，监理工程师应先报业主，由业主出面和第三方相协调，如果业主事先已授权给监理工程师处理此类事情，则监理工程师可直接与第三方进行协调。

(3)业主提出变更。当工程变更是由业主提出时，监理工程师应与承包人协商，工程变更是否合理可行，变更内容是否超出合同规定的范围。对此类变更，没有充足的理由时承包人是不能拒绝的。若属于新增加工程，除非承包人同意作为工程变更外，则不应算作工程变更，而只能另签合同。

(4)监理工程师提出工程变更。监理工程师为了整个工程的协调统一，根据工程进展的具体情况，认为有必要时，也可提出工程变更。

2.工程变更的受理程序

当某一方提出工程变更时，监理工程师可按如下程序处理。

(1)意向通知。监理工程师根据合同规定对工程进行变更时，首先应向承包人发出变更意向通知，其主要内容包括：

①变更工程的工程部位、项目，或合同文件某内容。

②变更的原因、依据及相关文件、图纸资料等。

③要求承包人根据此变更安排组织施工等方面的建议。

④要求承包人提交此项变更的费用估价报告。

(2)搜集资料。在变更意向通知书发出的同时，监理工程师应指定专人，一般该工程项目的驻地监理工程师受理变更，并着手搜集有关资料，如变更前后的图纸、技术变更洽谈记录、技术研究会议记录；来自业主、承包人、监理工程师方面的文件与会议记录、行业部门涉及该变更方面的规定与文件、上级主管部门的指定性文件等。

(3)费用评估。费用评估可按合同中规定的方法和掌握的第一手资料，考虑业主和承包人双方的利益后对变更费用作出评估。

(4)协商价格。监理工程师应与承包人和业主就其对工程变更费用评估的结果进行磋商，在意见难以统一时，监理工程师应确定最终的价格。

(5)签发《工程变更令》。当变更资料齐全，变更费用确定以后，监理工程师应根据合同规定，签发《工程变更令》。

变更令包括以下文件：

①文件目录；

②工程变更令；

③工程变更说明；

④工程变更费用估算表；

⑤附表：变更前后的图纸；业主、承包人、监理工程师三方面的会议、会谈纪录；有关设计部门对变更的意见；有关行业部门、上级主管部门的文件；承包人的预算报告；确定工程数量及单价的证明资料等。

第四节　工程延期与索赔

一、工程延期

在工程建设项目中，由于施工进度某些方面的因素变化，可能会使承包人在规定的合同期限内无法按要求完成工程项目，而使竣工期限延长。由于工程延期要涉及到开工、竣工、停工、工期等方面的问题，有时还要引起费用索赔。监理工程师应对其足够重视，调整调度好工程进度，尽量避免发生工程延期。

《公路工程施工监理规范》(JTG G10—2006)规定：当工程延期发生时，监理工程师应对符合合同规定的延期意向或事件做好现场调查和记录，在承包人提出正式延期申请后，对延期原因、发展情况、结果测算等资料进行审核并报业主。

(一)工程延期的概念

在订立合同时，围绕工期问题应写明以下有关条款：竣工期的规定；开工和竣工的条件；未能按时开工的违约处理；延长工期的条件和处理；拖延工期的责任和处理；暂时停工的责任和处理；竣工条件及验收程序等。

工期的基本概念如下。

(1)总工期。合同中规定从开工之日起到完工之日所需的日历天数就是总工期。总工期一般是由业主在招标文件中提出的，一般情况下，投标者都会接受这个要求。同时合同规定不能如期完成的违约处理措施。

(2)开工。承包人在接到监理工程师签发的开工令后，应在合理及可能的情况下尽快开工。监理工程师发出的开工通知应送到承包人的主要驻地并应用签收回执，承包人接到此开工通知书的日期即为开工日期。

在工程开工之前，业主应按合同规定分期将施工场地移交给承包人，并且清理好通往施工现场的通道，以便承包人能够按照施工进程进行施工。如果业主未能在开工之前办好此事，承包人应及时向监理工程师报告，监理工程师则应与业主和承包人协商确定延长工期和增加额外费用。在我国，开工之前的通水、通电、通道路、平整场地(即三通一平)，是由业主负责解决的(或帮助解决)。而在国外，则是由承包人承担，其费用已包括在投标时的标价之内。

在国际土木工程承包实践中，在开工之前，还需做下列工作：

①承包人可要求业主提供为履行合同的筹资及资金安排的合理证明，若业主不能及时提

供此种合理证明，则承包人可以不接受业主提出的开工要求。

业主应要求承包人为履行合同而提供担保，即履约担保，这项担保规定要在收到中标函后28d内办妥。担保金额一般为合同价格的10%。提供担保的机构须经业主同意，办理担保发生的费用，如合同中无特殊规定时，由总包人承担。在承包人完工后，并修补了任何缺陷之前，履约担保将一直有效，在监理工程师签发缺陷责任书后14d内业主应将该保函退还给承包人。

②按照合同规定，承包人在合同签订之后应立即办理建设许可证以及其他开工必需的许可证，并承担办理费用。

③国际土木工程合同一般都要求承包人在开工之前办理保险，办理何种保险要得到业主的同意。国内土建工程承包项目中对于保险应按监理规范规定办理。

(3)工程进度计划表。承包人在中标函签发之后，应在《公路工程国内招标文件范本》(2003年版)专用条款规定的时间内，以监理工程师规定的格式和详细程度，向监理工程师递交一份工程进度计划，以取得监理工程师的同意，以便监理工程师按照进度计划来控制工程进度。

(4)竣工时间。因竣工时间会涉及到违约损失偿金和提前竣工奖励，也是承包人和业主之间最容易引起争议的问题之一。因此，竣工时间要与工程移交一并考虑。当工程完工之后，应由承包人提出竣工报告，然后由业主组织验收。并以监理工程师签发工程交接证书之日为竣工日期。

承包人通常主动要求颁发整个工程的交接证书，如果永久工程的任何部分已基本竣工，并圆满地通过了合同规定的任何竣工验收，那么在全部工程竣工之前，监理工程师也可就该永久工程的一部分颁发移交证书。

(5)工程延期的概念。所谓工期是指原合同所规定的竣工期加上监理工程师批准的工程延期。当延期是因非承包人的责任，使工程不能按原定工期完成时，承包人应在规定的期限内向监理工程师提出延期申请报告，再经监理工程师审查，书面批准后合同竣工期限即可延长。应说明的是，工程延期不包括由于承包人自身原因造成的工期延误。拖延工期则是指由于承包人自身协调、管理、技术上的偏差，使工程进度缓慢，延误了合同规定的工期。为此，承包人应向业主交纳拖期违约损失偿金。

(二)工程延期的内容

如上所述，工程延期对业主和承包人都至关重要。当承包人得到了工程延期，就可以减少或消除由于工期拖后向业主支付拖期违约偿金，甚至根据合同文件的有关规定还可以向业主要求索赔；而对业主来说，延期不仅推迟了使用期，还可能由此要承受一部分经济损失；监理工程师在处理工程延期时，则应根据合同条件的有关规定，公正地履行其职责。

对工程延期作了明确的规定，如果由于：

(1)额外或附加工作的数量或性质；

(2)本合同条件中提到的任何误期原因；

(3)异常恶劣的气候条件；

(4)由业主造成的任何延误、干扰；

(5)除去承包人不履行合同或违约或由他负责的以外，其他可能发生的特殊情况，使承包人有理由延期完成工程或任何区段或部分，则监理工程师应与业主和承包人协商之后，决定竣工期合理延长的时间。

(三)工程延期在工程项目中的作用

一项土建工程项目在实施过程中,总会碰到一些或是人为因素或是自然条件的影响,使工程项目不能按照施工计划进行,并在规定的合同期限内完不成工程内容,如果这种耽误是由于承包人本身的原因所造成,则由此耽误而引起的工程误期,应由承包人自己设法赶上或由于未能按期履约而被罚款,或者是由业主雇另外的承包人来完成未完成的工作,而其费用则应由承包人承担。如果这种耽误并非是承包人的违约或过失所造成,则可根据合同文件的规定,由承包人提出延期申请,经监理工程师审查批准后适当延长工期。

在土木工程合同实践中,如何依据合同条款有关规定对工程作出合理的延期,不是一件容易的事情,以下几种情况可以作为合理延期的条件。

(1)业主不能按照施工计划及合同要求及时提供图纸给承包人。承包人除可以要求工程延期以外,还可以要求业主补偿因此而引起的费用损失。

(2)业主或监理工程师提出的工程变更,引起工期推迟。承包人除可要求延长工期外,亦可要求业主补偿费用损失。不过,这要因工程变更量的大小而定。如有的合同规定,当发生重大修改时,可考虑工期延长及损失补偿,而对于少量的工程修补,则不计其工期延长及费用补偿。重大修改相对少量修改是指在某些方面反映较为突出,如在性质上,或在数量上、规模上,或在费用上有明显的改变。比如原来是水泥混凝土路面结构,要改为沥青混凝土结构,又如原为一座石拱桥要改为简支梁桥。少量修改则是非本质的、数量上、费用上没有明显改变的修改。

(3)合同中规定由业主提供的材料未能按时提交给承包人。

(4)业主拖欠应付的工程价款,使承包人缺乏流动资金无法正常开展工作。

(5)不可抗力,是指当事人所不能控制并且不能预见的情况。不可抗力包括的范围很广,如异常恶劣的气候条件、政治风险、特殊运输事故,工程所在地发生大范围流行病、特殊风险等。

(四)工程延期的处理

1. 延期决定

当工程延误是由于业主的原因或人力不可抗拒的外在因素致成时,承包人应在工程延期的原因发生后的21d天内,以书面形式通知监理工程师,并将一复印件抄送业主。在这种通知发出后的21d内,或者是监理工程师同意的其他合理时间内,承包人应向监理工程师提出他认为应给予延期的具体细节,以便监理工程师能及时对提交的资料进行调查。

如果承包人在规定的时间内(延误事件发生后的21d内)未履行上述程序,则监理工程师可以拒绝承包人的申请,不作出任何延期的决定。但是,如果承包人的延期要求是合理的,仅由于监理工程师未能在合理的时间内作出工程延期的决定,致使承包人的工程进度受到进一步延误,那么,则可能导致更多的索赔。

倘若工程延期是由于业主的原因引起的,即使承包人未提出延期要求,监理工程师亦应本着实事求是的精神加以处理,且有权给予延期。

因此,在处理由于业主原因或人力不可抗拒的外在因素给施工进度计划的实施造成影响这一类问题时,监理工程师一定要深入现场调查研究,过细地综合分析,找出问题的症结所在,同时还应注意以下两点:

(1)上述任何原因引起的工期延误,是否会推迟总工期,如果仅是局部的工程受到影响,则可采取其他措施予以解决,即不批准承包人的工程延期申请。

(2)承包人申请的需要延期的工程项目是否发生在整个项目进度计划的关键线路上,如属于次要线路,则应看延误的时间是否超过被延误工作的时差而定。

总之,当进度计划拖延的障碍和因素不是由于承包人的责任而造成时,监理工程师除了要公正地按合同规定作出处理决定外,还应根据工程实际情况采取有效的措施和必要的方法,将这种不利的障碍和因素减少到最低限度。为此,监理工程师应当在日常工作中抓紧对工程进度的控制,并随时密切注意处在进度计划中关键线路上的哪些工程有无可能受到影响,防止它们偏离进度计划过多而无法调整,进而造成工期延长,即无论如何要有利于工程项目按进度计划实施,避免业主和承包人双方的损失。

对于有连续性影响的事件造成的工程延误,如果承包人不可能在上述规定的21d内提交申请工程延期的具体的详细资料,则可在不超过21d的时间间隔内,向监理工程师提交暂时的详细资料,待这种连续性影响的情况结束后的21d内,再提交最后的详细的具体的资料。在这种情况下,监理工程师仍应同意承包人的申请,给其以延期。

应当注意,监理工程师在收到承包人提交的暂时详细资料后,不应延误,并要及时作出延期的暂时决定;待收到最后的详细资料,并对全部情况作出评定之后,再行决定该种情况下总的延长工期的时间。但最后的决定,不应缩短原先由监理工程师已经决定了的任何延长工期的期限。

2. 延期申报程序

延期申报程序如图8-3所示。

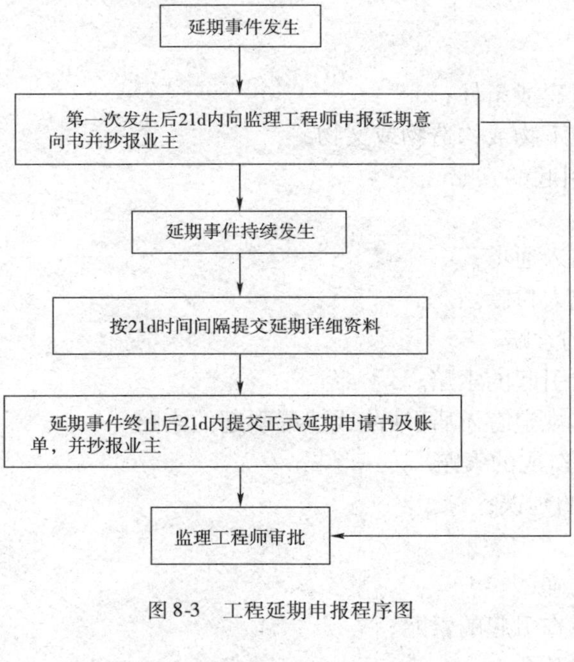

图8-3　工程延期申报程序图

3. 延期审批程序

对工程延期进行审批前,监理工程师应首先确认发生延期的事件,其事实是否成立,是否符合合同规定,且是否发生在关键线路上,并应在收到承包人要求延期的通知和提交具体细节的最后详细资料后的56d之内,按图8-4所示的程序进行审批,并报业主,然后将最后结果书面通知承包人。若监理工程师在56d内不予答复,则应视为承包人要求的延期申请已经业主批准。

二、索　赔

在土木工程项目实施过程中，不可避免地要出现工程变更、延误、纠纷等问题，这些问题将会引起工程造价的增减。

（一）索赔的概念

所谓索赔是指由于非承包人自身的原因，导致承包人遭受额外的时间损失或费用增加，承包人依据合同的有关规定而向业主申请他认为应该得到的一种权利或额外付款。

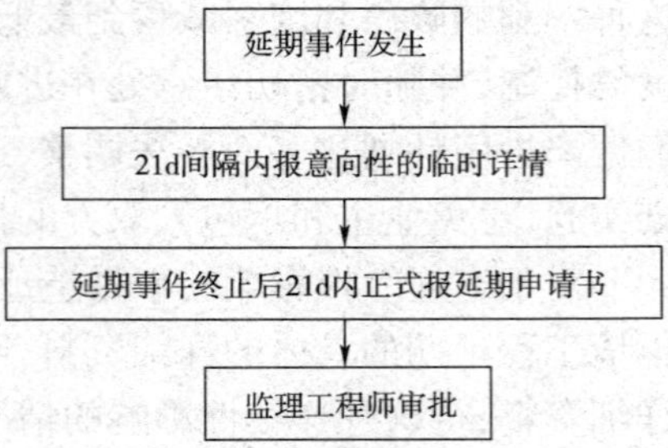

图 8-4　工程延期审批程序图

严格地讲，索赔不管是业主还是承包人均可提出。但业主对承包人的索赔，在《公路工程国内招标文件范本》（2003 年版）通用条款中都规定的比较具体，因此较容易处理。如果承包人违约拖期，工程量减少等，业主可直接从支付给承包人的工程款中扣回。所以，通常讲的索赔，主要是指承包人向业主提出的索赔。

（二）索赔的分类

索赔事件发生的范围相当广泛，常见的发生在合同之内的索赔事件大致可分为以下 4 大类：

1. 因意外风险和不可预见的原因引起的索赔

（1）业主的风险；

（2）特殊风险；

（3）不利的外界障碍或条件；

（4）施工中遇到地下物或构造物或文物。

2. 由业主的延误引起的索赔

（1）工程暂停；

（2）占有现场及出入通道；

（3）未按时向承包人付款。

3. 合同文件引起的索赔

（1）合同文件修改引起的索赔；

（2）合同文件内容规定有矛盾、缺陷或遗漏引起的索赔。

4. 工程变更、延误造成的索赔

（1）图纸、指令等的延误；

（2）由于工程变更；

（3）放样资料不准确；

（4）额外试验与检查引起的索赔；

（5）额外的剥露和开孔。

（三）索赔的申请与审批

1. 承包人提出索赔的申请及程序

承包人在第一次索赔事件发生后的 21d 之内应向监理工程师提交索赔意向，并同时抄报业主。意向书内容可不必详细，只要写明原因及依据合同条件哪一条即可。随后，承包人应在意向书发出后的21d内，或在监理工程师可能同意的其他合理的时间内，向监理工程师提交说明索赔数额和索赔依据等的详细材料，并根据监理工程师需要，再随时提供有关证明。当承包人据以提出的索赔事件具有连续影响时，上述详细报告应被认为是临时的详细报告，承包人应按监理工程师可能合理要求的此类时间间隔，发出进一步的临时详细报告，给出索赔的累计总额及进一步提出索赔的依据。承包人应在索赔事件所产生的影响结束后的21d内向监理工程师提交正式的索赔申请。

承包人申请索赔的程序如图8-5所示。

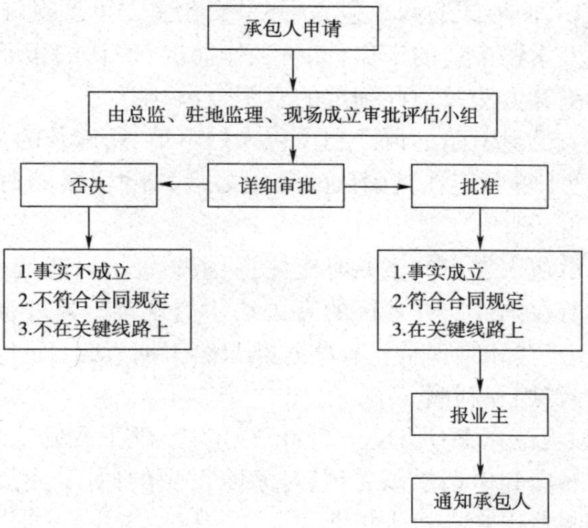

图8-5　承包人申请索赔的程序图

承包人提出索赔申请的主要依据有以下几方面：

(1)合同文件；

(2)施工同期记录；

(3)财务核算资料。

其中同期记录具体包括：

①业主、监理工程师与承包人的谈话资料记录；

②有关的来往信函、电报、电传等；

③工地人工、材料、机械统计报表；

④施工备忘录，监理记录和驻地监理工程师填写的各种报表；

⑤工地会议记录；

⑥工程进展记录图表及照片；

⑦工程竣工验收与交接证书；

⑧工程计量与支付证书；

⑨工程图纸及工程变更令、延期指令等。

2. 监理工程师审批索赔的程序

(1)搜集资料、做好记录。监理工程师在收到承包人的索赔意向书后，应立即通知有关的监理人员，对工地的实际情况进行详细调查，搜集与索赔有关的现场资料和信息，并做好各种记录，掌握第一手材料。

(2)审查承包人的索赔申请及索赔评估。监理工程师在收到承包人的索赔详细资料及正式索赔申请后，应从以下几方面进行审查：

①调查索赔发生的原因和事实根据，核对承包人的同期记录；

②索赔申请的格式是否满足监理工程师的要求；

③承包人引用的合同条款和依据是否准确；

④分析和查对索赔数额的计算方法是否恰当，价格和数量的计算是否准确无误；

⑤申请索赔的资料、证明、文件、图纸是否真实、齐全。

(3)编写审批报告。监理工程师对承包人提出的索赔申请进行了搜集资料、审核、评估等工作后，应将审批结果以书面形式通知承包人，并呈交业主。审批报告由以下文件组成：

①正文。受理承包人索赔申请的工作日期；工作简况；确认的索赔理由及合同依据；经过调查、讨论、协商确定的测算方法及由此确定的索赔金额、结论等。

②附件。包括监理人员对索赔的评语和承包人的申请、所涉及的文件，资料、证明等。

(4)确定索赔。监理工程师应在其确认的结论之后，签发《索赔时间/金额审批表》，并通过中期支付证书予以支付。

监理工程师在审批承包人提出的索赔时应注意：索赔费用只能是承包人实际发生的费用，而且必须符合工程项目所在国或所在地区的有关法律的规定。另外，绝大部分的费用索赔是不包括利润的，它只有直接费和管理费。有些索赔只给工期索赔，而不给费用索赔。只有在工程变更时，才可以索赔到费用和利润。

《公路工程施工监理规范》(JTG G10—2006)规定：监理工程师应对承包人提出的符合合同规定条件的费用索赔意向和申请予以受理，对索赔发生的原因、发展情况、结果测算等资料进行审核。审核后应编制费用索赔报告报业主。

(四)处理索赔的方法

下面将结合一些工程实例，阐述对索赔事件的处理方法。

例1： 由于处理地下文物引起的索赔。

陕西省咸阳机场专用公路，在施工开挖土方时，发现了汉俑等文物，监理工程师及时下令暂停工程，并专程及时赶到西安文物管理部门鉴定处理，妥善保护了国家文物。而由此给承包人造成的损失，因给予了合理的工期延长和费用索赔，双方均感满意。

例2： 由于工程的揭露引起的索赔。

在某公路的挡土墙工程中，因有很长一段同时施工，使监理工程师应接不暇。施工完毕后，驻地监理工程师对其中某些部分估计工程质量不符要求，下令两处已覆盖的挡土墙再行开挖，以检验质量。经开挖检查，施工质量符合要求，于是业主补偿了由此开挖及复原的费用。

(五)如何防止和减少不必要的索赔

公路工程合同在实施中，完全不发生索赔是不可能的，但有些索赔是完全可以避免的。作为监理工程师，得到业主的委托和充分信任，有责任帮助业主控制好投资，并想方设法防止承包人提出不必要的索赔，或者在已出现索赔事件时，尽可能将索赔减至最小，这就要求其充分熟悉合同文件和《公路工程国内招标文件范本》(2003年版)通用条款中处理索赔的有关条款，妥善地处理好索赔。

我们在前面已经讨论了引起索赔的原因和索赔的种类，现就如何防止和减少索赔，作一简要的讨论。

监理工程师应明确：欲防止或减少索赔，首要的工作是应协助业主编制好的合同文件，要确定合同结构、拟定合同文体，参与合同谈判，并争取合同的“拟稿权”，且坚持“丑话说在前面”的原则，不要怕条款多，尽量将细节写清楚，不用含混字名，避免词意表达不清的情况出现，使合同切合工程实际；在合同实施过程中，应加强现场管理，作好现场施工实录，加强现场协调，及时处理好纠纷与争端，并在整个合同管理的过程中“少说多写”，以书面为准；当索赔事件发生，承包人提出索赔申请时，要对其要求进行认真的调查、分析、研究，尤其是对影响工期较大的延期、费用较大而双方又各不相让的索赔要认真研究，妥善处理。

具体工作中，监理工程师应在工程开工之前，重阅设计资料，对图纸中的错漏遗缺进行改正，避免设计错误引起索赔；与有关的公路、铁路、水利、市政、电力等部门联系，了解地下设施情况，同时还应调查了解化石、矿产、地下文物等情况，避免因这些不利的地下实物障碍引起索赔；对工程地质、水文、气候等自然条件，亦应加以调查了解，尽量避免其对承包人工程进度计划的过多影响，以减少索赔；此外，要避免图纸的提供及指令的延误而引起的索赔；要力求避免工程暂停、占有现场及其出入通道不及时而引起的索赔，以及因施工放样错误而引起的索赔。

总之，监理工程师要充分了解和熟悉合同文件，对重点工程特别是关键线路上的工程要进行现场核对调查，必要时可进行补充勘探开挖，认真分析研究可能发生的情况，作出较为可靠的预测，采取必要的防范措施，以避免不必要的索赔发生。当出现索赔时，则应及时加以处理，以力求减少索赔数额。

第五节　FIDIC《施工合同条件》和国内招标文件范本简介

一、FIDIC《施工合同条件》简介

（一）FIDIC 产生的历史背景

国际土木工程项目承包与工程监理是在21世纪第二次世界大战之后，蓬勃开展的国际间市场经济贸易与合作的重要方式之一。一些国家为了战后重建及克服经济危机，推行强制性产业更新的经济政策，从而推动了土木工程项目承包合同制，使土木工程项目建设的资本国际化。作为土木工程项目建设活动的产品，如道路和桥梁、房屋、水电站、冶金及石化工业等，始终是在国际经济成分中占有重要地位的商品。这些工程项目需要巨额资金，规模宏伟，技术复杂，高科学管理，促使国际上的工程业主少冒风险，节约投资，聘用有项目监督管理经验的咨询工程师及专家搞工程项目全过程管理。在此历史背景和时代的客观需求之下，国际咨询工程师联合会就应运而生了。

FIDIC（菲迪克）是国际咨询工程师联合会的名称。FIDIC 是：Federation Internationale Des Ingenieurs—Conseils 的法文名称的首字母的缩字。FIDIC 的会徽是地球中镶嵌着 FIDIC 5 个字母，她标志着 FIDIC 的国际性及全球性。

（二）FIDIC 合同条件的产生与发展

国际上市场经济已发育了几百年的历史，土木工程建造实行招投标及承包合同管理，也有着悠久的历史记载，而真正形成规模化经营与管理，还是近几十年的事。国际咨询工程师联合会（FIDIC）为适应国际间的土木工程项目建造与管理的客观需求，制定了一系列的国际间土木工程项目建造与管理的合同条件和范本，以规范世界各国的土木工程承包与管理工作，有的已成为国际上公认的土木工程执行法律，现在常用和知名的有：

（1）《投标程序》，英文为《Tendering procedure》，First Edition 1982。

（2）《施工、保险和法律》，英文为《Construction, Insurance and Law》，1986。

(3)《业主与咨询工程师标准服务协议书》,英文为《Conditions of The Client/ Consultant Model service Agreement》,1990。

(4)《土木工程施工合同条件》,英文为《Conditions of Contract for Works of Civil Engineering Construction》,Fourth Edition,1987;Reprinted 1988 with editional amendments。

(5)《设计—建造与交钥匙工程合同条件》(1995 年第 1 版),英文为:《Conditions of Contract for Design – Build and Turnkey》First edition 1995。

1983 年 FIDIC 执行委员会任命了一个合同起草的委员会,该委员会由土木工程合同委员会(CECC)成员组成。

于是 FIDIC 执行委员会要求 CECC 编制第四版,对编制提出以下几条要求:

(1)只有在必须改动第三版的地方才改动;

(2)保留工程师的基本作用;

(3)特别注意一些具体问题,例如:保函和保证书、风险分配、保险、索赔程序、证书、付款以及争端解决等。

(4)语言尽量通俗化和现代化,以使负责现场管理的人员易理解。

(三)FIDIC 的《土木工程施工合同条件》的内容构成

FIDIC 合同条件适应于国内外公开招标的土木工程项目承包管理。FIDIC 合同条件和第四版的内容构成为:第一部分《公路工程国内招标文件范本》(2003 年版)通用条款;第二部分《公路工程国内招标文件范本》(2003 年版)专用条款;一套标准格式。下面分别予以简要介绍。

(四)FIDIC 合同条件的基本特点和适用范围

1. FIDIC 的《土工工程施工合同条件》中的条款的基本特点

(1)文字严密,逻辑性强;内容广泛具体,可操作性强。

(2)法律制度严格。合同条款中规定了一整套科学的法律管理制度,比如:施工监理制度,合同担保制度,工程保险制度等。

(3)合同公开性好。具体表现在权利义务趋于平等。风险责任分担,特别明确了业主应承担的风险责任(即对于那些承包人在施工中无法防范和避免的风险改由业主承担)。

2. FIDIC 合同条件的适用范围

结合我国公路工程项目管理的实践与探索,FIDIC 合同条款的使用条件为:

(1)公开招标或有限招标的工程项目;

(2)推行了施工监理制度;

(3)监理工程师的工作具有独立性和公正性;

(4)完善和良好的法制环境。

若要将 FIDIC 合同条款推广到国内其他工程项目中,还应在下列方面进一步深化改革:

(1)进一步完善招投标制度,使招投标工作规范化,法律化;

(2)进一步完善监理制度,规范工程监理市场;

(3)进一步完善工程建设市场的担保制度,保险制度等;

(4)正确对待工程变更与索赔等合同管理工作,规范业主的行为。

(五)使用 FIDIC 土木工程施工合同条件管理项目的基本程序

(1)选择监理单位,签订监理委托合同;

(2)施工招标,确定承包人并签订施工承包合同;

(3)承包人办理履约担保、预付款保函、保险等事项,并得到业主的批准;

(4)业主支付动员预付款、材料预付款;

(5)承包人向工程师提供施工组织设计、施工技术方案、施工进度计划和现金流动估算表;

(6)工程师主持第一次工地会议;

(7)工程师发布开工令,业主移交施工现场;

(8)承包人根据施工合同文件要求组织施工,工程师根据监理委托合同和施工合同进行日常监理工作(三控制、二管理、一协调);

(9)竣工验收;

(10)承包人申请移交工程;

(11)工程师签发移交证书,业主退还50%保留金;

(12)承包人提交竣工报表,工程师签发付款证书;

(13)缺陷责任期,承包人完成缺陷修补;

(14)工程师签发缺陷责任终止证书,业主归还履约担保金及剩余50%的保留金;

(15)承包人提供最终报表;

(16)工程师签发最终支付证书,业主与承包人结清余款。

(六)使用FIDIC合同条件应注意的问题及其优缺点

1. 使用FIDIC合同条件应注意的问题

(1)ICE合同是依据英国法律制订的,而FIDIC合同条件的第一版又以ICE合同为编制依据,所以FIDIC合同条件一般适用于传统采用英国法律体制和做法的国家,或至少对此比较熟悉的国家。否则,即使在FIDIC合同条件第二部分,即在《公路工程国内招标文件范本》(2003年版)专用条款中合同双方可选用工程所在国的法律作为合同适用法律,但条款解释方面会遇到因两国法律不同所造成的困难。

(2)FIDIC合同条件文字严谨,但也正如英国法律,有时过于冗长繁琐。国际上曾有法语和西班牙语等文本,但恐文字翻译不能表达英文原本词句,而殊少应用。

(3)由于以上原因,不少国家吸收FIDIC合同条件的实质,结合本国法律体制,制定了本国的标准合同条件或具有同等效力的条例。例如,在沙特阿拉伯,政府招标条件就可用作合同条件。我国交通部制定的公路工程招标合同范本可供国内招标的公路工程合同使用与参考。

(4)ICE合同中,由业主授权对承包人施工进行监督的"工程师"权限很大。在FIDIC合同条件中对此已作了改进。

(5)FIDIC合同条件适用于桥梁、道路、水利等大型土木工程的施工。对于房屋建设工程,虽也采用此合同条款,但不少国家,针对房屋建设编制了另外的通用合同条款。如英国有"房屋建设合同标准式制订联合会"(简称JCT,由英国皇家估算师学会等11个机构联合会组成);编制了"房屋建设标准合同条款"。我国香港地区对房屋建设工程也专门颁布了《香港房屋署建设工程协议书及合同条款》;我国国家工商行政管理局和建设部联合颁发了《建设工程施工合同》(CF-91—0201),主要用于工业与民用建设方面。

(6)采用FIDIC合同条件时,在签订合同以前一般需要图纸、技术规范和工程量清单等均已齐全的条件。而对钻探等某些土木工程项目,或对于考虑通货膨胀迅速而希望在上述文件并不齐全的条件下签订合同的情况,则应对FIDIC合同条件作一些变更。此外,对"固定总价(交钥匙)合同"和英国新兴的BOT(Build Operation Transfer)合同形式等类新出现的合同,可用FIDIC1995年编制的《设计—建造与交钥匙工程合同条件》。

2. 使用 FIDIC 合同条件的优缺点

从大量的土木工程项目国际性承包施工的管理中可以看出,使用 FIDIC 合同条款,比较有优势的适用范围有以下几个方面:使用 FIDIC 合同条款,有利于采用竞争性公开招标的工程项目,优胜劣汰,促进工程施工和管理水平的科学化与现代化;使用 FIDIC 合同条款,有利于实行业主、承包人、工程师三方共同管理和建设好土木工程项目,职责分明,权利义务对等;使用 FIDIC 合同条款,有利于工程质量控制,技术规范和标准明确,定性与定量相结合,有章可循,使用 FIDIC 合同条款,有利于工程进度和工程费用控制,可采用有工程量清单的单价合同,按月工程进度付款,从经济上保障合同各方的利益的实现,也有利于合同各方准确地履行已订立的合同,并及时解决合同执行过程中所发生的争议或纠纷,使工程项目的三大目标顺利达到;使用 FIDIC 合同条款,有利于培养和造就一支适应国际工程监理、工程承包和项目管理的专业人才队伍,以便走出国门从事国际工程承包;有利于与国际惯例接轨,实行完善严格的监理工程师制度。

但完全照搬 FIDIC 合同条款来用,目前在我国还有一些不适应的地方,如工程前期准备时间长,有其繁琐的一面;工程建设成本完全由市场价格决定,与我们还在使用的概预定额等相矛盾;特别在改建与大修工程项目上及紧急抢险工程中使用较困难。

二、《公路工程国内招标文件范本》简介

(一)招标文件范本的构成及基本内容

(1)《公路工程国内招标文件范本》(2003 年版)分为三卷 10 篇加一附篇,即:

第一卷

第 1 篇　投标邀请书格式

第 2 篇　投标人须知

第 3 篇　合同通用条款

第 4 篇　合同专用条款

第二卷

第 5 篇　技术规范

第三卷

第 6 篇　投标书与投标担保格式

第 7 篇　工程量清单

第 8 篇　投标书附表格式

第 9 篇　合同协议书格式

第 10 篇　履约担保格式

附篇 施工组织设计建议书格式

(2)投标人应仔细阅读招标文件,按招标文件的规定与要求编写投标文件。如果投标文件与招标文件的规定与要求不符合,则投标人应自行负责。凡与招标文件的规定有重大不符合的投标文件,将按本须知有关重大偏差的规定办理。

(3)要求对招标文件进行澄清和解答的投标人,应在送交投标文件截止期至少 15d 前,将要求澄清和解答的问题以书面形式(包括传真、信函)送达招标人。招标人应在投标截止期 15d 前,将书面答复以编号的补遗书方式送达(以收到日期为准,下同)所有已购买招标文件的投标人。投标人在收到该书面答复(补遗书)后,应在 24h 以内(以发出时间为准)以传真等书

面形式向招标人确认收到。

(4)投标人编写的投标文件,应包括下列各项内容:

①投标书及投标书附录;

②投标担保;

③授权书;

④联合体协议书(如有);

⑤标价的工程量清单;

⑥投标书附表;

⑦施工组织设计;

⑧资格预审的更新资料(如果有)或资格后审资料(如系资格后审);

⑨选择方案及其报价(如果有);

⑩按本须知规定应填报的其他资料。

以上内容都必须使用招标文件第三卷中提供的格式或大纲,除另有规定者外,投标人不得修改。

(5)投标人应认真填写工程量清单中所列的本合同各工程细目的单价、合价和总额价。投标人没有填入单价、合价或总额价的工程细目,业主将不予支付,并认为该细目的价款已包括在工程量清单其他细目的单价或总额价中。投标人在工程量清单中多报的细目或单价、合价或总额价业主将不予接受,严重者将视为重大偏差,其投标将被拒绝。

(二)招标与合同实施的进程

(1)招标与合同实施进程 见《公路工程国内招标文件范本》(2003 年版)之“招标与合同实施进程图”。

(2)以联合体形式投标,必须遵守以下规定:

①联合体由两个或两个以上独立法人组成。联合体应按本招标文件第三卷所附格式签订联合体协议书,并应委任其中一个法人为联合体主办人,代表联合体在投标与履行合同中承担联合体的义务和法律责任。联合体协议书副本应随投标文件一起提交。

②联合体各成员应出具授权书,授权主办人办理投标事宜,授权书由各成员法定代表人签署并加盖公章,经公证机关公证后,装订在投标文件内。

③尽管委任了联合体主办人,但联合体各成员在投标、签约与履行合同过程中,仍负有连带的和各自的法律责任。为此,联合体各成员的法定代表人或其授权的代理人都应在合同协议书上签署并加盖公章。

④联合体主办人所承担的工程量必须超过总工程量的50%。

(3)有分包计划,必须遵守以下规定:

①主体和关键性工作不能分包;

②应提供分包人的企业法人营业执照、资质等级证书、人员、设备等资料表以及拟分包工作量不能超过30%;

③分包人的资格能力应与其分包工程的标准和规模相适应,具备相应的专业承包资质或劳务分包资质;

④通过资格预审后,投标人所建议的分包人如发生了与资格预审内容不符的变更或投标人提出新的超出资格预审时所提出的分包范围,必须先征得招标人的批准;否则,视为无效投标。

(4)现场考察前，招标人或其委托的设计单位应介绍工程的地形、地貌、水文、地质、气象、料场、水源、电源、通信、交通条件等，以帮助投标人了解现场情况，利于编标。

(5)投标人若有调价函则应遵循如下规定：

①工程量清单中招标人指定的报价不允许调价；

②调价函必须采用招标文件规定的格式并装订于投标文件正本首页，与投标文件一起密封提交。调价函应说明调价后的最终报价，并以最终报价为准，而且投标人只能有一次调价的机会。调价函必须附有调价后的工程量清单；否则，投标人的调价无效，仍按原报价进行评标。

(6)初步评审。招标人依法组织的评标委员会首先对投标文件进行初步评审，只有通过初步评审的投标文件才能进入详细评审。

通过初步评审的主要条件：

①投标文件按照招标文件规定的格式、内容填写，字迹清晰可辨：

a. 投标书按招标文件规定填报了投标价、工期和投标有效期；且有法定代表人或其授权的代理人亲笔签字，盖有法人章；

b 投标书附录的所有数据均符合招标文件规定；

c. 投标书附表齐全完整，内容均按规定填写；

d. 按规定提供了拟投入的主要人员的证件复印件，证件清晰可辨、有效；

e. 投标文件按招标文件规定的形式装订。

②投标文件上法定代表人或其授权代理人的签字(含小签)齐全，符合招标文件规定

凡投标书、投标书附录、投标担保、授权书、工程量清单、投标书附表、施工组织设计的内容必须逐页签字。

③法人发生合法变更或重组，与申请资格预审时比较，其资格没有实质性下降。

a. 通过资审后法人名称变更时，应提供相关部门的合法批件及企业法人营业执照和资质证书的副本变更记录复印件。

b. 资格没有实质性下降，指投标文件仍然满足资格预审中的强制性标准(经验、人员、设备、财务等)。

④投标人按照招标文件规定的格式、时效和内容提供了投标担保。

a. 投标担保为无条件式投标担保；

b. 投标担保的受益人名称与招标人规定的受益人一致；

c. 投标担保金额符合招标文件规定的金额；

d. 投标担保有效期为投标文件有效期加 30d；

e. 若采用银行保函形式，出具保函的银行级别必须满足投标人须知资料表的规定。

⑤投标人法定代表人的授权代理人，其授权书符合招标文件规定，并符合下列要求：

a. 授权人和被授权人均在授权书上签名，不得用签名章代替；

b. 附有公证机关出具的加盖钢印的公证书；

c. 公证书出具的日期与授权书出具的日期同日或之后。

⑥投标人以联合体形式投标时，提交了联合体协议书副本，且与通过资格预审时的联合体协议书正本完全一致。

⑦投标人如有分包计划应提交分包协议，分包工作量不应超过投标价的 30%。

⑧一份投标文件应只有一个投标报价，在招标文件没有规定的情况下，不得提交选择

性报价。

⑨投标人提交的调价函符合招标文件要求(如有)。

⑩ 投标文件载明的招标项目完成期限不得超过招标文件规定的时限。

⑪投标文件不应附有招标人不能接受的条件。

投标文件不符合以上条件之一的,应认为其存有重大偏差,并对该投标文件作废标处理。

(7)算术性修正。评标委员会对通过初步评审的各投标文件的报价进行校核,并对有算术上的和累加运算上的差错给予修正,修正的原则如下:

①当以数字表示的金额与文字表示的金额有差异时,以文字表示的金额为准;

②当单价与数量相乘不等时,合价时,以单价计算为准,如果单价有明显的小数点位置差错,应以标出的合价为准,同时对单价予以修正;

③当各细目的合价累计不等于总价时,应以各细目合价累计数为准,修正总价。

按以上原则对算术性差错的修正,应取得投标人的同意,并确认修正后的最终投标价。如果投标人拒绝确认,则其投标文件将不予评审,并没收其投标担保。修正后的最终投标价与原报价相比偏差在1%以上者,属于重大偏差,按废标处理。

(8)详细评审。评标委员会还应对通过初步评审,完成算术性修正之后的投标文件从合同条件、以往施工履约信誉等方面进行详细评审。

①对合同条件进行详细评审的主要内容包括:

a. 投标人应接受招标文件规定的风险划分原则,不得提出新的风险划分办法;

b. 投标人不得增加业主的责任范围,或减少投标人义务;

c. 投标人不得提出不同的工程验收、计量、支付办法;

d. 投标人对合同纠纷、事故处理办法不得提出异议;

e. 投标人在投标活动中不得含有欺诈行为;

f. 投标人不得对合同条款有重要保留。

投标文件如有不符合以上条件之一者,属于重大偏差,按废标处理。

②对投标人技术能力和以往履约信誉进行详细评审的主要内容:

a. 对投标人提供的财力资源情况(财务报表及相关资金证明材料)的真实性、有效性进行评价;

b. 对投标人承诺的拟投入本工程的技术人员素质、设备配置情况的可靠性、有效性进行技术能力的评价;

c. 对投标人编制的施工组织设计、关键工程技术方案的可行性,以及质量标准、进度与质量、安全要求的符合性进行管理水平的评价;

d. 对投标人近5年完成的类似公路工程项目的质量、工期,以及履约表现进行业绩与信誉的评价。

③在对投标人技术能力和履约信誉详细评审过程中,发现投标人的投标文件有下列问题之一,则属于重大偏差,按废标处理:

a. 承诺的质量检验标准低于招标文件或国家强制性标准要求;

b. 关键工程技术方案不可行;

c. 施工业绩及履约信誉证明材料虚假。

(9)细微偏差。

①投标文件中的下列偏差为细微偏差：

a. 在算术性复核中发现的算术性差错；

b. 在招标人给定的工程量清单中漏报了某个工程细目的单价和合价；

c. 在招标人给定的工程量清单中多报了某个工程细目的单价和合价或所报单价增加或减少了报价范围；

d. 在招标人给定的工程量清单中修改了某些支付的工程数量；

e. 除强制性标准规定之外，拟投入本合同段的施工、检测设备降低；

f. 施工组织设计(含关键工程技术方案)不够完善。

②评标委员会对投标文件中的细微偏差按如下规定处理：

a. 按本须知第 23 条规定对算术性差错予以修正；

b. 对于漏报的工程细目单价和合价或单价和合价中减少的报价内容视为已含入其他工程细目的单价和合价之中；

c. 对于多报的工程细目报价或工程细目报价中增加的部分报价从评标价中给予扣除；

d. 对于修改了工程数量的工程细目报价按招标人给定的工程数量乘以投标人所报单价的合价予以修评标价作相应调整；

e. 在施工、检测设备或人员单项评分中酌情扣分，但最多扣分不得超过该单项评分的 40%；

f. 在施工组织设计(含关键工程技术方案)评分中酌情扣分，但最多扣分不得超过该单项评分的 40%。

(三)工程保险的有关规定和要求

合同条件第 21 条至第 25 条对工程保险的办理做了规定。

应办理的保险种类为：

(1)以业主和承包人联名投保的为：

①工程一切险；

②第三方责任险。

工程一切险和第三方责任险由承包人以承包人与业主联名投保，保险费由业主承担。投保的范围与条件和保险费率由招标人与承保人在所商定的投保协议中确定，并在招标文件中写明。上述保险费在工程量清单第 100 章中列有一个单独的支付细目，由投标人按招标文件中的规定填写总额价，中标后业主将按承包人实际支付的保险费的保单支付给承包人。

(2)以承包人的名义单独投保的为：

①施工人员意外伤害险；

②施工设备险。

承包人施工设备险和承包人职工的(人身)事故险由承包人自行投保，保险费由承包人承担并支付，并包含在所报的单价或总额价中，不单独报价。

(四)风险责任的划分

合同条件第 20.4 款和第 65 条明确规定了业主承担的主要风险责任，主要包括：

(1)特殊风险；

(2)不当使用或提前使用工程造成的毁坏；

(3)设计风险；

(4)不可预见的恶劣自然条件或地下障碍风险。

(五)重要名词术语

在格式合同条件中通常都有“定义和解释”的专门条款。在合同通用条款中，第 1.1 款为“定义和解释”条款。应注意以下名词和术语：

(1)合同；

(2)开工期；

(3)交工日期；

(4)工期；

(5)合同价格；

(6)期中支付证书；

(7)最后支付证书；

(8)永久工程；

(9)临时工程；

(10)设备；

(11)承包人装备；

(12)交工检验；

(13)交工证书。

(六)三大目标控制的有关规定

1. 进度监理的有关规定

(1)进度计划的提交(第 14.1 款)；

(2)进度计划的修订(第 14.2 款、46.1 款)；

(3)暂时停工(第 40 条)；

(4)工程延期(第 44 条)；

(5)拖期损失偿金(第 47 条)。

2. 质量监理的有关规定

(1)规范的选用(第 1.1 款)；

(2)图纸的提供(第 6 条)；

(3)承包人的质量管理(第 8 条)；

(4)承包人的素质要求(第 15、16 条)；

(5)材料、设备及工艺的检验(第 36 条)；

(6)隐蔽工程的检验(第 38 条)；

(7)交工验收与竣工验收(第 48 条)；

(8)修补缺陷(第 49 条)。

3. 计量支付的有关规定

(1)工程量的确定(第 55.1 款)；

(2)工程计量(第 56 条)；

(3)支付(第 60 条)。

(七)监理工程师职责与权限

合同条件第 1.1 款第 1 项规定：“监理工程师必须履行合同规定的职责”。

该款第 2 项还规定了总监理工程师在行使部分职权之前，应先取得业主的专门批准，合同条件中涉及监理工程师的职责与权限的条款很多，主要包括：

(1)指令权(第2.5、7.1、13.1款)。

(2)工程分包的审查与批准(第4.1款)。

事先未报经监理工程师审查并取得业主批准，承包人不得将本合同工程的任何部分分包出去。分包人应具有相应专业承包资质或劳务分包资质；不允许分包人将其承接的工程再次分包。分包工程不准压低单价，分包管理费视工程情况限制在分包合同价的1%以内。分包协议书，包括工程量清单应报监理工程师核备。

承包人取得批准分包并不解除合同规定的承包人的任何责任或义务，他应对分包人加强监督和管理，并对分包人的工程质量及其职工的行为、违约和疏忽完全负责。分包人就分包项目向业主承担连带责任。业主对承包人与分包人之间的法律与经济纠纷不承担任何责任和义务。对于承包人提出的劳务分包，分包人应具有相应的劳务分包资质，报经监理工程师审查并报业主核备。

(3)提供图纸和批准承包人的设计(第6条)。

(4)对不可预见的外界障碍或自然条件的确认(12.2款)。

(5)对进度计划的审查、监督(第14、46条)。

(6)对承包人代表和雇员的监管(第15、16条)。

(7)提供放线资料并对承包人的施工定线或放样进行检查验收。

(8)检查工程保险办理的情况(第25条)。

(9)对用于工程的材料、设备及工艺的检验。

(10)有权拒收不合格的材料和设备(第37.3款)。

(11)对隐蔽工程的检查(第38条)。

(12)指令暂时停工(第40.1款)。

(13)签发开工令(第41.1款)。

(14)审批工程延期(第44条)。

(15)指令和监督承包人修复缺陷(第49条)。

(16)指令变更(第51条)。

(17)确定变更工程的价格(第52.2、52.3款)。

(18)批准使用计日工(第52.4款)。

(19)对费用索赔的处理(第53条)。

(20)对承包人在现场的装备，临时工程和材料的控制(第54.1款)。

(21)对工程计量的审核(第56条)。

(22)对“暂定金额”的使用批准权(第58条)。

(23)支付证书的签认(第60条)。

(24)对解除承包人缺陷责任的核报(第61.1款)。

(25)对承包人严重违约的证明(第63.1款)。

(26)在合同终止后，对业主和承包人双方债权债务的确认(第63.3款)。

(27)对合同纠纷的裁定(第67A款)。

(八)各种证书领发程序及要求

(1)支付证书

①期中支付证书(第60.2款)；

②最后支付证书(第60.13款);

③开工预付款支付证书(第60.5款)。

(2)交工证书(第48.1款);

(3)竣工验收鉴定书(第48.4款);

(4)缺陷责任终止证书(第61.1款)。

(九)合同文件的组成及优先次序

组成合同的各个文件应该认为是一个整体,彼此相互解释,相互补充,如出现相互矛盾的情况,以下述文件次序在先者为准:

(1)合同协议书及附件(含评标期间和合同进程中的澄清文件和补充资料);

(2)中标通知书;

(3)投标书和投标书附录;

(4)合同专用条款及数据表(含招标文件补遗书中与此有关的部分);

(5)合同通用条款;

(6)技术规范(含招标文件补遗书中与此有关的部分);

(7)图纸(含招标文件补遗书中与此有关的部分);

(8)标价的工程量清单;

(9)投标书附表;

(10)在本合同专用条款中可能规定的构成本合同组成部分的其他文件。

本章小结

1. 合同管理的任务:(1)发展和完善市场;(2)推进建设领域的改革;(3)提高工程建设的管理水平;(4)避免和克服建设领域的经济违法和犯罪。

2. 合同法律关系包括合同法律关系主体、客体、合同法律关系内容三个要素。

3. 合同法律关系主体可以是自然人、法人、其他组织。

4. 合同法律关系的客体主要包括物、行为、智力成果。

5. 合同法律关系的内容包括权利和义务。

6. 建设工程的主要险种包括:建设工程一切险(及第三者责任险)、机动车辆险、人身意外伤害险、货物运输险等。

7.《合同法》基本原则是平等原则、自愿原则、公平原则、诚实信用原则、遵守法律法规和公序良俗原则。

8. 合同的订立要经过要约和承诺两个阶段。

9. 缔约过失责任是指在合同缔结过程中,当事人一方或双方因自己的过失而致合同不成立、无效或被撤销,应对信赖其合同为有效成立的相对人赔偿基于此项信赖而发生的损害。缔约过失责任不同于违约责任。

10. 合同生效应当具备的条件是:(1)当事人具有相应的民事权利能力和民事行为能力;(2)意思表示真实;(3)不违反法律或者社会公共利益。

11. 无效合同是指当事人违反了法律规定的条件而订立的,国家不承认其效力,不给予法律保护的合同。无效合同从订立之时起就没有法律效力,不论合同履行到什么阶段,合同被确认无效后,这种无效的确认要溯及到合同订立时。

12. 无效合同的 5 种情形：

（1）一方以欺诈、胁迫的手段订立，损害国家利益的合同。

（2）恶意串通，损害国家、集体或第三人利益的合同。

（3）以合法形式掩盖非法目的的合同。

（4）损害社会公共利益。

（5）违反法律、行政法规的强制性规定的合同。

13. 无效合同的法律后果：

（1）返还财产。

（2）赔偿损失。

（3）追缴财产，收归国有。

14. 可变更或可撤销的合同不同于无效合同，有下列情形之一的，当事人一方有权请求人民法院或者仲裁机构变更或者撤销其合同：

（1）因重大误解而订立的合同；

（2）在订立合同时显失公平的合同；

（3）以欺诈、胁迫等手段或者乘人之危，使对方在违背真实意思的情况下订立的合同。

15. 合同被撤销后的法律后果与合同无效的法律后果相同，返还财产，赔偿损失，追缴财产、收归国有三种。

16. 合同履行的原则：

（1）全面履行的原则；

（2）诚实信用的原则。

17. 可以解除合同的几种情形：

（1）因不可抗力致使不能实现合同目的的；

（2）在履行期限届满之前，当事人一方明确表示或者以自己的行为表明不履行主要债务；

（3）当事人一方延迟履行主要债务，经催告后在合理的期限内仍未履行；

（4）当事人一方延迟履行债务或者有其他违法行为，致使不能实现合同目的的；

（5）法律规定的其他情形。

18. 承担违约责任的方式：继续履行、采取补救措施、赔偿损失、支付违约金、定金罚则。

19. 解决合同争议的方法：

（1）和解；

（2）调解；

（3）仲裁；

（4）诉讼。

20. 一般分包的特点：

（1）分包合同是由承包人制订的，承包人有权选择分包人，分包合同须由承包人与分包人签订；

（2）分包合同必须事先征得监理工程师和业主的同意和书面批准；

（3）承包人不能将全部工程或主体工程分包出去；

（4）承包人对分包出去的那部分工程仍然负有完全责任；

（5）分包工程价款由承包人与分包人估算。

21. 指定分包的特点：

(1)如果指定的分包人未能履行职责,不但会给承包人,而且也会给业主带来严重后果。所以,在分包工程招标之前,受到邀请的诸投标人应得到业主和承包人的共同批准。

(2)由于指定分包合同最终要成为分包合同的一部分,所以在颁发指定分包招标文件之前,应充分征求承包人的意见,并向所有投标者提供指定分包合同的全部详情。

(3)指定分包合同所用的暂定金额应包括在总包合同的工程量清单内。

(4)指定的分包人应向承包人承担如承包人向业主承担的同样的义务和责任,以及在凡是由此引起的或是与此相关连的一切索赔、诉讼、损害赔偿费等方面保护和保障承包人;指定的分包人还应保护并保障承包人免于承担由分包人任何疏忽造成的损失。

22. 提出工程变更的当事人有以下几种情况:

(1)承包人提出工程变更。

(2)工程相邻地段的第三方提出变更。

(3)业主提出变更。

(4)监理工程师提出工程变更。

复习思考题

1. 什么叫工程合同?
2. 工程合同的特性有哪些?
3. 单价合同的主要特征是什么?
4. 为什么要加强合同管理?
5. 公路工程合同的主要条款有哪些?
6. 担保的形式有哪几种?
7. FIDIC 合同文件包括哪些内容?
8. 采用标准的合同条件有何优点?
9. 什么叫"合同价格"、"开工日期"、"竣工日期"?
10. 公路工程建设项目推行招标投标制有何优点?
11. 招标工作的具体内容包括哪些?
12. 招标方式有哪几种? 各有何优缺点?
13. 简述评标的程序。
14. 试用框图表示一般分包审批程序。
15. 一般分包有何特点?
16. 什么叫指定分包? 试用框图表示指定分包审批程序。
17. 工程变更的范畴是怎样规定的?
18. 工程变更的合理价格如何确定?
19. 简述工程变更的受理程序。
20. 工程延期和工程拖期有何区别?
21. 哪些情况可视为工程延期?
22. 什么叫索赔? 索赔的类型有哪些?
23. 简述索赔的申报和审批程序。
24. 公路工程的保险主要有哪几种?

25. 哪些情况属于承包人严重违约？应如何处理？
26. 哪些属于业主的违约？承包人应采取什么措施？
27. 当出现争端事件后，监理工程师应如何处理？
28. 什么叫仲裁？如何提请仲裁？

第九章　公路工程施工监理信息管理

第一节　概　　述

一、信息的概念与特征

1. 信息的概念

在公路工程施工监理的过程中，监理工程师应随时向总监及业主提供“消息”，而这些消息因经过处理，已不是先前那种简单的消息，可称之为“信息”。一般认为，消息与信息是有区别的。消息只是关于人和事物情况的报道。若将已知的情况提供给被告知者，即为报告消息，但是如将消息加以“处理”，再提供给被告知者，则应视为信息。

所谓信息，是指可以用语言、文字、数据、图表、音像或其他可以让使用者识别的信号来表示的，并可以进行传递、处理与应用的能帮助人们作出正确决策的知识。

一般情况下，收集到的资料、数据等通过某种加工处理并赋予一定意义后，均可变成为信息。

2. 信息的特征

信息是帮助人们作出正确决策的知识。因此，能了解信息的特征，将有助于充分利用信息资源，更好地为决策服务。信息的特征，概括起来有下列几点：

(1)可扩充性：随着时代的变迁，大部分信息将不断扩充。

(2)可压缩性：人们对信息进行加工、整理、概括、归纳之后，就可使其精炼浓缩。

(3)可替代性：信息是一种资源，当其被利用后，亦可替代资本、劳力和物质资料。

(4)可传输性：可传输性是信息的本质特征。有史以来，人类的信息传输方式经过了口头、书信的低级阶段后，依靠科技的进步，目前已可采用微波、光纤、卫星等现代化通信方式，使信息的传送可达地球的任何地方。

(5)可识别性：信息是可以识别的，通过人体感官或通过各种测试手段，人们可直接或间接地对信息加以识别。不同的信息源可采用不同的识别方法加以识别。

(6)可转换性：通过相应的技术手段，信息可以由一种形态转换成另一种形态。如物质信息可转换成语言、文字、图表等信息形式，也可转换成代码和光电信号等形式。

(7)可存储性：信息是可以通过各种方式进行存储的。如人的大脑、书刊杂志、计算机等。

二、信息管理的概念与基本环节

信息管理就是人们对信息的收集整理、分析、处理、储存、检索、传递与应用等一系列工作的总称。信息管理应达到的目的是通过有组织的信息流通，使决策者能及时、准确地获得相应的信息，从而正确决策以避免失误。为了达到信息管理的目的，工作在第一线的监理人员有必要了解并把握信息管理的各个基本环节。这些环节包括：

(1)了解和掌握信息的来源，并对信息进行分类；

(2)掌握和正确运用信息管理的各种手段；

(3)掌握信息流程中的各个环节，如信息的收集、分析、处理、储存、检索、传递和运用等，并建立相应的信息管理系统。

三、信息系统及其类型

信息系统是指信息的流通，即信息被输入及被处理，最后被输送出来的系统。

一般认为，系统是由若干个具有独立功能的元素所组成的集合，这些元素之间互相支持与互相制约，共同完成系统的总目标。一个系统由输入、处理、输出、控制、反馈五个基本要素组成。

信息系统的种类很多，功能也各不相同。其中，为管理决策者提供所需要的各种信息的系统则称之为管理信息系统。有许多类型，按其面向的管理工作的级别，可分为高层管理、中层管理及操作级管理三种；按其数据组织和存储方式，又可分为文件系统和数据库应用系统两种；按其处理作业的方式，还可分批处理及实时处理两种。

第二节　施工监理的信息管理

公路工程施工监理的主要方法是控制，控制是监理工程师在施工阶段实施监理的主要手段。实施控制的基础是信息，能及时、准确、完整地掌握信息，可使监理工程师耳聪目明，卓有成效的完成监理任务。因此，信息管理工作的好坏，将会直接影响监理工程师工作的成败，重视信息管理工作、掌握信息管理的方法，则是监理工程师在实施监理时的一项重要任务。

一、施工监理信息管理的基本任务

1. 实施最优控制

如前所述，控制是监理的主要手段和方法。控制的主要任务则是把计划的执行情况与计划的目标进行比较，找出差异及分析差异，以便采取有效措施去排除或预防差异的产生，使总体目标得以顺利实现。

为了能方便地进行比较分析及采取措施去控制项目的进度、质量及费用目标，监理工程师首先应掌握有关项目的三大目标的计划值，掌握承包人编制的实施性施工组织设计，还应及时了解三大目标的执行情况。监理工程师只有在充分掌握、分析处理上述两方面信息的基础上，方能实施最优控制。

2. 进行合理决策

工程监理决策的正确与否，将直接影响公路工程项目建设总目标的实现，以及监理单位（监理公司）和监理工程师个人的信誉。监理决策的正确与否，虽然取决于各种因素，但其中最重要的因素之一就是信息。为此，在工程的设计、施工招标、施工等各个阶段，监理工程师都必须充分地收集、分析整理各种信息。只有这样，方能作出科学的、合理的监理决策。

3. 妥善协调工程项目建设各有关方面之间的关系

公路工程建设项目，尤其是高速公路项目的建设，涉及到众多的方面及单位。如地方政府部门、建设、设计、承包人、材料设备供应单位、资金供应单位、外围工程单位、毗邻单位、运输、保险、税收单位及沿线居民等，上述各方都会对项目目标的实现带来一定的影响，为了与这些方面及单位有机地联系，支持工程顺利进行，就需要加强信息管理，妥善协调好各部门、各单位之间（特别是业主、监理工程师及承包人三方之间）的关系。

4. 向业主和总监提供信息

根据监理工作进展，监理工程师应随时向业主提供有参考价值的信息，以便业主综合考虑，进行正确决策。此项任务亦是监理工程师在监理工作中应重视的且应努力完成的任务。

二、施工监理信息的构成与分类

（一）监理信息的构成

(1) 文字信息。包括合同、图纸及说明书、工作条例及规定、实施性施工组织设计、情况报告、原始记录、报表、信件等。

(2) 语言信息。包括口头分配任务、工作指示、汇报、工作检查、介绍情况、谈判交涉、建议、批评、工作讨论和研究、会议等。

(3) 其他信息。包括电报、电话、电传、电视录像、录音、磁盘等。

鉴于监理工作涉及的部门多、环节多、渠道多、形成监理信息量大，信息来源广泛且形式多样的格局，监理工程师除应适应之外，还应能捕捉各种信息并进行加工处理，然后加以运用。

（二）监理信息的分类

在公路工程建设监理的过程中，这些信息可根据不同的标准进行分类，现分叙如下。

1. 按照工程监理的目标划分

(1) 投资控制方面的信息。是指与投资控制直接有关的信息，如各种估算指标，类似工程造价、物价指数、概（预）算定额、设计概（预）算、工程项目投资估算、合同价、施工阶段的支付凭证、原材料价格、机械设备台班费、人工费、运杂费、外汇汇率、保险费及保险费率、离岸价格、到岸价格、成本加运费价、汽车上交货价等。

(2) 质量控制方面的信息。如国家、部、省（市）有关的质量政策及质量标准、项目建设标准（项目技术标准）、质量目标的分解结果、质量控制工作流程、质量控制的工作制度、质量控制的风险分析、质量自检及抽样检查的数据资料等。

(3) 进度控制方面的信息。如劳动定额、施工定额、项目总进度计划、承包人每月工作计划，承包人每周工作计划、关键工程进度计划、进度目标分解、进度控制的工作流程、进度控制的工作制度、进度控制的风险分析、进度计划的监测与调整等。

2. 按照工程监理信息的来源划分

(1) 项目内部信息。项目内部信息来自工程建设项目本身，如工程概况、设计文件、合同、合同管理制度、会议制度、监理机构及监理人员的构成、项目的投资控制目标、项目的质量目标、项目的进度目标等。

(2) 项目外部信息。从项目外部环境中所获取的信息称为外部信息。如国家、部、省（市）有关的政策及法规、国内及国外市场上原材料及机构设备的价格、外汇汇率、物价指数、类似工程造价、类似工程进度、投标单位的实力、投标单位的信誉、工程沿线各单位情况、工程沿线的民风民俗等。

3. 按照工程监理信息的稳定程度划分

(1)固定信息。是指在一定时间范围内相对稳定不变的信息,包括标准信息、计划信息和查询信息。其中,标准信息主要是指施工定额、原材料消耗定额等定额和标准,以及生产作业计划标准、设备和工具的耗损程度等;计划信息则是指在工程建设计划期内已规定各项任务和指标的情况;查询信息是指国家、部颁布的技术标准、建筑原材料及机电设备的市场价格、监理工作制度、监理机构情况、监理工程师的人事卡片资料等。

(2)流动信息。是指随时间和地点不断变化着的信息。如项目实施阶段的施工进度、施工质量控制、费用支付情况的统计资料信息 ,以及项目施工阶段中原材料消耗数量、机械台班数量 ,施工作业人员人工工日数量等。

4. 按照工程监理信息的层次划分

(1)战略性信息。指在工程项目建设过程中,提供给高层领导及单位负责人的具有战略决策作用的信息。如工程规模、资金来源渠道、投资总额、建设总工期、承包人的合格条件、合同授予的条件、合同价的确定等信息。

(2)策略性信息。如项目年度计划、财务计划、现金流动计划等提供给业主、承包人单位中层领导及部门负责人的作中短期决策用的信息。

(3)业务性信息。指供各基层业务部门日常工作安排所需的信息 ,如承包人每周工作计划、日进度、月支付额等。这类信息甚为具体 ,且精度较高。

5. 按照工程监理信息的性质划分

(1)生产信息。指的是施工生产过程中产生的信息, 如施工进度、材料耗费、库存储备情况等。

(2)技术信息。指由技术部门提供的信息,如技术规范、工程变更、设计变更、施工方案等。

(3)经济信息。指项目投资、融资、资金耗用等信息。

(4)资源信息。如资源来源、原材料及半成品、机电设备供货等信息。

6. 按其他标准划分

(1)按照信息提供的范围的不同,可以把工程监理信息划分为精细的信息和摘要的信息两大类。

(2)按照信息产生的时间的不同,可以把工程监理信息划分为历史性的信息和预测性的信息两大类。

(3)按照监理阶段的不同,可以把工程监理信息划分为计划的、作业的、核算的及报告的信息。在监理开始阶段,需要有计划的信息;在监理的实施过程中, 需要有作业的和核算的信息;在某一项目的监理工作结束时 ,需要有报告的信息。

(4)按照信息发生性质的不同,可以把工程监理信息划分为预知的和突发的两类信息。其中 ,预知的信息产生在正常情况下,且是监理工程师能够估计得到的;突发的信息则是在特殊情况下发生,且是监理工程师难以预计的。

综上所述 ,我们不难看出,不同的监理范畴需要不同的监理信息。按照一定的标准将工程监理信息予以分类,并根据监理工作的不同要求,提供出合适的信息,对完成工程监理信息管理的基本任务,具有举足轻重的作用。

如日常的监理业务,虽属于高效率执行特定业务的范畴 ,但因其业务内容、目标、资源、环境等都是明确规定好了的,执行中需要预测判断的情况并不多,所需要的常常是历史性的信息(经验),其结果也是可以预测的 ,且绝大多数是项目内部的信息。

三、施工监理工作中的信息流程

信息在上下级之间、内部组织与外部环境之间的流动，称为“信息流”。监理工作中的信息流程则反应了监理工作中各参加部门、单位之间的关系。

监理工作中常有的信息流有如下几种。

1. 自上而下的信息流

自上而下的信息流，其信息源在上，接受信息者是其下属。该信息流是指自主管单位、主管部门、业主、总监开始，流向驻地监理工程师、专业监理工程师、现场监理工程师，乃至工人班组的信息；或在分级管理中，每一个中间层次的机构向其下级逐级流动的信息。这些信息主要是指监理目标、工作制度、工作条例、命令、办法及规定、业务指导意见等。

2. 自下而上的信息流

自下而上的信息流，其信息源在下，接受信息者在上。信息的流动方向由下级向上级（一般是逐级向上）流动。主要内容是指在项目实施和监理工作中有关目标的完成量、进度、质量、成本费用、工作效率、监理人员的工作情况等。此外，还包括上级主管部门所关注的意见和建议等。

3. 横向间的信息流

横向间的信息流是在项目监理工作中，同一层次的工作部门或工作人员之间互相提供和接受的信息。此种信息虽是由于分工不同而各自产生的，但为了共同的目标又需要相互协作，互通有无或相互补充，以及在特殊、紧急情况下，为了节省信息流动时间而需要横向提供的信息。

4. 以咨询机构为集散中心的信息流

咨询机构（如顾问室）是汇总信息、分析信息、分散信息的部门。其主要业务是为领导决策做参谋顾问；帮助具体工作部门进行规划、任务检查；对有关的专业、技术问题进行咨询。作为信息集散中心，因为工作需要，咨询机构本身既需要大量信息，且又以信息提供者的身份向有关部门提供信息。所以，咨询机构除本部门注意收集各种信息外，还应要求各工作部门在向有关上级汇报时，应当将相关信息传送给咨询机构，以利于咨询机构为决策做好充分准备及时向各具体工作部门提供准确的有价值的信息。

5. 工程项目内部与外部环境之间的信息流

公路工程项目监理机构与业主、承包人、设计单位、建设银行、质量监督主管部门、地方政府、沿线各单位、沿线居民、国家的有关管理部门和业务部门等，不同程度地都需要交流信息。这种交流，既要满足监理机构自身的需要，又要满足与外部环境的协调要求。必要时，还应按国家规定的要求相互提供信息。

上述几种信息流，其流程都应有明确的流线，并都要求畅通。实际工作中，自下而上的信息都比较畅通，而自上而下的信息在一般情况下不是流通渠道不通畅，就是流量不够。因此，工程项目主管部门应当采取某些措施以解决信息流通中的障碍，充分发挥信息流应具有的作用，尤其是横向间的信息流动和自上而下的信息流动。只有对这个问题给予了足够的重视，并采取了强有力的措施，确实使信息传送渠道畅通并增加了流量，那么，根据充足而准确的信息作出科学的、合理的监理决策，提高工作效率和经济效益，常可获得事半功倍的结果。

四、公路工程施工监理信息的收集

在公路工程施工监理过程中,信息管理工作质量的好坏,很大程度上取决于收集到的原始资料的全面性和可靠性。因此,建立一套完善的信息收集制度是非常必要的。

(一)工程项目建设前期的信息的收集内容

公路工程建设项目,尤其是高速公路建设项目,大多是些工程规模宏大、投资巨大、技术复杂的工程项目,在其正式开工前、需进行大量的准备工作,而在工程进程中将产生大量的包含着丰富内容的文件。承担该工程项目的监理单位及监理工程师应当了解和掌握这些内容,即需事先收集到这些文件。

1. 收集设计任务书及其有关资料

在我国,所有新建或改(扩)建的公路工程项目,都需根据资源条件和国民经济发展规划,按照该项目的隶属关系,由主管部门牵头组织有关单位提前编制设计任务书,设计任务书是确定拟建工程项目建设方案(包括建设规模、建设布局、建设周期等原则问题)的重要文件,也是编制工程设计文件的重要依据。设计任务书一般应包括下列内容:

(1)该公路工程建设的目的和依据;

(2)工程的建设规模和技术标准;

(3)工程沿线的工程地质条件、建筑材料供应情况、交通运输条件等;

(4)工程建设总工期;

(5)投资(融资)渠道和控制造价;

(6)工程建设地点和占地估算;

(7)工程的经济效益分析;

(8)生态、环境保护方面的要求;

(9)存在的问题和对策。

2. 设计文件及有关资料的收集

拟建的公路工程项目的设计任务书经主管部门审批后,即委托设计单位编制设计文件。依照项目规模大小,虽有一阶段、二阶段、三阶段设计之分(详见《公路勘测设计》),即设计深度和广度不一,但其包括内容大致如下:

(1)社会情况调查。工程沿线地区的工农业生产、社会经济、文化历史沿革、人民生活水准、风俗习惯、自然灾害等情况的调查。

(2)工程技术勘测情况的调查。应注意收集公路沿线地区的自然与资源条件资料,如河流、水文、地质、地形、地貌、气象、不良工程地质等。

(3)技术经济勘察情况调查。主要收集公路工程沿线地区的建筑材料、水、电供应、交通运输条件、劳力资源(数量、工资标准)、机械设备租赁等资料。

(4)生态环境情况调查。主要收集动、植物生态情况,环保情况等。

3. 招投标合同文件及有关资料的收集

公路工程建设项目在招投标过程中形成的合同文件,是该工程项目在建设中进行管理的依据和法规,其主要内容包括:投标邀请书、投标须知、合同双方签署的合同协议书、履约保函、合同条件(《公路工程国内招标文件范本》(2003 年版)通用条款及《公路工程国内招标文件范本》(2003 年版)专用条款)、投标书及其附件、工程量清单及其附件、技术规范、招标图纸、发包单位在招标期间发生的所有补充通知,承包人在投标期内所补充的所有书面文件及随投标书一起报送的资料与附图,发包单位发布的中标通知书,承发包双方在商议合同时双方共同签署的补充文件等。也就是说,在招投标文件中包含了大量的信息,包括甲方的全部“要约”条件及乙方的全部“承诺”条件。例如:甲方(业主)所提供的三通一平、征地拆迁、通信条件等;乙方(承包人)所提供的原材料、人力、机械设备、施工图纸与方案、投资保证、工期保证、质量保证、安全保证、环保措施等。

(二)公路工程施工过程中的信息收集

在公路工程施工阶段中,每天都会发生各种各样的情况,其中必然包含着各种信息,这些信息需要监理工程师及时收集和处理。

1. 收集业主提供的信息

业主作为工程建设项目的组织者,在我国往往以工程建设指挥部的形式出现。业主在施工中间须按照合同文件的规定向承包人提供相应的施工条件,并要随时表达对工程实施中各方面的意见和看法,下达某些指令,尤其是业主在施工过程中对施工进度、质量、费用支付、合同管理等方面的意见和看法,以及业主上级单位对工程建设实施中的各种意见和看法及指令,业主定期提供的气象预报、洪水汛情预报,由业主负责提供的某些建材的品种、数量、质量、价格、提货地点、提货方式、材质证明、试验检测资料、运距等信息。

2. 收集承包人提供的信息

承包人在施工过程中所提供的信息包括两个方面:其一是施工现场所发生的各种情况,如形象进度、施工质量缺陷、隐蔽工程状况、质量事故、施工现场管理状况等有形的信息;其二是施工中承包人经常向其上级主管部门、业主、设计代表、监理工程师(驻地监理组)及其他方面报送的各种文件。如向监理组报送的实施性施工组织计划、每周工作计划、每月工作计划、开工申请报告、分项工程施工方案及措施、各种工程项目自检报告、质量事故报告、有关问题的处理意见、月支付申请表、工程变更申请及工程变更令等。

以上两方面的信息,承包人自身必须收集和掌握;监理工程师在现场管理中也必须收集和掌握,并将收集到的信息加以整理,汇集成丰富的信息资料。

3. 驻地监理工程师的记录

驻地监理工程师的记录,包括工程施工历史记录、工程质量抽查记录、工程量计量记录、工程款支付记录、开工记录、隐蔽工程检测记录、竣工验收记录等内容。

(1)现场监理人员的日报表,主要内容包括:当天承包人的施工记录;承包人当天参加施工的人员(工种、数量等);承包人当天施工用的机械、设备(名称、数量、工作时间等);当天发现的施工质量问题;当天的施工进度及其与计划施工进度的比较(若发生施工进度拖延,应记录其原因及影响的范围和程度,承包人是否会提出延期或索赔等);当天的综合评语;其他说明(应注意的事项等)。

现场监理的日报表,即监理日志可采用表格式,应简明扼要并要求每日填写。

(2)工地日记,主要内容包括:现场每日的天气情况记录(当天是晴、阴或雨雪,当天的最高、最低气温,当天的降雨(雪)量;当天的风力,当天因气候原因而损失的工作时间等);现场监理人员日报表;监理工作纪要;其他有关情况与应说明的问题等。

(3)驻地监理的日记,主要包括以下内容:当天所作的重要决定;当天对承包人所作的主要指示;当天发生的纠纷及协调解决方法;当天对驻合同段现场的监理工程师的指示;当天与其他人达成的任何主要协议,或对其他人的主要指示等。

驻地监理日记应每日记录,但该日记仅为驻地监理的个人记录。

(4)驻地监理月报,驻地监理每月应以月报形式向总监理工程师及业主书面汇报下列情况：所管辖合同段（承包人）的简介;各合同段的施工进度状况（按指挥部生产调度会议要求及施工组织设计中的进度计划进行比较）;工程进度拖延的原因及其分析；工程质量情况与问题;工程进度中的主要困难与问题。

(5)驻地监理对承包人的指示,主要内容为：监理通知单,工地会议纪要,日常指示（工地协调会中发出的指示），在施工现场发出的指示等。

(6)驻地监理发给承包人的补充图纸。

(7)工程施工质量记录,主要包括：工程材料试验、土工试验、混凝土配合比试验等试验样本送检及试验结果记录;隐蔽工程检查、结构构件检测、几何尺寸检查、外观质量检查等检测记录;构件、结构破坏试验，结构静载试验等试验检测记录等。

4. 收集工地会议信息

工地会议是监理工程师进行监理工作的重要方法,且是监理工程师行政管理的一部分。工地会议中包含着大量的监理信息，监理工程师须重视之,并应建立一套完善的会议制度,以便于会议信息的收集。

(三)工程竣工阶段的信息收集

公路工程竣工并按合同技术规范要求进行竣工验收时,需要大量的与竣工验收有关的各种信息资料。这些信息资料由两部分组成：一部分是在整个施工过程中长期积累形成的,另一部分则是在竣工验收期间根据施工期间积累的资料整理分析而形成的。完整的竣工资料由承包人在监理工程师的监督指导下,以及工程项目建设指挥部(业主代表）和中心试验室积极配合下编制完成并归档。

五、公路施工监理信息的加工整理和储存

在公路工程建设过程中,监理工程师除应注意对各种原始资料加以收集外，还须将收集到的各种资料进行加工整理,并同时对施工过程中出现的各种问题进行妥善处理。当对收集的原始资料进行加工处理时,按其加工整理的深浅程度可将信息分为以下几个类别：第一类为对资料和数据进行简单的整理和过滤,加工整理出的信息叫二次信息;第二类是对信息进行分析,概括综合成能产生辅助决策的信息;第三类是采用数学模型,通过统计推断获得可产生决策的信息。

(一)监理信息的加工整理

监理工程师在具体的施工过程中,根据当时收集的信息而作出的决策（或决定）大致有以下几方面。

1. 对工程施工进度状况的意见和批示

每个月（或每季度）监理工程师都要对工程进度进行对比分析并作出综合评价,其中包括整个工程当月在各方面所完成的实际工程量,以及实际工程量与合同规定的计划数量之间的比较。若某一部分拖延后,且为关键路线时,则应分析其原因、存在问题和困难,并提出解决的意见和批示。

2. 对工程质量情况的意见和指示

监理工程师应将当月施工中发生的各种质量问题,包括现场巡视和抽检发现的各种问题,以及施工中出现的质量事故加以系统的归纳和分析。对各种质量缺陷、问题、事故（含重大事故）的处理情况,除在月报中进行阶段性的归纳和评价外,当有必要时还可向业主进行专

门的质量情况报告,而对承包人,则应以“监理通知单”的形式,发出书面指示。

3. 对工程计量与支付情况的意见和指示

工程计量支付,尤其是中期支付,包括工程款、材料设备预付款、工程变更、保留金、索赔、价格调整、工程交工支付等,支付内容繁多且程序复杂。在按月进行的工程计量与支付过程中,监理工程师除对工程量的实际完成情况和投资完成情况进行统计与分析外,还应在统计与分析的基础上作一些短期预测,从而为业主在资金组织和使用上提出咨询意见。

4. 对工程索赔的处理意见

公路工程合同在实施过程中,由于业主或监理工程师职责范围的延误;业主或承包人均无法控制的因素(特殊风险);变更、检验及缺陷责任期内经调查确认为不属于合同项内承包人的责任的调查费用等,将直接导致承包人受到额外的时间损失和费用增加。承包人将通过合法程序向业主提出正当赔偿,即索赔。一般情况下,监理工程师对索赔应先预控,并想方设法防止承包人提出不必要的索赔。当出现索赔事件时,监理工程师则应积极调查取证,实事求是,秉公处理。因此,监理工程师必须充分熟悉合同,掌握合同的有关条款,明确什么是引起索赔的主要原因,并采取相应措施。对不成立的索赔事件,则应尽快答复。总之,对工程索赔的处理要及时稳妥。

(二)监理信息的存储

将监理信息加以储存,其目的是以备将来加以应用。对有价值的原始数据与资料及经过加工处理的信息需长期积累、储存,以备查阅和使用。20世纪50年代以后,人类的信息数量大增,其储存方式也由传统的纸张变革为纸、音像和计算机等多种形式。目前,用纸张储存信息的主要优点是永久保存性好,不易涂改,存储数据、文字和图像均相当容易,但其弱点是传送信息慢,检索起来不方便。采用音像存储信息资料虽有直观亲临现场的感觉,记录的信息也全面而完整,但其母材随时间的推移会使记录的信息失真。使用计算机存储信息资料,可存储的信息量大,检索很方便,通过计算机网络传递信息,传输也方便快捷。

六、公路工程施工监理的文档管理

一个大型的公路工程建设项目,在其实施过程中会产生各种各样的文件,如有关上级部门的审批文件、设计文件、合同文件等,各个部门,如业主、承包人、监理机构之间互相交递的信件、函件等。这些信、函件是工程的历史性文件,必须妥善保管。严格的文件管理可以避免工程失误及施工错误,可以正确处理工程延期及工程索赔等。在监理工作中,报表文件的体系化、规格化、标准化是监理工作有序进行的基础工作,亦是监理信息科学化的重要内容。实际工作中,不同类型的工程项目所产生的文件及所需要的监理报表并非完全一致。监理工程师应根据所监理项目的具体情况来设计适合该项目监理工作需要的各种文件及报表。如京津塘高速公路,在监理工作中有关设计变更、工程变更、延期、索赔、计量与支付等的表格达到50余种;南昌大桥工程项目的监理表格有130多种…对于世界银行贷款项目,根据“世行”规定:借款单位在工程执行阶段,必须按期向“世行”提交有关贷款项目的各种报告。如鲁布革水电站工程,中方就按期向“世行”提交了:季度工程进度报表、承包人的统计报表、支付申请、人员报表、水文气象报表、贷款的用款计划、申请提款汇总表等。上述报表(报告)共同组成该项目的报告,以利于世界银行对该贷款投资项目的监督。

1. 文件

公路工程实施过程中形成的文件包括:

(1)各级政府机关的公文,如行政法规和规章、决议、决定、指示、布告、通告、公告、通知、通报、会议纪要等。

(2)上级主管部门的文件、信函等,如业主和承包人的信件,采用的标准、法规,项目负责人(指挥长)的报告,总监理工程师签发的开工令和竣工验收鉴定书等。

(3)工程内部文件,如招标广告、投标书、合同文件、施工日志、施工图、竣工图、工程变更合同、工程付款单据、工程事故调查报告、设备运行和保养文件、工地会议纪要、现场人员给上级主管部门的报告、信件和文件等。

2. 文件的管理

本处所指的文件管理,主要是指监理组对往来文件资料的管理。工程正式施工前,应建立一套文件管理程序,并要求对合同各方来往传递的文件采取登记、会签、编号等明确规定。该管理程序可于第一次工地会议上宣布后遵照执行,并定期检查文件的收发情况。对应该答复的文件是否已及时答复,对拖延的文件是否及时处理。对失职的部门或个人要及时督促他们采取补救措施,纠正过失。

3. 档案管理

(1)对上述各种监理文件资料,在办完或使用完毕后应根据其特征、相互联系和保存价值分类归纳、整理,并按文件的作者、内容、时间等特征组卷。立卷归档的文件一定要保证齐全、完整,便于保管、查找和利用,并能满足上级档案室的要求,顺利归档。

(2)对于某些没有存档价值和存查必要的文件,通过鉴别或有关领导的批准,可定期销毁。对秘密文件、内部文件、刊物和资料的销毁,事前要进行登记,并设专人监销,以确保不丢失,不漏销,不泄密。

(3)为了做好文件档案的管理工作,使管理方法更加合理化,各种数据更加科学化、规范化和标准化,应采取计算机管理。

七、公路工程监理信息的检索、传递和使用

1. 监理信息的检索

无论是存档案库或存入计算机的信息、资料,为了便于查找,事前都要拟定科学的查找方法和手段,做好编目分类工作,即建立起科学的检索系统。实践证明,科学而健全的检索系统可以使报表、文件、资料、档案等信息既保存完好,查找起来又极方便。

2. 监理信息的传递

信息的传递是指借助于一定的载体将其在需要的范围内的传送。信息通过传递,形成各种信息流。监理工作中的信息流,利用纸张、磁盘、磁带、录像带等载体,将图纸、报表、文件、记录通过电讯、各种收发、会议等传递手段,不断地输送到监理工程师手中,成为他们工作的依据;不断输送到上级有关部门,作为他们指挥决策的参考和根据。

3. 监理信息的使用

监理信息管理的目的,是为了更好地使用它为决策服务。大中型公路工程建设项目的管理工作,涉及的信息类型复杂,信息量甚大。如项目的投资控制、施工进度控制、施工质量控制、合同管理等方面的信息,种类繁多,内容丰富。大中型公路工程项目如此巨大的信息量,要实现高效快捷的信息管理使监理工作流程程序化、监理记录标准化、监理报告系统化,可利用电脑存储量大的特点,将工程项目有关的信息资料,高速准确地处理成所需要的各种信息成果,尤其是利用建设项目监理软件包,可以让监理工程师更方便地进行进度控制、质量监理、投

资费用控制及合同管理等监理工作。

应说明的是，公路工程项目的监理工作，是一项由多种专业、多种层次的且具有广阔知识面及有丰富工程实践经验的工程技术人员和管理人员共同完成的工作。在这里，人的因素，人的智能活动是至关重要的，工程建设中的各种信息，均需经过监理工程师的提炼、归纳，方可形成计算机能够接受的规范化的标准信息，就是经过计算机处理而输出的信息，也必须再经过监理工程师的分析、综合、判断后，才能成为决策的依据。

本章小结

1. 监理信息管理的基本任务：(1) 实施最优控制；(2)进行合理决策。
2. 监理信息包括文字信息、语言信息和其他信息。
3. 监理工作中常有的信息流有如下几种 ：
(1)自上而下的信息流；
(2)自下而上的信息流；
(3)横向间的信息流；
(4)以咨询机构为集散中心的信息流；
(5)工程项目内部与外部环境之间的信息流。
4. 公路工程施工过程中的信息收集包括：
(1)收集业主提供的信息；
(2)收集承包人提供的信息；
(3)驻地监理工程师的记录；
(4)收集工地会议信息。
5. 工程监理的文档管理包括：文件、文件的管理、档案管理。

复习思考题

1. 施工监理信息管理的基本任务包括哪几个方面？
2. 监理信息通常按哪几种标准进行分类？
3. 监理信息主要收集哪些？

《公路工程施工监理基础》课程
参考教学大纲

一、课程的性质

本课程是高职高专道路桥梁工程技术专业、公路工程监理专业等交通土建类专业的一门专业课。本课程全面介绍了公路工程施工监理方面的基础知识和方法。其内容包括:绪论、公路工程施工监理的基本概念及监理实务要点、公路工程施工进度监理、公路工程施工质量监理、公路工程施工安全监理、公路工程施工环境保护监理、公路工程施工费用监理、公路工程施工合同管理、公路工程施工信息管理等。

二、课程的教学目标

第一章　绪论

1. 了解工程监理的研究对象。
2. 了解工程监理的研究任务。
3. 了解监理工程师应具备的知识和职业道德准则。

第二章　公路工程施工监理概述

1. 了解公路工程施工监理的基本内容。
2. 了解与工程监理有关的行为主体。
3. 了解施工监理阶段的划分和各阶段的监理任务。
4. 了解施工监理的原则和依据。
5. 了解公路建设各方的质量管理职责。
6. 了解监理机构设置、监理机构和人员的职责与权限。
7. 了解公路工程施工监理体制和工程质量保证体系。
8. 了解工程监理的主要内容。

第三章　公路工程施工进度监理

1. 了解进度监理的作用和任务。
2. 了解进度监理的几种基本方法。
3. 了解监理工程师对进度计划审批的内容。
4. 了解施工进度计划的检查与修订方法。

第四章　公路工程施工质量监理

1. 了解工程质量的等级评定方法。
2. 了解施工监理阶段的监理工作内容。

3. 了解工程质量监理的依据、任务、程序和方法。
4. 了解监理试验室的职责。
5. 了解工程质量缺陷与质量事故的分类和处理程序。
6. 了解路基工程质量监理的基本要求。
7. 了解路基工程施工阶段各工序质量监理工作的内容。
8. 了解路面工程施工阶段各工序质量监理工作的内容。
9. 了解桥涵工程质量控制的基本要求。
10. 了解桥梁工程施工阶段各分项工程质量监理工作的内容。
11. 了解隧道工程施工阶段各工序质量监理工作的内容。
12. 了解交通安全设施施工的质量监理要点。

第五章　公路工程施工安全监理

1. 了解公路安全施工控制的特点和要求。
2. 了解公路施工安全监理内容。
3. 了解公路施工安全审查表和安全技术条款。

第六章　公路工程施工环境保护监理

1. 了解施工环境保护监理的依据。
2. 了解路基挖方的环境保护基本要求和施工质量监理要点。
3. 了解路面工程拌和场环境保护基本要求和施工质量监理要点。
4. 了解桥梁工程的环境保护基本要求和施工质量监理要点。
5. 了解隧道工程环境保护基本要求和施工质量监理要点。
6. 了解环保工程施工质量监理要点。

第七章　公路工程施工费用监理

1. 了解工程费用监理的原则与方法。
2. 了解工程量清单的内容与作用。
3. 了解监理工程师在工程计量与费用支付中的职责与权限。
4. 了解工程计量的原则、方式、计量规则和计量方法。
5. 了解清单支付和合同支付。

第八章　公路工程施工合同管理

1. 了解合同管理的任务。
2. 了解合同法的基本原则。
3. 了解缔约过失责任。
4. 了解合同生效应当具备的条件。
5. 了解无效合同及法律后果。
6. 了解承担违约责任的方式。
7. 了解解决合同争议的方法。
8. 了解工程延期与索赔及审批程序。

第九章　公路工程施工监理信息管理

1. 了解监理信息管理的基本任务。
2. 收集公路工程施工过程中的监理信息。

三、课程标准及课时分配表

课程标准及课时分配表

序　号	主要章节	讲课学时
1	第一章　绪论	2
2	第二章　公路工程施工监理概述	6
3	第三章　公路工程施工进度监理	6
4	第四章　公路工程施工质量监理	24
5	第五章　公路工程施工安全监理	12
6	第六章　公路工程施工环境保护监理	12
7	第七章　公路工程施工费用监理	12
8	第八章　公路工程施工合同管理	12
9	第九章　公路工程施工监理信息管理	4
10	小计	90

四、主要内容

第一章　绪论

1. 工程监理制度的发展与现状。
2. 公路工程施工监理的意义。
3. 公路工程施工监理的相关学科。
4. 监理工程师的知识结构。
5. 监理工程师的职业道德准则。

第二章　公路工程施工监理概述

1. 公路工程施工监理的基本概念。
2. 公路工程施工监理体制和工程质量保证体系。
3. 监理机构组织、职责与权限。
4. 工程监理的主要内容及实务要点。

第三章　公路工程施工进度监理

1. 工程进度监理的作用和任务。
2. 进度监理基本办法。
3. 进度计划的编制与审批。
4. 施工进度计划的检查与修订。

第四章　公路工程施工质量监理

1. 概述。

2. 监理试验室。
3. 承包人质量自检系统。
4. 工程质量事故分析及其处理。
5. 施工准备阶段的监理。
6. 施工阶段的质量监理。
7. 交工验收与缺陷责任期监理。

第五章　公路工程施工安全监理

1. 概述。
2. 公路施工安全监理的内容。
3. 公路施工安全审查。

第六章　公路工程施工环境保护监理

1. 概述。
2. 施工准备阶段的环境保护监理。
3. 施工阶段的环境保护监理。
4. 环保工程监理。
5. 交工验收与缺陷责任期环境保护监理。

第七章　公路工程施工费用监理

1. 概述。
2. 工程量清单。
3. 工程费用监理的职责和权限。
4. 工程计量。
5. 工程费用支付。
6. 清单支付。
7. 合同支付及合同支付管理。
8. 支付证书及有关表格。

第八章　公路工程施工合同管理

1. 合同管理法律基础。
2. 合同法律基本制度。
3. 公路工程项目分包和工程变更。
4. 工程延期与索赔。
5. FIDIC《施工合同条件》和国内招标文件范本简介。

第九章　公路工程施工监理信息管理

1. 概述。
2. 施工监理的信息管理。

参考文献

[1] 交通部公路工程监理工程师职业资格考试复习指导书(上、下册). 重庆交通学院,2005.

[2] 中国建设监理协会. 建设工程合同管理. 北京:知识产权出版社,2004.

[3] 全国二级建造师职业资格考试用书编写委员会. 建设工程施工管理. 北京:中国建筑工业出版社,2005.

[4] 中华人民共和国交通部. 公路工程国内招标文件范本(2003 年版). 北京:人民交通出版社,2003.

[5] 李治平. 公路工程监理培训教材　监理概论(第二版). 北京:人民交通出版社,2006.

[6] 罗娜. 公路工程监理培训教材　工程进度监理(第二版). 北京:人民交通出版社,2006.

[7] 李宇峙,秦仁杰. 公路工程监理培训教材　工程质量监理(第二版). 北京:人民交通出版社,2006.

[8] 罗娜. 公路工程监理培训教材　工程费用监理(第二版). 北京:人民交通出版社,2006.

[9] 雒应. 公路工程监理培训教材　合同管理(第二版). 北京:人民交通出版社,2006.

[10] 中华人民共和国交通部. JTG G10—2006　公路工程施工监理规范. 北京:人民交通出版社,2006.

[11] 中华人民共和国交通部. JTG F80/1—2004　公路工程质量检验评定标准. 北京:人民交通出版社,2004.

[12] 中华人民共和国交通部. JTG F10—2004　公路路基设计规范. 北京:人民交通出版社,2004.

[13] 中华人民共和国交通部. JTG F30—2003　公路水泥混凝土路面施工技术规范. 北京:人民交通出版社,2003.

[14] 中华人民共和国交通部. JTG F40—2004　公路沥青路面施工技术规范. 北京:人民交通出版社,2004.

[15] 崔新媛,周直. 工程项目招标与投标. 北京:人民交通出版社,2004.

[16] 何伯森. 工程招标承包与监理. 北京:人民交通出版社,1994.

[17] 刘吉士. 公路工程施工监理实务. 北京:人民交通出版社,1993.

[18] 监理工程师培训教材编写组. 工程建设监理概论、工程施工监理实务、工程建设质量控制、工程建设投资管理与控制、工程建设信息管理. 北京:水利电力出版社,1993.

[19] 监理培训教材题解编写组. 监理工程师培训教材思考题解. 北京:企业管理出版社,1994.

[20] 浙江省交通厅质量监督站. 公路工程监理培训教材公路施工环境保护监理. 北京:人民交通出版社,2005.

[21] 张湧,胡江碧. 公路施工安全审查手册. 北京:人民交通出版社,2006.

[22] 交通部公路司,交通部基本建设质量监督总站. 公路工程施工监理手册. 北京:人民交通出版社,2001.

[23] 李文不. 公路工程施工监理基础. 北京:人民交通出版社,2001.